CODI MURIAU DINAS DUW

Codi Muriau Dinas Duw

Anghydffurfiaeth ac Anghydffurfwyr
Cymru'r Ugeinfed Ganrif

gan

ROBERT POPE

ISBN 1-904845-29-0

Cyhoeddir y gyfrol hon trwy nawdd Adran Ddiwinyddol,
Urdd Graddedigion Prifysgol Cymru
a
Chanolfan Uwchefrydiau Crefydd yng Nghymru,
Prifysgol Cymru, Bangor.

Argraffwyd gan Wasg y Bwthyn, Caernarfon

CYNNWYS

I
Richard a Helen
a Daniel
Fy mrawd, a'i wraig
a'u mab

RHAGYMADRODD

Heb amheuaeth, un o'r cwestiynau y bydd yn rhaid i haneswyr Cymru'r dyfodol eu hateb yw beth ddigwyddodd i Anghydffurfiaeth Cymru yn ystod yr Ugeinfed Ganrif? Ac yn bwysicach fyth, mae'n debyg, pam?

Er gwaethaf ei chryfder ystadegol a chymdeithasol ar ddechrau'r ganrif (a'r cynnydd rhyfeddol a ddigwyddodd ym 1904-5), erbyn diwedd yr ail fileniwm roedd rhai yn proffwydo tranc Anghydffurfiaeth yng Nghymru, tra ei bod, mewn rhai ardaloedd, eisoes wedi marw, a hynny er gwaethaf y ffaith iddi gynhyrchu llawer o arweinwyr crefyddol, gwleidyddol a chymdeithasol drwy gydol y ganrif. Bu eu hegni, eu hymroddiad a'u gweledigaeth yn heriol ac yn arwyddocaol, yn arweiniad i genedlaethau o bobl yn eu bywydau ysbrydol a diwylliannol. Ond ni pheidiai'r trai, a chreulon a di-dostur oedd yr edwino. Mae'n siŵr bod y rhesymau dros y dirywiad hwn ymhlith cwestiynau mwyaf cymhleth, os nad hefyd mwyaf dyrys, y Gymru fodern.

Ond amcan llai uchelgeisiol sydd i'r casgliad hwn. Yn lle ceisio rhesymau dros ddirywiad Anghydffurfiaeth, fy mwriad yma yw nodi rhai o'r prif ddigwyddiadau a rhai o'r prif gymeriadau yn ystod yr ugeinfed ganrif. Ni cheisiaf ddweud pob dim sydd i'w ddweud. I hynny byddai angen cyfres o gyfrolau. Yn hytrach, cyflwynaf ysgrifau sy'n dethol o hanes y capeli, a thrwy wneud hynny gwelir bod nifer o bynciau yn codi dro ar ôl tro ac yn eu plith treiddioldeb rhyddfrydiaeth ddiwinyddol a'i dibyniaeth absoliwt ar athroniaeth idealaidd; twf Sosialaeth a'r mudiad llafur ar ddechrau'r ugeinfed ganrif a gipiodd gefnogaeth frwd yr Anghydffurfwyr i'r Blaid Ryddfrydol; a'r ymlyniad diffuant a fu rhwng Cristnogaeth a diwylliant Cymru, cysylltiad a dorrwyd erbyn diwedd yr un ganrif.

Heb amheuaeth, cyfrannodd y tair nodwedd hon at ddirywiad Anghydffurfiaeth ond nid yw eto'n gwbl eglur i ba raddau yr effeithient arni. Mewn ysgrif enwog, awgrymodd yr hanesydd Michael R. Watts mai diflaniad uffern a'r gosb dragwyddol o neges y pulpud a geirfa'r pregethwyr a arweiniodd i raddau helaeth at drafferthion yr eglwys yn Lloegr yn yr ugeinfed ganrif.[1] Ac mae'n debyg fod gwirionedd yn ei ddadl – oni bai mai cyd-ddigwyddiad pur ond anffodus oedd y ffaith i'r diflaniad hwnnw ddigwydd yn yr union gyfnod pan ddechreuodd dirywiad a lleihad yn nifer cynulleidfaoedd y capeli. Gwelir yr un datblygiad yng Nghymru, tuedd a ddechreuodd yn hanner diwethaf y bedwaredd ganrif ar bymtheg gyda thwf Arminiaeth yn arbennig ymhlith yr Annibynwyr.[2] Hyrwyddwyd y ddysgeidiaeth hon gan ryddfrydiaeth ddiwinyddol a David Adams yn arloeswr iddi, ond cysylltwyd y ddiwinyddiaeth honno yn nes ymlaen ag enwau D. Miall Edwards a Thomas Rees, yr Annibynwyr, a'r Bedyddiwr Herbert Morgan. Nid yw'n eglur i ba raddau yr oedd capelwyr cyffredin yn sugno dysgeidiaeth y diwinyddion mawr nac i ba raddau yr oeddent yn ymwybodol o brif ddadleuon diwinyddol eu dydd. Ond mae'n eglur i bregethu Cymru golli golwg ar yr ing a'r argyfwng ysbrydol a oedd yn bresennol ymhob enaid dynol ac a oedd ynghanol ei genadwri draddodiadol er dyddiau'r Piwritaniaid. Wrth golli golwg ar gyflwr argyfyngus y bod dynol, collwyd gafael ar y bobl hefyd. Ni allent mwyach dreiddio at ddyfnderau'r cyflwr dynol ac ateb yr angen am gariad, maddeuant a thragwyddoldeb. Daeth mudiadau eraill i gyflawni'r gorchwyl hwnnw, a'r mudiad llafur yn eu plith.

Yn ei ddyddiau cynnar, bu naws angerddol a chrefyddol i'r mudiad llafur. Hynny yw, dwfn a dwys oedd ymwybod ei arweinwyr cyntaf (megis Keir Hardie) â difrifoldeb y sefyllfa a'r alwad foesol ddiamod arnynt i lefaru ac i weithredu i wella'r sefyllfa. I rai roedd yr ymwybyddiaeth hon yn gysylltiedig â galwedigaeth ddwyfol, a thrwy wneud hynny roeddent yn trosglwyddo eu hymrwymiad o'r capeli (a fu, yn eu tyb hwy, yn gor-bwysleisio dirwest a materion di-bwys eraill o foesoldeb personol) i'r mudiad llafur, a oedd wedi sylweddoli nad oedd pob dyn yn feistr ar ei amgylchfyd a bod rhywrai yn dioddef oherwydd drygioni sefydliadol. Felly cynigiodd y mudiad llafur gyfle i ddynion ymrwymo i weledigaeth o fyd newydd a gweithredu tuag ato. Penllanw ydoedd o ddelfrydau a gwerthoedd uchel a modd i ddynion sianelu eu hegnïon. Nid yw'n syndod y denwyd pobl a fyddai cyn hyn wedi ymrwymo i'r capeli. Ar y pryd, cyhuddwyd y capeli o ddifaterwch tuag at amgylchiadau byw a chyflwr gweithio'r werin. Fel y dengys penodau yn y gyfrol hon, nid oedd prinder diddordeb, consýrn na syniadau ar sut i wella cymdeithas. Y methiant oedd troi hyn yn weithgarwch pendant.[3]

Ond er gwaethaf poblogrwydd y mudiad llafur, a'i allu diamheuol (yn arbennig yn y dyddiau cynnar) i ddenu dynion ifainc o'r capeli, nid dyna'r unig reswm am gwymp trychinebus y capeli yn yr ugeinfed ganrif. Mae'n siŵr bod y cynnydd mewn amser hamdden, a'r amrywiaeth o weithgareddau deniadol posibl i lenwi'r amser hwnnw, i raddau helaeth, y tu ôl i'w hargyfwng. Wedi i'r car ddod i gyrraedd y werin, a rhoi iddynt y gallu i fynd allan am y dydd, roedd seddau'n wag yn y capel a'u perchnogion allan yn y wlad 'yn Porth Côl neu rywle', chwedl D. Miall Edwards yn un o'i englynion ddyddiedig 1935 (gweler pennod 10 isod). Wrth i'r ganrif symud ymlaen daeth y sinema, chwaraeon amryfal, y teledu a hyd yn oed y syniad am ddiwrnod tawel i gymryd lle'r oedfa a chyfrifoldeb addoli. Pan gafwyd dewis, crefydd a'r capel oedd yn dioddef. Ond yn fwy difrifol na hyn, erbyn troad y mileniwm newydd roedd y Sul wedi newid yn gyfangwbl o'r Saboth, myglyd a deddfol braidd, a adwaenid (ac a ddioddefid) ar ddechrau'r ugeinfed ganrif. Erbyn ei diwedd, roedd y Sul yn ddiwrnod tebyg i bob dydd arall yr wythnos – ffaith sy'n fwy arwyddocaol nag a dybir ambell waith wrth i ni ganolbwyntio ar y sawl sy'n hiraethu a thelynegu am y dyddiau mwy piwritanaidd cynt. *The Welsh Sunday Closing Act* ym 1881 oedd y tro cyntaf i Gymru gael ei chydnabod yn San Steffan fel uned genedlaethol. Pa fath o effaith ar hunaniaeth Gymreig – yn anymwybodol efallai – a gâi dymchwel y ddeddf honno? Yn nhyb rhai, gan ddilyn athroniaeth idealaidd Hegel, roedd gan bob cenedl rywbeth unigryw i'w gyfrannu i fywyd y byd yn ei grynswth ac, yn ôl D. Miall Edwards ac eraill, ei chrefydd oedd swm a sylwedd cyfraniad Cymru. Wrth golli ei chrefydd, a mabwysiadu ffordd o fyw sy'n gyson a chyfwerth â gwledydd eraill, beth, fyddai cwestiwn Edwards, yw cyfraniad Cymru sydd o werth unigryw? Erbyn heddiw, felly, mae'r siopau a'r tafarndai ar agor ar y Sul a dechreuwyd clywed cŵyn newydd na all pobl bellach fynychu'r capel oherwydd eu bod yn gweithio, ac yn gorfod gweithio, saith diwrnod yr wythnos i ennill bywoliaeth yn amgylchfyd economaidd creulon y farchnad. Yn sicr, erbyn y flwyddyn 2000 roedd hi'n 'fyd newydd' ar Gymru – er bod y capeli, i raddau helaeth, yn dal i fyw bywyd cyfnod eu hanterth yn ôl ffurfiau a thueddiadau y bedwaredd ganrif ar bymtheg.

Ac yn y pen draw golygodd hyn rywfaint o fethiant ar ran y capeli i gadw i fyny â newidiadau yn y diwylliant Cymreig. Ym 1967, cyhoeddwyd adroddiad gan yr Annibynwyr dan y teitl *Gwerth Cristnogol yr Iaith Gymraeg.* Cydnabuwyd yn yr adroddiad werth crefyddol a moesol diwylliant Cymru a chyfarchwyd yr iaith fel prif amddiffynnydd y diwylliant hwnnw, fel modd i gyrraedd Duw ac felly hefyd fel ffordd i achub enaid y genedl.[4] Dyma oedd cyfnod gweithgarwch brwd a dewr dros yr iaith, a gwelwyd rhywfaint o ffrwyth yr ymdrechion hyn gyda deddfau iaith arbennig ym 1967 a 1993, sefydlu S4C ym 1979, cynnydd mewn addysg ddwyieithog a chanlyniadau cyfrifiad 2001 a nododd fod 20.5 y cant o'r boblogaeth yn medru siarad yr iaith (sef y nifer fwyaf a gofrestrwyd er 1961) gyda 7.5 y cant arall yn honni'r gallu i ddeall yr iaith. Erbyn 2003, mae'n debyg fod hunaniaeth Gymreig yn gryfach nag ers pum canrif, er nad oedd yr hunaniaeth honno yn unlliw o bell ffordd. Ond beth oedd hefyd yn eglur oedd bod yr uniaethiad rhwng Cymreictod a'r ffydd Gristnogol wedi torri i lawr. Er i'r sefydliadau Cristnogol fod yn hynod o deyrngar i'r diwylliant ac wedi cefnogi'r iaith yn frwd, ni adlewyrchwyd y cynnydd yn nifer siaradwyr yr iaith mewn diwygiad crefyddol cyffredinol.[5] Erbyn diwedd yr ugeinfed ganrif, datgysylltwyd y diwylliant Cymreig oddi wrth Gristnogaeth. I rai, rhywbeth i'w ddathlu oedd hyn wrth i Gymru sylweddoli'r amrywiaeth a phliwraliaeth o ddiwylliannau a drigai ynddi. I rai eraill, rhywbeth i alaru drosto ydoedd, wrth sylweddoli bod hanes Cymru – a'r pethau a gyfrannodd gymaint at ei ffurfio ac a fu am ganrifoedd yn sylfeini i'w bywyd diwylliannol a chymdeithasol – wedi mynd yn angof a'r efengyl Gristnogol am Dduw yng Nghrist yn cymodi'r byd ag ef ei hun (2 Cor. 5:19) wedi mynd yn angof yr un pryd.

Mae olion y tair ffactor hon i'w gweld yn yr ysgrifau canlynol.

Dechreuwn gyda dwy bennod ar Ddiwygiad 1904-5 gan nodi rhai o'r rhyfeddodau a ddaeth yn ei sgîl a'r cysylltiad rhwng y deffroad ac Evan Roberts. Cyfyngir y bennod gyntaf i nodi cof y werin am y Diwygiad gan ofyn ymhellach a oes i'r cof hwn lawer o sylfaen yn nigwyddiadau'r cyfnod ei hun. Yn yr ail bennod, trafodir syniadau'r diwygiwr enwog fel y daethant yn hysbys yn ystod y Diwygiad a'u gosod mewn cyd-destun diwinyddol ehangach gan ofyn i ba raddau y pregethai neges draddodiadol ac i ba raddau y cyflwynai ddysgeid-iaeth newydd gerbron y werin grefyddol.

Yna, mae chwe phennod yn dilyn sy'n trafod twf y mudiad llafur, cyflwyniad Sosialaeth gynnar i'r Cymry, datblygiad y broblem gymdeithasol, ac ymdrechion gwahanol unigolion ac enwadau i gyfrannu at y ddadl. Gwelwn yn y drydedd bennod fod yr Annibynwyr wedi cyfrannu yn weddol helaeth at y ddadl, a hynny yn erbyn y syniad cyffredinol a awyrwyd ar y pryd nad oedd gan yr eglwysi unrhyw ddiddordeb ym mhethau materol y byd. Mae pennod pedwar yn canolbwyntio ar gyfraniad dau weinidog i'r ddadl am Sosialaeth, un, T. E. Nicholas, yn gefnogwr brwd iddi a'r llall, W. F. Phillips, yn elyn digyfaddawd iddi. R. Silyn Roberts a'i Sosialaeth yw pwnc pennod pump, sy'n gofyn a allai 'gydio De Cymru Evan Roberts with Dde Cymru Keir Hardie' (chwedl James Griffiths) ai peidio. Yn y chweched bennod, edrychwn ar gyfraniad Herbert Morgan, y Bedyddiwr rhyddfrydol a rhyddfrydig a ddaeth wedyn yn arweinydd addysgiadol yng Nghymru ar ôl y Rhyfel Mawr ond a fu am gyfnod yn lladmerydd pybyr i'r Blaid Lafur Annibynnol (yr ILP). Canolbwyntir ym mhennod saith ar efrydiau beiblaidd yr Anghydffurfwyr yn y 1920au cynnar, gan nodi arwyddocâd eu dewis i astudio epistol Iago ym 1922. Dyma 'epistol gwellt' Luther oherwydd ei bwyslais ar 'weithredoedd' ar draul ffydd (ac ar draul dysgu 'Y Ffydd' hefyd). Ond gofynna'r bennod a oedd y dewis hwn yn eithriadol o gymwys gan fod yr efengyl gymdeithasol mor bwysig yn y cyfnod? Mae pennod wyth yn nodi digwyddiad eithriadol ym Mangor ar ddiwedd degawd y 1920au a welodd ddamcaniaethau'r efengyl gymdeithasol yn cael eu gweithredu gan grŵp o weinidogion a phobl o ewyllys dda, sef grŵp COPEC y ddinas, a enwyd ar ôl y cyfarfod enwog a phwysig a gynhaliwyd yn Birmingham ym 1924.

Mae'r pedair pennod nesaf yn nodi cyfraniad pedwar gŵr enwog yn hanes Anghydffurfiaeth Cymru'r ugeinfed ganrif. Dechreuwn gyda helynt Tom Nefyn Williams yn y Tymbl ac ymgais i ddeall beth ddigwyddodd a pha ysbrydoliaeth oedd y tu ôl i'r digwyddiadau rhyfeddol yno. Yna, yn y ddegfed bennod, nodir cyfraniad D. Miall

11

Edwards – diwinydd mwyaf cynhyrchiol Cymru rhwng y ddau ryfel a lladmerydd pybyr rhyddfrydiaeth ddiwinyddol ac efengyl gymdeithasol y cyfnod. Canolbwyntir ar ei farddoniaeth (agwedd ar ei waith a anwybyddir fel arfer) a'r neges grefyddol sy'n amlwg ynddi. Yna ceir pennod yn trafod barn wahanol Thomas Rees ac R. Tudur Jones ynghylch athrawiaeth yr Ysbryd Glân – pwnc a gafodd driniaeth weddol drylwyr gan y ddau ddiwinydd hwn. Ym mhennod deuddeg, nodir bywyd a chyfraniad R. Tudur Jones fel hanesydd, diwinydd a chenedlatholwr. Gosodir ei gyfraniad mewn cyd-destun ehangach trwy amlinellu hanes Ymneilltuaeth yng Nghymru, mudiad a arweiniodd am gyfnod o ddeugain mlynedd.

Mae'r bennod olaf yn rhoi cipdrem yn ôl dros y canrifoedd i ofyn yn fras beth oedd cyfraniad Ymneilltuaeth. Yna gofynnir am y presennol a beth all ei thystiolaeth fod ar gyfer y dyfodol.

Oherwydd i'r penodau hyn gael eu hysgrifennu ar wahân i'w gilydd, ac iddynt ymddangos ar brydiau gwahanol, bydd rhywfaint o ailadrodd wrth iddynt drafod y tair thema a gydnabuwyd uchod, sef dylanwad rhyddfrydiaeth ddiwinyddol, twf y mudiad llafur a'r datgysylltu rhwng diwylliant Cymru a'r capeli. Ond credir y buasai'n well i'r penodau gadw eu hannibyniaeth a sefyll fel astudiaethau gwahanol na cheisio symud a llyfnhau'r ailadrodd hwnnw. Gofynnir felly am amynedd a dyfalbarhad y darllennydd yn hyn o beth.

Yn wreiddiol, ymddangosodd y penodau fel a ganlyn, a nodaf hefyd fy niolch a'm gwerthfawrogiad i olygyddion y cylchgronau gwahanol am roi eu caniatâd i mi gynnwys yr ysgrifau yn y gyfrol hon. Rwy'n ddyledus i'r *Traethodydd* a'i olygydd Dr Brinley Roberts am ganiatáu i mi ailgyhoeddi pennod 1, pennod 9 a phennod 11; i'r Dr Alun Tudur a'r Dr Geraint Tudur, cyd-olygyddion *Y Cofiadur* am ganiatáu i mi ddefnyddio pennod 3; i'r Parchg D. Hugh Matthews, golygydd *Trafodion Cymdeithas Hanes y Bedyddwyr* am bennod 6; i'r Dr Huw Glyn Williams, golygydd *Trafodion Cymdeithas Hanes Sir Gaernarfon* am bennod 8 a phennod 12, er i mi ymhelaethu rywfaint fan hyn ar y fersiwn flaenorol; y Parchg Olaf Davies, golygydd *Cristion* am bennod 13.

Hoffwn ddiolch i'r canlynol hefyd a fu o gefnogaeth di-hafal wrth baratoi'r ysgrifau. Yn gyntaf, diolchaf i Meg Elis am ei chymorth gyda Chymraeg pennod 1 a phennod 12, a Glenda Carr am ei chymorth tebyg gyda phennod 3. Darllenwyd pob pennod, rhywbryd neu'i gilydd, gan yr Athro D. Densil Morgan. Heb ei gymorth parod a'i gefnogaeth barhaus, ni fyddai'r casgliad hwn wedi gweld golau dydd. Darllenwyd y teipysgrif cyfan gan y Parchg John Gwilym Jones. Llafuriodd yn ddyfal ac yn ofalus, a mawr yw fy nyled iddo am fy nghynorthwyo gydag ystwythder mynegiant a diffyg cysondeb rhwng y penodau. Heb gymorth a chefnogaeth y bobl hyn i gyd ni fyddwn i wedi meiddio cyhoeddi'r gyfrol hon. Maent yn gyfrifol i raddau am unrhyw rinwedd sydd yn y llyfr. Ond myfi yn unig sy'n gyfrifol am y gwallau sydd yma o hyd. Hoffwn ddiolch i swyddogion ac aelodau Adran Ddiwinyddol Urdd Graddedigion Prifysgol Cymru am ddyfarnu grant sylweddol er mwyn sicrhau cyhoeddi'r gyfrol hon. Yn hyn o beth y mae'r Adran yn cyflawni un o'r tasgau a fu yn bwysig iddi erioed, sef cynhyrchu cyfrolau ar bynciau crefyddol a diwinyddol yn y Gymraeg. Rwy'n falch o'm cysylltiad â'r Adran, ac yn ddiolchgar am ei haelioni. Yn olaf, hoffwn ddiolch i June Jones a Maldwyn Thomas yng Ngwasg y Bwthyn am eu parodrwydd i gyhoeddi'r gyfrol.

Cyflwynaf y gyfrol hon i fy mrawd a'i wraig a'u mab am eu bod hwythau hefyd, i ryw raddau, yn Anghydffurfwyr, er eu bod yn perthyn mwy i'r unfed ganrif ar hugain na'r ugeinfed ac yn fwy i'r traddodiad hwnnw fel y'i mynegir yn Lloegr nag yng Nghymru. Iddynt hwy mae fy niolch am groeso aml ar eu haelwyd. Bydded iddynt bregethu ac ymgorffori'r egwyddorion Anghydffurfiol am yn hir eto.

---

1. Michael R. Watts, *Why Did the English Stop Going to Church?* (Llundain, 1995).
2. Gw. R. Tudur Jones, *Ffydd ac Argyfwng Cenedl: Hanes Crefydd yng Nghymru 1890-1914: I Prysurdeb a Phryder* (Abertawe, 1981), pennod 7; hefyd *II Dryswch a Diwygiad* (Abertawe, 1982), pennod 2.
3. Gw. Robert Pope, *Building Jerusalem: Nonconformity, Labour and the Social Question in Wales, 1906-1939* (Caerdydd, 1998).
4. Paratowyd yr adroddiad gan Gwynfor Evans, Pennar Davies, Alwyn D. Rees a Trebor Lloyd Evans.
5. Mae Rowan Williams yn dilyn y themâu hyn yn 'The Churches of Wales and the Future of Wales', *Trafodion Anrhydeddus Gymdeithas y Cymmrodorion* (2001), tt.151-160.

1

DADFYTHU 'DIWYGIAD EVAN ROBERTS'*

Prin bod yr un o ddigwyddiadau'r ugeinfed ganrif yng Nghymru wedi ennyn ymatebion mor amrywiol ag a wnaeth Diwygiad 1904-5. I rai, roedd yn drobwynt a'u llanwodd â gobaith newydd a mwy o lawenydd bywyd wrth iddynt gael tröedigaeth i'r ffydd Gristnogol. Adlewyrchir eu hagwedd yng ngeiriau Mabel Bickerstaff a gyhoeddodd ei llyfr i blant am y Diwygiad dan y teitl 'something wonderful happened'.[1] Er nad oedd Eifion Evans yn hollol anfeirniadol am rai o'i agweddau, roedd yntau'n telynegu am y Diwygiad: 'yn ei ddechreuadau, yr oedd cymaint o bresenoldeb Duw, yn ei estyniad cyn lleied o gynllun dyn; yr oedd ei effeithiau mor amlwg yn oruwchnaturiol, a'i ffrwythau mor ëglur yn sanctaidd, na allai neb yn rhesymol wadu ei ffynhonnell ddwyfol.'[2] Adleisiodd H. Elvet Lewis (Elfed) hyn pan alwodd y Diwygiad yn 'don – mwy o lanw – nac yn llifeiriant ysgubol, nad oes iddo enw cyffredin, nac esboniad bydol.'[3] I eraill, trychineb oedd y Diwygiad, 'caniad olaf yr hen draddodiad crefyddol',[4] a wnaeth y cymoedd diwydiannol 'bron yn amhosibl eu cyrraedd gan unrhyw ymyrraeth ddwyfol pellach,' yn ôl Donald Gee.[5] Cyfeiriodd R. Tudur Jones yntau ato braidd yn negyddol: 'Y mae rhywbeth yn alarnadol yn hytrach nag yn greadigol o gwmpas y Diwygiad hwn; nid pwerau ysgytiol yn cychwyn cyfnod newydd yn hanes Cristionogaeth Gymreig . . . ond hen bwerau'n siglo'r genedl ar ddiwedd cyfnod.'[6] Nid pegynu yn unig rhwng y negyddol a'r positif a geir chwaith, ond hefyd gwelir difaterwch gyda David Williams a

* Cyhoeddwyd yr ysgrif hon yn wreiddiol yn *Y Traethodydd* CLIX/670 (2004), tt. 133-152.

Philip Jenkins ill dau heb sôn o gwbl am y Diwygiad yn eu cyfrolau ar hanes y Gymru fodern.[7]

Er gwaethaf y pegynu barn hwn, mae'n wir dweud i gof gwerin aros drwy gydol yr ugeinfed ganrif am y Diwygiad gyda threigl amser yn addurno llawer arno, gan lynu at y gobaith y deuai adfywiad arall yn ei dro i chwythu anadl einioes i gorff claf Anghydffurfiaeth. Yn y bennod hon, byddwn yn edrych ar nifer o agweddau sy'n perthyn i'r cof gwerin hwn, ac yn gofyn a oes iddynt lawer o sylfaen yn nigwyddiadau rhyfeddol 1904-5.

'Diwygiad Evan Roberts'

Yn ôl Kenneth O. Morgan, 'Yn Hydref 1904 cychwynnodd cyn-löwr ifanc, Evan Roberts, symudiad diwygiadol yng Nghasllwchwr ger Llanelli, a dyfodd yn fuan i faintioli enfawr.'[8] Adlewyrchu'r un farn a wnaeth Gwyn A. Williams: 'Ysgubodd Diwygiad Evan Roberts, gan gychwyn o Gasllwchwr ar y ffin rhwng Morgannwg a Chaerfyrddin yn Nhachwedd 1904, dros Gymru am ddeunaw mis gan effeithio yn arbennig ar dde Cymru.'[9]

Myfyriwr oedd Evan Roberts (1878-1951) yn yr ysgol ragbaratoawl yng Nghastellnewydd Emlyn a'i fwriad ar fynd i'r weinidogaeth ordeiniedig pan deimlodd alwad i ddychwelyd i'w gartref yng Nghasllwchwr ac arwain cyfarfod gweddi pobl ifanc. Dyma a wnaeth ar 31 Hydref 1904 ac, o gofio pa mor enwog y tyfodd fel arweinydd diwygiadol a'r ffaith iddo arwain cyfarfodydd cynyddol ddwys yn ardaloedd Casllwchwr a Gorseinon ac yna yng nghymoedd Tawe, Nedd, Cymer a'r Rhondda, prin ei bod yn syndod i rai gofnodi dechreuadau'r deffro ar y dyddiad hwnnw. Mae hyn yn arbennig o wir ym meddwl y cyhoedd, a dywed un sylwebydd mai gyda gweithgaredd Roberts y daeth y ' Diwygiad yn "eiddo cyhoeddus" fel "Diwygiad Evan Roberts".'[10] Er hynny, ni fuasai'n gywir edrych ar Evan Roberts fel symbylydd y Diwygiad.

Fe wyddom fod llawer o weithgaredd diwygiadol, a chryn ymateb, yn ystod y ddwy flynedd cyn hyn. Nododd Rosina Davies, a ddaeth yn hysbys yn ystod 1904-5 am ei chanu, am 1903 fod 'y llanw'n codi ym mhobman, ac yr oedd deffroad ysbrydol a'i gwnaeth yn rhwydd a dymunol i bregethu a chanu'r efengyl'.[11] Hawliodd Seth Joshua, un o efengyleiddwyr nodedig Symudiad Ymosodol y Methodistiaid

Calfinaidd, mai 1903 oedd blwyddyn fwyaf ryfeddol ei fywyd.[12] Honnodd F. B. Meyer, yn egotistaidd braidd, iddo fod yn amlwg yn nechreuad y Diwygiad Cymreig. Bu'n pregethu yng Nghymru yn ystod Awst 1903 mewn gwasanaeth a ffrwydrasai yn olygfeydd gorfoleddus o lawenychu. Gwrthododd John Cynddylan Jones, patriarch y Methodistiaid Calfinaidd, yr honiad hwn.[13]

Ceisiasai Joseph Jenkins, y gweinidog Methodistaidd yn y Ceinewydd, a'i nai John Thickens yn Aberaeron, trwy gydol y flwyddyn i dorri drwy ffurfioldeb gwasanaethau'r capel. Gydag ymdeimlad dwys o'u hannheilyngdod eu hunain, tynasant ar ddysg sancteiddrwydd mudiad Keswick, gan weld ymateb ymhlith pobl ifanc eu heglwysi a ddechreuodd efengylu yn yr ardal.[14] I'r deuddyn hyn, ym mis Chwefror 1904 y dechreuodd y Diwygiad mewn gwirionedd. Erbyn haf 1904, dywedwyd bod Sir Aberteifi yn wenfflam, ac yn un o gyfarfodydd Joseph Thickens, a anerchwyd gan Seth Joshua, y dechreuodd Evan Roberts deimlo'r alwad i bregethu ac efengylu.

Er hynny, roedd y Diwygiad eisoes ar gerdded, yn enwedig, er nad yn unig, ymhlith y Bedyddwyr mewn mannau megis Aberdâr, y Pîl, Pen-coed, Aberpennar, Merthyr Tudful, Dowlais a Chwm Rhondda[15] a hefyd yn Llangefni a'r Ponciau yng Ngogledd Cymru cyn i Roberts gychwyn ei genhadaeth.[16] Nododd *Y Goleuad* ym mis Gorffennaf 1904 fod diwygiad i'w weld 'mewn llawer man'.[17] Nododd y *Caernarvon and Denbigh Herald* ym mis Rhagfyr 1904, fisoedd lawer cyn i Evan Roberts ymweld â Gogledd Cymru, yr 'ymddengys y Diwygiad crefyddol fel petai yn lledu'n gyflym drwy Ogledd Cymru. Cynhelir cyfarfodydd ym mhob tref, ond odid.'[18] Roedd arweinwyr eraill yn rhan o ledaenu'r Diwygiad. Crybwyllwyd Joseph Jenkins, John Thickens, Rosina Davies a Seth Joshua eisoes. Ond hefyd roedd y gweinidog a'r pregethwr ffwndamentalaidd R. B. Jones, Porth (a oedd, fe honnwyd, yn ail yn unig i Evan Roberts o ran pwysigrwydd lledaenu'r Diwygiad), yr esboniwr Beiblaidd a'r athro nodedig W. W. Lewis, Caerfyrddin, a Nantlais Williams yn Rhydaman a ildiodd y cyfle am weinidogaeth grwydrol er mwyn meithrin y rhai gawsai drōedigaeth yn ei eglwys leol, Bethany.[19] Rhaid oedd i hyd yn oed Eifion Evans, a gysylltodd y Diwygiad fwy na neb, efallai, gydag Evan Roberts, gyfaddef mai rhan fechan yn unig a chwaraeodd Roberts ynddo. 'Mewn ardaloedd oedd gryn bellter ar wahân,' ysgrifennodd, 'lle nad oedd ei enw [Evan

Roberts] eto wedi dod i enwogrwydd ac ar adegau cyn i'r prydau hynny pryd disgynnodd y tân . . . Yr oedd tystiolaethau diymwad o weithgaredd duwiol anarferol.'[20]

Pam, felly, bod y Diwygiad mor llwyr gysylltiedig ym meddyliau pobl gydag Evan Roberts? Yn sicr, bu'r dirgelwch a oedd yn rhan o'i ddull o arwain cyfarfodydd, ei bersonoliaeth charismataidd ef ei hun, a'r sgandal a enynnwyd ym meddyliau rhai pobl ynghylch ei gymdeithion benywaidd, oll yn fodd i gysylltu'r Diwygiad i gymaint graddau ag ef yn anad neb. A chyfrannodd hyn oll at ddiddordeb y cyfryngau ynddo. Yn wir, roedd 'Diwygiad Evan Roberts' yn bendant yn gynnyrch y cyfryngau. Gan i'r *Western Mail* a'r *South Wales Daily News* ill dau ddechrau ymddiddori yn y Diwygiad o'r cyfarfodydd dan ei arweiniad ef ar 11 Tachwedd, prin ei bod yn syndod iddynt briodoli ei ddechreuadau yn llwyr i Evan Roberts. Cofnododd y *Western Mail* 'mai anghywir hollol yw dweud fod symudiad diwygiadol yng Nghymru cyn y cyfarfodydd a gynhaliwyd gan Mr Roberts a'i gyfeillion yng Nghasllwchwr'.[21] Mewn adroddiad arall, awgrymodd y *Western Mail* mai 'unig destun sgwrs ymhlith pob dosbarth a sect yw "Evan Roberts". Mae hyd yn oed ystafelloedd y tai tafarnau yn ymroi i drafod tarddiad y pwerau sy'n eiddo iddo.'[22] Gyda chymaint pwysau o du'r cyfryngau, naturiol ddigon oedd i Roberts ddod yn ganolbwynt y fath ddiddordeb ac yn haf 1905 aeth ati yn frwd i amddiffyn ei ran ef yn y Diwygiad.

> Nid myfi ydyw ffynhonnell yr adfywiad hwn. Nid wyf ond un gweithiwr yn yr hyn sydd yn cynyddu i fod yn llu. Nid myfi sydd yn symud calonnau dynion ac yn newid eu bywydau; ond 'Duw sydd yn gweithio trwof fi'.[23]

Er gwaethaf y diddordeb a ddangoswyd yn y diwygiwr ifanc, ac er gwaethaf y ffaith mai ef a daniodd y Diwygiad yng Nghasllwchwr,[24] Gorseinon a Threcynon (lle teithiasai ar 13 ac 14 Tachwedd ar ei daith genhadol gyntaf), rhagflaenodd cynnwrf y Diwygiad ef ar ei waith cenhadol o hynny ymlaen[25] – er yr erys yn wir bod disgwyl eiddgar am ei ddyfodiad mewn llawer man.

Erbyn diwedd 1904, roedd y Diwygiad wedi lledaenu drwy Gymru benbaladr. Nid oedd cornelyn o'r wlad, o'r De i'r Gogledd, nad oedd wedi ei gyffwrdd ag arwyddion o dân y Diwygiad. Bu llawer o unigolion yn flaenllaw wrth arwain cyfarfodydd diwygiadol, ac roedd rhai cyfarfodydd yn cael eu nodweddu'n fwy gan ymwneud byrfyfyr y gynulleidfa na chan gyfraniad yr arweinyddion a'r gweinidogion. Eto, erbyn hynny, cysylltid y Diwygiad hefyd yn annatod ag enw Evan Roberts, ac felly y byddai pethau yn parhau, er na fu ef yn bresennol ond yn rhyw ddau gant a hanner o'r degau o filoedd o gyfarfodydd a gynhaliwyd.[26]

Evan Roberts, yr efengylwr distaw?

Un o bileri'r chwedloniaeth boblogaidd yw'r gred am ddiffyg pregethu yn ystod y Diwygiad. Mae'n siŵr i'r syniad hwn godi oherwydd y pwyslais ar ganu cynulleidfaol (er i Roberts ar lawer achlysur roi taw ar y canu a dweud wrth y gynulleidfa am weddïo mwy), gweddi a chyffesu cyhoeddus. Nododd Elfed fod hyn yn digwydd yn aml yn Ne Cymru, ond, yn y Gogledd, fod y bregeth yn dal yn bwysig. Yn Rhosllannerchrugog, er enghraifft, cyrhaeddodd y Diwygiad a ffynnu heb gymorth gan Evan Roberts a chadwodd y bregeth ei phwysigrwydd.

Er gwaethaf ei bwyslais ar weddi, mae'n bwysig nodi hefyd fod Evan Roberts weithiau yn siarad am hyd at awr ar y tro. Dyma'i adroddiad am ei gyfarfod cyntaf yng nghapel Moriah: 'Bwriadwn aros am dair neu bum' munyd; ond gorfu i mi aros dair awr, a chefais nerth yr Ysbryd i lefaru am yr holl amser hyn bron yn "ddi-stop".'[27] Yn ystod ei daith genhadol gyntaf (rhwng 12 Tachwedd a 24 Rhagfyr 1904), anerchodd naw deg a thri o weithiau. Cytunai pawb nad oedd Roberts yn bregethwr yn y traddodiad Anghydffurfiol Cymreig. Disgrifiodd y *Western Mail* ei ymddygiad mewn cyfarfod fel a ganlyn:

> The preacher, too, did not remain in his usual seat. For the most part he walked up and down the aisles, open Bible in hand, exhorting one, encouraging another, and kneeling with a third to implore a blessing from the Throne of Grace.[28]

Er mai sylwebydd braidd yn sbeitlyd oedd Vyrnwy Morgan, dywedodd na fyddai enw Roberts yn 'linked with eloquence, with erudition, with knowledge or with any great truth . . . Evan Roberts will count . . . for nothing in the pulpit . . .'[29] Beth amser yn ddiweddarach, cofiai D. J. Evans fod Roberts yn anodd i'w ddilyn, a heb fod yn meddu ar ddawn siarad cyhoeddus.[30] Dywedai Elfed ei fod yn siaradwr tawel a phwyllog.[31] Aeth y *Western Mail* ymlaen i ddweud 'his language . . . is extremely colloquial and it can't be truly said that what he says is above the commonplace.'[32] Eto, 'there are no sprightly sentences, no sparkling epigrams, no melting intonations of the voice, but he speaks sense and to the point.'[33] Yn wir, awgryma'r dystiolaeth nad o'i bregethu y ffrwydrodd teimladrwydd y cyfarfodydd diwygiadol (fel y gwnaeth gyda Jonathan Edwards a George Whitefield, er enghraifft, mewn cyfnod blaenorol) ond mai wedi iddo orffen siarad yn unig y digwyddodd hyn.

Tueddai anerchiadau Roberts i bwysleisio 'y pedwar amod' ar gyfer Diwygiad:

1. Os oes rhyw bechod neu bechodau yn y gorphenol *heb* eu cyffesu, nis gallwn gael yr Ysbryd. Gan hyny rhaid i ni chwilio a gofyn i'r Ysbryd ein chwilio. 2. Os oes rhywbeth amheus yn ein bywyd, *rhaid* ei symud, – rhywbeth y dywedwn am dano na wyddom pa un a yw yn iawn ai peidio. *Rhaid* symud y peth hwn. 3. Llwyr ymaberthiad i'r Ysbryd. *Rhaid* i ni *wneyd* a *dyweyd* pob peth a ofyna Efe genym. 4. Cyffes gyhoeddus o Grist.[34]

Roedd y pwyslais ar gyffesu pechodau yn gosod Roberts yn gadarn yn nhraddodiad efengylaidd Cymreig diwygwyr y ddeunawfed ganrif, er bod ymdeimlad hefyd o ddysg sancteiddrwydd mudiad Keswick, oherwydd gwelir pechod yn bennaf mewn termau moesol yn hytrach nag fel math o rwystr ontolegol i berthynas â Duw. Ond yr hyn sydd fwyaf arwyddocaol yw'r ymdeimlad y deuai Diwygiad petai'r amodau iawn yn bodoli. Rhoes hyn ef ar yr un tir â'r diwygiwr Americanaidd Charles G. Finney ynghylch Diwygiad, a hwyrach hefyd y tu hwnt i draddodiad y diwygiadau Cymreig. I Finney, os defnyddir y dulliau cywir, daw diwygiad yn eu sgîl. Golygai hyn bwyslais ar weddi ac ar gyhoeddi neges y Beibl. Fel y nododd R. Tudur Jones, 'yr oedd rhywbeth yn nysgeidiaeth Finney a oedd yn od o debyg i dechneg i greu diwygiadau yn ôl y gofyn.'[35] Gwelai'r rhan fwyaf o bregethwyr Cymreig yn y bedwaredd ganrif ar bymtheg ddiwygiad fel digwyddiad dirgel oedd yn llwyr ddibynnol ar ras Duw ac na ellid, felly, ei warantu hyd yn oed petai pobl Dduw yn taer weddïo amdano.

Ymddengys mai'r hyn a oedd yn ganolog i neges Roberts yn ystod cyfarfodydd y Diwygiad oedd cariad Crist at bechaduriaid. Nododd Elfed mai *'Dies caritatis'* yn hytrach na *'Dies irae'* oedd y Diwygiad.[36] Er i Roberts, pan oedd yn fyfyriwr, gael gweledigaeth ddychrynllyd o uffern, cofnodwyd iddo ddweud wrth ei gynulleidfaoedd nad 'dod i'w brawychu a wnaethai drwy bregethu am ddychryniadau damnedigaeth dragwyddol'. Yn wir, hyn sy'n ei wneud yn wahanol i ddysgeidiaeth Jonathan Edwards, George Whitefield a Howell Harris. Ymddengys fod y golygfeydd emosiynol a oedd yn mynd law yn llaw â'u pregethu hwy wedi eu hysbrydoli gan fygythiad cosb dragwyddol. Roedd Roberts, fodd bynnag, yn credu bod 'cariad Crist yn ddigon cryf i dynnu'r bobl ato.'[37] Ac eto, yn ystod y cyfarfodydd cynnar, roedd ei neges nid yn gymaint yn Grist-ganolog ag yn Ysbryd-ganolog, canlyniad i ddylanwad y mudiad Sancteiddrwydd, yn enwedig dysgeidiaeth Keswick. Pwysleisiai'r angen i Gristnogion gael eu grymuso drwy fedydd yr Ysbryd.

Wrth i amser fynd heibio, daeth anerchiadau Roberts i ymboeni fwyfwy am annog ei gynulleidfaoedd i weddïo. Cynghorodd ei gyfaill Sidney Evans, a oedd hefyd yn cynnal cyfarfodydd diwygiad, y dylai esbonio'r 'pedwar amod' ar gyfer diwygiad ac yna gwahodd y sawl oedd yn cyffesu Crist i aros ar ôl ac ailadrodd y weddi hon yn eu tro:

1. Anfon yr Ysbryd yn *awr*, er mwyn Iesu Grist.
2. Anfon yr Ysbryd yn *rymus* yn awr, er mwyn Iesu Grist.
3. Anfon yr Ysbryd yn *fwy grymus* yn awr, er mwyn Iesu Grist.
4. Anfon yr Ysbryd *yn rymusach* yn awr, er mwyn Iesu Grist.[38]

Nid oedd cyffesu yn ddigon, felly. Roedd angen bedydd yr Ysbryd ar bob crediniwr. Er i Roberts ar y dechrau weld presenoldeb yr Ysbryd fel rhywbeth a oedd yn gyfystyr â chryn emosiwn yn y cyfarfodydd – rhywbeth y daeth yn nes ymlaen i'w ystyried yn gamddealltwriaeth a hybwyd gan ysbrydion drwg oedd yn gosod yr hunan yn y canol – byddai ei bwyslais ar yr angen am adfywiad ysbrydol yn parhau drwy gydol y Diwygiad.

Ei ymgyrch yn Lerpwl, ei bedwaredd daith, a ddigwyddodd rhwng 28 Mawrth ac 19 Ebrill 1905, a roes fod i'r gred mai anaml y byddai Evan Roberts yn pregethu. Yn ystod y cyfnod hwnnw, byddai'n aml yn eistedd yn ddistaw yn y pulpud. Cofnodwyd hyn yn lleol mewn erthygl dan y teitl 'The Silent Evangelist'.

> Mr Evan Roberts has invented a new kind of revival meeting. For an hour and a quarter he took no part in the proceedings. He said nothing, and I am not sure that he was even visible to a considerable portion of the audience.[39]

Esbonia Eifion Evans hyn drwy hawlio mai 'gweinidogaeth doniau' yn hytrach na 'gweinidogaeth y Gair' oedd gan Evan Roberts. Ei nod oedd cael cynulleidfa y sawl oedd eisoes yn yr eglwys i blygu i ewyllys Dduw drwy gyffesu eu pechod. Unwaith iddynt wneud hyn, credai y deuai'r Ysbryd Glân arnynt a'u galluogi i fynd allan i'r byd a 'gwneud disgyblion o'r holl genhedloedd'. Os byddai tystiolaeth mewn cynulleidfa fod y broses hon wedi digwydd, ni theimlai'r angen i siarad.[40] Credai Elfed fod distawrwydd Roberts yn ganlyniad i'r pwyslais gormodol a roddwyd ar y diwygiwr gan y cyfryngau a'r cyhoedd yn gyffredinol. Adwaith ydoedd i'r 'awyrgylch chwilfrydedd pur' a ymgasglodd yn fuan o'i gwmpas.[41]

Yn sicr roedd i'r cyfarfodydd diwygiad rai nodweddion allweddol. Caent eu harwain yn aml gan bobl ifanc, ac roeddent yn nodedig oherwydd eu natur ddigymell a'r chwalu ar hen ragfuriau ffurfioldeb. Rhoddwyd pwyslais mawr ar weddi a chyffesu agored. Ac fe fyddai golygfeydd o dryblith emosiynol mawr. Credai Roberts fod y ffordd y cynhaliai ef y cyfarfodydd ynddo'i hun yn fynegiant o ufudd-dod i orchmynion yr Ysbryd – rhywbeth a bwysleisiai fel peth pwysig er mwyn cael diwygiad. Nid oedd yn paratoi ymlaen llaw beth a ddywedai; roedd y cyfan yn ymateb ar y pryd i orchymyn yr Ysbryd. Serch hynny, roedd ganddo olwg unigolyddol iawn ar ddiffinio arweiniad yr Ysbryd.

Teimlai rhai fod perffaith gyfiawnhad i hyn. Yn ôl un sylwedydd: '[the] subjectivism in his principle of guidance was not without its safeguards. It was consistently applied, even though its application might appear arbitrary and erratic to others.'[42] Ar y llaw arall, tueddu i anghymeradwyo'r duedd hon a wnaeth R. Tudur Jones: 'Ychydig a olygai cymun y saint mewn eglwys iddo ac felly ni ddeallai werth ymgynghori â chyfeillion i gael gweld pa arweiniad yr oeddynt hwy'n ei gael.'[43] Yr argraff a geir yw o rywun unig: dyn a oedd yn argyhoeddedig o'i alwad ddwyfol ac o'r cyfarwyddyd a dderbyniai.

Cyflwr meddwl Evan Roberts

Er bod 'Diwygiad Evan Roberts' yn fwy o gynnyrch gormodedd y cyfryngau ac o olion cof gwerin nac o realiti'r sefyllfa ym 1904-5, mae'n bwysig serch hynny ystyried y diwygiwr a'i gyfraniad. Mae hyn yn arbennig o wir o ystyried y ffordd y pardduwyd y cof amdano mewn rhai cylchoedd am ei ansefydlogrwydd a'i gwendid meddyliol. Fel y dywedodd un hanesydd, roedd Roberts yn 'strange mystical figure of doubtful sanity at the end'.[44]

Ar y pryd, rhoddwyd cryn bwyslais ar 'normalrwydd' Evan Roberts. Fe'i ganed ar 8 Gorffennaf 1878 yng Nghasllwchwr a chafodd blentyndod normal (i'r graddau y gellir ystyried achub dau o'i gyfeillion rhag boddi yn normal). Gweithiodd yn y gweithfeydd glo yn ei bentref genedigol ac ym Mlaengarw ac Aberpennar cyn dod yn brentis gof ym Mhenllergaer gyda'i ewythr. Ond rhoddwyd cryn bwyslais hefyd ar y nodweddion eithriadol a oedd gan Evan Roberts. Roedd yn llanc duwiol a dreuliai lawer o'i amser mewn gweddi, ac ymddengys iddo gael profiadau cyfriniol. Mae un profiad o'r fath yn ymwneud â derbyn darn o bapur gan Dduw gyda'r ffigur 100,000 wedi ei ysgrifennu arno – digwyddiad a roes fod i'r gred yn nes ymlaen y byddai 100,000 yn derbyn tröedigaeth yn ystod y Diwygiad. Am fisoedd cyn iddo gymryd rhan yn y Diwygiad hawliai y byddai'n cael ei ddeffro am un y bore a'i 'gymryd i fyny i gyfeillach dduwiol' am bedair awr. Byddai wedyn yn cysgu o bump tan naw cyn cael yr un profiad eto.[45] Roedd yn chwannog i brofi gweledigaethau, a gweledigaeth ohono yn siarad â'r bobl ifanc yng Nghapel Moriah, ei fam-eglwys yng Nghasllwchwr, a'i cymhellodd i ddychwelyd adref o ysgol John Phillips yng Nghastellnewydd Emlyn. Weithiau, yn wir, rhaid dweud nad oedd ei ymddygiad yn ddim llai nag od. Arferai ysgrifennu problem ar bapur, gadael y papur yn gorwedd ar Feibl agored a gadael yr ystafell er mwyn i'r Ysbryd Glân ysgrifennu ateb. Cofnodwyd bod ei letywraig yng Nghastellnewydd Emlyn am ei hel o'r tŷ oherwydd ei bod yn amau nad oedd yn ei iawn bwyll.[46] Yn groes i'r farn a ddyfynnwyd uchod, roedd amheuon am gyflwr meddyliol

Roberts cyn iddo gychwyn ar ei waith fel diwygiwr yn ogystal ag yn ystod y gwaith hwnnw ac ar ôl iddo gilio o olwg y cyhoedd.

Nid oedd amheuaeth fod ei ieuenctid yn beth deniadol i lawer. 'His smile lights up his face. He has a pleasant face, rather boyish, perhaps, long and thin and clean shaven, and topped with wavy brown hair'.[47] Disgrifiodd llawer ef mewn termau charismataidd. Dywedodd William Morris, Treorci, fod llygaid Roberts wedi treiddio i'w enaid.[48] Bu Hugh Williams, Amlwch, yn dyst i ddigwyddiad rhyfedd pan ysgydwodd law ag Evan Roberts: 'Teimlwn rywbeth yn symud oddi wrtho i'm holl gorff a'm henaid',[49] profiad a rannwyd gan John Williams, Brynsiencyn.[50]

Y duedd hon tuag at y cyfriniol, a'r ffordd ddirgel yr oedd rhai pobl yn synio am y diwygiwr ac yn ei ddisgrifio, oedd yn peri i bobl ddechrau codi amheuon am bwyll Roberts, a beirniadu ei gyfraniad i'r Diwygiad. Mor gynnar â'i ail daith genhadol rhwng 28 Rhagfyr a 2 Chwefror pryd yr ymwelodd â chymoedd Tawe a Nedd yn ogystal â Merthyr Tudful, dechreuwyd gweld ei sgiliau i ragweld y dyfodol; cafodd hyn ei drafod, ac fe bryderai rhai amdanynt. Yn Bethany ar 23 Ionawr 1905 hawliodd fod dau yn y Sedd Fawr a oedd yn 'diffodd yr Ysbryd'.[51] Ym Mhontmorlais, Merthyr, ar 29 Ionawr, hysbysodd y gynulleidfa fod dau yn bresennol nad oeddent yn siarad â'i gilydd yn dilyn ffrae, a'u bod yn rhwystr i addoliad.[52] Yng Nghwmafan ar 20 Chwefror hawliodd fod llawer o bobl yn bresennol a oedd yn anufuddhau i'r Ysbryd. Dylent edifarhau fel y gallai'r cyfarfod fynd rhagddo, a bendith ddod. Y diwrnod canlynol, gwnaeth ei honiad mwyaf beiddgar ac un y byddai'n cael ei feirniadu'n hallt am ei wneud. Hawliodd fod 'enaid colledig' yn bresennol ac nad oedd pwynt gweddïo dros yr enaid hwnnw am ei fod yn golledig am byth. Wedi'r cyfarfod hwnnw, aeth Roberts i'w 'wythnos o ddistawrwydd', a'i unig gyswllt oedd Annie Davies a ddeuai â bwyd ato.[53]

Mae'n debyg mai un o'r digwyddiadau rhyfeddaf oedd hwnnw yn ystod pedwerydd ymgyrch Roberts yn Lerpwl ar 7 Ebrill pryd y cyhuddodd rywun, yn ystod cyfarfod yn y Sun Hall, Kensington, o geisio ei hypnoteiddio. Mae hwn yn ddigwyddiad rhyfeddol gan iddi ddod yn amlwg y diwrnod canlynol fod Dr Walford Hodie, hypnotydd adnabyddus, yn perfformio yn Theatr y Lyric, ac iddo gyfaddef anfon rhai o'i staff i'r Sun Hall i geisio hypnoteiddio Roberts. Nid oes modd dweud i sicrwydd a oedd hyn yn ddim mwy na thric i ennyn cyhoeddusrwydd, ond mae'n amlwg fod ynddo ddigon o wirionedd i beri i lawer gredu ym mhwerau Roberts.

Parodd y duedd tuag at glirwelediad i Elfed, nad oedd yn sylwedydd gelyniaethus o bell ffordd, ddweud, 'Ychydig iawn o ffydd sydd gennyf yn nefnyddioldeb ei ymarferion telepathig.'[54] Roedd eraill yn fwy llym, gyda Vyrnwy Morgan, Peter Price a Daniel Hughes oll yn cyhuddo Roberts o fod yn dwyllwr, a'r Diwygiad a hybodd o fod yn ffug.[55]

Nid yw'n hawdd gwybod beth i'w ddweud am 'ddoniau' dirnadaeth Roberts. Roedd digon ar y pryd oedd yn credu eu bod yn brawf o allu goruwchnaturiol, yn amlwg wedi eu rhoi gan Dduw i'w broffwyd – ac awgryma'r digwyddiad yn y Sun Hall ei bod yn bosibl fod gan Roberts yn wir fewnwelediad rhyfeddol o'r fath. Ymhellach, tra'r oedd yn Lerpwl, archwiliwyd Roberts gan nifer o feddygon a gyhoeddodd ei fod yn holliach: 'We find him mentally and physically quite sound. He is suffering from the effects of overwork and we consider it advisable that he should have a period of rest.'[56]

Er hynny, prin y gellid gwadu fod peth annifyrrwch ar y pryd, a mwy fyth ers hynny, oherwydd y math hwn o ymddygiad gan Roberts. I gredinwyr, yn enwedig y rhai o ffydd efengylaidd a phentecostaidd ei naws, mae'r annifyrrwch hwn yn rhwym o ddigwydd pan dyr gwirionedd Gair Duw ar draws pechod dyn, ac y mae ffenomen goruwchnaturiol yn dod yn ei sgîl. I eraill, nid oedd yn dangos dim ond ansefydlogrwydd Roberts, y gred nad oedd yn wastad mewn llawn gyswllt â realiti. Cefnogwyd y farn hon gan y ffaith i Roberts yn nes ymlaen fod yn feirniadol iawn o'r Diwygiad am ei bwyslais ar emosiwn a'r hyn a welai ef fel dylanwad pwerau'r fall. Yr hyn a gawn yw darlun o unigolyn trist ac ansefydlog, yn enwedig o ystyried diwedd ei oes.

Mewn rhai ffyrdd, daeth Roberts yn fwy o ddirgelwch wedi iddo gilio o'r llwyfan ym 1905. Ymddengys i'w iechyd dorri toc wedi'r Diwygiad a bu mwy neu lai yn gaeth am gyfnod yng nghartref ei noddwraig, Jessie Penn-Lewis.[57] Dychwelodd i Gymru ym 1925 a threuliodd y rhan fwyaf o weddill ei oes mewn llety yng Nghaerdydd. Er iddo yr adeg honno ymrwymo i gyflawni gweinidogaeth o weddi eiriolaethol, mae peth tystiolaeth o anfodlonrwydd tua diwedd ei oes. Dengys y llyfrau nodiadau o ddegawd olaf ei fywyd ef yn ffigwr unig a chwerw ac, yn rhyfedd iawn, bron heb ddim sêl grefyddol o gwbl. Gweler y rhigwm Saesneg canlynol o'i eiddo, dyddiedig 1 Rhagfyr 1944:

I've changed, I doubt it not, I've changed a lot,
I know I feel a change as great as odd,
To think I have come home and am forgot
As much by kin as I have been by God.[58]

Bu farw mewn cartref nyrsio yng Nghaerdydd ar 29 Ionawr 1951.

Y Diwygiad Cymraeg

Gwnaed llawer o'r honiad fod 1904-5 yn Ddiwygiad *Cymreig*. Dyma a ddywed Kenneth O. Morgan: 'The revival of 1904, the last in Welsh history, remained local to Wales: in spite of the enthusiasm of W. T. Stead, it made little penetration into England.'[59] Diddorol yw nodi bod yr hanesydd gwleidyddol yn beirniadu'r symudiad crefyddol am beidio â chael effaith ddwys ar ochr arall Clawdd Offa. Nid oes unrhyw reswm dros gloriannu manteision neu anfanteision y Diwygiad ar faen prawf o'r fath, ac eithrio, hwyrach, am honiad Evan Roberts ei hun y buasai'r 'Ysbryd a ledaenodd mor helaeth yng Nghymru heddiw yn lledaenu nid yn unig i Loegr ond ledled y byd.'[60]

Ymhellach, camargraff fuasai dweud bod y Diwygiad wedi ei gyfyngu i Gymru. Erbyn diwedd 1904, profasai cymunedau Cymraeg yn Prescot, Sir Gaerhirfryn, Manceinion a Llundain oll gynyrfiadau'r Diwygiad a oedd yn digwydd gartref. Yn wir, roedd yn cael ei deimlo ymysg cynulleidfaoedd Saesneg eu hiaith yn Llundain, Newcastle-upon-Tyne, Caerlŷr, Caer Faddon, Leeds, Bryste, Cernyw, gogledd Dyfnaint, Swydd Derby, Lancaster ac Ynys Manaw.[61] Er bod peth tystiolaeth mai cysylltiad â Chymru a ddygodd y Diwygiad i lawer o'r mannau hyn (byddai diwygiad yn aml yn dilyn ymweliad gan ddiwygiwr Cymreig neu rywun lleol yn dychwelyd wedi cael profiad o'r Diwygiad tra ar wyliau yng Nghymru) roedd tystiolaeth hefyd i ddylanwadau eraill gyfrannu at y Diwygiad megis ymgyrchoedd y diwygwyr Americanaidd R. A. Torrey a C. M. Alexander a'u hymgyrch yn Lerpwl a Llundain ym 1904-5.

Y tu hwnt i Brydain, cafwyd yn ogystal ddiwygiadau yr amser hwn yn India ym Mryniau Casia, ym Madagascar, ymysg alltudion

Cymreig yn yr Unol Daleithiau,[62] De America (ac nid ym Mhatagonia yn unig) yn Ffrainc (lle dangoswyd cryn ddiddordeb yn y Diwygiad Cymreig, yn arbennig gan Henri Bois a Jacques Rogues de Fursac, a chyhoeddodd y ddau astudiaethau gwerthfawr ar y Diwygiad a'i effeithiau[63]), Norwy, Denmarc, yr Iseldiroedd, Silesia, Hwngari, Latfia, Bwlgaria a Rwsia, Algiers, De'r Affrig, Awstralia a Seland Newydd. Hyd yn oed yn y mannau hyn, roedd y dylanwad Cymreig yn glir, fel yn yr Almaen ac ymhlith y Sieciaid a'r Slofaciaid, lle cyfieithwyd emynau Cymraeg i'r ieithoedd brodorol. Roedd yr hyn a gychwynnodd yng Nghymru yn sicr wedi teithio o amgylch y byd.[64] I R. Tudur Jones, 'daw'n amlwg fod y Diwygiad yng Nghymru wedi bod yn gychwyn i ysgytiad ysbrydol enfawr',[65] tra dywedodd Eifion Evans, 'the worldwide impact of the 1904 Revival in Wales was therefore a significant and substantial contribution to the advance of Christianity in the twentieth century. Only faithful nationals and indigenous churches could consolidate that advance.'[66]

Y Tymor Hir

Beirniadodd llawer y Diwygiad am iddo fethu cael unrhyw ganlyniadau hir-dymor. Yn wir, mae'r ffaith y cyfeirir ato fel Diwygiad Cymreig 1904-5 yn awgrymu cyfyngiadau daearyddol ac amseryddol. Mae nifer o bwyntiau y dylid eu hystyried wrth edrych ar effeithiau'r Diwygiad. Yn gyntaf oll, sut mae mesur canlyniadau diwygiad? Gwnaeth Elfed y pwynt hwn yn eithaf effeithiol. 'It would be foolish,' meddai, 'to think that all expectations have been realised; for, to begin with, they were not all lawful expectations. A revival does not finish, it only begins work. It does not build; it supplied material for the building.'[67] Felly, roedd emosiwn a gweithgaredd y cyfnod, byrhoedlog fel yr ydoedd, mewn gwirionedd i rai yn ddull o briodoli gras a newidiodd fywydau. Ystyriwch gwestiynau Gomer M. Roberts wrth iddo gofio a dathlu'r Diwygiad:

> Pwy all roi cyfrif o fendithion parhaol Diwygiad 1904-5? A ellir rhoi swm dedwyddwch teuluol, heddwch cydwybod, cariad brawdol, a santeiddrwydd buchedd mewn tabl? Beth am y dyledion a dalwyd, a'r gelynion a gymodwyd â'i gilydd? Beth am y meddwon a sobrwyd, a'r afradloniaid a ddychwelwyd? A oes

26

dafol a fedr bwyso'r baich o bechodau a daflwyd i lawr wrth droed y Groes?[68]

Bu'r Diwygiad yn fodd i berswadio cryn nifer o bobl eu bod yn cael eu caru, fod iddynt werth, y cawsant faddeuant, ac ni fu eu bywydau byth yr un fath wedyn. Y rhain, am yn agos i ddwy genhedlaeth, fu asgwrn cefn Anghydffurfiaeth Gymreig. Cyfrannodd eu marw hwy at ei dirywiad yn ystod yr ugeinfed ganrif.

Ochr yn ochr â hyn, gellir dweud fod cymunedau cyfain wedi eu trawsnewid, hyd yn oed os mai am gyfnod byr yn unig y bu hyn. Tynnir sylw yn aml at y ffaith fod gostyngiad syfrdanol wedi digwydd mewn euogfarnau am feddwdod yn Sir Forgannwg, o fwy na 100,000 y flwyddyn ym 1903 a 1904 i 8,164 ym 1905 a 5,490 ym 1906. Cafwyd gostyngiad o 6 y cant hefyd mewn euogfarnau am droseddau eraill. Ym Mhen-y-Bont ar Ogwr, roedd nifer cyfrannol yr achosion yn Llys yr Heddlu wedi disgyn o 29 cyn y Diwygiad i ddau yn ystod y Diwygiad ac yn syth wedyn.[69]

Mae ffeithiau cymdeithasol y Diwygiad wedi troi'n chwedloniaeth. Byddai timau chwaraeon yn llosgi eu hoffer, tai tafarnau yn cau eu drysau, meddwon yn newid eu ffyrdd, glowyr, gweithwyr dur a chwarelwyr yn cynnal cyfarfodydd gweddi cyn y shifft ac yn ystod toriadau, a merlod y pyllau yn peidio â chael eu cam-drin. Gwnaed yn fawr o'r ffaith fod gweithwyr cyffredin yn ymroi fwyfwy i'w gwaith, er nad awgrymwyd erioed y dylai'r rheolwyr fod yn fwy cyfrifol am ran eu gweithlu – rhywbeth a gynyddodd mewn pwysigrwydd wedi'r Diwygiad gyda thwf y mudiad llafur.[70] Mae'n debyg mai dyma un elfen a symbylodd rai i weithredu gwleidyddol yn yr egin-fudiad llafur yn hytrach nag yn yr eglwys yn sgîl y Diwygiad. Cyfaddefodd arweinwyr y glowyr, A. J. Cook, Arthur Horner a Frank Hodges oll iddynt gael eu cynhyrfu ar un adeg gan y Diwygiad, ond iddynt roi'r gorau i grefydd a throi at ffordd fwy ymarferol i drawsnewid cymdeithas.[71] Yn wir, ni chafwyd gwell dealltwriaeth gymdeithasol yn sgîl y Diwygiad ac nid arweiniodd at adfywiad cymdeithasol. I'r rhai a ddaeth i ymwneud ag 'efengyl gymdeithasol', gwneud hynny a wnaethant o'r tu mewn i unigolyddiaeth foesol a welai bob un yn gyfrifol amdano'i hun, wedi'i ysbrydoli gan gariad, a chan gymryd yn ganiataol yr arweiniai hyn at well cymdeithas. O ystyried cyflwr cymunedau diwydiannol ac amaethyddol ar y pryd, roedd y methiant hwn i ymdrin â realaeth bywyd yn wir yn wendid y buasai'r Diwygiad yn arbennig a'r eglwysi yn gyffredinol yn talu'n ddrud amdano.[72]

Effaith amlycaf y Diwygiad oedd cynnydd yn syth yn nifer yr aelodau eglwysig. Pethau llithrig, wrth gwrs, yw ystadegau ac mae modd eu dehongli mewn nifer o wahanol ffyrdd. Dylem felly fod yn ofalus wrth eu defnyddio ac wrth ddod i unrhyw gasgliadau pendant. Y ffigurau hawsaf eu cael yw'r rheini am aelodaeth enwadol. O edrych yn fras arnynt, gwelwyd bod aelodaeth wedi bod yn cynyddu am lawer blwyddyn cyn y Diwygiad. Rhwng 1901 a 1904, cynyddodd aelodaeth y Bedyddwyr o dros 7,000, yr Annibynwyr o fwy na 17,000 a'r Methodistiaid Calfinaidd o dros 24,000. Y blynyddoedd 1904-6 welodd y cynnydd mwyaf: cynyddodd aelodaeth y Bedyddwyr o 24,000 ym 1905 a 3,000 eto ym 1906, yr Annibynwyr o 12,000 ym 1905 a'r Methodistiaid Calfinaidd o ychydig dan 16,000 ym 1905. Fodd bynnag, dechreuodd yr aelodaeth ostwng ym 1906 i'r ddau olaf ac ym 1907 i'r Bedyddwyr, er na fyddai cyfanswm aelodaeth enwadol yn dychwelyd i lefelau cyn-Ddiwygiad tan yr Ail Ryfel Byd.[73]

Mae modd dod i gasgliadau gwahanol o'r ystadegau hyn. Gwnaeth R. Tudur Jones y pwynt nad oedd aelodaeth bellach yn cael ei thrin mor ddifrifol ag y bu yn hanes cynnar Anghydffurfiaeth.[74] Y canlyniad oedd i lawer gael eu gwneud yn gyflawn aelodau ar sail eu profiad emosiynol yn ystod y Diwygiad a heb unrhyw wybodaeth am gynnwys y ffydd Gristnogol nac unrhyw ymdeimlad â'r angen am ymrwymiad. Prin ei bod yn syndod, felly, i'r unigolion hyn gilio unwaith y gwelwyd trai ar y llif emosiynol.

Nid yw ffigyrau aelodaeth yn dweud dim wrthym, chwaith, am bresenoldeb yn y capel. Mynegwyd pryder yn y wasg enwadol mor gynnar â 1907 fod y capeli yn wacach nac y buont. Gellir bod yn sicr nad oedd y capeli yn agos mor llawn ag yr oeddent yn ystod y cyfarfodydd diwygiadol, er mai afresymol fuasai tybio fod Cristnogion Cymru yr adeg honno yn goddef rhesi o seddi gweigion fel y buasent yn gwneud tua diwedd yr ugeinfed ganrif. Ar y cyfan, mae'n amlwg i'r eglwysi yn fuan iawn golli llawer o'r rhai a enillwyd o'r newydd. Gadawodd rhai yr enwadau traddodiadol i fynd i'r neuaddau gospel annibynnol a flodeuodd drwy Gymru yn y blynyddoedd wedi'r Diwygiad ond ni chyfrifir y rhai hynny yn yr ystadegau hyn. Ni chollwyd y bobl hyn o ran ffydd, felly. Fodd bynnag, torrodd eraill eu calonnau a'u dadrithio gan grefydd gyfundrefnol, ac ni roesant droed dros riniog capel byth wedyn. Ond aros yn ffyddlon wnaeth y mwyafrif helaeth a gyffyrddwyd â thân y Diwygiad, gan iddynt brofi adfywiad a'u cyffyrddodd i'r byw. Yn nhrosglwyddo'r tân hwnnw i'r genhedlaeth nesaf y bu'r methiant.

Hwyrach mai effaith mwyaf parhaol y Diwygiad oedd y cyfraniad a wnaeth i ddatblygiad Pentecostaliaeth ym Mhrydain. Pwysleisiai Evan Roberts lawer ar effeithiau emosiynol presenoldeb yr Ysbryd – athrawiaeth a ddaeth yn bwysig yn ddiweddarach mewn Pentecostaliaeth. Nododd Donald Gee, a fu'n ysgrifennydd Cynhadledd Bentecostaidd y Byd, arwyddocâd y Diwygiad drwy ddweud 'faith was rising to visualize a return to apostolic Christianity in all its pristine beauty and power.'[75] Yn sicr, bwriodd y Diwygiad ati i greu enwadau newydd, Pentecostaidd. Gellir awgrymu, yn hanesyddol, fod pob diwygiad wedi arwain at hollt lle mae'r elfennau a adnewyddwyd, er gwell neu er gwaeth, yn hollti oddi wrth yr enwadau sefydledig. Cafodd Daniel Powell Williams dröedigaeth yn un o gyfarfodydd Evan Roberts yng Nghasllwchwr ar ddiwedd Rhagfyr 1904. Glöwr ydoedd, ac yn y gwaith hwnnw yr arhosodd, er iddo, ym 1906, deimlo galwad i bregethu. Ym 1909 daeth i gysylltiad â'r mudiad Pentecostaidd a blwyddyn yn ddiweddarach, codwyd y Gospel Hall efengylaidd newydd yn ei bentref genedigol, Penygroes, Sir Gaerfyrddin, a daeth Williams yn aelod. Yn nes ymlaen, derbyniodd y 'Weledigaeth Apostolaidd' (a'i hargyhoeddodd fod doniau ysbrydol 1 Cor. 12:8-10 ar gael yn yr eglwys fodern ac a'i cadarnhaodd yn ei alwedigaeth bersonol i bregethu'n broffwydol) a gwahanu oddi wrth ei frodyr i ddilyn yr alwad. Arweiniodd hyn at sefydlu'r Eglwys Apostolaidd sydd â'i phencadlys o hyd ym Mhenygroes.[76] Cafodd sylfaenydd Mudiad Pentecostaidd Elim, George Jeffreys, dröedigaeth yn ystod y Diwygiad yn Nantyffyllon. Deng mlynedd yn ddiweddarach, sylfaenodd yr Elim Foursquare Gospel Alliance yn Belffast. Y bwriad gwreiddiol oedd y byddai'n sefydliad ambarél i holl fudiadau Pentecostaidd Prydain, ond fe ddaeth ymhen amser yn enwad ynddo'i hun.

Achosion y Diwygiad

Er nad yw cwestiwn tarddiad y Diwygiad yn wir yn perthyn i gof gwerin, cystal ei grybwyll yn fras yma oherwydd dyma'r un cwestiwn y mae sylwebyddion yn wastad yn ceisio ei wahanu oddi wrth y myth. Sut mae cyfrif am y fath dywalltiad o emosiwn a mynegiant ffydd?

I rai, megis yr hanesydd Basil Hall, deilliodd y Diwygiad o fath o gynnwrf cenedlaethol a fu'n cyniwair byth ers y frwydr dros addysg yn dilyn Deddf 1902, ac fe'i gwelwyd hefyd yn yr ymgyrch i ddatgysylltu'r Eglwys Anglicanaidd yng Nghymru.[77] Gwelodd y cymdeithasegydd C. R. Williams y Diwygiad fel canlyniad argyfwng – argyfwng yr enwadau Cymreig yn dirywio, o ran nifer a dylanwad cymdeithasol, ac anallu'r Anghydffurfwyr i fynd i'r afael â'r broblem gymdeithasol a gwrthdaro llafur.[78] Rhannol wir ar y gorau yw hyn, oherwydd os dyma yn wir a achosodd y Diwygiad, pam na ddigwyddodd peth tebyg wedyn, ac argyfwng Anghydffurfiaeth ond wedi dwysáu? Yn ogystal, dengys ffigurau swyddogol yr enwadau fod cyfanswm yr aelodaeth wedi cynyddu yn y blynyddoedd cyn y Diwygiad. I'r hanesydd o Fedyddiwr T. M. Bassett, ymateb y proletariat oedd y Diwygiad i'r anghyfiawnder a ddioddefai'r gweithwyr yn y Gymru ddiwydiannol, ac anallu unrhyw sefydliad i wneud dim am y peth. Daeth i'r casgliad fod 'gwreiddiau'r Diwygiad yng ngwacter ystyr y gymdeithas gyfoes'.[79]

Nid yw un o'r esboniadau hyn yn hollol foddhaol, fel y dywed R. Tudur Jones mor frathog:

> Y mae dadansoddiadau Basil Hall a C. R. Williams yn annigonol. Mae dau a dau a dau yn gwneud chwech, ond nid yw brwydr addysg, cynnydd anfoes a chapeli'n gwagio'n gwneud Diwygiad! Mae rhyw elfen hanfodol ar goll yn y dadansoddiad. Mae'n rhaid gwneud lle i ryw ddynamig nerthol a ysgydwodd genedl i'w seiliau. Ac y mae'r dadansoddiadau'n ddiffygiol hefyd am eu bod wedi eu seilio ar arolwg rhy gyfyng o'r ffeithiau. A bwrw bod y tyndra cymdeithasol wedi esgor ar ddiwygiad yng Nghymru, beth a barodd y diwygiad yn Norwy, Madagascar a Rwsia?[80]

Mae'r rhan fwyaf o ddadansoddiadau o'r Diwygiad, yn enwedig y rhai hynny sydd â gogwydd o gydymdeimlad tuag ato, yn cyfeirio at y blynyddoedd o weddïo taer ar ran cynifer cyn iddo ddigwydd. Er mai pleidwyr ffydd yn unig sy'n gwneud y cysylltiad, fe welir ym mhob achos bosibilrwydd cynhenid perthynas fecanyddol rhwng y rhai fu'n gweddïo a'r deffroad yn y pen draw. Awgrym o ymwneud dwyfol oedd gan Tudur Jones – rhywbeth sy'n amhosibl i'w brofi. Hwyrach, felly, mai'r unig beth yn y pen draw sy'n cynnig rheswm am y Diwygiad yw'r hyn sy'n cadw elfen o ddirgelwch. 'Edrych drwy ddrych, mewn dameg' yw rhagdybio ymwneud dwyfol â'r Diwygiad.

I ddweud y gwir, felly, mae tasg dadfythu'r Diwygiad yn un amhosibl, gan fod pob esboniad yn y pen draw yn methu ag egluro pam y daeth cymaint o emosiwn a chymaint o ffydd yn sydyn mor bwysig i gynifer o bobl. Ni fydd un esboniad ar achos y Diwygiad yn bodloni pawb. Ni fydd apelio at arferion crefyddol a grym gweddi yn argyhoeddi'r rhai o feddylfryd secwlar, tra bydd esboniadau sy'n pwysleisio'r cyd-destun cymdeithasol a gwleidyddol heb fawr o apêl i deulu'r ffydd. Fel y dywedodd Elfed, 'we are in the presence of an unexplained but impressive mystery.'[81]

Diwedd y Diwygiad

Erys Diwygiad 1904-5 yn un o ddigwyddiadau mwyaf rhyfeddol a diddorol yr ugeinfed ganrif. Roedd yn nodedig oherwydd fod cynulleidfaoedd yn cymryd rhan yn hytrach nag oherwydd cyfraniad yr arweinyddion. Er gwaetha'r ffaith ei fod yn annatod gysylltiedig ag Evan Roberts, roedd Vyrnwy Morgan yn gywir pan ddywedodd na fyddai yn cael ei gofio am unrhyw gyfraniad penodol. Nid ei sgiliau fel arweinydd, fel trefnydd, na natur arbennig ei neges a gafodd unrhyw effaith. Yr hyn oedd yn nodedig ar y pryd oedd bod y cyfarfodydd fel petaent yn bwrw ymlaen heb unrhyw arweinyddiaeth bendant, gan dorri i lawr hen ffurfioldeb y gwasanaethau.

I rai, mae hyn yn arwydd bod rhyw fath o wrth-glerigiaeth yn gysylltiedig â'r Diwygiad.[82] Er gwaethaf cyfraniad a chefnogaeth gweinidogion megis John Williams, Brynsiencyn, R. B. Jones, W. W. Lewis ac W. Nantlais Williams, y mae peth tystiolaeth i gefnogi hyn. Gwnaed cais ar un adeg i wahodd esgob o 'farn efengylaidd gadarn' i annerch yn y cyfarfodydd diwygiad. Atebodd Evan Roberts y gallai unrhyw un siarad, ond na wahoddid neb.[83] Mynnodd Vyrnwy Morgan 'for ministers as a class Evan Roberts had not a single word of appreciation . . .'[84] Soniodd un adroddiad o'r cyfnod fod y Diwygiad 'wedi torri allan o fynwes y bobl eu hunain fel ffrwyth dylanwad uniongyrchol yr Ysbryd arnynt. Nid drwy eneiniad mawr o'r weinidogaeth yr ysgydwir cynulleidfaoedd fel yn niwygiadau'r gorffennol . . . nid drwy weinidogaeth yn enwedig y cynheuir y tân.'[85] Ar nodyn mwy cadarnhaol, gwêl D. Gareth Evans y Diwygiad fel 'the last great expression of that unique relationship between language, culture and religion. Ordinary Welshmen had tried to make of religion what it once had been – popular, non-clerical, unsophisticated, organic and Welsh-language based.'[86]

Yn Niwygiad 1904-5, roedd y bobl, ac yn enwedig y bobl ifanc, wedi hawlio crefydd yn ôl ac wedi torri drwy hen batrymau addoliad. Ac eto, byrhoedlog fu hyn, oherwydd er i nifer a brofodd ryddhad a llawenydd mawr yn y Diwygiad aros yn yr eglwys, buan iawn y dychwelodd y capeli at hen ffurfioldeb cyfarwydd y gwasanaethau. Er i nifer o gyfeirlyfrau gael eu cyhoeddi, yn sicr roedd diffyg meithrin a hyfforddiant. Nid oedd unrhyw athrylith trefnyddol megis Howell Harris i ddosbarthu'r rhai a gafodd dröedigaeth yn seiadau er mwyn cael fframwaith diwinyddol a moesol i'w ffydd newydd, tra gwelwyd gwrthwynebiad hyd yn oed pan oedd y cynnwrf yn ei anterth, i gyflwyno holi yng nghyfarfodydd y Diwygiad.[87]

Nid oes unrhyw amheuaeth na fu'r Diwygiad yn fodd i newid agweddau tuag at swyddogaeth gyhoeddus gwragedd. Cymerodd gwragedd ran yng nghyfarfodydd y Diwygiad, gan ddweud ac adrodd tystiolaeth, a chan bregethu weithiau. Ond byddai peth amser yn mynd heibio cyn i'r eglwysi Anghydffurfiol ordeinio gwragedd i'r weinidogaeth, a delwedd y wraig, y fam a chysurwraig yr aelwyd fyddai'n tra-arglwyddiaethu yn y gymdeithas Gymreig am lawer blwyddyn eto.

I rai, nid oedd 1904-5 yn ddiwygiad o gwbl. Roedd y cyfarfodydd wedi eu hanelu at bobl yr eglwys gyda'r bwriad i ddyfnhau eu ffydd a'u galluogi i efengylu yn y byd. Felly, aelodau eglwysig a'r rhai ar y cyrion oedd yn cael eu denu i'r cyfarfodydd yn hytrach na'r rhai oedd yn byw eu bywydau yn llwyr y tu hwnt i ddylanwad yr eglwys. 'Diwygiadaeth' fyddai term Iain H. Murray am hyn. Mewn astudiaeth o grefydd Americanaidd rhwng 1750 a 1858, y mae'n gwahaniaethu rhwng 'diwygiad', sef 'the phenomenon of authentic spiritual awakening which is the work of the living God' a diwygiadaeth, 'religious excitements, deliberately organized to secure converts'.[88] Carai llawer ddisgrifio Diwygiad 1904-5 fel rhywbeth a berthynai i'r categori olaf hwn. Mae'n anodd credu fod hyd yn oed Evan Roberts 'yn fwriadol' yn ystumio cyfarfodydd er mwyn ennill pobl i gael tröedigaeth, ac eto, awgryma'r dystiolaeth empeiraidd fod tröedigaeth yn bwysig tra mai'r hyn a nodweddai bron y cyfan o gyfarfodydd diwygiadol y cyfnod oedd brwdfrydedd emosiynol.

Digwyddiad hynod oedd Diwygiad 1904-5 ac mae'n anodd i'w dafoli'n gytbwys ac yn deg. Os y cyfan a wna'r astudiaeth hon o'r Diwygiad yw ein hatgoffa fod emosiwn yn rhan mor ddilys o brofiad dynol ag yw'r deall a bod iddo le mewn crefydd, yna cystal i ni gofio hynny a'i ddathlu. Ond wrth wneud hynny, mae'n debyg y byddwn yn darganfod bod astudiaeth o'r Diwygiad hefyd yn datgelu llawer, llawer mwy.

1. Cyhoeddwyd y llyfr ym 1954.
2. Eifion Evans, *The Welsh Revival of 1904* (Pen-y-Bont ar Ogwr, 1988), t.199.
3. H. Elvet Lewis, *With Christ among the Miners* (Llundain, 1906), t.5.
4. D. R. Davies, *In Search of Myself* (Llundain, 1961), t.37.
5. Donald Gee, wedi'i ddyfynnu yn Walter Hollenweger, *The Pentecostals* (Llundain, 1972), t.183.
6. R. Tudur Jones, *Hanes Annibynwyr Cymru* (Abertawe, 1966), t.237.
7. Gw. David Williams, *A History of Modern Wales* (Llundain, 1950); Philip Jenkins, *A History of Modern Wales, 1536-1990* (Llundain, 1992).
8. Kenneth O. Morgan, *Wales in British Politics, 1868-1922* (Caerdydd, 1991), t.217.
9. Gwyn A. Williams, *When Was Wales?* (Llundain, 1991), t.240.
10. Siôn Aled Owen, 'A study of orality and conceptuality during the Welsh religious revival of 1904-06', traethawd Ph.D., Prifysgol Birmingham, 1997.
11. Rosina Davies, *The Story of My Life* (Llandysul, 1942), t.180.
12. T. Mardy Rees, *Seth Joshua and Frank Joshua, the Renowned Evangelists: the Story of Their Wonderful Work* (Wrecsam, 1926), t.61.
13. Yn Evans, *The Welsh Revival of 1904*, t.169.
14. Gw. *Y Drysorfa* (1961-1963).
15. E.e. *Seren Cymru* (30 Hydref 1903), t.10; (26 Chwefror 1904), t.5.
16. *Y Greal* (1906), tt.291-3.
17. *Y Goleuad* (22 Gorffennaf 1904), t.9.
18. *Caernarvon and Denbigh Herald* (9 Rhagfyr 1904).

19. Gw. B. P. Roberts, *The King's Champions* (Redhill, 1968). Hefyd, W. Nantlais Williams, *O Gopa Bryn Nebo* (Llandysul, 1967).
20. Evans, *The Welsh Revival of 1904*, t.98.
21. *The Western Mail* (13 Ionawr 1905), t.4.
22. 'Awstin', *The Religious Revival in Wales*, I (Llundain, 1904), t.2.
23. *Y Traethodydd* (1905), t.320.
24. Er i D. M. Phillips gredu i Gasllwchwr droi ei 'wyneb i waered' o fewn pythefnos i ddychweliad Evan Roberts ym mis Hydref 1904 (Phillips, *Evan Roberts a'i Waith* (Dolgellau, 1912), t.227), nododd hefyd lythyr oddi wrth Dan, brawd Evan Roberts, at y diwygiwr ar 11 Hydref 1914 (tra roedd Evan Roberts yng Nghastellnewydd Emlyn o hyd) a ddywed 'Gallaf ddyweyd fod deffroad ym mhlith bechgyn ieuainc Moriah' (t.181).
25. Gw. R. Tudur Jones, *Ffydd ac Argyfwng Cenedl: Hanes Crefydd yng Nghymru, 1890-1914: II, Dryswch a Diwygiad* (Abertawe, 1982), t.137.
26. Ibid., t.214.
27. D. M. Phillips, *Evan Roberts a'i Waith*, t.292.
28. 'Awstin', *The Religious Revival n Wales*, I, tt.4, 5.
29. J. Vyrnwy Morgan, *The Welsh Religious Revival, 1904-05: A Retrospect and Criticism* (Llundain, 1909), t.78.
30. *Y Drysorfa* (1963), t.259.
31. *British Weekly* (8 Rhagfyr 1904), t.6.
32. 'Awstin', *The Religious Revival in Wales*, I, t.10.
33. Ibid., II, t.31.
34. Phillips, *Evan Roberts a'i Waith*, tt.303-4.
35. R. Tudur Jones, *Hanes Annibynwyr Cymru*, t.201.
36. *British Weekly* (2 Chwefror 1905), t.445; gw. *Y Cymro* (22 Rhagfyr 1904), t.5; *Seren Gomer* (1905), t.63.
37. *Yr Herald Gymraeg* (22 Tachwedd 1904), t.4.
38. Phillips, *Evan Roberts a'i Waith*, t.301.
39. *Liverpool Daily Post and Mercury* (30 Mawrth 1905), t.7.
40. Evans, *The Welsh Revival of 1904*, t.163.
41. Lewis, *With Christ among the Miners*, t.150.
42. Evans, *The Welsh Revival of 1904*, t.123.
43. R. Tudur Jones, *Ffydd ac Argyfwng Cenedl*, II, t.212.
44. K. O. Morgan, *Rebirth of a Nation: Wales, 1880-1980* (Rhydychen, 1990), t.134.
45. 'Awstin', *The Religious Revival in Wales*, III, tt.29-31.
46. Phillips, *Evan Roberts a'i Waith*, t.204.
47. *South Wales Daily News* (18 Tachwedd 1904).
48. *Evan Roberts the Great Welsh Revivalist*, t.283.
49. *Y Diwygiad a'r Diwygwyr* (Dolgellau, 1906), t.340; *Y Cymro* (23 Chwefror 1905), t.3.
50. R. R. Hughes, *Y Parch. John Williams D.D., Brynsiencyn* (Caernarfon, 1929), t.157.

51. *Western Mail* (3 Chwefror 1905), t.5.
52. 'Awstin', *The Religious Revival in Wales*, III, t.18.
53. Ibid., tt.24-5, 28-9.
54. *British Weekly* (7 Tachwedd 1905), t.277.
55. Peter Price oedd y cyntaf i feirniadu Roberts mewn llythyr i'r *Western Mail* a ystyrir bellach yn warthus lle dywedodd fod dau ddiwygiad yng Nghymru, un yn wir ddiwygiad seiliedig ar yr Iawn pan gymerodd Crist feiau y ddynoliaeth arno ef ei hun, a'r llall yn ffug ddiwygiad seiliedig ar emosiwn. Hwn oedd yr un yr oedd Evan Roberts yn brif lefarydd drosto. Gweler y pamffled a gyhoeddwyd gan y *Western Mail, The Rev. Peter Price and Evan Roberts.* Gweler hefyd D. J. Roberts, *Peter Price* (Abertawe, 1968), tt.90-109. Cyhuddodd Daniel Hughes Evan Roberts o ddefnyddio hypnoteiddio a darllen meddyliau er mwyn sicrhau effeithiau emosiynol y Diwygiad. Bygythiodd ddilyn y diwygiwr a darlithio ar 'Evan Roberts explained and exposed'.
56. 'Awstin', *The Religious Revival in Wales*, VI, t.27.
57. Merch i Samuel Roberts, gweinidog gyda'r Methodistiaid Calfinaidd, oedd Jessie Penn-Lewis (1861-1927). Bu'n ddylanwadol iawn ym mudiad Keswick ac yn ymddiriedolwraig ei chynhadledd hyd at 1909 pan ymddiswyddodd ohono. Hi oedd un o sylfaenwyr y 'Keswick Cymraeg'.
58. Archifau'r Methodistiaid Calfinaidd, 25632, Llyfrgell Genedlaethol Cymru.
59. Morgan, *Wales in British Politics, 1868-1922*, t.218.
60. 'Awstin', *The Religious Revival in Wales*, III, tt.13-4.
61. R. Tudur Jones, *Ffydd ac Argyfwng Cenedl*, II, tt.188-200.
62. Gweler William D. Jones, *Wales in America: Scranton and the Welsh, 1860-1920* (Caerdydd, 1993).
63. Henri Bois, *Quelques réflexions sur la psychologie des réveils* (Paris, 1906); J. Rogues de Fursac, *Un movement mystique contemporain: Le reveil religieux du Pays de Galles 1904-5* (Paris, 1907).
64. Cofnodwyd hanes lledaeniad y Diwygiad o Gymru yn Noel Gibbard, *On the Wings of the Dove: The International Effects of the 1904-1905 Revival* (Pen-y-Bont ar Ogwr, 2002).
65. Tudur Jones, *Ffydd ac Argyfwng Cenedl*, II, t.200.
66. Evans, *The Welsh Revival of 1904*, t.160.
67. Lewis, *With Christ among the Miners*, t.179.
68. Sidney Evans a Gomer M. Roberts, *Cyrfol Goffa Diwygiad, 1904-05* (Caernarfon, 1954), t.73.
69. R. Tudur Jones, *Ffydd ac Argyfwng Cenedl*, II, tt.218-9.
70. B. P. Roberts, *Voices from the Welsh Revival 1904-1905* (Pen-y-Bont ar Ogwr, 1995), tt.215-224.
71. Gw. P. Davis, *A. J. Cook* (Manceinion, 1987); Arthur Horner, *Incorrigible Rebel* (Llundain, 1960); Frank Hodges, *My Adventures as a Labour Leader* (London, 1925).

72. Trafodir dirywiad Anghydffurfiaeth yn Robert Pope, *Building Jerusalem: Nonconformity, Labour and the Social Question in Wales, 1906-1939* (Caerdydd, 1998).

73. Gw. John Williams, *Digest of Welsh Historical Statistics*, II (Caerdydd, 1985), tt.249-345,

74. R. Tudur Jones, *Ffydd ac Argyfwng Cenedl*, II, t.217.

75. Evans, *The Welsh Religious Revival of 1904*, t.195.

76. Gw. D. Edgar Bowen, *Diwrnod yn y Winllan: Cofiant y Parchedig William Bowen, Penygroes, a Milo, Sir Gaerfyrddin* (Guildford, 1924).

77. Basil Hall, 'The Welsh Religious Revival of 1904-5: a Critique', yn G. J. Cuming a Derek Baker (goln), *Popular Belief and Practice* (Studies in Church History, VIII, 1972), tt.293-4.

78. C. R. Williams, 'The Welsh Religious Revival, 1904-05', *The British Journal of Sociology*, III (1952), 245-51.

79. T. M. Bassett, *Bedyddwyr Cymru* (Abertawe, 1977), t.361.

80. R. Tudur Jones, *Ffydd ac Argyfwng Cenedl*, II, tt.201-2.

81. Lewis, *With Christ among the Miners*, t.10.

82. *Seren Cymru* (9 Rhagfyr 1904), t.4; *Y Cloriannydd* (3 Awst 1905), t.3; *Y Geninen* (1906), tt.127-132.

83. 'Awstin', *The Religious Revival in Wales*, II, t.23.

84. Morgan, *The Welsh Religious Revival, 1904-05*, t.184.

85. *Y Drysorfa* (1905), 2.

86. D. Gareth Evans, *A History of Wales, 1815-1906* (Caerdydd, 1989), t.301.

87. *Y Drysorfa* (1963), t.156.

88. Mark A. Noll, 'How We Remember Revivals: the Virtues and Vices of Tribal History', *Christianity Today* (24 Ebrill 1995), tt.33-34.

2

DIWINYDDIAETH CYMRU A NEGES EVAN ROBERTS

Yn ôl Eifion Evans, roedd eglwysi Cymru yn gyffredinol yn 'athrawiaethol gyfeiliornus' yn y blynyddoedd cyn dechrau'r Diwygiad ym 1904. Honnodd fod deffroadau'r gorffennol wedi digwydd oddi mewn i gyd-destun athrawiaethol a oedd yn Galfinaidd ac felly oedd yn pwysleisio pechod, iawn, adenedigaeth a sancteiddiad. Erbyn 1904, meddai, 'these vital truths were culpably ignored in the preaching and teaching ministry of the churches.'[1]

Ymddengys fod Evans yn codi dau fater yn y sylw hwn. Yn gyntaf, parhaodd effeithiau diwygiadau'r gorffennol yn hwyrach na rhai 1904 oherwydd iddynt ddigwydd oddi mewn i ddealltwriaeth ddiwinyddol a dderbyniwyd yn gyffredinol gan yr enwadau i gyd fel dehongliad cywir i'r ffydd. Oherwydd y cytundeb a fu ynghylch y natur ddynol a'r angen am waredwr dwyfol, roedd yn weddol hawdd i hyfforddi'r sawl a gafodd droëdigaeth. Ym 1904, gyda gwahanol fathau o ddealltwriaethau diwinyddol ar led yn y Gymru grefyddol, roedd yr egwlysi mewn cyflwr dryslyd ac, o ganlyniad, ni wyddent sut i feithrin y ffydd yn y newydd-droëdig. Yn aml awgrymir y rheswm hwn gan grefyddwyr a sylwebwyr yr ugeinfed ganrif fel prif fethiant Diwygiad 1904-5.

Yn ail, ymddengys fod Eifion Evans yn awgrymu mai amddiffynfa oedd y Diwygiad yn erbyn y llif o ryddfrydiaeth ddiwinyddol a oedd yn llifo yn y blynyddoedd cyn 1904. Roedd pwyslais diwygwyr amlwg megis R. B. Jones, Porth, Joseph Jenkins, Ceinewydd, John Thickens, Aberaeron, W. W. Lewis, Caerfyrddin a W. Nantlais Williams, Rhydaman, ar gyffesu pechod a derbyn cariad Duw yng Nghrist a oedd, drwy rad ras, yn ddigonol i faddau hyd yn oed y pechadur gwaethaf. O ganlyniad, roedd yn ymddangos, *prima facie*, bod y Diwygiad yn dychwelyd Cymru i hanfod yr efengyl 'a roddwyd unwaith i'r saint' yn hytrach na'i bod yn cael ei 'gyrru yma a thraw gan bob rhyw awel o athrawiaeth' a'i hudo i ffwrdd gan y ffasiwn athronyddol diweddaraf.

Yn y bennod hon, ymchwilir yn fras i'r newidiadau diwinyddol a ddigwyddodd yn y bedwaredd ganrif ar bymtheg a sut yr effeithient ar y meddwl diwinyddol yng Nghymru. Wedyn ystyrir y dystiolaeth sydd ar gael yn ymwneud â dealltwriaeth ddiwinyddol Evan Roberts gan ofyn i ba raddau, yn ei neges lafar ac ysgrifenedig, y gellir dweud iddo annog mynychwyr capeli i fabwysiadu dealltwriaeth draddodiadol ac 'uniongred' y ffydd Gristnogol.

$$- I -$$

Er yr ail ganrif ar bymtheg, roedd diwinyddiaeth yng Nghymru wedi bod yn Galfinaidd ei naws, gyda'r Anglicaniaid a'r Ymneilltuwyr Piwritanaidd yn seilio'u syniadau'n gyffredinol ar ddysgeidiaeth y diwinydd o Genefa. Yn gyffredinol, golygodd hyn dderbyn etholedigaeth y saint, Iawn cyfyngedig a oedd hefyd yn gysylltiedig â damnedigaeth weithredol Duw ar y sawl oedd yn ddi-edifar. Fodd bynnag, ers y Goleuo yn yr ail ganrif ar bymtheg a'r ddeunawfed ganrif dechreuodd diwinyddiaeth, wrth ryddfrydoli a chyfranogi yn yr ymholi rhydd i natur y gwirionedd, ddod fwyfwy dan ddylanwad Rheswm. O ganlyniad, dechreuwyd gweld datblygiadau oddi mewn i'r Galfiniaeth glasurol.

Tua diwedd yr ail ganrif ar bymtheg, dechreuodd y meddyliwr o'r Almaen, Gottfried Wilhelm von Leibniz (1646-1716), herio rhagordeiniad Calfiniaeth gan geisio cysoni cyfiawnder Duw gyda'i radlonrwydd. Sut y gallai Duw cariad ragordeinio rhai i ddistryw tragwyddol? Fel hyn y dechreuwyd addasu'r etifeddiaeth Galfinaidd, gwaith a barhawyd i ryw raddau yn Lloegr gan y Cynulleidfawr Philip Doddridge (1702-1751) a'r Bedyddiwr Andrew Fuller (1754-1815). Ar yr un pryd, ymhlith Calfiniaid Cymru, cychwynnwyd ar gyfnod o weithgarwch deallusol brwd nad oedd heb ei ddadleuon. Wedi dyfodiad y Wesleaid i Gymru ym 1800 cafwyd cyfnod o wrthdaro rhwng Arminiaeth a Chalfiniaeth. Yn hytrach na chysylltu'r person â gras achubol Duw, i'r Armin mae etholedigaeth y saint yn dilyn

38

derbyniad gras. Yn y ffordd hon, gellid dadlau y bu farw Crist dros y ddynolryw yn ei chrynswth, ond mai credinwyr yn unig a achubir. Gellid clywed y fath ymresymu yn ystod Diwygiad Methodistaidd y ddeunawfed ganrif pan bregethwyd yr efengyl i bawb ac anogwyd pawb i ymateb yn gadarnhaol i alwad yr efengyl. Yn ogystal â hyn, osgowyd y dynghediaeth a godod mewn rhai canghennau o Galfiniaeth a gredai nad oedd angen efengylu gan y byddai Duw yn achub y sawl a ragordeiniodd heb iddynt hwy na neb arall fedru effeithio dim ar ei arfaeth.

Yng Nghymru, gellir gweld dyfnder y gwahaniaethau diwinyddol, a'r tensiynau a godod yn eu sgîl, yng ngwaith tri chyfoeswr, y Bedyddiwr Christmas Evans (1766-1838),[2] a ddaliodd wrth y gred mewn Iawn cyfyngedig – bod marwolaeth Iesu'n ddigonol *quid pro quo* i gymodi ar gyfer pechodau'r etholedigion yn unig; yr Annibynnwr John Roberts, Llanbryn-mair (1767-1834), a bregethodd fod i farwolaeth Crist effaith gyffredinol ond ei bod yn perthyn yn arbennig i'r etholedigion; a'r Methodist Thomas Jones, Dinbych (1756-1820), a gyfaddefodd na ellid cysoni holl-ddigonolrwydd aberth Crist ar y naill law gydag athrawiaeth Iawn cyfyngedig ar y llall. O ganlyniad, tueddai i bwysleisio'r ddysgeidiaeth flaenorol yn ei bregethau.

Byddai'n wir dweud nad oedd Arminiaeth wedi cyfaddawdu'r gred mai trwy ras yr achubir y ddynoliaeth, nac, ychwaith, wedi bychanu gwaith Duw yn achub dynolryw.[3] Ac eto byddai hefyd yn wir dweud nad hawdd oedd datrys y tyndra a godod o ganlyniad i ddyfodiad syniadau Arminaidd i Gymru. Llithrodd Calfiniaeth gaeth yn gyffredinol oddi ar ei phedestal yn ystod y Diwygiad Methodistaidd, yn bennaf oherwydd galwad y diwygwyr am edifeirwch cyffredinol. Ni ellid cysoni'r gred mewn achubiaeth ar gyfer yr etholedigion yn unig gyda mudiad efengylaidd a bregethai achubiaeth i bawb a gyffesai eu pechodau. Y Cymro a'r Cynulleidfawr Edward Williams (1750-1813)[4] a gyflwynodd un o'r dadleuon mwyaf soffistigedig a deallus i gysoni sgolasticiaeth Ymneilltuaeth Galfinaidd gyda sêl efengyliaeth Fethodistaidd. Dysgodd wrth draed dehonglwyr y ddwy safbwynt, gan iddo olygu sawl cyfrol o waith John Owen (Piwritan amlwg yr unfed ganrif ar bymtheg), Philip Doddridge, Isaac Watts (yr emynydd Anghydffurfiol) a Jonathan Edwards (y diwygiwr Americanaidd), a chyflwynodd ei Galfiniaeth Fodern mewn dwy gyfrol swmpus: *An Essay on the Equity of Divine Government and the Sovereignty of Divine Grace* (1809) ac *A Defence of Modern Calvinism* (1811).

Trwy ei Galfiniaeth Fodern, ceisiodd Willams gadw blaenoriaeth rhagarfaeth Duw tra hefyd yn mynnu bod pob unigolyn yn gyfrifol am ei bechod ei hun ac felly am ei dynged dragwyddol. Ymddengys fod Williams yn esbonio hyn trwy ddweud fod y ddynoliaeth yn gwbl oddefol, yn cyfrannu dim wrth dderbyn buddiannau dwyfol. Gras Duw sy'n darparu'r buddiannau hynny ac felly ni all yr unigolyn wneud dim i'w haeddu. Canlyniad hyn yw bod sancteiddiad yn dilyn trwy ras tosturiol Duw ac nid trwy weithredoedd dyn. Ond, gan fod bodau dynol hefyd yn ryddweithredwyr moesol sydd, heb ragarfaeth Duw, yn dewis pechu, maent yn gyfrifol am eu colledigaeth. Fel hyn cadwodd at Galfiniaeth yr hen Ymneilltuaeth y magwyd ef ynddi tra hefyd yn cynnig elfen o gyfiawnhad dros bregethu achubiaeth fwy cyffredinol. Ond, yn ei gynllun ef roedd Duw yn parhau yn awdur achubiaeth gyffredinol a oedd yn gyfyngedig yn ymarferol i'r etholedigion.

Wrth i'r bedwaredd ganrif ar bymtheg fynd rhagddi, felly hefyd cyrhaeddodd yr elfennau a fuasai'n gwneud crefydd yng Nghymru fwyfwy rhyddfrydol. Bu twf sylweddol yn yr ymwybyddiaeth am ddatblygiadau athronyddol ar y cyfandir a hefyd yn nylanwad Charles Darwin (1809-82) a'i ddamcaniaeth esblygiad. Cydnabuwyd bod angen wynebu her athroniaeth fodern a gwyddoniaeth, a hefyd, efallai, ei haddasu oddi mewn i'r cyfundrefnau diwinyddol. Lewis Edwards oedd un o arloeswyr y ddysgeidiaeth newydd hon o ran addasu ysgolheictod modern i anghenion diwinyddiaeth Cymru.[5] Graddiodd o Brifysgol Caeredin ym 1836 a'r flwyddyn ddilynol sefydlodd ysgol yn y Bala a ddaeth yn ddiweddarach yn goleg hyfforddi ar gyfer darpar-weinidogion y Methodistiaid Calfinaidd. Fe'i argyhoeddwyd ef fod gwybodaeth ynddi'i hun yn dda ac, wedi dysgu ei athroniaeth gan Coleridge a Hegel, mabwysiadodd y syniad fod athrawiaeth yn swm y cytgord rhwng gwirioneddau cyferbyniadol. Ei fethodoleg, felly, oedd mabwysiadu darganfyddiadau gwybodaeth ddiweddar. Ond y gred draddodiadol yn nigonolrwydd marwolaeth ac Iawn Crist oedd ei grefydd o hyd. Mae'n bwysig cadw hyn mewn cof. Defnyddiodd Lewis Edwards a'i debyg y wybodaeth newydd at wasanaeth eu daliadau

Cristnogol. Cenhedlaeth ddiweddarach a ganiataodd i'w gwybodaeth danseilio a disodli'r ffydd 'a roddwyd unwaith i'r saint'.[6]

Tua diwedd y bedwaredd ganrif ar bymtheg daeth syniadau Hegel i ddylanwadu ar ddiwinyddiaeth yng Nghymru. Yn ôl Georg Wilhelm Friedrich Hegel (1770-1831), gellid dirnad gwreiddiau'r gwirionedd yn natur ei hun, ac yn y ffordd y gweithiai allan o natur trwy broses ddialectig a oedd, i rai, yn gysylltiedig â damcaniaethau esblygiad Darwin. Mae'n debyg mai David Adams, Hawen (1845-1922), oedd y mwyaf blaengar o ladmeryddion y meddwl Hegelaidd yng Nghymru. Yn ei dyb ef, gellid trafod Duw mewn termau Hegelaidd fel yr Ysbryd mewnfodol yn treiddio trwy'r holl greadigaeth a gellid trafod Crist mewn termau esblygiadol fel uchafbwynt y ddynoliaeth a'r bod dynol moesol perffaith. Ynghyd ag Annibynnwr arall, Ebenezer Griffith-Jones (1860-1942), a ddaeth yn ddiweddarach yn brifathro coleg diwinyddol yr enwad Saesneg yn Bradford, enillodd Adams y brif wobr yn Eisteddfod 1893 am draethawd ar esblygiad, ac efe oedd y cyntaf i gyhoeddi ar y mudiadau 'newydd' yn y Gymraeg mewn tair cyfrol *Datblygiad yn ei Ddylanwad ar Foeseg a Duwinyddiaeth* (d.d.), *Datblygiad yn ei Berthynas â'r Cwymp, yr Ymgnawdoliad a'r Adgyfodiad* (1893) a *Personoliaeth Dynol a'r Ymgnawdoliad* (d.d.). Ac eto, nid poblogeiddiwr mo Adams. Roedd ei arddull braidd yn anystwyth a chlogyrnaidd ac mae'n anodd credu fod ei syniadau wedi dylanwadu ar lawer. Cymysglyd oedd ei athroniaeth ar y gorau, a sylw deifiol Thomas Rees, a fu rhwng 1909 a 1926 yn brifathro Coleg Bala-Bangor ac yn un o brif ladmeryddion rhyddfrydiaeth ddiwinyddol yng Nghymru, oedd nad oedd Adams yn ddiwinydd o gwbl.[7]

Eto i gyd, roedd poblogrwydd y Gristoleg newydd hon yn tyfu tua diwedd y bedwaredd ganrif ar bymtheg. Rhoddodd Andrew Fairbairn, prifathro Coleg Mansfield, a oedd yn hyfforddi gwenidogion Anghydffurfiol yng nghanol y sefydliad Anglicanaidd yn Rhydychen, fynegiant craff iddo yn ei lyfr *Christ in Modern Theology*, ac fe'i mabwysiadwyd hefyd gan Thomas Charles Edwards (1837-1900) yn ei Ddarlith Davies ym 1895, a gyhoeddwyd yn y Gymraeg ym 1897 fel *Y Duw-ddyn*.[8] Ynghyd â phwyslais Albrecht Ritschl ar *werthoedd* ar draul *ffeithiau* (bod gan Iesu *werth* Duw i ni yn hytrach na bod yn un â'r ddwy natur a drigai ynddo 'heb gymysgu, heb gyfnewid, heb ymrannu, heb ymwahanu', sef chwedl Chalcedon) dylanwadodd y Gristoleg hon ar genhedlaeth o arweinwyr Ymneilltuaeth Cymru a fu'n fyfyrwyr ym Mansfield ac a raddiodd o Brifysgol Rhydychen o ganlyniad i ddiddymu'r cyfyngiadau cyffesiadol ar ddarpar-fyfyrwyr ym 1871. Ymhlith y rhain gellir enwi Thomas Rees (1869-1926), John Morgan Jones (1873-1946), D. Miall Edwards (1873-1941) a Herbert Morgan (1875-1946),[9] a bu'r tri cyntaf yn ddylanwadol iawn ar genhedlaethau o ddarpar-weinidogion Cymraeg trwy eu gwaith fel athrawon mewn colegau diwinyddol yng Nghymru.

Roedd nifer o'r dynion hyn yn ddilynwyr ideolegol i Friedrich Schleiermacher (1768-1834), sef yr arloeswr Almaenig ym maes rhyddfrydiaeth ddiwinyddol. Anerchodd Schleiermacher 'ddirmyg-wyr diwylliedig' crefydd ei oes gan ddweud wrthynt fod crefydd yn hawlio gwirionedd na fedr nac athroniaeth na gwyddoniaeth byth mo'i gyffwrdd, sef y gwirionedd fod pob dyn, yng ngwaelod ei hanfod, yn deall ei fod yn gwbl ddibynnol ar un arall. Barnodd ei olynwyr diwinyddol fod angen iddynt hwythau, hefyd, amddiffyn crefydd yn wyneb cyhoedd amheugar a soffistigedig, ac o ganlyniad troesant at y twf diwylliannol a deallusol er mwyn ail-fynegi'r gwirionedd Cristnogol mewn diwyg modern.

Yn sicr, effeithiodd hyn i gyd ar grefydd yng Nghymru erbyn diwedd y bedwaredd ganrif ar bymtheg. Yn ei ddadansoddiad hynod o bregethau Cymreig rhwng 1890 a 1914,[10] esboniodd R. Tudur Jones fod y Piwritaniaid a'r Methodistiaid wedi pregethu'n alegoraidd am fod hynny'n apelio'n ddirfawr at brofiad eu gwrandawyr. Eto, ymhob achos gosodwyd yr apêl hon at brofiad penodol. Cafwyd y profiad hwnnw oddi mewn i gyd-destun diwinyddol a gadwod yn dyn wrth wrthrychedd hanes yr achubiaeth a ddatguddiwyd yn hanes Israel ac yna yn Iesu Grist ac a edrychodd ymlaen at gyflawniad pob peth yn yr *eschaton*. Dyma oedd yn wir i John Bunyan yn yr ail ganrif ar bymtheg ac i Williams, Pantycelyn, yn y ddeunawfed ganrif. Erbyn troad yr ugeinfed ganrif, meddai, roedd y cydbwysedd hwn yn diflannu o bregethau gweinidogion Anghydffurfiol.

> Nid bod pregethwyr yng Nghymru'n mynd cyn belled â gwadu bodolaeth neu arwyddocâd Gwaredwr gwrthrychol – datblygiad diweddar yn y stori yw hynny – ond fod tuedd gynyddol i leoli'r llinyn cyswllt rhwng gwahanol rannau'r Beibl â'i gilydd ym mhrofiad yr enaid.[11]

Eto nid oedd unrhyw ymwybyddiaeth gyffredinol fod diwinyddiaeth Cymru wedi llithro i heresi noeth. Ar ddechrau'r ugeinfed ganrif ysgrifennodd William Evans fod y Diwygiad Efengylaidd wedi atal y Cymry rhag llithro o Arminiaeth trwy Ariaeth (heresi'r eglwys fore a wadai ddwyfoldeb Crist ac a'i hystyriai y credadun perffeithiaf ymhlith creadigaeth Duw – athrawiaeth a adlewyrchwyd i raddau gan yr Idealwyr athronyddol a David Adams yn eu plith) i Sosinianaeth (sef y ddysgeidiaeth nad oedd Iesu'n dragwyddol ddwyfol ond iddo ennill dwyfoldeb ar ôl ei esgyniad) ac Undodiaeth (a wadai fod y Duwdod i'w ddeall fel Tad, Mab ac Ysbryd Glân).[12] Ond er gwaethaf y ffaith nad oedd diwinyddiaeth Cymru i'w chondemnio fel heresi, roedd yn amlwg fod Calfiniaeth wedi'i haddasu a'i moderneiddio, ac felly fod uniongrededd newydd wedi ymddangos yn pwysleisio'r gallu i amddiffyn y ffydd yn ddeallusol yn erbyn cwestiynau athronyddol ac amheuon dwfn yr oes.

Mae'n wir, felly, erbyn troad yr ugeinfed ganrif fod Calfiniaeth draddodiadol Cymru wedi newid. Calfiniaid rhonc oedd yr Ymneilltuwyr cynnar fel Walter Cradock, Morgan Llwyd a Vavasor Powell (er nad oedd hyn mor wir am William Erbury) a bras Galfinaidd oedd syniadau rhai o'r Methodistiaid cynnar hefyd (megis Daniel Rowland, Williams, Pantycelyn a Howell Harris). Ond, dan ddylanwad y Diwygiad Efengylaidd, anghofiwyd yr Iawn cyfyngedig – o leiaf – yng nghyfundrefn ddiwinyddol y Cymry. Ym 1900, ysgrifennodd William Evans: 'we believe we are correct in saying that this particular tenet has passed out of the theology of Wales.'[13] O ganlyniad, nid o flaen Duw'r Farn Fawr y safai'r ddynoliaeth bellach, ond Duw caredig a oedd yn Dad i bawb ac felly yn hyrwyddo brawdoliaeth gyffredinol rhyngddynt. Heb unrhyw amheuaeth, gwelwyd y duedd hon yn amlwg yng nghyfarfodydd Diwygiad 1904-5. Yn y gorffennol, creuwyd argraff ar eu cynulleidfaoedd gan ddiwygwyr megis Howell Harris a Daniel Rowland (a George Whitefield a Jonathan Edwards) trwy ganolbwyntio yn eu hanerchiadau ar gosb dragwyddol y di-edifar. Nid felly oedd Diwygiad 1904-5. Gwir y dywedodd Elfed mai *'Dies caritatis'* yn hytrach na *'Dies irae'* oedd y Diwygiad.[14]

Eto i gyd, er gwaethaf y newidiadau a'r datblygiadau helaeth a ddigwyddodd iddi yng Nghymru yn ystod y bedwaredd ganrif ar bymtheg, nid oedd diwinyddiaeth ryddfrydol wedi cyrraedd ei hanterth. Ni ddaeth rhyddfrydiaeth i nerth a gwir amlygrwydd yng Nghymru tan ar ôl y Diwygiad, a hynny'n bennaf oherwydd gwaith yr Annibynwyr Thomas Rees a D. Miall Edwards. Nododd R. Tudur Jones fod cyfrol Miall Edwards, *Crefydd a Bywyd* (a gyhoeddwyd ym 1915), yn drobwynt pwysig yn hanes syniadaeth Gristnogol yng Nghymru am iddi hyrwyddo'r ddealltwriaeth fod Iesu yn unigryw yn nhermau ei ymwybyddiaeth fabol. Gyda'r gyfrol, meddai, 'y mae newid trawiadol yn digwydd yn hanes diwinyddiaeth Gymraeg'.[15] Ond nid trawsfeddiannwr y ffydd mo Edwards. Credai yn ddiffuant fod Duw wedi'i ddatguddio yn Iesu Grist, a thrwy Iesu wedi cymodi'r byd ag ef ei hun. Ond credai hefyd fod yn rhaid mynegi hyn mewn terminoleg fodern, a olygai, yn y cyfnod hwnnw, yn nhermau dyneiddiaeth ac ymwybyddiaeth foesol. Golygodd hyn iddo fabwysiadu terminoleg esblygiad ac esbonio mai Iesu oedd y dyn perffeithiaf a gerddodd y ddaear erioed oherwydd bod ei ymwybyddiaeth, a ganiatâi iddo deimlo mor agos at Dduw, wedi cyrraedd y mynegiant cyflawnaf a welodd y byd hyd at yr ugeinfed ganrif. Ond, pe byddai rhywun arall yn dod a oedd ag ymwybyddiaeth berffeithiach na Iesu, credai y gellid newid ei deyrngarwch.

Rhaid nodi bod y Gristoleg hon yn gyfeiliornus am o leiaf ddau reswm. Yn gyntaf, tuedda i danseilio unigrywiaeth Iesu, sy'n ddysgeidiaeth hanfodol mewn Cristnogaeth glasurol am mai ei unigrywiaeth a'i galluogai i wneud Iawn am bechodau'r ddynoliaeth. Yn ail, tuedda i ddeall bywyd a gwaith Iesu yn nhermau moesol athroniaeth y cyfnod. Mewn cyfnod arall nad yw'n cydnabod yr un gwerthoedd fel y rhai moesol uchaf, ni wnâi ei esboniad lawer o synnwyr. Yr hyn a ddaw'n eglur yw bod byd o wahaniaeth rhwng esboniad athronyddol a diwinyddol Edwards, a'i gyffes bersonol lle bu'n ffyddlon i effeithiolrwydd Iesu a'i groes. Seiliwyd ei gyffes ar brofiad ac er mai 'profiad', yn nhyb Edwards, a fyddai'n parhau i fod yn brif gategori diwinyddiaeth a phrofiad Crist yn norm iddi,[16] roedd ef am gadw 'profiad' ar wahân i gynhyrfau emosiwn ac ni chredai felly fod gan 'deimlo' le awdurdodol mewn na chrefydd na diwinyddiaeth. Ysgrifennodd: 'rhaid gochel y perigl o wneuthur y teimlad neu'r profiad yn beth hunan-gynyrchiol, hunan-ddibynnol, mewnol (*subjective*), ac annibynnol ar ddatguddiadau gwrthrychol o Dduw'.[17] Apolegwyr argyhoeddedig ac ymrwymedig oedd Miall Edwards a

Thomas Rees ill dau. Credent eu bod yn ailfynegi gwirioneddau'r efengyl mewn termau ac iaith fodern. Cenhedlaeth ddiweddarach a fyddai'n ceisio gwisgo rhyddfrydiaeth mewn dillad Cristnogol. Eto roedd y grymoedd a fyddai yn y pendraw yn ail-ddehongli dysgeidiaeth draddodiadol – Calfiniaeth draddodiadol yn arbennig – eisoes wedi ymddangos erbyn diwedd y bedwaredd ganrif ar bymtheg. Nid oedd uffern bellach yn fygythiad real ac felly nid oedd yn bwnc pregethu. Disodlwyd y Farn gan bwyslais ar gariad a chyffredinolwyd yr etholedigion, yn rhannol dan ddylanwad y Diwygiad Efengylaidd ac yn rhannol trwy gydnabod bod aberth Crist yn ddigon i achub y ddynoliaeth gyfan – cyhyd â'u bod wedi penderfynu ei dderbyn ef. Ac, efallai'n bwysicaf oll, roedd profiad crefyddol y credadun, ar draul ei ddealltwriaeth hanesyddol o'r efengyl, yn araf ddod yn normadol. Erbyn diwedd y bedwaredd ganrif ar bymtheg, roedd yn eglur fod deallusion ac arweinwyr eglwysi yng Nghymru yn ymwybodol o her athroniaeth ddiweddar (yn arbennig trwy waith Hegel a Kant) a sialens gwyddoniaeth gyfoes (yn arbennig honiadau Darwin) a'r angen i wneud lle iddynt yn eu cyfundrefnau diwinyddol. A chanlyniad hyn, os nad yn rhan o'r un broses, oedd disodli'r hen athrawiaethau traddodiadol yn arbennig am berson a gwaith Iesu Grist.

Felly, erbyn 1904, mae'n amlwg fod dealltwriaethau traddodiadol Iawn a marwolaeth ddirprwyol Iesu, a'r ddysgeidiaeth fod ei aberth yn ddilys am ei fod yn 'wir Dduw ac yn wir ddyn', yn symud tuag at ddealltwriaeth Gristolegol a ystyriai Iesu yn nhermau'r ddynoliaeth berffaith a fynegwyd trwy ei ufudd-dod llwyr i ewyllys Dduw a'i ymwybyddiaeth fabol o'i nefol Dad. O ganlyniad, roedd ei farwolaeth i'w deall fel hunan-aberth foesol, a'r ymwybyddiaeth honno i'w harddel a'i datblygu gan ei ddilynwyr. Roedd hyd yn oed yr uniongred traddodiadol yn ymwybodol fod caledwch Calfiniaeth wedi ildio'i le i'r ymwybyddiaeth o gariad achubol ac holl-ddigonol. O ganlyniad, *profiad* oedd y prif categori i grefydd ac i ddiwinyddiaeth. Wrth gwrs mae'n anodd gwybod i ba raddau yr oedd y syniadau hyn wedi cyrraedd y capelwyr cyffredin. Yn ôl pob tebyg, ni wnâi unrhyw wahaniaeth iddynt yn eu defosiwn na'u hymrwymiad petaent yn gwrando ar esboniad dysgedig ar Galfiniaeth Fodern gan Cynddylan Jones (y patriarch Methodistaidd a gyhoeddodd yr esboniad cliriaf a chyflawnaf ar Galfiniaeth Fodern yn y cyfnod ar ôl y Diwygiad[18]) neu gyfrif trwsgl David Adams o bantheistiaeth Hegelaidd. Yn hanesyddol, roedd yr athrawiaeth Gristnogol yn fawr ei pharch ymhlith yr Ymneilltuwyr a dyna yn aml oedd pwnc eu pregethu. Erbyn troad yr ugeinfed ganrif roedd hyn fwy neu lai ar drai ymhlith Anghydffurfwyr a oedd bellach yn canolbwyntio ar esbonio adnod (yn aml heb gyfeirio at gyd-destun yr adnod honno) neu bwnc ac wedi eu cyfareddu gan y syniad o esbonio'u pwyntiau trwy stori, alegori a darlun, a thrwy hyn hefyd wedi dod i werthfawrogi'r cysylltiad seicolegol y gallent ei wneud â'u cynulleidfaoedd.[19] Mewn geiriau eraill, roedd y pwyslais diwinyddol wedi symud o'r hanesyddol – gyda'i bwyslais fod marwolaeth Crist mewn amser o dragwyddol bwys i'w ragflaenwyr a'i ddilynwyr – at y presennol a'r dirfodol a sut yr oedd pobl yn dehongli eu profiadau yn y gymdeithas gyfoes.

Yn wyneb hyn i gyd, mae'r cwestiwn yn aros i ba raddau yr oedd gwaith achubol Crist a fframwaith athrawiaethol uniongred yn hanfodol mewn pregethu'r efengyl Gristnogol, ac onid hyn mewn gwirionedd oedd hanfod neges y diwygiwr?

– II –

Cyn holi ynglŷn â diwinyddiaeth Evan Roberts, rhaid gwneud nifer o sylwadau rhagbaratoawl. Nid oedd yn ddiwinydd systemataidd, neu'n ddisgybl i unrhyw ddiwinydd arbennig. Ar wahân i'w astudiaeth bersonol (ac, er iddo honni tra'n ddisgybl yng Nghastellnewydd Emlyn na chaniatâi'r Ysbryd iddo ddarllen dim ond y Beibl,[20] mae pob posibilrwydd iddo ddarllen *Systematic Theology* gan A. A Hodge (diwinydd ceidwadol ymhlith Presbyteriaid yr Unol Daleithiau a arweiniodd yr adwaith yn erbyn rhyddfrydiaeth ddiwinyddol) gan ei fod yn cadw copi o'r llyfr yn ei lyfrgell bersonol[21]) ni hyfforddwyd ef mewn unrhyw gyfundrefn ddiwinyddol heblaw Cyffes Ffydd ei enwad, y Methodistiaid Calfinaidd. Ni ysgrifennodd unrhyw erthygl na llyfr ar brif themâu diwinyddiaeth. Y cwbl sydd ar gael yw ei anerchiadau a draddododd yn ystod y Diwygiad a llyfr digon dryslyd a gyhoeddwyd ym 1912 lle gwadodd werth rhan helaeth o'i weithgarwch yn ystod y Diwygiad.[22] Edrychwn, felly, nid ar ddiwinydd ond ar ddiwygiwr, efengylydd a phregethwr, a'i brif gonsýrn i berswadio bodau dynol i daflu eu hunain ar drugaredd Duw a throi at fywyd ysbrydol yn hytrach na chyfleu ystyr fanwl-gywir y geiriau er mwyn mynegi gwirionedd diwinyddol. O ganlyniad, mae'n rhaid dirnad ei ddiwinyddiaeth yn gymaint yn yr hyn na ddywedodd ag yn yr hyn a ddywedodd.

Roedd tair dysgeidiaeth neu dri phwyslais yn sylfaenol yn anerchiadau Evan Roberts yn ystod y Diwygiad. Y cyntaf oedd ei bwyslais ar deimlo – rhywbeth a ddaeth yn ddiweddarach i'w ystyried fel pwyslais annilys – yr ail oedd ei bwyslais ar fedydd yr Ysbryd, a'r trydydd oedd ei bwyslais, a ddaeth yn hwyr yn y dydd, ar groes Crist ac hunan-ymwadiad y Cristion.

Teimlo

Categori amwys iawn yw 'teimlo'. Heb amheuaeth, pwysleisiodd Evan Roberts yr angen i 'deimlo' dan argyhoeddiad oherwydd canlyniadau pechod ac i 'deimlo' presenoldeb yr Ysbryd – a ddehonglwyd, ar ddechrau'r Diwygiad, fel rhyddhad gorfoleddus oddi wrth gondemniad pechod yn caniatáu i'r crediniwr 'deimlo' fod Duw wedi maddau iddo. Hefyd, i Roberts, profiad emosiynol oedd hwn yn y bon. Nododd dau ddyn a oedd yn bresennol yng nghyfarfodydd cynnar y Diwygiad, sef David Jones a Daniel Davies, yn eu cyffes iddynt deimlo 'rhywbeth rhyfedd' yn digwydd iddynt.[23] Daeth David Jones yn arbennig dan straen emosiynol, gan wylo 'O dear, dear' drosodd a throsodd. Dywedodd Roberts wrth y ddau ddyn eu bod wedi derbyn yr Ysbryd Glân. Wedi clywed hyn, adroddodd Roberts am Daniel Davies: 'ymaflai ynof fel pe byddai yn wallgof ac yn fy nghusanu.' Mae'n debyg, i'r diwygiwr ifanc, fod cythrwfl emosiynol a'r ymdeimlad o ryddhad ymhlith aelodau'r gynulleidfa yn arwydd o bresenoldeb yr Ysbryd yn y cyfnod cynnar hwn.

Wrth ystyried hyn, ymddengys yn naturiol fod Roberts yn honni fod ganddo'r gallu i ddirnad presenoldeb yr Ysbryd, er y tueddai i leoli ei alluoedd dirnadaeth yn ei deimladau ei hun yn hytrach nac yng ngormodedd emosiynol y gynulleidfa. Yng nghapel y Bedyddwyr yn Hopkinstown, Pontypridd, 16 Rhagfyr 1904, datganodd 'mae yr Ysbryd Glân gyda ni. 'Rwy'n teimlo ei bresenoldeb yma'.[24] Lleiswyd y pwyslais hwn ar ei deimladau ymhellach pan ddywedodd wrth Dr Sanday, ar ôl darlith yn y Bala, 'gallwn ddilyn trwy fy nheimlad y gwahaniaeth a wnaeth[och] rhwng ysbrydoliaeth ddeallol ac ysbrydol.

Teimlaf y cyntaf yn fy meddwl a'r olaf yn fy nghalon.'[25]

Mae'n amlwg mai'r cysyniad fod dyn i'w gydnabod ei hun yn bechadur ac felly angen maddeuant sydd y tu ôl i hyn. Eto, pwysodd ar ei wrandawyr i sylweddoli eu bod yn byw mewn angen maddeuant, i gydnabod y daw maddeuant, ac i gydnabod y deuai maddeuant o'r tu allan iddynt, ond ni phwysleisiodd gymaint ar waith achubol Crist. I Roberts, gellid dweud pryd yr oedd y gynulleidfa wedi sylweddoli hynny oherwydd yr emosiwn a dorrai allan – yr emosiwn a deimlid dan bwysau pechod ac yna'r rhyddhad emosiynol a'r gorfoleddu a ddeuai wrth i'r unigolyn *deimlo* maddeuant. Gesyd y ffocws, felly, yn gadarn ar yr hunan unigolyddol a'i deimladau.

Onibai fod Roberts yn defnyddio iaith mewn ffordd eithriadol o ddyn, rhaid fod ei ddealltwriaeth o swyddogaeth grefyddol y term 'teimlo' yn cynnwys mwy nag emosiwn. Rhaid hefyd fod elfen o ymwybyddiaeth. Dyma, er enghraifft, ddarn o'i lythyr at ei chwaer:

> Yn gyntaf, rhaid i chwi *deimlo* eich bod yn *bechadures golledig*, ac yna *deimlo* fod Crist wedi marw drosoch *chwi*, ac yn olaf, rhaid i chwi gael Bedydd yr Ysbryd Glân.[26]

Mae'n anodd credu fod Roberts mewn gwirionedd yn defnyddio'r gair 'teimlo' yn y cyd-destun hwn mewn ffordd neilltuol emosiynol. Mewn gwirionedd, rhaid ei fod yn golygu rhywbeth yn nes at 'wybod', 'cydnabod' neu 'sylweddoli'. Mae'n debyg ei fod yn ceisio osgoi math o ymenyddiaeth fecanyddol ac awgrymu bod argyhoeddiad o bechod a'r ymwybyddiaeth o faddeuant yn gategoriau sy'n effeithio ar hanfod bodolaeth.

Mae'n ddiddorol nodi i'r math hwn o ymresymu adleisio, mewn cyd-destun gwahanol, 'ymdeimlad o ddibyniaeth absoliwt' Friedrich Schleiermacher.[27] Ni chyfeiria'r ymadrodd hwn, chwaith, at ymateb emosiynol ond at gydnabyddiaeth sylweddoli wybyddol nad yw bodau dynol yn hunan-grëedig ond yn ddibynnol ar un arall am eu bodolaeth, sef Duw. Mewn effaith, fodd bynnag, symudodd syniadaeth Schleiermacher y sylw oddi ar yr un y mae bodau dynol yn ddibynnol arno i'r *ymdeimlad* o ddibyniaeth y maent yn ei brofi. Y gwir oedd, ers y 1880au, dechreuodd crefydd Cymru symud fwyfwy i gylch profiad seicolegol ac emosiynol ac ymhellach oddi wrth y datguddiad hanesyddol a gwrthrychol yng Nghrist. Ac, i raddau, cynorthwyodd y

Diwygiad y symudiad hwn – neu o leiaf ni tharddodd unrhyw wir rym o'r Diwygiad i gadw emosiwn y cyfarfodydd yn gysylltiedig â'r datguddiad yng Nghrist.

Roedd yn anochel, yn syniadaeth Schleiermacher, y deuai'r gwrthrych dynol yn ganolog a dyma a arweiniodd yn uniongyrchol at syniadau Ludwig Feuerbach nad oedd yr 'ymdeimlad o ddibyniaeth absoliwt' ond yn taflunio bodolaeth ar fod dwyfol.[28] Mewn gwirionedd, yn ôl Feuerbach, nid oedd 'Duw' yn bodoli. Pan fyddent yn siarad am Dduw, sôn am eu gwerthoedd a'u hegwyddorion uchaf eu hunain yr oedd dynion. Er nad oedd y syniadaeth hon wedi effeithio ar ddiwinyddiaeth Cymru, mae'n ddiddorol i Evan Roberts ddod i sylweddoli, yn ystod y Diwygiad ac wedyn, y gwnâi'r pwyslais ar 'deimlo' ddifrod dwys i grefydd. Ni ellid ymddiried mewn emosiwn yn unig, honnodd, i sicrhau maddeuant, gan ei fod yn gosod gormod o sylw ar yr unigolyn ei hun. Mewn cyfarfod ym Moriah, Llangefni, 19 Mehefin 1905, ceryddodd ddyn ifanc a ddaethai o Durham am iddo gyfaddef nad oedd yn teimlo'n angerddol am Grist. 'Feel!' ymatebodd Roberts yn Saesneg. 'You don't need to feel, but to believe. Emotions can lead you astray. Do not put your trust in emotion.'[29] Eto, rhybuddiodd fyfyrwyr Coleg Diwinyddol y Bala 'na ddylid gosod gormod o bwyslais ar deimlo . . . nid teimladau sydd eu hangen ond cred'.[30] Hefyd, yn Llanlluan, sir Gaerfyrddin, yn Chwefror 1906, meddai 'Peth peryglus yw gorffwys ar deimlad yn lle ffydd . . . Ffydd sydd yn parhau. Bydd teimlad yn pasio; erys ffydd.' Ond ychwanegodd 'Bydd teimlad yn siŵr o ddirywio oni thalwch sylw i weddi a Gair Duw . . .' a oedd yn awgrymu y buasai'r emosiwn yn parhau cyhyd â bod y crediniwr yn ffyddlon yn ei ymarferion crefyddol.[31]

Mae'n debyg na fwriadodd roi cymaint o flaenoriaeth yn ei anerchiadau i 'deimlo' *per se* nac yn ei ystyr emosiynol. Ond, wrth i'r Diwygiad fynd ymlaen, ysgubwyd cymunedau cyfan, heb sôn am gynulleidfaoedd capeli, gan lif emosiynol gyda'r canlyniad i'r pwyslais traddodiadol ar gredo a ffydd gilio i'r cefndir. Roedd yn rhy hwyr, hyd yn oed ar ddechrau 1905, i Roberts atal y llanw. Roedd ei anogaeth i emosiwn yn ystod cyfarfodydd y Diwygiad wedi hybu mudiad na allai bellach ei atal na'i reoli. O ganlyniad, deuai yn ddiweddarach i feirniadu'r Diwygiad yn hallt.

Anfon yr Ysbryd

Techneg Roberts yng nghyfarfodydd y Diwygiad oedd annog a hybu'r cynulleidfaoedd i gyffesu eu pechodau ac i gyffesu Crist er mwyn paratoi'r ffordd am arllwysiad yr Ysbryd. Cyfeiriai'n gyson at y 'pedwar amod' a arweiniai at ddyfodiad yr Ysbryd.

> 1. Os oes rhyw bechod neu bechodau yn y gorphenol *heb* eu cyffesu, nis gallwn gael yr Ysbryd. Gan hyny rhaid i ni chwilio a gofyn i'r Ysbryd ein chwilio. 2. Os oes rhywbeth amheus yn ein bywyd, *rhaid* ei symud, – rhywbeth y dywedwn am dano na wyddom pa un a yw yn iawn ai peidio. *Rhaid* symud y peth hwn. 3. Llwyr ymaberthiad i'r Ysbryd. *Rhaid* i ni *wneyd* a *dyweyd* pob peth a ofyna Efe genym. 4. Cyffes gyhoeddus o Grist.[32]

Wedi i hyn ddigwydd, roedd y cynulleidfaoedd i weddïo'n daer i'r Ysbryd ddisgyn ar y cyfarfod.

> 1. Anfon yr Ysbryd yn *awr*, er mwyn Iesu Grist.
> 2. Anfon yr Ysbryd yn *rymus* yn awr, er mwyn Iesu Grist.
> 3. Anfon yr Ysbryd yn *fwy grymus* yn awr, er mwyn Iesu Grist.
> 4. Anfon yr Ysbryd *yn rymusach* yn awr, er mwyn Iesu Grist.[33]

Yn ei weinidogaeth gynnar, Ysbryd-ganolog yn hytrach na Christ-ganolog oedd ei anerchiadau a thueddai i ddehongli presenoldeb yr Ysbryd mewn termau emosiynol – galluogai'r Ysbryd ymryddhad gorfoleddus yn y gynulleidfa, er enghraifft. O ganlyniad, disgrifiodd y merched 'yn gwaeddi, yn canu, yn gweddïo' mewn cyfarfod cynnar fel '[g]olygfa ddymunol',[34] a dywedodd wrth bobl Blaen-cwm, mai 'gorfoledd yw crefydd iawn'.[35]

Eto, ymddengys nad oedd ganddo unrhyw ddealltwriaeth ddiwinyddol o berson a gwaith yr Ysbryd Glân. Tueddai i bwysleisio'r elfennau pentecostaidd, neu 'flaenoriaeth y digwyddiad' yn ôl L. Christensen, sef pwysleisio allweithiau gweladwy'r ffydd yn hytrach na'r cynnwys athrawiaethol.[36] Mewn Ymneilltuaeth, yn draddodiadol, roedd gan yr Ysbryd swyddogaeth fwy deallusol yn galluogi pobl i ddeall yr ysgrythurau, ond nid oedd unrhyw gydnabyddiaeth yn anerchiadau Roberts o'r Ysbryd yn tywys pobl at y gwirionedd a dwyn i'w cof ddysgeidiaeth Iesu fel y gwnâi eiriolwr efengyl Ioan, er enghraifft (In. 14:26, 16:13). Yn ogystal, ni phwysleisiodd ddoniau'r

Ysbryd (1 Cor. 12) na'i ffrwythau (Gal. 5:22-24) ychwaith. Ymhellach, nid oes yn ei anerchiadau unrhyw gydnabyddiaeth mai trydydd person y Drindod yw'r Ysbryd. Gallwn gymryd yn ganiataol fod Roberts yn credu mai trindodwr ydoedd. Ond tuedda ei gyfeiriadau at y Drindod fod yn ansoffistigedig ac yn gyfyngedig i ambell gyfeiriad anfynych. Dyma, er enghraifft, ran o'i anerchiad yn Hopkinstown, 16 Rhagfyr 1904:

> Yr y'm yn parchu y Tad, yr y'm yn parchu y Mab, pa bryd yr ydym yn parchu yr Ysbryd. Pwy sydd yn ein cymhell ni i alw ar y Tad? Yr Ysbryd. A phwy a'n cymhella i alw ar y Mab? Yr Ysbryd. Ond pwy a'n cymhella i alw ar yr Ysbryd? Edrychwch ar ein Llyfrau Emynau. Clodforant y Tad, clodforant y Mab, ond ychydig sydd yn clodfori yr Ysbryd. Ond mi foliannaf fi yr Ysbryd tra f'wyf byw. Clodforaf y Duwdod i gyd, ac wrth glodfori, mi ufuddhaf ym mhob peth.[37]

Wrth gwrs, dyma oedd anogaeth Roberts i'w gynulleidfa alw ar yr Ysbryd fel grym pentecostaidd Duw a oedd yn galluogi credinwyr i fyw yn ôl ewyllys Dduw ac i'w ogoniant ef. Arweiniodd yn naturiol at weddi yn galw, bedair gwaith, ar i'r Ysbryd ddod 'mewn grym'. Ond mae'r ddealltwriaeth hon o'r Drindod yn ddiffygiol oherwydd mae'n codi'r cwestiwn fod 'clodfori'r duwdod i gyd' yn annigonol onibai fod pob person y Drindod hefyd yn cael ei 'glodfori'. Ar wahân i'r ffaith fod cyngor Roberts fan hyn mewn perygl o or-bwysleisio'r personau gwahanol ar draul eu hundod sylfaenol (cytbwysedd sy'n ofynnol mewn uniongrededd ond sydd hefyd yn anodd i'w gyflawni), ymddengys fod ei gyngor yn mynd yn groes i dystiolaeth y Beibl. Yn y Testament Newydd, ni ddywedir unwaith fod yr Ysbryd yn tynnu unrhyw sylw ato'i hun. Yn hytrach, yr Ysbryd sy'n atgoffa'r bobl am ddysgeidiaeth a gweinidogaeth Crist ac yn galluogi'r credinwyr i alw Duw yn 'Abba, Dad' (Rhuf. 8:15). Mae'n dosrannu rhoddion 'yn ôl ei ewyllys' (1 Cor. 12:11) ac yn datblygu ffrwythau yn y credinwyr (Gal. 5:22-24) gan eu hawdurdodi i fyw yn ôl ewyllys Dduw. Ni chyfeiriai Roberts o gwbl at hyn. Yn hytrach, roedd am i aelodau'r gynulleidfa weddïo, i gredu y deuai'r Ysbryd mewn ymateb i'w gweddïau, ac i ufuddhau i'w teimladau ar ôl hynny.

Ochr yn ochr â hyn, pwysleisiodd Roberts yr angen am i gredinwyr dderbyn yr Ysbryd, ond ni esboniodd ystyr hyn. Yn ôl ei gynghorwr, D. M. Phillips, roedd gwahaniaeth rhwng bedydd yr Ysbryd a derbyn 'llanw'r Ysbryd'. Y fendith gyntaf yw'r bedydd, wedi'i derbyn gan y crediniwr wrth iddo gael ei ad-eni. Mae 'llanw'r Ysbryd' yn arllwysiad ychwanegol a all ddigwydd yr un pryd â'r bedydd neu rywbryd arall gan alluogi'r crediniwr i fyw bywyd yr ail-eni. Oddi mewn i'r fframwaith syniadol hon, nododd D. M. Phillips ymhellach fod dau wahanol fath o 'lanw', sef y 'llanw cyffredinol' sy'n galluogi credinwyr i fyw bywyd o wasanaeth, a'r 'llanw neilltuol' sy'n eu galluogi i gyflawni tasg arbennig.[38] Nid yw'n hollol eglur a dderbyniodd Roberts y syniadau hyn yn eu cyfanrwydd, er bod ei noddwraig, y bwerus Jessie Penn-Lewis, yn cytuno â'r syniad o 'ail fendith' yr Ysbryd yn sancteiddio'r crediniwr. Fodd bynnag, mae'n eglur iddo gyfeirio at y profiad a gafodd ym Mlaenannerch ar 29 Medi 1904 fel profiad o gael ei lenwi gan yr Ysbryd. 'Wedi fy mhlygu, dyna don o dangnefedd yn llanw fy mynwes,' meddai. Ac o ganlyniad, teimlai 'ar dân am gael mynd drwy Gymru benbaladr i ddywedyd am y Ceidwad.'[39]

Yn ddiweddarach, mabwysiadwyd y syniadaeth hon am fedydd yr Ysbryd gan y mudiad Pentecostaidd. Yn ôl y Pentecostiaid, mae'r 'ail fendith' yn cyfateb i'r glawio yn Israel. Mae'r glaw 'blaenorol' yn dod yn ystod yr hau 'pan fo angen meddalu'r tir' tra bo'r glaw diwethaf yn dod 'cyn cynhaeaf ac mae'n chwyddo'r gwenithen a'r ffrwyth'. Fel y dywed un ysgolhaig: 'If the "former" rain fails, planting is difficult. If the "latter" rain fails, the harvest is meagre and undeveloped.' Ymhlyg yn y ddysgeidiaeth ceir y gred fod milflwyddianiaeth escatolegol yn gysylltiedig ag arllwysiad yr Ysbryd – mae'n perthyn i'r dyddiau diwethaf cyn ail-ddyfodiad Iesu.[40] Nid oes unrhyw ymwybyddiaeth o hyn yng ngwaith Roberts, ond ymddengys ei fod yn credu y buasai arllwyso'r Ysbryd ar gredinwyr yn eu cysylltu'n nes fyth â'r gymuned Gristnogol wreiddiol.

Yn dilyn hyn, ni ellir amau fod Roberts, yn y cyfnod hwn, â syniad mecanyddol ynghylch effeithiolrwydd gweddi. Ei gred oedd, pe byddai aelodau'r gynulleidfa yn cyffesu eu pechodau a chyffesu Crist, a phetaent yn gofyn i'r Ysbryd ddod, dim ond *credu* hyn oedd ei angen a byddai'r Ysbryd yn disgyn. I bob golwg, roedd Roberts yn hybu'r syniad y gellid creu Diwygiad unwaith y gosodwyd yr amodau cywir – dysgeidiaeth a swniai yn od o debyg i syniadau'r Americanwr

Charles Finney yn ystod y bedwaredd ganrif ar bymtheg, ond dysgeidiaeth nad oedd yn eistedd yn esmwyth wrth ochr y traddodiad diwygiadol yng Nghymru a dueddai i weld 'diwygiad' yn ganlyniad gweithgarwch grasol Duw yn hytrach na gweithredoedd dyn.[41]

Un o'r amodau am ddiwygiad, yn nhyb Roberts, oedd ufuddhau i'r Ysbryd yn ei awgrymiadau i gyd. Eto, rhaid dweud na chynigiodd ef unrhyw gyngor ynglŷn â sut i wahaniaethu rhwng llais yr Ysbryd a'r lleisiau eraill sy'n crefu am sylw ym meddyliau dyn – a hyn er iddo gyfaddef y clywir llais y diafol yn aml a'i fod yn debyg iawn i lais Duw.[42] O ganlyniad, nid yw'n syndod mawr i bobl ddilyn eu hemosiynau a'u 'teimladau' yn ystod cyfarfodydd y Diwygiad. Weithiau, arweiniai hyn at Roberts yn ceryddu'r gynulleidfa am ddilyn y trywydd anghywir.

Ar achlysur, awgrymodd gweithredoedd Roberts ei fod yn gwybod yn well na neb arall sut yr oedd yr Ysbryd yn ceisio arwain y cyfarfod. Gorchmynnodd gynulleidfaoedd yng Nghapel y Tabernacl, Treforys (30 Rhagfyr 1904),[43] Soar, Castell Nedd (15 Ionawr 1905)[44] a Bethesda, Merthyr Tudful[45] i beidio â chanu ac i weddïo mwy. Nododd Henri Bois, y diwinydd o Ffrainc a ysgrifennodd yn helaeth ar ffenomenau'r Diwygiad, i ddyn godi ar ei draed, mewn cyfarfod, i ddatgan fod yr Ysbryd wedi dweud wrtho i gasglu ar gyfer elusen cartrefi plant Barnado. Ymatebodd Roberts, 'Dywed yr Ysbryd wrthyf wneud i chi eistedd i lawr.'[46] Roedd ei hyder yn ei alluoedd ei hun i ddirnad yr Ysbryd mewn ffordd na fedrai eraill mo'i wneud, bron yn absoliwt. Parhâ Bois:

> Adwaenir popeth a ddaw o'r isymwybod gan Roberts fel arweiniad yr Ysbryd tra mai cyngor dynol yw popeth a ddaw o Reswm neu gyngor da ei gyfeillion.[47]

Er yr anogai Roberts unigolion i gyffesu eu pechodau a chaniatáu i'w hemosiynau fyrlymu i'r wyneb mewn cyfarfodydd diwygiad, mae'n eglur nad oedd yn cysylltu presenoldeb yr Ysbryd ag emosiwn yn unig. Ac roedd hyn yn wir hyd yn oed yn ystod y Diwygiad ei hun – er gwaethaf barn y cyfryngau a'r cynulleidfaoedd ar y pryd. I Roberts, pryd bynnag y byddai'r Ysbryd yn bresennol mi fyddai, wrth gwrs, emosiwn. Ond nid oedd emosiwn o angenrheidrwydd yn gyfystyr â phresenoldeb yr Ysbryd. Yn hytrach, roedd Roberts yn ymddiried yn ei alluoedd ei hun i ddirnad presenoldeb, gorchmynion ac effeithiau'r Ysbryd. Awgryma'r unigolyddiaeth ormesol hon, a'i hyder yn ei allu i ddirnad gair a phresenoldeb Duw, ei fod yn ystyried ei weinidogaeth mewn termau proffwydol. Yn wir, roedd ei hyder yn ei ddoniau ysbrydol yn amlwg cyn iddo ddechrau ar ei waith diwygiadol. Fel yr ysgrifennodd R. Tudur Jones: 'Mae'n amlwg fod Evan Roberts erbyn haf 1904 yn dangos holl nodweddion gŵr charismataidd, yn mwynhau cysylltiadau uniongyrchol â Duw ac felly'n cael arweiniad goruwchnaturiol heb unrhyw gyfrwng heblaw ei brosesau seicolegol ei hun.'[48] Trwy ei alwedigaeth, credai Roberts iddo fwynhau perthynas agos gyda Duw a'i fod yn gallu dirnad ei ewyllys a'i bresenoldeb tra hefyd fod yn foddion i rannu'r nerth pentecostaidd.

Ochr yn ochr â hyn disgynnai'r Ysbryd ar rywun er mwyn ei sancteiddio. Ysgrifennodd at Elsie Phillips ar 10 Tachwedd 1904 yn dweud wrthi am ofyn i'r ysbryd 'wneud eich meddwl yn bur'.[49] Eto, dywedodd wrth gynulleidfa yng Nghapel y Bedyddwyr, Blaen-cwm, Rhondda, ar 30 Tachwedd 1904, 'Mae yr Ysbryd yn eich sancteiddio a'ch glanhau pan gredoch, canys nis gall dim aflan fyned i mewn i'r nef'.[50]

Nid yw'n hollol eglur beth yw ystyr hyn. Mae'n bosibl mai'r hyn a olygai oedd nad oedd unigolyn yn bechadur unwaith yr oedd yr Ysbryd yn bresennol yn ei fywyd. Dyma'r hyn a ymhlygwyd yn ei neges amwys i D. M. Phillips: 'Brawddeg wâg yw hon i mi – "Maddeu fy mhechodau"...Yr wyf wedi fy symud o dywyllwch i *oleuni*'.[51] Ac ymddengys iddo ailadrodd hyn mewn anerchiad yn y Porth, Rhondda, ar 29 Ionawr 1906:

> Meddyliais unwaith y buasai raid i mi ymladd â phechod am fy oes. Ond nid oes eisiau, ond i ni gredu fod Croes ein Harglwydd Iesu Grist yn abl i'n gwaredu ni oddiwrth bob pechod.[52]

Fan hyn, roedd Roberts wedi trosgwyddo ei egni o frwydro yn erbyn pechod i gredu fod marwolaeth ddirprwyol Crist yn ddigonol i wneud Iawn am bechod. Trwy gredu yn Iesu, nid oes rhaid i'r crediniwr boeni bellach y gallai pechod effeithio ar ei iachawdwriaeth. Ond nid yw'n gwbl eglur a gredai erbyn hyn nad oedd yn bosibl i Gristion bechu neu a gredai na fyddai pechod y Cristion yn cyfrif yn ei erbyn ar Ddydd y Farn gan fod Iesu wedi talu'r pris am holl bechod y ddynolryw gyfan.

Mae awgrym yma o ddysgeidiaeth 'sancteiddrwydd' mudiad Keswick a ystyriai sancteiddiad y crediniwr fel rhan o oblygiadau naturiol tröedigaeth a bywyd yr Ysbryd ynddo. Mae'n sicr y buasai Roberts wedi clywed dysgeidiaeth o'r fath gan iddo fynychu cyfarfodydd a drefnwyd gan Joseph Jenkins, ac mewn cyfarfod felly ym Mlaenannerch, a anerchwyd gan Seth Joshua ym mis Medi 1904, lle y daeth ef dan argyhoeddiad. Yn ddiweddarach, mynychodd gynhadledd Keswick a'r 'Keswick Cymreig' yn Llandrindod yn Awst 1906. Yn fwy uniongyrchol, daeth dan ddylanwad a gofal Mrs Jessie Penn-Lewis, a oedd yn un o ymddiriedolwyr cynhadledd Keswick cyn iddi dynnu yn ôl ym 1909.[53]

Felly, wrth i amser fynd heibio, dechreuodd Evan Roberts roi'r pwyslais fwyfwy ar gredu yn hytrach na 'theimlo'. Cymhellodd ei gynulleidfaoedd i 'gredu' yr atebid eu gweddïau, yn hytrach na chwilio am dystiolaeth. Megis ei syniadau ynglŷn â 'theimlad', roedd y pwyslais ar weithredoedd y crediniwr – ar gryfder cred y crediniwr y tro hwn – yn hytrach na gwaith Crist. Bwriad hyn i gyd oedd sicrhau bod cynulleidfaoedd yn profi cariad a maddeuant a nerth Duw yn ystod cyfarfodydd y Diwygiad er mwyn cysegru eu bywydau i'w wasanaeth ef. Eto, ni seiliodd hyn o gwbl ar yr ysgrythur nac ar bregethu hanes Iawn Crist ond ar ddyfodiad yr Ysbryd, a phrofiad y crediniwr ohono. Felly, roedd aelodau'r cynulleidfaoedd i weddïo, yn debyg i adrodd mantra, nes bod gollyngdod emosiynol yn dangos fod yr Ysbryd wedi dod o ddifrif.

Croes Crist

Daeth pwyslais Roberts ar y groes – ar wrthrychedd gwaith achubol Crist – yn hwyr iawn yn ystod y Diwygiad. Yn wir ni ddaeth yn amlwg tan ei ddiwedd ac nid ar wrthrychedd y groes canolbwyntiai wedyn. Fel arfer, dehonglwyd ei eiriau am y groes fel arwydd o'i uniongrededd wrth iddo annog ei gynulleidfaoedd i ystyried y croeshoeliad a'i oblygiadau am faddeuant pechodau yn hytrach na meddwl am gyflwr eu heneidiau unigol yn unig. Ar y groes, meddai, bernid a maddeuid pechod. Eto, hyd yn oed yma, erfyniai Roberts ar ei gynulleidfaoedd i weddïo ar i'r Ysbryd ddangos Calfaria iddynt mewn ffordd a oedd bron yn gyfriniol. Hyd yn oed ar ddiwedd y Diwygiad nid apêl am dystiolaeth yr ysgrythur oedd ganddo ond i'r gynulleidfa dderbyn profiad ysbrydol. Ar 21 Ionawr 1906, er enghraifft, yng Nghapel y Tabernacl, Porthmadog, cyhoeddodd yr emyn, 'Gwaed dy groes sy'n codi i fyny', gyda'r geiriau: 'Heb ollwng gwaed, nid oes maddeuant. Os cawn ni olwg ar y Gwaed . . . Gadawed i ni ganu gan ofyn i'r Ysbryd ein harwain i Galfaria.'[54]

Wrth i'r Diwygiad fynd ymlaen, daeth i weld ei bwyslais ar y groes fel adwaith angenrheidiol i'r pwyslais a roddid ar 'deimlo'. Eto, nid cyfeirio at Galfaria'r ysgrythurau a wnâi ond at Galfaria'r profiad crefyddol a gymhellwyd gan yr Ysbryd. Ymhellach, mae'n ddiddorol sylwi iddo aros gyda'r groes a marwolaeth Crist yn hytrach na symud ymlaen at yr atgyfodiad. Mewn cyfarfod gweinidogion a gynhaliwyd dros frecwast yn ystod y 'Keswick Cymraeg' yn Llandrindod, Awst 1906, meddai:

> It is true that I have preached about the Cross, but self had the upper hand. Although I received the Holy Spirit, self was there too. But, thank God, it is otherwise now. During the last three months the Cross of Christ has been revealed to me in a way that has never happened before. The veil has been drawn back and now Christ and his Cross fill my horizons. I felt its power crushing the self that had adhered so long to me, and if I am spared, my only goal will be to preach Christ crucified – not as a theory – but as a living truth.[55]

Erbyn hyn, roedd Roberts yn pwysleisio dioddefaint Iesu ac yn uniaethu ag ef. Mae'n bosibl bod ei brofiad ei hun yn nwylo cyfryngau a oedd yn adrodd pob gair a phob symudiad o'i eiddo, a'r ffaith iddo ddioddef ambell feirniadaeth ddeifiol gan weinidogion (megis Peter Price a Daniel Hughes), wedi'i chwerwi cymaint nes ei fod yn uniaethu â dioddefaint y groes yn haws nag â buddugoliaeth yr atgyfodiad. Fodd bynnag, mae'n amlwg y daeth i'r casgliadau hyn oherwydd ei brofiad personol, boed yn brofiad o ddioddefaint tebyg i ddioddefaint Crist neu yn brofiad cyfriniol o Galfaria megis yr un a erfyniai ar i'w gynulleidfaoedd ei brofi erbyn diwedd ei weinidogaeth gyhoeddus.

Wrth ymholi i ddealltwriaeth ddiwinyddol Evan Robert, dylid cadw rhybudd R. Tudur Jones mewn cof: 'Dichon nad yw'n deg iawn dadansoddi gosodiadau Evan Roberts yn y dull manwl hwn. Gwnaeth ei ddatganiadau ynghanol berw teimladol mawr ac yr oedd yntau'n bur amddifad o unrhyw wybodaeth ddiwinyddol fanwl.'[56] Petai rhywun wedi gofyn iddo ddarparu amlinelliad manwl ac ystyrlon o'i safbwynt diwinyddol, mae'n bosibl y buasai wedi ymateb gyda chasgliadau gwahanol iawn i'r rhai a bwysleisir yn yr ystyriaeth hon, sydd, wrth gwrs, yn seiliedig ar astudiaeth o'i anerchiadau cyhoeddus. Eto, gellir gwneud nifer o sylwadau cyn cau pen y mwdwl.

Yn gyntaf, gellir dadlau bod Roberts yn rhan o'r llif cyffredinol a aeth trwy ddiwinyddiaeth yng Nghymru, gan ei rhyddfrydoli, ddiwedd y bedwaredd ganrif ar bymtheg, yn hytrach nag yn forglawdd cadarn yn erbyn rhyddfrydiaeth ddiwinyddol. Roedd ei ddiwinyddiaeth yn ansoffistigedig iawn. Er bod ganddo barch mawr iawn at yr angen am iachawdwriaeth, am Grist y Gwaredwr, am yr Ysbryd yn rhoi nerth i bobl, am Dduw yn caru pawb – gyda'r canlyniad iddo boblogeiddio emyn Hiraethog, 'Dyma gariad fel y moroedd' – tueddai i syrthio'n ôl ar ddywediadau cryno a oedd braidd yn ystrydebol. Ysgrifennodd at ei chwaer, Mary, gan ddweud fod Duw yn 'Dduw dedwydd' ac yn 'Dduw Llawen', gan olygu y dylai'r Cristion hefyd fod yn llawen a chael gwared ar bob ffurfioldeb crefyddol wrth addoli.[57] Er iddo brofi gweledigaeth o uffern tra'n fyfyriwr yng Nghastellnewydd Emlyn,[58] nid oedd gan y syniad o gosb na damnedigaeth unrhyw ran yn ei bregethu yn ystod y Diwygiad. Yn hytrach, canolbwyntiai ar gariad Duw, tra'n annog ei wrandawyr i ymateb i'r cariad hwnnw ac i alw ar yr Ysbryd fel sêl a bendith Duw ar ei blant. Nid oes fawr i wahaniaethu syniadau Roberts oddi wrth y ddealltwriaeth ryddfrydol, a ddaeth yn amlycach yn dilyn y diwinydd Almaenig Albrecht Ritschl, o dadolaeth Duw wedi'i datgelu yn yr ymwybyddiaeth o Grist ac i'w phrofi hefyd ym mywyd y credinwyr.

Ymhellach, ymhlyg yn ei neges oedd yr angen i bobl gael y profiad dirnadol o ddod yn feibion i Dduw, neu'n well, i gydnabod Duw yn dad. Profiad uniongyrchol oedd hwn a arweiniai at ryddhad a gorfoledd ond roedd hyn ymhell o'r ddealltwriaeth Gristnogol glasurol mai trwy gyfryngdod Iesu y mae'r ddynoliaeth i ddod i berthynas â Duw fel ei nefol Dad. Er na fwriadodd hyn, canlyniad ei bwyslais ar brofiad uniongyrchol fyddai dibrisio lle Iesu a dyrchafu ysbrydolrwydd yr unigolyn – rhywbeth a ddeuai i amlygrwydd erbyn diwedd yr ugeinfed ganrif.

Yr Ysbryd oedd â'r gallu i gyflawni hyn ym mywyd y Cristion. Ac yn sgîl ei bwyslais ar yr Ysbryd, daeth 'profiad' yn brif gategori. Nid profiad emosiynol yn unig mohono, ond un a gyfunai 'teimlo' ag ymwybyddiaeth ddeallusol. O ganlyniad, ymddengys fod ei syniadau yn adlewyrchu dysgeidiaeth Schleiermacher. Gwelid yr arllwysiad emosiynol fel ymateb digon naturiol wedi i'r unigolyn brofi cariad a maddeuant Duw. Gan ystyried bod y profiad hwn, yn ei dyb, yn hanfodol mewn achubiaeth, gellir dadlau nad oedd yn bell iawn o 'ymdeimlad o ddibyniaeth absoliwt' Schleiermacher.

Yn ail, ac yn dilyn hyn, daw'n eglur mai ei brofiad ei hun oedd y prif awdurdod ysbrydol i Evan Roberts. Wrth drafod y Beibl fel dogfen a ddatgelodd y mab yn Waredwr,[59] mae'n arwyddocaol fod Roberts yn seilio'i awdurdod nid ar ei wybodaeth o'r ysgrythur ond ar yr hyn a brofodd yn ei ddefosiwn preifat ac yn ystod cyfarfodydd y Diwygiad. Daw hyn yn neilltuol o eglur yn ei anerchiad i fyfyrwyr y Bala, 5 Gorffennaf 1905.[60] Roedd yn eglur, erbyn hynny, ei fod o'r farn mai yng nghanol brwydr rhwng Duw a'r diafol oedd yr enaid dynol, gyda'r ddynoliaeth ei hun yn gyfrifol pa un a fyddai'n fuddugoliaethus. Pwysleisiai yr angen am weddi er mwyn i'r myfyrwyr fedru gwahaniaethu rhwng llais Duw a llais y diafol – y ddau lais yn ymddangos yn eithaf tebyg. Yn hyn, yr unig gyngor a roddodd i wahaniaethu rhwng y ddau lais oedd 'nid yw meistr da byth yn dychrynu gwas'. Soniodd am ei brofiad ei hun yn ceisio gwahaniaethu rhwng y ddau lais tra'n gweddïo. 'Costiodd flynyddoedd o ymdrech caled i mi. Byddwn ambell waith yn gorfod ymbalfalu yn y tywyllwch; bryd arall teimlwn fod y wawr yn tori. Yr anhawsder mawr oedd plygu; ond plygu fu raid.' Ac fel hyn daeth eto i bwysleisio'r angen am ufudd-dod a llanw'r Ysbryd.[61]

Yr hyn sy'n nodedig am yr anerchiad hwn yw'r ffaith na chyfeiriodd unwaith at waith achubol Crist (heblaw am un cyfeiriad at 'y Gwaredwr' na fanylodd arno) nag at y groes fel buddugoliaeth Duw dros bechod a marwolaeth. Yn wir, dywed hyn fwy am brofiadau ac ymdrechion Roberts na dim byd arall. Disgrifiodd ei brofiad pan weddïodd 'Deled dy Deyrnas' a 'daeth y geiriau ataf gyda'r fath nerth, nes y teimlwn ryw ofn sanctaidd yn llanw'r lle'. Disgrifiodd hefyd brofiad 'ryw nos Wener' yn ei wely pan ddaeth 'i deimlo fod Duw yn agos'. Yn y profiadau hyn i gyd daeth i wybod fod Duw yn bodoli, ond roedd angen iddo wybod mai 'Duw cariad yw'. 'Cefais brawf sicr o hyn yn fy mynwes,' meddai. Y syniad hwn o gysylltiad uniongyrchol â Duw heb angen cyfryngwr – boed Crist neu'r ysgrythurau – a amlygai'i hun mewn rhai adrannau o Bentecostaliaeth a dyma'r athrawiaeth a fuasai'n gadael Ymneilltuwr o argyhoeddiadau ddiwinyddol mwy traddodiadol, megis pwyslais y Diwygiad Protestannaidd ar *sola Scriptura*, yn teimlo braidd yn anesmwyth.

Yn drydydd, ac yn sgîl hyn, rhaid dweud nad oedd y ddysgeidiaeth draddodiadol a bwysleisiwyd gan ddiwygwyr yr unfed ganrif ar bymtheg o *sola fide* – sef 'cyfiawnhad trwy ffydd yn unig' – yn amlwg iawn yn ei anerchiadau. O hyn, gellir tybio iddo gymryd yn ganiataol mai canlyniad ffydd oedd derbyn maddeuant i bechodau, ond na ddeuai'r Ysbryd mewn nerth onibai i'r bobl *gredu* ac *ufuddhau*.[62] Wrth bwysleisio cyfarwyddyd ysbrydol, yn hytrach nag awdurdod yr ysgrythurau, aeth ymhell y tu hwnt i gyfundrefn ddiwinyddol yr Ymneilltuaeth draddodiadol gan osod y sylfeini ar gyfer datblygiad y mudiad Pentecostaidd. Yn wir, pwysleisiwyd y ddysgeidiaeth hon yn arbennig gan Daniel Powell Williams – 'Pastor Dan' – a gafodd dröedigaeth dan weinidogaeth Roberts ac a sefydlodd yr Eglwys Apostolaidd yn ddiweddarach.[63] I Roberts, ni phrofai'r gynulleidfa faddeuant Duw oni bai iddi 'blygu' yn gyntaf ac yna 'ufuddhau' i'r gorchmynion a ddeuai gan yr Ysbryd. Yn ogystal ag awgrymu bod 'techneg i greu diwygiadau yn ôl y gofyn',[64] tueddai i awgrymu hefyd fod angen rhyw fargeinio rhwng dyn a Duw i ennill maddeuant. Y gwir yw, yn neges Roberts, amlygwyd dysgeidiaeth hanner-Belagaidd a welodd iachawdwriaeth fel cydweithrediad rhwng Duw a'r bod dynol, rhywbeth a hawliai ymdrech dyn yn ogystal â gras rhad Duw.

Er mor bwerus oedd y Diwygiad, ac er gwaethaf y ffaith iddo drawsffurfio bywydau llawer o bobl er gwell, rhaid dweud ei fod hefyd yn cynnwys elfen o ddryswch a difaterwch crefyddol a ddaeth wedyn yn nodweddion y gymdeithas Gymreig. Y rheswm am y difaterwch oedd y diffyg yn ei anerchiadau i gyfuno'i syniadau â'r ffurfiau traddodiadol ar Gristnogaeth, yn arbennig y ddysgeidiaeth am yr eglwys ac awdurdod yr ysgrythurau. Yn ei unigolyddiaeth ormesol gosodai Roberts ei hun yn nhraddodiad y proffwydi a'r diwygwyr mawr. Trwy gydol hanes yr eglwys (ac, yn wir, hanes Israel) galwodd unigolion ysbrydoledig ar i'r cyhoedd gymryd defosiwn i Dduw o ddifrif a'i roi yng nghanol eu bywydau. Ond fel arfer apelio'r oeddent at yr ysgrythurau fel sylfaen ar gyfer y bywyd newydd (fel y gwnaeth y Piwritaniaid) yn hytrach na hawlio ysbrydoliaeth uniongyrchol wedi'i ddirnad trwy deimladau'r unigolyn, neu (fel yr oedd gydag arweinwyr cynnar y Methodistiaid), ceisient sicrhau strwythur a fuasai'n meithrin y Cristnogion newydd yn ei ffydd. Ychydig o apêl at yr ysgrythur a wnaeth Roberts ac ymddengys nad oedd ganddo unrhyw ddealltwriaeth am natur a swyddogaeth yr eglwys. Mae'n bosibl fod tuedd y Diwygiad i ddibrisio, neu hyd yn oed anwybyddu, yr eglwys fel tyst corfforedig corff Crist i'r byd wedi dod yn gyfiawnhad dros ddifaterwch y cenedlaethau dilynol ac wedi cyfrannu at ddirywiad Ymneilltuaeth yn yr ugeinfed ganrif. Er nad dyma'r unig reswm yn amlwg, gan fod dirywiad Cristnogaeth gyfundrefnol yng Nghymru yn ffenomen gymhleth, nid oedd unigolyddiaeth Roberts – yn yr hyn a bregethodd nac yn ei weithgareddau ei hun – o gymorth wrth geisio cadw pwysigrwydd ac arwyddocâd i'r eglwys ac i'r addoli cyhoeddus. Ar ôl y Diwygiad, enciliodd Roberts ac ni chyfrannodd ddim mwy i fywyd crefyddol Cymru. Yn wir, mae tystiolaeth ar gael sy'n awgrymu iddo brofi, yn hen ddyn, argyfwng ffydd ac, fe ddichon, iddo gwestiynu seiliau Cristnogaeth ei hun.

<h2 style="text-align:center">– IV –</h2>

Nid diwinydd mo Evan Roberts. Gellir honni y buasai wedi'i arswydo wrth ei ddarganfod ei hun ymhlith y rhyddfrydwyr diwinyddol, er nad oes ronyn o dystiolaeth i awgrymu ei fod yn ymwybodol o'u bodolaeth. Ei brif nod oedd dyfnhau'r bywyd ysbrydol a, thrwy wneud hynny, cryfhau tystiolaeth aelodau'r eglwysi trwy ganolbwyntio ar y grym oedd ar gael iddynt yn rhoddion yr Ysbryd Glân. Nid oedd ganddo fawr o ddealltwriaeth am gymundeb y saint. Canolbwyntiodd yn hytrach ar ei awdurdod ei hun a'r angen i bob unigolyn gyffesu ei bechod a derbyn Crist. Tueddai i ddibynnu ar ei deimladau ei hun yn hytrach na'r ysgrythur, a thrwy hynny wadu'r traddodiad Diwygiedig y'i magwyd ynddo. Roedd hyn yn wir am ei anerchiadau. Tynnodd ar ei brofiad ei hun yn hytrach nag ar esboniadaeth feiblaidd i esbonio pwynt y dymunai ei gyfleu. Yn ei anerchiadau cynnar, ychydig oedd y cyfeiriadau at Iawn Crist (neu, o safbwynt rhyddfrydiaeth ddiwinyddol, at dadolaeth Duw chwaith) ond canolbwyntiodd ar yr Ysbryd – rhywbeth y gellir ei briodoli i'r ffaith iddo gymryd yn ganiataol fod ei gynulleidfa yn gwybod seiliau'r ffydd yn hytrach nag unrhyw ddiffyg diwinyddol. O safbwynt systematig, ymddengys fod anghytbywysedd difrifol yn ei ddealltwriaeth ddiwinyddol, ffaith a allasai fod wedi niweidio rhagolygon hir-dymor y Diwygiad. Nid oedd ganddo'r deunydd i gysylltu ei neges a'i weithgarwch â hanes y ffydd. Mewn geiriau eraill, nid oedd ganddo'r wybodaeth ddiwinyddol i ddangos apostolegrwydd ei weinidogaeth. O ganlyniad, roedd yn ymddangos fel petai heb wreiddiau a seiliau, hynny yw iddo ymddangos fel nad oedd yn perthyn i hanes Cristnogaeth o gwbl. Arweiniodd ei gynulleidfaoedd at brofi Duw yn y foment honno. O ganlyniad, pan basiodd y foment, collodd y profiad lawer o'i rym a'i nerth. A phan basiodd y Diwygiad, ni throdd Roberts yn ôl at yr eglwys ac, i bob pwrpas, ymadawodd â llwyfan Cristnogaeth yng Nghymru.

Ac eto roedd y Diwygiad yn fudiad torfol pwerus ac emosiynol am gyfnod o ddwy flynedd ac fe'i teimlwyd mewn cymunedau ledled Cymru, yn wledig ac yn ddiwylliannol, hyd yn oed a oedd Evan Roberts wedi ymweld â'r ardal ai peidio. I laweroedd, roedd yr effaith, os nad y sêl, yn parhau, er iddo esgor ar ganrif o ddirywiad di-dostur i'r enwadau traddodiadol i gyd yng Nghymru. Nid y pwyslais ar emosiwn oedd prif fethiant y Diwygiad, ond methiant i drosglwyddo neges achubiaeth i'r genhedlaeth nesaf. Ni honnodd Roberts erioed mai emosiwn ynddo'i hun oedd nod addoli a'r profiad crefyddol ond cydnabu fod emosiwn yn ymateb naturiol gan bobl wrth iddynt deimlo her sy'n effeithio ar hanfod eu bod. Dilynodd llawer o'r rhai a gymerodd ran yn y Diwygiad drywydd arall, ac iddynt hwy roedd yr emosiwn yn gyfystyr â'r profiad crefyddol. Dichon nad apeliai y pwyslais ar emosiwn fel tystiolaeth o bresenoldeb Duw at y genhedlaeth nesaf. Yn ogystal, oerodd y sêl erbyn diwedd 1905, o bosibl oherwydd fod angerdd yr argyhoeddiad a dyfnder yr ymdeimlad o ryddhad mor ddwys yn y misoedd cynt. Er gwaethaf protestiadau Roberts, mae'n debyg y daeth emosiwn ei hun nid yn unig i reoli'r Diwygiad ond hefyd i sicrhau ei drai.

Gellir dirnad dwy etifeddiaeth arwyddocaol ym mywyd crefyddol Cymru a ddaeth yn sgîl y Diwygiad. Y gyntaf oedd y ffordd y mae'r pwyslais ar brofiad ysbrydol yn aml yn ffugio'i hun fel gwir ffydd y Testament Newydd. Oherwydd dysgeidiaeth lac am arweiniad yr Ysbryd – a amlygwyd yn ystod y Diwygiad – daeth awdurdod unigol i gael ei seilio'n fwy ar yr hyn y mae'r unigolyn yn ei deimlo nag ar brofi'r ysbrydion a dirnad y ffordd ymlaen drwy eiriau'r ysgrythur a thrwy gymuned cred yn ceisio ewyllys Dduw. Yn y byd modern, weithiau yn yr eglwys ei hun, gwelir poblogrwydd y syniad am ysbrydolrwydd yr unigolyn a'r hawl i ddilyn y 'goleuni mewnol', a hynny ar draul ffydd drwyadl feiblaidd.

Yr ail etifeddiaeth oedd yr anallu yng nghrefydd Cymru i ddelio'n iawn ac yn ddiwinyddol gyda rôl emosiwn mewn bywyd crefyddol cyhoeddus. Mae'n fwy na thebyg fod hyn yn ffactor bwysig wedi i emosiwn fod mor amlwg yn ystod y Diwygiad pan ganiatawyd i gynulleidfaoedd gael eu llusgo gan dorf o deimladau dwys heb i neb geisio rhoi unrhyw daw arnynt. Un adwaith ar ôl y Diwygiad oedd gwadu unrhyw rôl i emosiwn mewn crefydd o gwbl. Mae'n amlwg fod hyn yn gamgymeriad ar ran arweinwyr yr enwadau Ymneilltuol. Dengys mynegiant torfol emosiwn yn ystod y Diwygiad ei fod yn cwrdd ag angen cymunedol a phersonol, fel y mae profiadau ym Mharc yr Arfau ac yn Stadiwm y Mileniwm wedi gwneud i laweroedd wedi hynny. Yn eu hamharodrwydd i roi lle i emosiwn mewn addoli cyhoeddus, mae'n bosibl i'r Ymneulltuwyr Cymreig anwybyddu ffactor bwysig a apeliodd am gyfnod at y cyhoedd, a thrwy hynny iddynt gyfrannu at ddirywiad Ymneilltuaeth yng Nghymru'r ugeinfed ganrif.

1. Eifion Evans, *The Welsh Revival of 1904* (Pen-y-Bont ar Ogwr, 1987), t.34.
2. Gw. D. Densil Morgan, *Christmas Evans a'r Ymneilltuaeth Newydd* (Llandysul, 1991).
3. R. Tudur Jones, *Ffydd ac Argyfwng Cenedl, Hanes Crefydd yng Nghyrmu 1890-1914: II Dryswch a Diwygiad* (Abertawe, 1982), t.48.
4. Gw. W. T. Owen, *Edward Williams, DD, 1750-1813: His Life, Thought and Influence* (Caerdydd, 1963).
5. Gw. T. Lloyd Evans, *Lewis Edwards: Ei Fywyd a'i Waith* (Abertawe, 1967).

6. Ceir awgrymiadau gwahanol iawn yn Eifion Evans, *The Welsh Revival of 1904*, tt.41-2, a Gwyn Davies, *Golau Gwlad: Cristnogaeth yng Nghymru 200-2000* (Pen-y-Bont ar Ogwr, 2002), t.95.

7. W. Parri Huws ac E. Keri Evans, *Cofiant y Parch David Adams, DD* (Lerpwl, 1924), t.183.

8. Trafodir y Gristoleg hon yn R. Tudur Jones, *Ffydd ac Argyfwng Cenedl*, II, pennod 2.

9. Trafodir y pedwar dyn hwn yn Robert Pope, *Seeking God's Kingdom: The Nonconformist Social Gospel in Wales, 1906-1939* (Caerdydd, 1999), pennod 2.

10. R. Tudur Jones, *Ffydd ac Argyfwng Cenedl Hanes Crefydd yng Nghymru 1890-1914: I Prysurdeb a Phryder* (Abertawe, 1981), pennod 7.

11. Ibid., t.179.

12. W. Evans, *An Outline of the History of Welsh Theology* (Llundain, 1900), t.39.

13. Ibid., t.137.

14. *British Weekly* (2 Chwefror 1905), t.445; gw. *Y Cymro* (22 Rhagfyr 1904), t.5; *Seren Gomer* (1905), t.63.

15. R. Tudur Jones, *Ffydd ac Argyfwng Cenedl*, II, t.67.

16. Gw. *Bannau'r Ffydd* (Wrecsam, 1929), pennod 2.

17. D. Miall Edwards, *Crefydd a Bywyd* (Dolgellau, 1915), tt.146-147.

18. *Cysondeb y Ffydd* mewn pedair cyfrol, (Caerdydd, 1905, 1907, 1912, 1916).

19. Gw. R. Tudur Jones, *Ffydd ac Argyfwng Cenedl*, I, pennod 7.

20. D. M. Phillips, *Evan Roberts a'i Waith* (Dolgellau, 1912), tt.130-2.

21. Ibid., t.65.

22. Gw. Evan Roberts, *Gwasanaeth a Milwriaeth Ysbrydol* (Caerlŷr, 1912); Jessie Penn-Lewis ac Evan Roberts, *War on the Saints* (Caerlŷr, 1912).

23. Phillips, *Evan Roberts a'i Waith*, tt.256, 300.

24. Ibid., t.329.

25. Ibid., t.360.

26. Ibid., t.200.

27. F. Schleiermacher, *On Religion: Speeches to its Cultured Despisers*, cyf. John Oman (Efrog Newydd, 1958); *idem, The Christian Faith*, cyf. H. R. Mackintosh (Caeredin, 1928).

28. L. Feuerbach, *The Essence of Christianity*, cyf. G. Eliot (Efrog Newydd, 1957).

29. *Y Cymro* (22 Mehefin 1905), t.9.

30. H. Elvet Lewis, *With Christ among the Miners* (Llundain, 1906), tt.160-1.

31. *South Wales Daily News*, (28 Chwefror 1906), t.5.

32. Phillips, *Evan Roberts a'i Waith*, tt.303-4.

33. Ibid., t.301.

34. Ibid., t.315.

35. Ibid., t.326.

36. V. Synen (gol.), *Aspects of Pentecostal-Charismatic Origins* (Plainfield, NJ, 1975), t.25.

37. Phillips, *Evan Roberts a'i Waith*, t.331.

38. Ibid., tt.148-9.
39. D. M. Phillips, *Evan Roberts a'i Waith*, tt.160-1.
40. Meddai William Kay am arllwysiad yr Ysbryd: 'It produced a shortcut between the twentieth century world and the first century world by persuading modern Christians that they shared one of the original apprehensions of the biblical God. In this respect Pentecostalism functions like belief in the apostolic succession or the inviolability of the liturgy: it offers a contemporary guarantee of authentic continuity with the earliest sources of Christianity.' William K. Kay, 'British Assemblies of God: A Sketch of Twentieth Century Missions', yn Robert Pope (gol.), *Honouring the Past and Shaping the Future: Religious and Biblical Studies in Wales* (Leominster, 2003), t.196.
41. R. Tudur Jones, *Ffydd ac Argyfwng Cenedl*, II, tt.211-2
42. Phillips, *Evan Roberts a'i Waith*, t.350.
43. D. M. Phillips, *Evan Roberts the Great Welsh Revivalist and His Work* (Llundain, 1906), t.331
44. J. V. Morgan, *The Welsh Religious Revival of 1904-05: A Retrospect and a Criticism* (Llundain, 1909), t.53
45. Awstin, *The Religious Revival in Wales*, III (Llundain, 1904), t.18.
46. Henri Bois, *Le Réveil au Pays de Galles* (Toulouse, 1905), t.174.
47. Ibid., t.459.
48. *Ffydd ac Argyfwng Cenedl*, II, t.131.
49. Phillips, *Evan Roberts a'i Waith*, tt.307-8.
50. Ibid., t.326.
51. Ibid., t.333.
52. Ibid., t.388
53. David W. Bebbington, *Evangelicalism in Modern Britain: A History from the 1730s to the 1980s* (Llundain, 2000), t.196.
54. *Herald Cymraeg* (26 Rhagfyr 1905), t.8.
55. *South Wales Daily News* (10 Awst 1906), t.6.
56. R. Tudur Jones, *Ffydd ac Argyfwng Cenedl*, II, t.133.
57. Ibid., t.201
58. Phillips, *Evan Roberts a'i Waith*, tt.215-6
59. Ibid., t.323.
60. Ibid., tt.349yml.
61. Ibid., tt.348-355.
62. Ibid., t.181.
63. Daeth hefyd i bwysleisio dysgeidiaeth Roberts ar uniaethu gyda dioddefaint Crist. Gw. D. Edgar Bowen, *Diwrnod yn y Winllan: Cofiant y Parchedig William Bowen, Penygroes, a Milo, Sir Gaerfyrddin* (Guildford, 1924).
64. R. Tudur Jones, *Hanes Annibynwyr Cymru* (Abertawe, 1966), t.201.

3

'CODI MURIAU DINAS DUW': ANNIBYNWYR CYMRU A'R BROBLEM GYMDEITHASOL, 1906-1939*

Roedd y cyfnod rhwng diwedd y Diwygiad ym 1906 a'r Rhyfel Mawr yn un o drawsnewid yn y gymdeithas Gymreig. Yn wleidyddol, dyma flynyddoedd yr oruchafiaeth Ryddfrydol. Yn etholiad 1906 roedd pob etholaeth Gymreig ac eithrio un wedi anfon aelod Rhyddfrydol i'r Senedd. Dan ddylanwad Lloyd George, roedd y llywodraeth Ryddfrydol yn barod i gyfaddawdu dros fater ymyrraeth y wladwriaeth yn ein bywyd personol a chyflwynwyd Pensiynau'r Henoed ym 1908 tra gwnaed darpariaethau iechyd a diweithdra ym 1911. Ond cân ffarwél Rhyddfrydiaeth oedd hon ac, mor gynnar â 1923, gellid gweld fod goruchafiaeth y Blaid Ryddfrydol ar ben, a bod grym gwleidyddol newydd wedi cyrraedd – y Blaid Lafur.

Yn gymdeithasol, blynyddoedd o anniddigrwydd diwydiannol ac anfodlonrwydd cynyddol oedd y rhain. Y mudiad llafur ar ffurf y Blaid Lafur Annibynnol (ILP) a'r Undebau Llafur a ysbrydolodd yn rhannol yr anfodlonrwydd, a oedd yn arbennig o gryf yn yr ardaloedd diwydiannol, ac a elwodd yn rhannol arno. Sicrhaodd yr amgylchiadau byw afiach a'r amgylchiadau gweithio peryglus fod bywydau'r dosbarth gweithiol yn druenus ac yn anodd, a gwnaed hyn yn waeth gan y cyflog isel a gaent am eu llafur. Yn ystod 1898, caewyd 100,000 o lowyr ym maes glo De Cymru allan o'u gwaith am chwe mis mewn anghydfod ynglŷn â dulliau talu. Dyma'r digwyddiad a argyhoeddodd

* Cyhoeddwyd yr ysgrif hon yn wreiddiol yn *Y Cofiadur*, LXIII (1999), tt.9-26.

y Cymry fod angen i'r dosbarth gweithiol gynhyrfu'r dyfroedd, a gellir olrhain poblogrwydd ILP Keir Hardie i'r un digwyddiad hwn.[1] Esgorodd y cloi-drysau hwn ar Ffederasiwn Glowyr De Cymru a ddaeth yn gynnar iawn yn ganolbwynt gwleidyddiaeth radicalaidd adain-chwith yn y maes glo. Yng Ngogledd Cymru, o ganlyniad i'r anghydfod ynglŷn â chydnabod yr undeb a chytundebau cyflog rhwng y chwarelwyr llechi a'r Arglwydd Penrhyn uchelwrol a ffiwdalaidd, clowyd 2,800 o ddynion allan o 19 Tachwedd 1900 hyd 14 Tachwedd 1903, cyfnod o dair blynedd namyn pum niwrnod. Trechwyd y glowyr a'r chwarelwyr yn llwyr ac yn waradwyddus yn yr ymrafaelion hyn ond cryfhawyd eu penderfyniad ac roedd yr anghydfod yn ddechrau tranc y drefn sosio-economaidd ar y pryd. Sicrhâi is-gerrynt radicalaidd fod anniddigrwydd diwydiannol yn fygythiad cyson ac yn realiti mynych hyd at 1926. Erbyn 1910 roedd yr anfodlonrwydd wedi taro berw, fel y gwelwyd yn anghydfod y Cambrian Combine yng Nghwm Rhondda a'r terfysg gwarthus yn Nhonypandy. Yn y flwyddyn honno cydnabuwyd mai amgylchiadau byw cymoedd De Cymru, a'r iechyd gwael a ddeuai yn eu sgîl, oedd y gwaethaf ym Mhrydain.[2] Heriwyd yr eglwysi gan yr argyfwng cynyddol i fynd i'r afael â materion cymdeithasol mewn modd a wynebai sialens y mudiadau gwleidyddol materol eu naws a cheisio cadw teyrngarwch gweithwyr ifainc a oedd yn cael eu denu i'r mudiad llafur. Daeth y Broblem Gymdeithasol yn bwnc llosg y dydd a, thrwy ysbrydoliaeth rhai unigolion, arhosodd yn gadarn ar agenda'r eglwysi yn sicr tan ddiwedd y 1920au

Diwinyddion

Yn ddiwinyddol, y prif gyfranwyr i'r ddadl gymdeithasol, o fewn Annibynia a hefyd yn Anghydffurfiaeth Cymru yn gyffredinol, oedd Thomas Rees,[3] Prifathro Coleg Bala-Bangor o 1909 hyd ei farwolaeth annhymig ym 1926, a D. Miall Edwards,[4] Athro Athroniaeth Crefydd ac Athrawiaeth Gristnogol yn y Coleg Coffa, Aberhonddu o 1909 hyd 1934. Hyfforddwyd y ddau ar gyfer y weinidogaeth yng Ngholeg Mansfield, Rhydychen, pan oedd y Ddiwinyddiaeth Ritschlaidd ar ei mwyaf poblogaidd yno ymhlith y myfyrwyr. Credai Albrecht Ritschl y dylid seilio gosodiadau diwinyddol ar ddyfarniadau gwerth. Roedd Iesu Grist, er enghraifft, yn Dduw am fod ganddo werth Duw i ni. Ym

1898, gwahoddwyd Alfred Garvie i egluro'r ddiwinyddiaeth Ritschlaidd i ddarpar-weinidogion Mansfield, ac yn ei ddarlithoedd cyhoeddodd fod yr olwg Ritschlaidd ar Deyrnas Dduw yn 'syniad efengylaidd [a fydd] yn galluogi'r Eglwys i gwrdd â'r gofynion cymdeithasol a wneir arni'.[5] Roedd Thomas Rees a Miall Edwards yn bresennol yn y darlithoedd ac, yn wir, dehongliad Garvie i raddau helaeth a argyhoeddodd Miall Edwards y gallai gysegru ei fywyd i astudio diwinyddiaeth.[6]

Rhyddfrydwyr oedd Miall Edwards a Thomas Rees ac felly etifeddasant ddatblygiadau athronyddol y bedwaredd ganrif ar bymtheg fel sylfaen i'w cyfundrefnoedd diwinyddol. Dichon mai Ritschl a'i ddisgybl Adolf Harnack oedd y dylanwadau pwysicaf, gyda Harnack yn honni 'cnewyllyn' triphlyg i'r efengyl sef (1) Teyrnas Dduw a'i dyfodiad (2) Duw Dad a gwerth anfeidrol yr enaid dynol (3) gofynion y cyfiawnder uwch a'r gorchymyn i garu.[7] Ond Kant, Hegel a Schleiermacher oedd wrth wraidd y ddiwinyddiaeth hon a'i syniadau am foesoldeb gynhenid y bydysawd fel adlewyrchiad o'r grym moesol a'i greodd, undod pob peth fel canlyniad i fewnfodiad Ysbryd Absoliwt (*Geist*) a'r honiad mai'r profiad personol o 'ymddibyniaeth absoliwt' yw ffynhonnell pob gwirionedd diwinyddol. Felly, moeseg, undod a phrofiad oedd yn bennaf yn syniadaeth y ddau Gymro. Hyn yn fwy na 'Ddiwinyddiaeth Newydd' R. J. Campbell,[8] ac yn fwy nag Efengyl Gymdeithasol yr Unol Daleithiau[9] sy'n esbonio eu diddordeb yn y cwestiwn cymdeithasol.

Credai Miall Edwards fod crefydd gyfundrefnol yn hanfodol i fywyd y gymdeithas, ond er mwyn cwrdd ag anghenion yr oes byddai'n rhaid i grefydd gynnwys tair prif agwedd: addoliad, mynegiant diwinyddol a gwasanaeth cymdeithasol. Dim ond wrth ddarparu pob un o'r tri y medrai crefydd wneud cyfraniad adeiladol i ddatrys y broblem gymdeithasol a gwnaeth Edwards ymdrech deg i gyflawni'r dasg driphlyg hon. Roedd addoliad yn cyfeirio dynion a merched i ffwrdd oddi wrthynt eu hunain a thuag at Dduw heb feddwl am elw personol na chymdeithasol.[10] Arweiniodd y gred hon iddo gyfansoddi emynau ar bynciau cymdeithasol yn y 1920au a thrwy hynny gwrdd â'r angen i addoli a'r angen i ysbrydoli gweithredu cymdeithasol mewn cynulleidfaoedd cyffredin. Ymddangosodd ei 'Emynau Cymdeithasol' yn *Y Dysgedydd* ym 1920, ynghyd ag awgrymiadau ar gyfer tonau. Pwysleisient yr angen i bob unigolyn gael ei droi tuag at y bywyd moesol a byw'n gyfrifol trwy gariad a gwasanaeth i eraill. Roedd 'Gweddi dros y Byd' ar ffurf myfyrdod ar eiriau o Weddi'r Arglwydd, 'Sancteiddier Dy Enw, deled Dy Deyrnas, gwneler Dy ewyllys, megis yn y nef, *felly ar y ddaear hefyd* [ei lythrennau italig ef]', ac yr oedd, yn ôl Miall Edwards, i fod i ysbrydoli Cristnogion i weithredu'n gyfrifol. Yn ddiddorol, newidiodd Edwards drefn y geiriad yn ei emyn ac felly mae dyfodiad y Deyrnas a gwneuthuriad ewyllys Dduw yn dod cyn i'w enw gael ei sancteiddio.

Gweddi dros y Byd
(Tôn- 'Hamburg'; 'Hyfrydol')

1.
Arglwydd, doed Dy Deyrnas rasol
Ar y ddaear lle 'rwy'n byw,
I weddnewid y diffaethwch
Yn baradwys deg i Dduw;
Ffrwythau peraidd pren y bywyd
Fo'n diwallu pawb i gyd,
Dail y pren fo'n estynedig
I iacháu cenhedloedd byd.

2.
Arglwydd, gwneler Dy ewyllys
Ar y ddaear lle 'rwy'n byw;
Gwawried haul Dy gariad goleu
Ar dywyllwch dynol ryw;
Dy gyfiawnder pur anfeidrol
A wregyso'r byd o'r bron,
A chadernid Dy lywodraeth
Fo'n amgylchu'r ddaear gron.

3.
Arglwydd Iesu, llywodraetha
Dros y byd fel yn y nef;
Blodau'th beraroglus gariad
Fo'n addurno gwlad a thref;
Deifiol dân Dy orsedd sanctaidd
Losgo ymaith drais a brad;
Rhyddid, sobrwydd ac uniondeb
Fo'n teyrnasu ym mhob gwlad.

4.
Arglwydd Ior, sancteiddier D'enw
Ar y ddaear lle 'rwy'n byw,
A sancteiddia finnau hefyd
I wasanaeth dynol ryw;
Ennyn ynof fflam dy gariad
Yn aberthol nefol dân,
Fel y gallwyf lwyr ymdrechu
Troi wylofain byd yn gân.[11]

Gellir gweld yr 'Emyn Cymdeithasol' yn *Y Caniedydd*, rhif 358 ac yn *Caneuon Ffydd*, rhif 830.

Emyn Cymdeithasol

(Tôn- 'Heidelberg'; 'Meirionnydd')

1.
O Dduw ein Craig a'n Noddfa
Nawddoga'r gwan a'r tlawd,
Er mwyn Dy annwyl Iesu
A anwyd inni'n Frawd
Darostwng bob gormeswr
Sy'n mathru hawliau dyn,
Ac achub y trueiniaid
A grewyd ar Dy lun.

2.
Greawdwr cyrrau'r ddaear,
Dad holl genhedloedd byd,
Cymoda Di â'th gariad
Deyrnasoedd dyn ynghyd;
Gwasgara'r rhai rhyfelgar
Sy'n hoffi trin y cledd,
A boed i fwyn frawdgarwch
Gyfannu'r byd mewn hedd.

3.
O Dduw, fy Ngheidwad innau,
Rho'th Ysbryd imi'n awr,
Yn ysbryd o wasanaeth
Yn rhwymau'th gariad mawr;
Ti Feddyg clwyfau dynion
Rho imi ddwyn y groes
A llwyr gysegru 'mywyd
I leddfu dynol loes.

I Miall Edwards, tasg diwinyddiaeth oedd cymeradwyo crefydd i'r meddwl rhesymegol, ond honnai fod ei gwerth yn cael ei phrofi 'gan ei gallu i gynhyrchu cydwybod iach gymdeithasol a syniad uchel o gyfrifoldeb cymdeithasol'.[12] Felly, er mor hanfodol oedd addoliad a diwinyddiaeth, gwarantydd sylfaenol gwerth crefydd fyddai'r effaith a gâi ar ei hymarferwyr. Byddai'n rhaid anelu addoliad, a diwinyddiaeth yn arbennig, at hybu ymateb moesegol neilltuol yn y gynulleidfa. I Edwards, dyma lle'r oedd crefydd yr oes yn ddiffygiol a, thrwy gydol ei flynyddoedd yn weinidog a thiwtor diwinyddiaeth, roedd yn rheng flaen y mudiadau a anelai at roi cyfarwyddyd ymarferol i Gristnogion cyffredin ynglŷn ag ymarfer eu crefydd.

Fel un a drwythwyd yn yr athroniaeth Idealaidd, y dilechdid Hegelaidd, gweledigaeth o'r byd fel y dylai fod, neu Deyrnas Dduw, oedd wrth wraidd adnabyddiaeth Edwards o gymdeithas fel yr oedd a'i ddyhead am fyd gwell. Roedd ei weledigaeth a'i ddadansoddiad yn bosibl oherwydd iddo dderbyn mai gwireddu'r gwerthoedd moesol tragwyddol yng nghraidd y Dwyfol oedd y pwrpas y crewyd bodau dynol ar ei gyfer. Y modd 'y sylweddolir yn raddol a chynyddol y delfrydau a'r bwriadau hynny sydd a'u cartref tragwyddol ym meddwl Duw'[13] oedd y byd. Mae dylanwad diwinyddiaeth Ritschlaidd yn amlwg yn nefnydd Edwards o'r term 'gwerth'. Parhaodd i gynnig y ddadl mai 'gwerthoedd moesol' oedd yr allwedd i ddeall Duw a'r ddynoliaeth fel ei gilydd. Roedd angen deall pob bod dynol fel 'personoliaeth foesol'[14] a thrwy hynny ddyrchafu statws yr unigolyn a phwysleisio pwysigrwydd ystyriaethau moesol yn hytrach na rhai economaidd, diwydiannol, neu fasnachol. Roedd lle canolog 'gwerth' yn ei feddylfryd, sef gwerth digwestiwn y bersonoliaeth ddynol unigol a'r gofyn fod pobl ym mhobman yn cydnabod fod y gwerthoedd tragwyddol yn hanfodol i'r ysbryd crefyddol, yn golygu na ellid goddef bywyd y slymiau. Roedd yn rhaid mynd i'r afael â phroblemau cymdeithasol er mwyn sefydlu amgylchedd lle'r oedd bodau dynol yn gysegredig. Felly, i Edwards, roedd yn rhaid trefnu bywyd cymdeithasol yn y fath fodd fel y gellid galluogi'r unigolyn i fyw'n gyflawnach tra bod rhaid ysbrydoli bywyd yr unigolyn yn foesol i weithio tuag at welliannau cymdeithasol.

Daeth cyfraniad diwinyddol Thomas Rees i'r ddadl gymdeithasol yn bennaf ar ôl y Rhyfel Mawr a'i rwyg yntau â'r Blaid Ryddfrydol y tybiai ei bod wedi bradychu ei hegwyddorion.[15] I Rees yr alwad oedd i fyw bywyd moesol heb ystyried yr amgylchiadau.

> Gall fod yn Gristion mewn *slum* neu garchar neu gaethiwed, ond ni all fod yn Gristion a gwneuthur *slums* neu gaethiwo neu garcharu dynion diniwed.[16]

Tasg yr eglwys oedd argyhoeddi dynion a merched trwy drawsnewid eu meddyliau, eu hewyllys a'u hysbryd[17] â'r alwad i wasanaeth cymdeithasol. 'Gellid diwygio cymdeithas tuhwnt i fesur, ac ar unwaith,' meddai, 'pe gwnelai pob Cristion ei ddyletswydd at ei gymydog, mewn gonestrwydd a charedigrwydd'.[18] Felly byddai baich diwygio cymdeithas yn gorwedd yn y pen draw ar y sawl a anwybyddai eu hamgylchiadau eu hunain er mwyn gwella cyflwr eu cyd-ddynion; tasg yr eglwys oedd argyhoeddi dynion o'r angen hwn. Roedd cred Rees fod yr unigolyn yn bwysicach na dim arall, ac na ddylai cyfundrefnau llywodraeth a chymdeithas darfu ar ei ddatblygiad personol, wedi ei arwain yn y blynyddoedd rhwng y Rhyfel Mawr a'r Gynhadledd ar Wleidyddiaeth, Economeg a Dinasyddiaeth Gristnogol (COPEC) a gynhaliwyd yn Birmingham ym 1924, at hybu'r cysyniad o 'ddinasyddiaeth bur'. Honnai fod y dinesydd yn ganolog i ddwy berthynas gymhleth: ei berthynas â'r wladwriaeth fel yr effeithiai arno trwy ei chyfraith a'i hawdurdod, a'i berthynas â phobl eraill a luniai'r gymdeithas o'i gwmpas.[19] Roedd perthynas y dinesydd a'r wladwriaeth yn cynnwys hawliau a chyfrifoldebau. Golygai'r cyfrifoldebau hynny yn bennaf ufudd-dod a gwasanaeth i'r wladwriaeth a pharodrwydd i wneud pa gyfraniad bynnag a ystyrid yn angenrheidiol.

Fodd bynnag, nid yn y meysydd cymdeithasol a gwleidyddol yn unig y bodolai 'dinasyddiaeth bur'. Roedd iddi elfen grefyddol yn ogystal. Mae'r 'dinesydd pur' hefyd yn ddinesydd Teyrnas Dduw ac o'r herwydd rhaid iddo gael ei lywio gan ewyllys Dduw fel y datguddiwyd hi yn Iesu Grist. Rhaid oedd i'r Deyrnas ddod yn 'nod ac amcan terfynol ac awdurdodol' bywyd yn gyffredinol.[20]

> Fe ofala'r dinesydd pur felly nid yn unig wrthod gofynion anghyfiawn y wladwriaeth, ond byw ymhell tu hwnt i'r gofynion cyfiawn ymhob perthynas o wasanaeth a charedigrwydd tuag at ddynion. Ac fe ymdrecha trwy ei aberth ei hunan, a'i ddylanwad ar eraill i ddiwygio'r wladwriaeth ar gynllun y Deyrnas nes y delo teyrnasoedd y byd yn eiddo'n Harglwydd ni a'i Grist ef.[21]

Golygai dinasyddiaeth bur wasanaethu nid yr hunan, na phlaid nac enwad, ond yn hytrach y ddynoliaeth dan ufudd-dod i Dduw.

Rhoddai Edwards a Rees gefnogaeth ideolegol debyg i fudiadau a hybai ddiwygio cymdeithasol. Credent mai moesoldeb yr unigolyn oedd y ffordd i sicrhau llunio gwell amgylchedd cymdeithasol. Mae hyn yn bwysig gan fod ystyriaethau ideolegol yn gymaint â rhai empeiraidd wrth wraidd eu pryder cymdeithasol. Ond, er mwyn iddo weithio roedd yn rhaid cael rhyw fath o gyfrwng cymdeithasol i newid, mynegi a lledaenu'r syniadau hyn. Ac yn gynnar ym 1910, gwnaed y cam cyntaf tuag at lunio sefydliad o'r fath yng nghyfarfodydd blynyddol Undeb yr Annibynwyr Cymraeg yn Llanbedr Pont Steffan.

Ysgol Gwasanaeth Cymdeithasol dros Gymru

Er bod anerchiad y llywydd yn delio â 'Chenhadaeth Gymdeithasol Crist a'i Eglwys', darlith Daniel Lleufer Thomas[22] a arweiniodd yn uniongyrchol at ffurfio fforwm i drafod y broblem gymdeithasol yn ei holl agweddau amrywiol. Bu Lleufer Thomas yn rheng flaen mudiadau rhyddfrydol mewn crefydd ers rhai blynyddoedd. Ef oedd cadeirydd cangen Abertawe o'r 'Progressive Theology League' a sefydlwyd gan R. J. Campbell i hyrwyddo ei 'Ddiwinyddiaeth Newydd'. Eithr nid ei gefnogaeth i ddehongliad rhyddfrydol yr athrawiaeth Gristnogol oedd yr unig ysbrydoliaeth i'w bryder ynglŷn â chymdeithas. Roedd ei waith fel ynad cyflogedig y Porth a'r Rhondda wedi dod ag ef i gysylltiad â dynion a oedd yn dioddef oherwydd system gymdeithasol annheg. Arweiniodd y gydberthynas gyntaf hon rhwng trosedd ac anfantais gymdeithasol at iddo alw am ateb penodol Gristnogol i'r broblem.

Yn ei anerchiad, canolbwyntiodd Thomas ar yr anghyfiawnder a oedd y tu ôl i'r problemau cymdeithasol. Roedd cyfoeth wedi ei rannu'n anghyfartal rhwng cyfalafwyr a llafur, ac roedd y gweithwyr a'u teuluoedd wedi eu condemnio i fywyd afiach yn y slymiau. Ni ellid cyfiawnhau cystadleuaeth, yr union egwyddor y seiliwyd cymdeithas arni, a'r pwysau i gynyddu cyfoeth (ambell dro ar draul moesoldeb hyd yn oed) yn ôl moesoldeb gyffredinol a dysgeidiaeth Gristnogol benodol. Anogodd ffurfio Undeb Cymreig Gwasanaeth Cymdeithasol i hyrwyddo undod ar ran yr eglwys. Roedd arno eisiau i Undeb yr Annibynwyr Cymraeg gydweithredu ag enwadau eraill gan yr honnai fod y broblem gymdeithasol yn fater rhy bwysig i ymgecru enwadol.[23]

Gosododd araith Thomas y cywair ar gyfer ymwneud yr holl enwadau Anghydffurfiol â materion cymdeithasol yn ystod yr ugain mlynedd a mwy a ddilynodd. Rhoddwyd y pwyslais yn gadarn ar gasglu a darparu gwybodaeth, yr ystyrid ei bod yn elfen lawer pwysicach nag astudiaeth o'r Beibl, ac a oedd hefyd yn syniad cydnaws â'r gred gyffredinol mewn hunanwellhad. Mae tueddiadau secwlareiddio'r oes yn amlwg, oherwydd fod deall egwyddorion cymdeithasol yr efengyl yn eilradd i ddealltwriaeth o'r materion cymdeithasol eu hunain. Mae cysylltiad Thomas â'r 'Progressive Theology League' yn awgrymu mai mewnfodolwr ydoedd gyda'r holl dueddiadau pantheistaidd a oedd ynghlwm wrth y cyfryw safbwynt. O ganlyniad, byddai unrhyw wahaniaeth rhwng y secwlar a'r cysegredig yn niwlog yn ei feddwl. Felly, gallai astudiaeth o faterion cymdeithasol cyfoes ddisodli astudiaeth feiblaidd draddodiadol a chwbl grefyddol. Roedd Duw yn fewnfodol yn ei gread ac o'r herwydd gellid ei wasanaethu trwy wasanaethu anghenion y drefn greëdig. Yr un mor bwysig â'r dehongliad athrawiaethol penodol hwn o bosib oedd y gred Ryddfrydol fwy cyffredinol mai prif bwrpas crefydd oedd trawsnewid y byd a sefydlu Teyrnas Dduw. Dilysai'r ddau ffactor ideolegol hyn alwad Lleufer Thomas ar i'r eglwys gefnu ar ei hagwedd draddodiadol er mwyn cwrdd â gofynion yr argyfwng cymdeithasol ar y pryd.

Yna symudodd pethau ymlaen ar garlam. Cynhaliwyd cyfarfod yn Eglwys Gynulleidfaol Saesneg Gnoll Road, Castell Nedd, ar 14 Hydref i drafod 'perthynas Eglwysi Annibynol Cymru a Phynciau Cymdeithasol'.[24] Anfonwyd gwahoddiad i'r cyfarfod at bawb â diddordeb yn rôl yr eglwys yn y ddadl gymdeithasol o'r undebau Cymraeg a Saesneg. Anerchwyd y cyfarfod gan y Parchg Will Reason, ysgrifennydd Pwyllgor Gwasanaeth Cymdeithasol Undeb Cynulleidfaol Cymru a Lloegr, a ddisgrifiodd sut yr oedd y pwyllgor hwnnw'n gweithio. Penderfynwyd y dylid ffurfio pwyllgor tebyg yn yr Undeb Cymraeg, yn bennaf gan fod ymateb yr eglwysi Saesneg-eu-hiaith wedi bod mor siomedig.[25] Yna anerchodd Will Reason gyfarfod arall, sef Annibynwyr Gogledd Cymru, y tro hwn ym Mhen-y-groes, Arfon ar 21 Ionawr 1911. Cadeiriwyd y cyfarfod gan y Parchg Keinion Thomas a ddywedodd wrth y rhai a oedd yn bresennol fod angen 'hyfforddi yr aelodau i gymhwyso egwyddorion y Bregeth ar y Mynydd'. I Will Reason, eu nod oedd nid 'dwyn gwleidyddiaeth i grefydd, ond dwyn egwyddorion Cristnogaeth i wleidyddiaeth', gwahaniaeth yr oedd yn llawer haws sôn amdano mewn anerchiad na'i ddilyn yn ymarferol. Roedd materion cymdeithasol yn anochel yn rhai gwleidyddol hefyd. Byddai unrhyw ymgais i gadw draw o effeithiau llwgr gwleidyddiaeth wrth geisio hefyd gynnig ymateb Cristnogol i'r Broblem Gymdeithasol yn siŵr o gael ei wrthod fel rhywbeth amherthnasol. Fodd bynnag, yn hyn o beth o leiaf, prif bryder Will Reason oedd osgoi rhaniad gwleidyddol yn y cynulleidfaoedd lleol. Roedd yn rhaid i'r eglwys ddod o hyd i'w ffordd ei hun ymlaen. Mynegodd y Parchg Stanley Jones, Caernarfon, y farn y dylai'r eglwys weithredu fel cydwybod cymdeithas a chodi i greu 'barn gyhoeddus ar y materion hyn',[26] a thrwy hynny atgyfnerthu'r syniad mai un addysgol oedd prif rôl yr eglwys ac i ledaenu gwybodaeth. Nid oedd yr Annibynwyr Cymraeg yn awgrymu unrhyw beth radicalaidd o gwbl. Dengys eu cynnig i ffurfio pwyllgor i lunio adroddiad pellach eu dymuniad i fod yn gyfrwng gwybodaeth a dengys tacteg o'r fath mai addysg yw canlyniad anorfod pwysleisio moesoldeb yr unigolyn fel prif gymhelliant pob diwygio cymdeithasol.

Er yr ymddangosai fel pe bai'r gwaith yn mynd rhagddo'n dda, gwnaed penderfyniad i gychwyn grŵp anenwadol ac annibynnol a'i aelodaeth yn agored i unigolion, eglwysi a grwpiau astudiaeth, ac felly y ganwyd yr Ysgol Gwasanaeth Cymdeithasol dros Gymru. Hwn oedd y sefydliad cyntaf o'i fath i'w sefydlu ym Mhrydain, a honnodd Gwilym Davies, yr Ysgrifennydd, yn ddiweddarach ei fod wedi bod yn gymorth i boblogeiddio'r term 'gwasanaeth cymdeithasol'.[27] Prif bwrpas yr Ysgol oedd bod yn 'fanc clirio' ar gyfer syniadau aelodau o bob enwad. Daeth yr agwedd ecwmenaidd a myfyrgar hon yn brif ffocws y gweithgarwch cymdeithasol Cristnogol yng Nghymru dros y degawd nesaf. Roedd ei phrif gefnogwyr yn argyhoeddedig o werth addysg i ddatrys y broblem gymdeithasol, ac felly y prif amcan oedd hysbysu'r cyhoedd o'r problemau eu hunain ac o'r atebion moesol a ganfyddid.

Ar ôl 1918, ac egwyl i'r Ysgol yn ystod pedair blynedd y rhyfel, sylweddolwyd bod y Broblem Gymdeithasol yn galw am ailstrwythuro cymdeithas o'i chwr yn ei holl agweddau yn hytrach nag ymateb yn unig i'r amodau anghyfiawn ac afiach a ddioddefai trwch y boblogaeth. Un o ganlyniadau hyn oedd tuedd i'r gweinidogion osgoi dadleuon gwleidyddol a chadw draw o lwyfannau gwleidyddol. Ond golygai hefyd fod yn rhaid i sefydliadau megis yr Ysgol Gwasanaeth Cymdeithasol dros Gymru drafod materion yn ymwneud ag addysg, iechyd y cyhoedd a thai, gwaith merched, bywyd cymdeithasol yng Nghymru, bywyd crefyddol y bobl, dinasyddiaeth ac awdurdod lleol, bywyd cefn gwlad a diwydiant, moesau cyhoeddus a materion rhyngwladol. Roedd yr Ysgol wedi ymrwymo i'r gynhadledd genedlaethol ar Wleidyddiaeth, Economeg a Dinasyddiaeth Gristnogol (COPEC) a gynhaliwyd yn Birmingham ym 1924 a D. Miall Edwards, John Morgan Jones (Bangor), Thomas Rees a Daniel Lleufer Thomas i gyd yn aelodau o'r pwyllgor cynllunio cyffredinol.[28]

Y cyfnod rhwng 1921 a 1924 o bosib oedd y pwysicaf yn hanes yr Ysgol. Roedd yr awyrgylch yn llawn optimistiaeth a disgwyliad crefyddol o hyd. Cred sylfaenol diwinyddiaeth y pryd oedd mai yn y pen draw byddai brawdoliaeth ryngwladol dan Dadolaeth cyffredinol Duw yn cael ei sefydlu yn ôl pwrpas cenhadaeth Crist. Plagiwyd yr Ysgol gan wendid arbennig a darddai o'r ffaith ei bod wedi ei sefydlu ar egwyddorion rhyddfrydiaeth ddiwinyddol a oedd yn sail i'r rhan fwyaf o feddylfryd cymdeithasol y cyfnod, ac Idealaeth athronyddol, a gredai fod nod wtopaidd y greadigaeth yn gynhenid yn natur ac y cyflawnid hi yn raddol mewn hanes. Ni fedrai ideoleg o'r fath mewn gwirionedd aros heb ei chyffwrdd gan ddigwyddiadau megis y Rhyfel Mawr, a oedd, yn lle dangos cynnydd cyson y ddynoliaeth tuag Wtopia, yn hytrach unwaith yn rhagor wedi pwysleisio agweddau mwyaf ffiaidd y natur ddynol. O ganlyniad, erbyn y 1920au, daeth yn amlwg fod rhywbeth o'i le yn nirnadaeth yr Ysgol o Gristnogaeth, a'r hyn a ystyriai a oedd yn benodol Gristnogol. Ym 1920 awgrymodd Lleufer Thomas, gan gredu fod gan yr Ysgol ddealltwriaeth ddigon aeddfed o Gristnogaeth gymdeithasol, fod yr aelodau yn llunio cyffes ffydd. Byddai cyffes o'r fath yn mynegi credo gymdeithasol yr Ysgol, wedi ei seilio ar egwyddor brawdoliaeth dyn a gwerth cynhenid y bersonoliaeth fel canolbwynt athrawiaeth Crist.[29] Y peth pwysig oedd y byddai'n gwneud sylfaen Gristnogol, neu o leiaf grefyddol, yr Ysgol, yn fwy penodol. Gan na ddaeth dim o hyn mewn gwirionedd, y mae rhybudd Miall Edwards i'r Ysgol yn yr un flwyddyn yn hynod arwyddocaol. Rhybuddiodd y rhai a oedd yn bresennol na ddylent anghofio'r elfennau parhaol yn neges yr eglwys, megis goruchafiaeth yr ysbrydol dros y corfforol, gwirionedd y datguddiad Cristnogol o Dduw a dyn, penarglwyddiaeth ac awdurdod moesol Crist a sefydlu Teyrnas Dduw ar y ddaear. Dangosai hyn i gyd ei ryddfrydiaeth ddiwinyddol a hefyd y ffaith ei fod yn hanfodol geidwadol yn ei agweddau tuag at gymdeithas, gwleidyddiaeth a chrefydd. Ond roedd wedi asesu'n gywir y perygl a oedd ynghlwm wrth bolisi'r Ysgol. Yn raddol, newidiodd pwyslais yr Ysgol o ddarparu ymateb Cristnogol i'r broblem gymdeithasol at ddarparu cyfle ar gyfer trafodaeth arbenigol. Daeth hyn yn fwy amlwg ar ôl 1925 pan ddatblygodd yr Ysgol i fod yn wythnos-astudiaeth breifat yng Ngholeg Caerllion. Wrth wneud hyn symudodd yr Ysgol o sylw'r cyhoedd. Yn ôl Ben Bowen Thomas, ar ôl y cam hwn 'the urgency of offering Christian guidance to Wales tended to be subordinated to the tentative submission of expert, cautious and enlightened advice to the general public'.[30]

Y cwestiwn sylfaenol a wynebai'r Ysgol oedd sut y medrai hybu ei chasgliadau a pharhau i gynnig cyngor i'r cyhoedd, i'r sawl a oedd â rhywfaint o gysylltiad â'r eglwys a'r rhai heb ddim. Nid oedd propaganda erioed wedi bod yn flaenoriaeth, a gwnaed penderfyniad ymwybodol i beidio â dechrau ar waith o'r fath ar ôl y Rhyfel Mawr. Yn hytrach, teimlid y dylai'r Ysgol barhau i fod yn dir cyfarfod cyffredin a dim mwy.[31] Er mwyn lledaenu egwyddorion yr Ysgol yn ehangach, awgrymwyd y gallai gynnig cymorth i weithwyr i sefydlu eu cymdeithasau lles-cymdeithasol eu hunain yn lleol. Ffurfiwyd un grŵp lleol yn Aberdâr.[32] Roedd y ffaith fod yr Ysgol yn dewis canolbwyntio ar ddarparu gwybodaeth yn hytrach na chynnal cyfarfodydd cyhoeddus yn awgrymu nad ystyriai fod cyflwyno ateb penodol Gristnogol i broblemau cymdeithasol mor bwysig ag yr oedd ar y cychwyn. Daeth astudio'r problemau o fewn eu cyd-destun cymdeithasol yn holl-bwysig, ac yn y pen draw collwyd cyfle ar gyfer fformwleiddio diwinyddol a thystio Cristnogol mewn ffordd ymarferol.

Cenadwri Cymdeithasol yr Efengyl

Roedd y cyfnod ar ôl y Rhyfel Mawr yn un o optimistiaeth ar gyfer y dyfodol. Cydnabuwyd yn gyffredinol fod y Rhyfel wedi rhoi cyfle digymar i ailadeiladu cymdeithas a'i gosod ar seiliau cyfiawnder a heddwch ar lefelau rhyngwladol a chenedlaethol. Efallai y dylai'r Ysgol Gwasanaeth Cymdeithasol dros Gymru fod wedi elwa ar yr optimistiaeth hon er ei bod wedi methu â gwneud hyn i raddau helaeth. Y cymysgedd hwn o optimistiaeth gyffredinol a'r angen i fynd i'r afael â'r pwnc cymdeithasol o safbwynt Cristnogol a esgorodd ar gyhoeddi adroddiad ar y mater gan Undeb yr Annibynwyr Cymraeg.

Ym Medi 1921 penododd Cyngor Undeb yr Annibynwyr Cymraeg

bwyllgor o dri i fynegi cenadwri cymdeithasol yr eglwys. Nid oedd fawr o syndod fod Thomas Rees a Miall Edwards, prif ddehonglwyr rhyddfrydiaeth ddiwinyddol a llefarwyr mwyaf blaenllaw yr oes ar yr angen am ddeinameg gymdeithasol grefyddol, wedi eu penodi i'r pwyllgor. Trydydd aelod y grŵp oedd y Parchg R. E. Peregrine. Gwnaed adroddiad ganddynt ym Medi 1922, pan ychwanegwyd pedwar enw arall, y Parchn H. M. Hughes, O. L. Roberts, H. Elfed Lewis a W. Parri Huws atynt i ystyried y materion ymhellach. Bwriedid yr adroddiad terfynol, *Cenadwri Cymdeithasol yr Efengyl*, a gyhoeddwyd ym 1923, fel canllaw yn unig i'r eglwysi fyfyrio arno yn hytrach na glasbrint ar gyfer diwygio cymdeithasol.[33] Gwelid trafodaeth oleuedig o hyd fel y ffordd fwyaf effeithiol ymlaen.

Galwodd yr adroddiad ar i'r eglwys gydnabod fod bywyd yr unigolyn yn annatod ynghlwm wrth fywyd y gymdeithas yn gyffredinol.[34] Gwelid dylanwad athroniaeth Hegelaidd, bron yn sicr drwy gyfrwng Thomas Rees a Miall Edwards, ym mhwyslais yr adroddiad ar gymdeithas fel undod a'i phroblemau yn gydberthnasol. Pe gellid gosod egwyddorion Cristnogol wrth wraidd cymdeithas, rhoddid diwygio ar waith a sefydlid Teyrnas Dduw.[35] Fodd bynnag, pwysleisiai'r awduron na ellid dod o hyd i unrhyw gyngor pendant yng ngeiriau a dysgeidiaeth Crist. Yn hytrach byddai'n rhaid ffurfio agweddau wedi eu seilio ar egwyddorion a gasglwyd o'i eiriau, egwyddorion sylfaenol ei fywyd, gwybodaeth fodern a chysondeb dysgeidiaeth Crist. Yr egwyddorion sylfaenol oedd Tadolaeth Duw a sefydlu'r Deyrnas fel rhan ganolog o ddysgeidiaeth Iesu.[36] Erbyn hyn y rhain oedd prif ddaliadau rhyddfrydiaeth ddiwinyddol, yn enwedig fel y'u hamlinellid hwy gan Adolf Harnack, disgybl mawr Albrecht Ritschl, ac roeddent yn bynciau cyffredin i weinidogion a gymerai ran yn y ddadl gymdeithasol.

Pwysleisiai'r adroddiad gyfrifoldeb moesol pob unigolyn. Gan fod gwerth anhraethol i bob dyn fel gwrthrych cariad Duw, roeddent i weithredu mewn gwasanaeth a chariad tuag at ei gilydd. Felly, mae'n rhaid i'r genhadaeth gymdeithasol ddechrau â'r unigolyn, oherwydd drwy bobl adfywiedig yn unig y gellid llunio'r gymdeithas berffaith. Arhosodd yr adroddiad o fewn ffiniau arferol gweithgarwch Anghydffurfiol yn nadl gymdeithasol yr oes. Pwysleisiai rôl addysgol yr eglwys[37] a phwysigrwydd yr uned deuluol, pwyslais a wneid fel rheol yn erbyn y sosialwyr annuwiol ac anfoesol y credid eu bod yn disodli perthynas bersonol mewn grwpiau teuluol â theyrngarwch i'r wladwriaeth.[38] Ar yr elfen bersonol roedd pwyslais mawr yr adroddiad, ar gyfrifoldeb personol ac ar yr angen i gydnabod hawliau'r unigolyn. Pwysleisiai ddrygioni meddwdod[39] ond pwysleisiai hefyd mai swyddogaeth yr eglwys oedd creu cymdeithas o bobl a'i goleuo,[40] cymdeithas a oedd yn rhydd o honiadau unrhyw blaid wleidyddol.[41] O fewn diwydiant, roedd angen mynegi egwyddorion Cristnogol er mwyn gwrthbwyso'r dadbersonoli cysylltiadau a ddeuai gydag ehangu diwydiannol. Roedd diwydiant wedi mynd yn rhy fecanyddol ac ni allai ymgorffori egwyddor gwerth dynol.[42] I wrthymosod ar hyn, pwysleisiai'r adroddiad gyfrifoldeb y gweithiwr i'w gyflogwr a'r cyflogwr i'w weithiwr.[43] Er y gellid bod wedi gweld deddfwriaeth fel modd i orfodi hyn, arweiniodd y pwyslais rhyddfrydol ar foesoldeb a pherswâd moesol i awduron yr adroddiad geisio llwybr gwahanol. Efallai ei fod yn ddiniwed, ond o leiaf roedd yn gwneud synnwyr. Roedd yn rhaid ymgorffori'r egwyddor o wasanaeth fel yr elfen lywodraethol ym mhob agwedd ar fywyd, gan gynnwys diwydiant.[44] Dylid defnyddio arian a chyfalaf i sicrhau y câi dynion fywyd 'ac y caent ef yn helaethach'.[45] Felly, dylid cydnabod stiwardiaeth dyn dros gyfalaf, a hefyd dros ei lafur, ac yna ei defnyddio i ddangos cyfrifoldeb pob unigolyn tuag at gymdeithas.[46]

Roedd *Cenadwri Cymdeithasol yr Efengyl* yn ddogfen a adlewyrchai'r optimistiaeth gyffredinol fod byd newydd i'w adeiladu ar adfeilion yr hen un, ac y sefydlid y greadigaeth newydd hon yn gadarn ar egwyddorion moesol. Dangosai barodrwydd yr eglwysi i fynd ati i ailadeiladu byd a oedd yn syfrdan ac yn llesg ar ôl y rhyfel, trwy gynnig gweledigaeth a rheidrwydd moesol. Ond sut y gellid gwneud hyn? Arhosodd yn bapur trafod yn hytrach na phapur polisi gan ei fod yn perthyn i Undeb ac nid i enwad. Yn bwysicach fyth, ni symudodd y drafodaeth ymlaen i fod yn weithredu ar y cyd. Yn ôl yr adroddiad a'i brif awduron, Thomas Rees a Miall Edwards, byddai diwygio cymdeithasol yn dod fel y deuai'r eglwys yn sylfaen i fywydau unigolion ac fel y porthai'r cydwybodau moesol. Gallai hyn weithio'n hawdd, ond ymddengys fod y raddfa amser wedi bod yn rhy hir. Ni cheid unrhyw atebion sydyn. Roedd angen llais gwleidyddol ar gyfer y rheini, ond y gwir ydoedd nad oedd yr Annibynwyr erbyn hyn, a'r Anghydffurfwyr yn gyffredinol, yn chwilio am lais gwleidyddol na chyfrwng gwleidyddol i ddylanwadu'n gymdeithasol. Mae'n wir y byddai Annibynia, â'i phwyslais ar gydwybod yr unigolyn, wedi cael problemau gydag unrhyw lwybr arall at ddiwygio ond roedd yn amlwg wedi cefnu ar yr union weithgarwch a allai fod wedi gorfodi ei chasgliadau.

Digwyddiadau lleol

Fel yr âi'r 1920au ymlaen daeth yn amlwg fod yr optimistiaeth ynglŷn â gweithgarwch yr Anghydffurfwyr gyda'r Broblem Gymdeithasol, ac adroddiad yr Annibynwyr Cymraeg, wedi bod yn ofer. Mewn gwirionedd, roedd gofyn am weithredu mwy grymus ac uniongyrchol, a mwy o weithgarwch gwleidyddol fel y cynyddai'r dirwasgiad economaidd. Ac roedd yn rhaid i hyn ddigwydd yn bennaf ar lefel leol.

O ganlyniad i Streic Gyffredinol 1926 a'r dirwasgiad economaidd daeth yr enwadau Cristnogol i chwarae rhan amlwg yn rhoi cymorth ac yn galw am gyfiawnder yn y gyfundrefn ddiwydiannol. Galwodd Cymdeithas Annibynwyr Morgannwg, mewn cyfarfod yng Nghapel Pant-teg, Ystalyfera, ar 8 Gorffennaf 1926, ar i'r llywodraeth osod 'mewn grym cyffredinol y mesurau a gymeradwyir gan y Comisiwn diweddaf (Samuel)': Llongyfarchasant y gweithlu ar eu '[h]ysbryd tawel a heddychlon yn eu hadfyd caled', a galw ar bob eglwys ac aelod i 'arddangos y cydymdeimlad dyfnaf a'r haelioni pennaf o fewn eu gallu' wrth geisio lleddfu a lleihau dioddefaint y glowyr yn ystod y cloi-allan. Cyhoeddasant hefyd mai egwyddorion ac ysbryd efengyl Crist yn unig a allai ddod â chytundeb cyfiawn a pharhaol.[47] Ni rwystrodd hyn rai rhag ysgrifennu i'r *Tyst*, pobl megis 'Carwr Cyfiawnder', a brotestiai am ddiffyg arweiniad gan yr eglwys yn ystod y Streic. Roedd streic yn gyfle i'r eglwys godi ei llais yn erbyn 'trais, gormes ac anuwioldeb' yr oes.[48] Ond ni chafwyd arweiniad o'r fath. Y rheswm pennaf am hyn oedd yr ystyrid gweithredu fel hyn yn llawer rhy wleidyddol erbyn hynny, a materion addysg a chymorth ar y pryd oedd yn cael blaenoriaeth gan fwyafrif yr Anghydffurfwyr Cymraeg.

Dilynwyd y Streic Gyffredinol gan gyfnod o ddirwasgiad economaidd y teimlwyd ei ganlyniadau creulon yn fwy arbennig yng nghymunedau un-diwydiant De Cymru. Roedd diweithdra yn Ne Cymru ar gyfartaledd yn gyson yn uwch nag 20 y cant rhwng 1925 a

1938, gan gyrraedd penllanw ym 1932 ar 37.4 y cant. Yn y flwyddyn honno cofnodwyd 62.3 y cant ym Merthyr Tudful, 68.2 y cant ym Margoed a'r ganran anferth o 79.7 yn Ferndale.[49] Daeth cymunedau o'r fath yn fagwrfeydd i anobaith ac enbydrwydd fel y sylweddolai sawl un fod ei ddyddiau mewn gwaith ar ben, hyd yn oed rai dan ddeg ar hugain oed.[50] Aeth llawer un o'r ardal i chwilio am waith tra daeth y rhai a arhosodd yn gynulleidfa barod i gomiwnyddiaeth a mathau eraill o wleidyddiaeth eithafol. Pasiodd Annibynwyr Morgannwg benderfyniad ym 1935 a geisiai adlewyrchu egwyddorion Cristnogol yn wyneb diweithdra. Y penderfyniad oedd:

> loyalty to Christ compels us to believe that man is more important than a system, industry and wealth and on account of that, [we] are of the opinion that a society that turns aside thousands of its best workers and leaves them to an idle life, is either self-condemned or guilty of neglecting its duties and liability.

Yn ogystal â'u protest, cynigiasant gynllun ymarferol i gynorthwyo lliniaru effeithiau dirwasgiad economaidd. Awgrymasant y dylid codi'r oed-gadael-ysgol; y dylid talu pensiynau yn 60 oed; y dylid cwtogi ar oriau gwaith heb gwtogiad cyfatebol yn y gyflog; ac y dylai'r di-waith dderbyn cynhaliaeth rėsymol a darparu iddynt weithgareddau hamdden defnyddiol.[51] Gallai'r eglwysi fod wedi sefydlu rhai o'r rhain eu hunain ond roedd eraill yn galw am ymdrech benderfynol gan lywodraeth y dydd, a ddangosai mor wleidyddol oedd y mater mewn gwirionedd. Y cwestiwn oedd: sut oedd yr Annibynwyr am wneud i'r rhai a oedd ag awdurdod glywed eu llais? Ar y cyfan, ni wnaethant unrhyw ymdrech i gael neb i wrando arnynt. Ond rhaid sôn am ymdrechion rhai unigolion megis y Parchg Tom Alban Davies, gweinidog Annibynnol Ton Pentre.

Sicrhaodd Alban Davies fod y dioddefaint a achoswyd gan y dirwasgiad economaidd mewn cymunedau un-diwydiant yn parhau i fod yn achos pryder i'r genedl. I lawer un roedd hyd yn oed cynnal eu hunain o'r naill ddiwrnod i'r llall wedi mynd yn amhosibl, a chyfaddefodd Davies fod y dioddefaint a ddaeth yn sgîl hyn wedi ei radicaleiddio drwyddo draw. Eto cadwai'r eglwysi yn ddistaw i bob golwg.[52] O ran diwinyddiaeth, perthynai i'r ysgol ryddfrydol yn bennaf ac felly iddo ef y Deyrnas oedd cyflawnder ymdrech gymdeithasol a moesol dyn, nod gweithredu moesol dyn yn hytrach na gweithred apocalyptig Duw.[53] O ganlyniad roedd Davies ar flaen y gad gyda'r gwaith cymorth yn y Rhondda yn ystod blynyddoedd y dirwasgiad ar ôl Streic Gyffredinol 1926.[54] Cadwai broblemau'r Rhondda yn fyw mewn cylchoedd enwadol a chenedlaethol. Tynnodd sylw at y gorboblogi[55] a'r diweithdra cyson a ddioddefodd y cymoedd er cloi-allan trychinebus 1921. Rhybuddiodd fod y sefyllfa yn hybu Comiwnyddiaeth â'i '[h]ysbryd plwyfol' a'i 'gweledigaeth hanerog, rhagfarnllyd a dosbarthiol', yn ogystal â thuedd wrthgrefyddol danbaid yn yr ardal.[56] Ym 1928 anfonodd gweinidogion y Rhondda, a oedd yn ymwybodol iawn o fygythiad safbwyntiau gwleidyddol eithafol, apêl allan am gymorth i'r teuluoedd a oedd yn dioddef cyni o ganlyniad i ddiweithdra, yn gofyn am arian, dillad ac esgidiau.[57] Aeth yr apêl ymlaen i 1930.[58] Yn y flwyddyn honno dosbarthodd Undeb Cynulleidfaol Cymru a Lloegr ddillad yn yr ardaloedd a oedd yn dioddef y diweithdra mwyaf. O'r tair canolfan ddosbarthu a sefydlwyd, roedd dwy yn Ne Cymru, un yng Nghaerdydd a'r llall ym Merthyr.[59]

A hwythau'n awyddus i gael diwygio positif, anfonodd gweinidogion y Rhondda ddirprwyaeth at y prif weinidog, Ramsay Macdonald, ym 1935 i ddadlau am gymorth i'r ardaloedd dirwasgedig. Dangosodd Macdonald ddiffyg diddordeb a phryder arbennig yn nhynged y di-waith yn y Rhondda. I Alban Davies, unig ddiben y cyfarfod fu dangos anallu hyd yn oed Brif Weinidog a godwyd yn y Blaid Lafur i ddeall problemau dirwasgiad ddau gan milltir i ffwrdd o San Steffan. 'You could see that the only thing he had on his mind,' meddai Davies yn ddiweddarach, 'was his trip to an international conference in Stresa on the following day.'[60] Roedd hwn yn drobwynt gwleidyddol i Davies. Daeth i gredu os oedd unrhyw bosibilrwydd am fod i'r gwella cymdeithasol ac economaidd droi'n realiti, yna byddai'n rhaid i Gymru reoli ei materion ei hun, a throdd at y cenedlaetholwyr.[61]

Roedd Macdonald wedi awgrymu y dylai gweinidogion y Rhondda ymchwilio i'r sefyllfa a gwneud eu cynigion eu hunain. Gan ddilyn ei gyngor, sefydlasant Gyngor Cymdeithasol Eglwysi'r Rhondda i gasglu gwybodaeth am y sefyllfa gymdeithasol ac economaidd. Fodd bynnag, erbyn iddynt gael eu galw'n ôl i Downing

Street, Neville Chamberlain oedd y prif weinidog. Os rhywbeth, roedd ei adwaith ef yn waeth nag un Macdonald: i Alban Davies roedd 'mor oer â mynydd iâ'.[62] Cafodd y ddirprwyaeth hon siom debyg i'r hyn a gafodd y gyntaf.[63] Ni chafwyd unrhyw atebion, ac roedd Chamberlain yr un mor amharod â Macdonald i weithredu a hyd yn oed i gael ei gyffwrdd gan yr hyn a glywsai.

Mae gweinidogaeth Alban Davies yn pwysleisio dau brif wendid gweithgarwch cymdeithasol Anghydffurfwyr Cymru a'u teyrngarwch i ddiwinyddiaeth ryddfrydol. Yn gyntaf, nid oedd gan yr Anghydffurfwyr unrhyw lais gwleidyddol yn yr hyn a oedd mewn gwirionedd yn fater gwleidyddol. Roedd digwyddiadau wedi gorfodi Anghydffurfwyr yn y Rhondda i ddychwelyd at ryw fath o weithgarwch gwleidyddol. Er mai tosturio wrth y di-waith yn hytrach na chefnogi polisi plaid a'u hysbrydolodd, roedd troi at y prif weinidog yn gam gwleidyddol uniongyrchol. Eto roedd yn rhaid cael ymateb gwleidyddol os oedd y broblem gymdeithasol i gael ei datrys. Y ffordd ymlaen oedd naill ai cynnig cefnogi'r blaid a oedd fel pe bai'n cynnig y fargen orau, neu weithio tuag at fath newydd o wleidyddiaeth na alwai am deyrngarwch i blaid arbennig ac a ellid ei weld fel un benodol Gristnogol. Ymddangosai o leiaf yn bosibl y gallai'r Ysgol Gwasanaeth Cymdeithasol dros Gymru fod wedi cyflawni'r swyddogaeth olaf hon ond tueddai i gadw draw rhag y bywyd gwleidyddol a hyd yn oed rhag prif-ffrwd y bywyd eglwysig. Ymddengys nad oedd yr Ysgol nac Undeb yr Annibynwyr Cymraeg wedi ystyried cam mor gymedrol â throi at y llywodraeth ynglŷn â'r materion dan sylw.

Yr ail brif wendid oedd, er gwaethaf y sylw a gawsai materion cymdeithasol mewn cyhoeddiadau a chynadleddau Cristnogol, fod yr Anghydffurfwyr Cymraeg yn bendant wedi methu eu troi'n fesurau ymarferol. Hyn sydd bron yn sicr y tu ôl i gyhuddiad Davies o 'ddistawrwydd' yr eglwys. Ni fu'n ddistaw o bell ffordd. Cafwyd deuddeg adroddiad COPEC, adroddiad o'r Gynhadledd Ryngwladol ar Fywyd a Gwaith a gynhaliwyd yn Stockholm ym 1925, heb sôn am y llu o gyhoeddiadau yn delio â'r cenadwri Cristnogol a materion cymdeithasol. Yr hyn a drawsai Davies oedd pan oedd angen dillad a bwyd ar y bobl, na fedrai'r eglwys eu darparu na gofalu eu bod yn cael eu darparu gan yr awdurdod priodol. Daeth beirniadaeth o'r fath fel canlyniad naturiol i'r ddiwinyddiaeth ryddfrydol a fabwysiadodd

Davies ac eraill. Roedd y bersonoliaeth ddynol o'r gwerth pennaf ac o'r herwydd roedd iddi rai hawliau cynhenid a sylfaenol, a'i thasg foesol ar yr un pryd oedd sefydlu'r Deyrnas lle y diwellid angen pawb. Y cyhuddiad mwyaf damniol yn erbyn yr holl gyfnod yw, er i ddiwinyddiaeth o'r fath gael ei derbyn yn gyffredinol, na ddaeth fawr ddim ymarferol ohoni o gwbl. Yn y pen draw, dibynnai'r dasg o roi cymorth uniongyrchol i ddioddefaint trwch y boblogaeth ar egni a thosturi gweinidogion unigol lleol megis Alban Davies.

Casgliadau

Dull yr enwadau Anghydffurfiol at ei gilydd, dan arweiniad diwinyddion yr Annibynwyr Cymraeg, oedd addysgu'r unigolyn i'r bywyd moesol Yn wreiddiol datblygodd hyn mewn ymateb i bwnc dirwest. Yn nhyb llawer un, anghymedroldeb, a chyfrifoldeb personol yn ei sgîl, oedd y prif reswm dros dlodi a bywyd y slymiau. Anerchodd y Parchg D. J. Lewis, Y Tymbl, gyfarfodydd yr Undeb ym 1912 a mynnodd fod yn rhaid cael cymedroldeb cyn diwygio cymdeithasol, neu fel arall cŵyn yr eglwys cyn hir fyddai 'gwell tai ond gwaeth dynion'. 'Trwy y dyn y perffeithir yr amgylchedd,' meddai.[64] Agorodd yr ymboeni am ddirwest y ffordd i ymdriniaeth ehangach â phynciau cymdeithasol[65] ond ystyriai rhai mai ei weithredu oedd yr unig ddiwygio angenrheidiol.

Dengys hyn y tyndra cyffredinol a geid ar y pryd yn agwedd Anghydffurfiaeth tuag at y broblem gymdeithasol. Roedd dynion yn yfed, meddent hwy, am fod eu hamgylchiadau byw a gwaith yn wael. Dyna a gredai'r mudiad llafur a Keir Hardie.[66] Yn wir, dywedodd Miall Edwards rywbeth tebyg pan sylwodd 'prin y gall enaid dyn dyfu i'w bosibilrwydd eithaf mewn *slum*, nag y gall *geranium* dyfu i'w lawn liw a'i lun mewn seler.'[67] Ond honnid hefyd fod yr amgylchiadau byw wedi datblygu am fod dynion i raddau yn byw yn ôl egwyddor nad oedd yn ddigon moesol. Roedd yn gylch anfad lle gallai Anghydffurfwyr gyfiawnhau galw am weithredu cymdeithasol ar y cyd i wella'r amgylchedd ac ar yr un pryd bwysleisio cyfrifoldeb moesol pob unigolyn. Fel yr ymledai materion cymdeithasol i gynnwys amgylchiadau byw a gwaith, roedd moesoldeb personol i'w gyflawni yn nhermau gwasanaeth hunan-aberthol. Ni chynigiai'r Anghyd-ffurfwyr unrhyw wir gysyniad o gymdeithas, ond mewn ymgais i gynnal ymdeimlad o gyfrifoldeb yr unigolyn gerbron Duw, a lle blaenllaw y gydwybod unigol, canolbwyntient eu hymdrechion ar ddiwygiad moesol dynion a merched. Felly defnyddient gerdd William Blake a gyfieithwyd i'r Gymraeg gan Miall Edwards ym 1921:

Ni chwsg fy nghleddyf yn fy llaw,
Ni ddianc f'enaid rhag y gad,
Nes codir muriau Dinas Duw
Ar feysydd gwyrddlas Cymru fad.[68]

Ymdrech ar raddfa fawr fyddai'n trawsnewid cymdeithas. Unwaith roedd unigolion wedi cydnabod eu cyfrifoldebau fel aelodau o'r un frawdoliaeth byddent gyda'i gilydd, ac eto'n annibynnol, yn creu cymdeithas newydd. Credid mai cyfrifoldebau'r dinesydd unigol oedd yr elfen hanfodol ar gyfer diwygio cymdeithasol a hefyd craidd y Ffydd Ddiwygiedig ac Anghydffurfiol.

Gan ystyried hyn i gyd, mae'n ddiddorol nodi un ymadrodd yn addasiad Edwards o gerdd Blake nad yw'n cefnogi'r syniadau yma. Trosodd 'Till we have built Jerusalem' yn 'Nes codir muriau dinas Duw', a dewisodd ffurf amhersonol y ferf yn hytrach na'r person cyntaf lluosog. Nid oes unrhyw reswm amlwg am hyn. Mae'n bosibl nad oedd Edwards ei hun yn sylweddoli mor arwyddocaol oedd y dewis neu, ac yn debycach, syweddolodd nad gwaith dynion yn unig mo sefydlu'r Deyrnas. Ond pa reswm bynnag sy'n esbonio'r cyfieithiad hwn, trwyddi i gyd daliwyd cyfrifoldebau dinasyddiaeth yr unigolyn yn ddigon pwysig i ddiwygio cymdeithasol a datblygiad cymeriad, i Anghydffurfwyr Cymru bron fabwysiadu'r syniad o gyfiawnhad trwy weithredoedd. Yn wir, hyn oedd canlyniad naturiol derbyn cred Ritschl mai trwy gyflawni'r ddyletswydd foesol y deuai cyfiawnhad.

Mewn cyfnod a welodd ddiddordeb mawr yn y broblem gymdeithasol, cynigiai'r Annibynwyr Cymraeg ar y naill law ddiwinyddion a roddai ryw fath o gefnogaeth i ddiffiniad cymdeithasol o grefydd yn Thomas Rees a D. Miall Edwards. Ar y llaw arall, ceid enghreifftiau o gefnogaeth fwy ymarferol, megis y cymorth a gynigiwyd yn ystod Streic 1926, ac ymroddiad unigolion megis T. Alban Davies. Eto ni cheid gwir briodas rhwng damcaniaeth ac arfer. Roedd Thomas Rees a Miall Edwards yn credu'n rhy gryf mewn Idealaeth athronyddol, ac o'r herwydd credent, unwaith y byddai'r syniadau iawn wedi eu rhoi ar waith, y byddai popeth arall yn llifo'n naturiol, tra'r oedd Alban Davies ac eraill wedi eu symbylu i raddau helaeth gan dosturi pur. Ymddengys fod y naill ochr yn pwysleisio'r ddamcaniaeth a'r ochr arall yn rhoi'r arfer ar waith. Rhaid i'r bywyd Cristnogol ymwneud â'r ddeubeth. Mae'r Deyrnas yn cwrdd â ni ym mherson Mab Duw yn dod o'r tu hwnt i'n profiad ni, i'n barnu a'n gwaredu. Ni ddaw fel pecyn cyflawn hanesyddol ond fel deinamig sydd i reoli ein meddyliau a'n gweithredoedd, yr ydym i'w ddeall a'i fyw drwy ras Duw i orau ein gallu. Efallai na chyflawnir mohono hyd ddiwedd amser, ond mae ei weledigaeth ysbrydoledig i'n harwain ymlaen yn ein pererindod a seiliwyd ar gariad perffaith Duw a chariad tuag at gymydog. Dyma'r feddylfryd a oedd wrth wraidd ymdrechion y dynion hyn a geisiodd wireddu addewid eu Harglwydd y gellid, trwy geisio Teyrnas Dduw uwchlaw pob dim, gael gwir fywyd cyflawn iddynt hwy eu hunain a'r cenedlaethau ar eu hôl.[69]

---

1. Rhwng 1898 a 1908, sefydlwyd 84 cangen o'r ILP yn Ne Cymru ac roedd wyth arall wedi eu sefydlu yn y Gogledd. Dylan Morris, 'Sosialaeth i'r Cymru, trafodaeth yr ILP', yn *Llafur* (1985), t.51.
2. Gweler D. L. Thomas a Herbert Morgan, *Housing Conditions in Wales* (Llundain, 1911), tt.2-6. Roedd y gyfradd marwolaethau ar gyfer Lloegr ym 1910 yn 13.46 y fil ond yng Nghymru roedd yn 15.32 gyda'r gyfradd marwolaethau yn Sir Gaerfyrddin yn waeth nag unman ym Mhrydain gyfan. Mewn anerchiad a roddwyd yn Eisteddfod Caerfyrddin yn Awst 1911, daeth D. L. Thomas i'r casgliad fod 'dros 4,200 o bobl wedi marw yng Nghymru y llynedd a fyddai wedi byw dan yr un amodau yn Lloegr'. Cymharodd yr ardaloedd Cymreig â Stepney yng nghanol Dwyrain Llundain. Roedd marwolaethau yn Stepney yn 13.5 y fil tra'r oedd marwolaethau Rhondda a Phontypridd yn 15, Merthyr a Llanelli yn 16, Aberdâr yn 16.5, ac Abertawe yn 17.6. Yn Stepney bu farw 113 o fabanod dan flwydd oed, ond roedd y niferoedd yn llawer uwch yn yr ardaloedd Cymreig: Abertawe 123, Merthyr 134, Rhondda 136, Aberdâr 149 a Llanelli 160. Cofnodwyd 15 y cant fwy o'r prif glefydau epidemig yn Abertawe nag yn Stepney, ond cofnodwyd 33 y cant fwy ym Merthyr ac Aberdâr a 100 y cant anferth yn y Rhondda.
3. Am Thomas Rees (1869-1924), gw. 'Rhifyn Coffa Thomas Rees', *Y Dysgedydd* (1926), tt.197-232; D. Miall Edwards 'Dr Thomas Rees of Bangor', *The Welsh Outlook* (1926), tt.182-5; T. Eirug Davies (gol.), *Y Prifathro Thomas Rees: Ei Fywyd a'i Waith* (Llandysul, 1939); J. E. Lloyd a R. T. Jenkins (goln), *Y Bywgraffiadur Cymreig hyd 1940* (Llundain, 1953), t.781; Robert Pope, *Seeking*

God's Kingdom: The Nonconformist Social Gospel in Wales, 1906-1939 (Caerdydd, 1999), tt.56-67.

4. Am D. Miall Edwards (1873-1941), gw. Jenkins a Jones (goln), *Y Bywgraffiadur Cymreig 1941-1950* (Llundain, 1970), t.14; D. Arafnah Thomas, 'D. Miall Edwards', yn W.T. Pennar Davies (gol.), *Athrawon ac Annibynwyr* (Abertawe, 1971), tt.42-5; W. Eifion Powell, 'Diwinyddiaeth D. Miall Edwards', Davies (gol.), *Athrawon ac Annibynwyr*, tt.46-51; T. Eirug Davies, 'David Miall Edwards 1873-1941', *Efrydiau Athronyddol* (1941), tt.3-7; 'A. J.', 'Y Parchedig Athro D. Miall Edwards M.A., Ph.D., D.D', *Y Dysgedydd* (1941), tt.101-104; J. Morgan Jones, 'Miall Edwards', *Y Dysgedydd* (1955), tt.309-312; T. Robin Chapman, 'Argyfwng Ffydd D. Miall Edwards 1916-1923', *Y Traethodydd* (1982), tt.188-192; *Y Tyst* (18 Ionawr 1973), t.5; (1 Chwefror 1973), t.5; Pope, *Seeking God's Kingdom*, tt.38-55.

5. A. E. Garvie, *The Ritschlian Theology* (Caeredin, 1899) t.20.

6. A. E. Garvie, *Memories and Meanings of My Life* (Llundain, 1938), t.116.

7. Gw. Adolf Harnack, *What is Christianity?* (Llundain, 1901). Seiliwyd y llyfr ar ddarlithoedd Harnack 'Das Wesen des Christentums' a bu Annibynnwr arall, John Morgan Jones (Bangor) yn bresennol yn y darlithoedd gwreiddiol yn Berlin ym 1899. Am y darlithoedd hynny, meddai John Morgan Jones 'profiad gwerthfawrocaf bywyd i mi oedd gwrando oddi ar ei wefusau ef gyfres o'r pregethau mwyaf ysbrydoledig ar Natur Cristnogaeth, a'r darlithydd ei hun y praw pennaf i'r gwrandawr o rym a gwirionedd ei neges...Nid darlithiau mohonynt ond pregethau cynnes brwdfrydig...Gwnaf gyfle o'i farw i ddiolch iddo am achub un pechadur, o leiaf, fel pentewyn o'r tân.' John Morgan Jones, 'Adolf von Harnack, 1851-1930', yn *Yr Efrydydd*, (1930), tt.285, 288, 289.

8. Yn ôl sawl hanesydd, R. J. Campbell oedd y catalydd a achosodd i'r Anghydffurfwyr gymryd y broblem gymdeithasol o ddifrif. Gweler, Kenneth O. Morgan 'The Merthyr of Keir Hardie', yn Glanmor Williams (gol.), *Merthyr Politics: The Making of a Working Class Tradition* (Caerdydd, 1966), tt.76-7; *idem, Wales in British Politics 1868-1922* (Caerdydd, 1963), t.246; R. Tudur Jones, *Hanes Annibynwyr Cymru* (Abertawe, 1966), tt.250-1; John Davies, *Hanes Cymru* (Llundain, 1990), t.461; D. Ben Rees, *Wales: The Cultural Heritage* (Ormskirk, 1981), tt.14-15; Christopher B. Turner, 'Conflicts of faith? Religion and Labour in Wales 1890-1914', D. R. Hopkin a G. Kealey (goln), *Class, Community and the Labour Movement Wales & Canada 1850-1930* (Aberystwyth, 1989), tt.73-6. Ymgais oedd 'Diwinyddiaeth Newydd' Campbell i ddangos cryfder deallusol a moesol Cristnogaeth trwy ailddehongli'r ffydd yn nhermau athroniaeth Kant a Hegel a thrwy gydnabod ysbrydoliaeth yr athrawiaeth Gristnogol i ddiwygiad cymdeithasol. Gweler *The New Theology* (Llundain, 1907). Gw. hefyd Keith W. Clements, *Lovers of Discord: Twentieth Century Theological Controversies in England* (Llundain, 1980), tt.19-48.

9. Mewn gwirionedd, nid oedd yr efengyl gymdeithasol namyn mwy na chymhwysiad i gyd-destun diwydiannol yr Unol Daleithiau o'r rhyddfrydiaeth ddiwinyddol Ewropeaidd y bu Edwards a Rees hefyd dan ei dylanwad.

10. D. Miall Edwards, 'The present religious situation in Wales', *The Welsh Outlook* (1920), t.141.

11. 'Emynau Cymdeithasol', *Y Dysgedydd* (1920), t.99; gw. hefyd 'Gweddi Dros Fyfyrwyr', *Yr Efrydydd* (1925), t.133.

12. 'The present religious situation in Wales', tt.141-2.

13. D. Miall Edwards, *Crefydd a Bywyd* (Dolgellau, 1915), t.291.

14. D. Miall Edwards, *Bannau'r Ffydd* (Wrecsam, 1929), t.211.

15. Thomas Rees, *Gwleidyddiaeth yng Nghymru* (Traethodau'r Deyrnas 7) (Wrecsam, 1924), t.7.

16. Thomas Rees, *Cenadwri'r Eglwys a Phroblemau'r Dydd* (Wrecsam, 1924), t.104.

17. Ibid., tt.211-2.

18. Ibid., t.201.

19. Thomas Rees, *Dinasyddiaeth Bur*, (Anerchiad a draddodwyd yng Nghymanfa Ddirwestol Gwynedd, Bangor, 18 Hydref 1923) (Lerpwl, 1923), t.4.

20. Ibid., t.13.

21. Ibid., t.14.

22. Am Daniel Lleufer Thomas (1863-1940), gw. Lloyd a Jenkins (goln), *Y Bywgraffiadur Cymraeg hyd 1940*, tt. 881-2

23. *Y Tyst* (17 Awst 1910), tt.5-6; *Llais Llafur* (13 Awst 1910), t.1; *South Wales Daily News* (28 Gorffennaf 1910).

24. *Y Tyst* (5 Hydref 1910), t.1.

25. Ibid., (25 Ionawr 1911), t.9.

26. Ibid., (1 Chwefror 1911), t.3.

27. Gwilym Davies, *Twenty Five Years of the Welsh School of Social Service 1911-1936* (d.d.), t.1; Llyfr Cofnodion Ysgol Gwasanaeth Cymdeithasol Cymru 1911-1914, Papurau Gwilym Davies, LlGC. Gweler hefyd y llythyr at David Thomas, 20 Rhagfyr 1920, Papurau David Thomas, LlGC.

28. Gw. *The United School of Social Service for Wales* (d.d.), t.4; Llyfr Cofnodion yr Ysgol Gwasanaeth Cymdeithasol dros Gymru, 1919-22, Papurau Gwilym Davies, LlGC. Roedd y Parchn Gwilym Davies a Herbert Morgan a Mr. David Thomas (Talysarn) hwythau'n aelodau Cymreig o'r pwyllgor.

29. Toriadau papur newydd ym Mhapurau Gwilym Davies, Ll.G.C.

30. Ben Bowen Thomas, 'Gwilym Davies and the Welsh School of Social Service', yn I. G. Jones (gol.), *Gwilym Davies: A Tribute* (Llandysul, 1972), t.29.

31. *The United School of Social Service for Wales* (d.d.), t.10.

32. Llyfr Cofnodion; hefyd Gwilym Davies, 'A Welsh Social Diary', *The Welsh Outlook* (1920), t.297.

33. *Cenadwri Cymdeithasol yr Efengyl* (Abertawe, 1923).

34. Ibid., t.9.
35. Ibid., t.41.
36. Ibid., tt.8-9.
37. Ibid., t.11.
38. Ibid., t.19.
39. Ibid., t.20.
40. Ibid., t.21.
41. Ibid., t.23.
42. Ibid., t.24.
43. Ibid., t.25.
44. Ibid., t.26.
45. Ibid., t.27.
46. Ibid., t.33.
47. *Y Tyst*, (15 Gorffennaf 1936), t.11.
48. Ibid., (11 Tachwedd 1926), t.10.
49. Gweler D. Howell a C. Barber, 'Wales', yn F. M. L. Thompson (gol.), *The Cambridge Social History of Britain 1750-1950, I, Regions and Communities* (Caer-grawnt, 1990), t.307.
50. Gw. Rhys Davies, *My Wales* (Llundain, 1937), tt.122-6, *passim*.
51. *South Wales Voice* (1 Mehefin 1935), t.1.
52. T. Alban Davies, 'Impressions of life in the Rhondda Valley', yn K. S. Harris (gol.), *Rhondda Past and Future* (Ferndale, 1974), t.15.
53. Adroddiadau Undeb yr Annibynwyr Cymraeg, Dinbych (1932), t.117; hefyd R. Tudur Jones, *Yr Undeb* (Abertawe, 1975), t.229.
54. R. Tudur Jones, *Hanes Annibynwyr Cymru* (Abertawe, 1966), t.284; *Y Tyst* (26 Ionawr 1928), t.1; (2 Chwefror 1928), tt.8-9; (16 Chwefror 1928), t.9; (17 Ionawr 1929), t.3.
55. *Y Tyst* (26 Ionawr 1928), t.9.
56. Ibid., (2 Chwefror 1928), t.9.
57. Ibid., (22 Tachwedd 1928), t.9; (17 Ionawr 1929), t.3; cf. *The Welsh Outlook* (1929), tt.7. 10.
58. *Y Tyst* (20 Rhagfyr 1930), t.10.
59. R. Tudur Jones, *Congregationalism in England, 1662-1962* (Llundain, 1962), t.421; hefyd *Congregational Year Book* (1930), t.80. Roedd y drydedd ganolfan yn Durham.
60. T. Alban Davies, 'Impressions of Life', tt.16-7; hefyd G. Alban Davies 'A son of the manse', yn Meic Stephens (gol.), *A Rhondda Anthology* (Pen-y-Bont ar Ogwr, 1993), t.136.
61. T. Alban Davies, 'Impressions of life', tt.15-7; G. Alban Davies, 'A son of the manse', t.137.
62. T. Alban Davies, 'Impressions of life', t.17.
63. *Y Tyst* (10 Mehefin 1937), t.4.
64. Ibid., (9 Gorffennaf 1913), t.6.

65. Ibid., (2 Hydref 1912), t.4; R. Dervel Roberts, 'Perthynas dirwest a chwestiynau cymdeithasol', Adroddiadau Undeb yr Annibynwyr Cymraeg, Lerpwl (1912), tt.286, 294.

66. Gw. J. Keir Hardie, *Can a Man Be a Christian on a Pound a Week?* (London, d.d.), tt.5-9.

67. D. Miall Edwards, 'Neges Gymdeithasol yr Efengyl', yn *idem* (gol.), *Efengyl y Deyrnas* (Bala, 1927), t.23.

68. *Yr Efrydydd*, (1922), 28.

69. Gw. Mathew 6.33, 'Ceisiwch yn gyntaf deyrnas Dduw a'i gyfiawnder ef, a rhoir y pethau hyn i gyd yn ychwaneg i chwi.'

4

'Y DDRAIG GOCH YNTE'R FANER GOCH?': YR YMRYSON RHWNG W. F. PHILLIPS A T. E. NICHOLAS

Yn y blynyddoedd rhwng 1898 – blwyddyn y cloi allan mawr ym maes glo de Cymru pan ataliwyd 100,000 o lowyr rhag gweithio – a 1914 a dechrau'r Rhyfel Mawr, gosodwyd sylfaen ddeallusol a chymdeithasol i Sosialaeth yng Nghymru. Agorodd digwyddiadau'r blynyddoedd hyn y ffordd i Sosialaeth, ar ffurf y Blaid Lafur, ddisodli maes o law y Blaid Ryddfrydol yng ngwleidyddiaeth y wlad. Yn y cyfnod hwn, denodd y mudiad llafur lawer o gefnogwyr a chafwyd nifer o ddadleuon pwysig ynglŷn â rhinweddau'r mudiad newydd a'i gysylltiad â'r ffydd Gristnogol. Dichon mai un o'r dadleuon mwyaf diddorol oedd honno rhwng dau weinidog Anghydffurfiol o gefndir gwahanol ac o safbwynt crefyddol a gwleidyddol gwbl groes i'w gilydd. Cyffyrddodd eu dadl â gwleidyddiaeth, cenedlgarwch a chrefydd, a digwyddodd y cwbl trwy gyfrwng y Gymraeg. Eu henwau oedd W. F. Phillips a T. E. Nicholas – Niclas y Glais.

– I –

Mewn nifer o ffyrdd, ni allai'r ddau fod yn fwy gwahanol i'w gilydd. Ganed William Francis Phillips, yr hynaf o'r ddau o ddwy flynedd, ar 1 Medi 1877 ym Mhenmaenmawr, tref a safodd yng nghysgod ei chwarel ithfaen mawreddog ond a oedd hefyd, ar ddiwedd oes Victoria, yn dref wyliau ar gyfer boneddidigion ac William Gladstone yn eu plith. Ar y llaw arall, ganed Thomas Evan Nicholas, ar 6 Hydref 1879 ym Mlaunwaun Felin, Llanfyrnach, yng nghanol sir Benfro wledig. Roedd ei gefndir a'i fagwraeth gynnar yn drwyadl amaethyddol. Pan oedd yn flwydd oed, symudodd y teulu i Llety, fferm yn uchel ar lethrau mynyddoedd Preseli. Ei arfer yn llanc oedd helpu ar y fferm a rhedeg negeseuon i'r siop leol. Yn wir, wrth iddo weithio i'r siop, daeth yn gyfarwydd â'r ffiwdaliaeth oedd yn parhau yn yr ardaloedd gwledig – collodd ei swydd ar ôl iddo gyfansoddi cerdd watwarus am ficer Eglwyswrw gerllaw.

Gadawodd y ddau eu cartrefi i chwilio am waith. Aeth Phillips, yr hynaf o saith o blant, o Ogledd Cymru pan oedd yn 16 oed ar ôl marwolaeth ei dad. Symudodd i Lerpwl, gan weithio i Gwmni Yswiriant Tân Llundain a Sir Gaerhirfryn. Daeth yn aelod yn eglwys Princes Road, un o eglwysi amlycaf y Methodistiaid Calfinaidd, a'i gweinidog yr enwog John Williams, Brynsiencyn – un o bregethwyr mawr ei gyfundeb. Ymdeimlodd â galwad i'r weinidogaeth ac enillodd ysgoloriaeth ym 1902 i fynd i Goleg Diwinyddol y Bala. Gadawodd Nicholas sir Benfro ym 1897 ac aeth i Dreherbert yn y Rhondda. Ychydig sy'n hysbys am ei amser yn y pentref hwnnw. Mae'n debyg iddo ymuno â'r llif a ddaeth i gymoedd y Rhondda gan chwilio am waith naill ai yn y pyllau glo neu yn y cymunedau a neidiodd i fyny o'u cwmpas wrth i'r diwydiant glo ehangu ar garlam yn ail hanner y bedwaredd ganrif ar bymtheg. Mae'n drawiadol sylwi na chyfeiriodd at y cyfnod hwn o gwbl yn ddiweddarach – ffaith hynod gan ystyried ei bwysigrwydd fel lladmerydd blaenllaw i lafur yn y cyfnod cyn y Rhyfel Mawr. Tra bu'n byw ac yn gweithio yn y Rhondda, penderfynodd yntau hefyd mai i'r weinidogaeth yr oedd yn cael ei alw.

Derbyniodd y ddau brofiadau addysgol tra gwahanol i'w gilydd. Aeth Nicholas i Academi y Gwynfryn, Rhydaman, lle astudiodd dan Watcyn Hezekiah Williams (Watcyn Wyn) a John Jenkins (Gwili). Ymfalchïai yn yr addysg a gafodd yno, a mynnu na chlywodd ddim byd newydd o ran diwinyddiaeth trwy gydol ei fywyd hir na chlywodd gyntaf yn nosbarthiadau Watcyn Wyn a Gwili. Er gwaethaf hyn, ysgol ragbaratoawl oedd y Gwynfryn yn rhoi addysg elfennol a chanolradd i ddynion nad oeddent wedi derbyn unrhyw addysg yn flaenorol, cyn iddynt fynd ymlaen i golegau enwadol am hyfforddiant i'r weinidogaeth neu i golegau hyfforddi i ddod yn athrawon. Awgryma hyn i fywyd cynnar Nicholas fod yn amddifad o lawer o addysg ffurfiol, er iddo ddangos addewid barddol o oedran ifanc.

91

Ar y llaw arall, derbyniodd Phillips bob braint addysgol oedd ar gael i rywun o'i gefndir ef yn y cyfnod hwnnw. Yn yr un flwyddyn ag aeth i Goleg y Bala, dyfarnwyd iddo ysgoloriaeth agored i astudio yn y brifysgol yng Nghaerdydd a graddiodd yn BA ym 1906. Wedi cwrs diwinyddol yng ngholeg ei enwad yn Aberystwyth, graddiodd yn BD ym 1909. Enillodd ysgoloriaeth arall i fynd i Goleg Iesu, Rhydychen, a graddiodd yn BLitt ym 1911. Er ei bod yn anhebyg i Nicholas deimlo'n eiddigeddus neu'n israddol yng ngoleuni cymhwysterau Phillips, mae'n wir y deuent yn destun sbort iddo, yn arbennig oherwydd fod Phillips yn ymfalchïo gymaint ynddynt.

Tra bu Phillips yn fyfyriwr yng Nghaerdydd, daeth dan ddylanwad y Symudiad Ymosodol, sef cangen cenhadaeth cartref y Methodistiaid Calfinaidd a'i arweinydd charismataidd Dr John Pugh. Am gyfnod, bu ganddo ofal bugeiliol dros neuadd efengylu y Corporation Hall yng Nghasnewydd. Fe'i ordeiniwyd ym 1909 a bu'n weinidog yn Havelock Street, Casnewydd, Dinbych y Pysgod a Spellow Lane, Lerpwl. Ymddiswyddodd ym 1919 oherwydd salwch. Ochr yn ochr ag astudio a gweinidogaethu, bu'n newyddiadurwr pybyr, a chyfrannodd i'r *Liverpool Daily Post* a'r *London Daily Mail* ymhlith papurau eraill. Bu'n olygydd i'r *Torch*, cylchgrawn y Symudiad Ymosodol, a'r *Grail*, cylchgrawn Saesneg ei enwad, yn ogystal â *The Democrat* i'r 'League of Young Liberals'.

Nid yn ei weinidogaeth nac yn ei allu academaidd oedd arywddocâd Phillips, ond yn y ffaith iddo ddod yn wrthwynebwr digyfaddawd a huawdl i Sosialaeth. Nid yw'n gwbl eglur pryd y cafodd y droëdigaeth hon. Rhoddwyd cryn dipyn o sylw ar y pryd i'r awgrym fod Phillips wedi bod am gyfnod yn Sosialydd penboeth. Honnodd R. Silyn Roberts fod Phillips, a fu am gyfnod byr yn gyd-fyfyriwr ag ef yn y Bala, yn fwy tanbaid ei Sosialaeth nag yntau ar y pryd.[1] Hefyd, mynnodd ysgrifennydd cangen Casnewydd yr ILP fod Phillips yn perthyn i'r blaid tra bu'n ddarpar-weinidog yn y dref. Gwadodd Phillips y cyhuddiad, ond gwrthododd ddadlau'n gyhoeddus ar y mater.[2] Fodd bynnag, erbyn 1910 roedd Phillips wedi ymuno â'r Blaid Ryddfrydol ac yn brwydro, yn aflwyddiannus, mewn ymgyrchoedd seneddol ar ei rhan. Efallai ei bod yn gyd-ddigwyddiad, ond gwyddom i wrthwynebiad llafar Phillips yn erbyn Sosialaeth ddechrau o ddifrif wedi iddo gael ei drechu yn etholaeth Gŵyr yn etholiad 1910 gan John Williams, a oedd ei hun wedi bod yn Rhyddfrydwr ond a safodd y pryd hwnnw fel ymgeisydd 'Llafur'. Fe'i erlidiwyd yn enbyd gan Phillips o ganlyniad.[3]

Ordeiniwyd Nicholas ym 1901 yng Nghapel Annibynnol Horeb, Llandeilo. Gadawodd ym 1903 i weinidogaethu yn Eglwys Gynulleidfaol Gymraeg Dodgeville yn yr Unol Daleithiau. Ar 20 Mehefin 1904, ysgrifennodd diaconiaid Capel Seion, y Glais, yng Nghwm Tawe, ato i America yn ei wahodd i ddod yn weinidog yno. Deng mlynedd oedd hyd ei arhosiad yn y Glais, ond glynodd y *nom-de-plume* enwog – Niclas y Glais – wrtho am ei oes. Gadawodd yr ardal ym 1914 i fynd yn weinidog yn Llangybi a Llanddewi-Brefi, Sir Aberteifi. Gadawodd y weinidogaeth yn llwyr ym 1918 ar ôl blynyddoedd aflonydd y Rhyfel Mawr. Fel heddychwr digyfaddawd, cafodd ei hela'n gïaidd braidd gan brif gwnstabl Morgannwg, y Capten Lionel Lindsay, a geisiai'n barhaus ei erlyn dan ddeddf amddiffyn y deyrnas.[4]

Yn ystod ei gyfnod yn y Glais ymunodd Nicholas â'r ILP a daeth yn fuan yn un o'i bleidwyr mwyaf effeithiol yng Nghymru ac yn y Gymraeg. Wedi cyhoeddi cyfres o erthyglau yn *Y Geninen* rhwng 1912 a 1914, daeth yn boblogaidd trwy Gymru benbaladr fel pregethwr a darlithydd. Yn wir, roedd Nicholas yn gaffaeliad i'r ILP oherwydd rhwyddineb ei lefaru a'i allu hynod i amddiffyn y safbwynt Sosialaidd mewn ffordd ddeallus ac apelgar. Yn bennaf oll, roedd yn weinidog mewn cyfnod pan oedd mwyafrif y gweinidogion Anghydffurfiol – heb sôn am ddiaconiaid ac aelodau – yn dal yn gefnogwyr brwd i'r Blaid Ryddfrydol.

Nid yn unig roedd gwleidyddiaeth y ddau bregethwr hwn am y pared â'i gilydd, ond roedd eu syniad am Gristnogaeth ac am ystyr Cymreictod yn hollol wrthgyferbyniol. A dyma sy'n gwneud eu cyfraniad yn ddiddorol ac yn arwyddocaol ymhlith dadleuon y cyfnod.

– II –

Fel Keir Hardie, y Sgotyn enigmatig a oedd yn sylfaenydd yr ILP, mynnodd Nicholas fod Sosialaeth yn hyrwyddo'r 'delfrydau agosaf at ddysgeidiaeth Iesu' ac yn rhoi 'mynegiant ymarferol' iddynt.[5] Yn hyn o beth, adlewyrcha syniadau Nicholas y ddysgeidiaeth a darddodd o athroniaeth Hegel a Kant a mynnu fod Cristnogaeth yn ymwneud â'r bywyd mewnol ac ag 'egwyddorion' ac â gwerthoedd moesol. Cafodd y syniadaeth hon ei mynegi mewn ffurf boblogaidd gan y pregethwr Seisnig R. J. Campbell a'i 'Ddiwinyddiaeth Newydd' a bwysleisiai undod sylfaenol pob peth. Er i Nicholas gytuno llawer â gwaith Campbell, nid ef oedd yn gyfrifol am syniadau'r Cymro. Yn hytrach, ffurfiodd ei argyhoeddiadau diwinyddol ar sylfaen y syniad o werth cynhenid dyn. Mewn gwirionedd, tarddodd syniadau Nicholas yn fwy o'r hyn a ddysgodd ymhlith gwerinwyr y Preseli a gweithwyr Morgannwg nac o unrhyw gredo athronyddol a ddaeth o Loegr nac o gyfandir Ewrop.

I Nicholas, yr hyn a oedd yn hanfodol i Sosialaeth oedd y dyb fod hanes yn symud yn anorfod at ei berffeithio. Rhoddodd fynegiant eglur i'r argyhoeddiad hon yn ei farddoniaeth. Credai yng ngogoniant, os nad hefyd arwyddocâd tragwyddol, y ddynoliaeth. Dyma a barodd iddo wrthwynebu'n gryf ormes ac anghyfiawnder y gyfundrefn gyfalafol. Defnyddiodd y llwyfan, y wasg a'i awen i ddatgan ei gred yng ngwerth anhraethol dyn. Pan ddatganodd mai efe oedd 'bardd y Werin', amlinellodd hefyd y fath o ryddfrydiaeth ddiwinyddol a bwysleisiai frawdoliaeth dyn:

> Gwn fod Duw yn dod i ddynion,
> Gwn fod dyn i ddyn yn frawd,
> Gwn fod nerth ei egwyddorion
> Yn gwneud brenin o'r tylawd.
> Caned eraill am angylion,
> Am y groes a Chalfarî,
> Canaf innau gerddi dynion
> Bardd y Werin ydwyf i.

Yn nes ymlaen, yn ei gyfrol '*Rwy'n Gweld o Bell*, datganodd ei gred yn nwyfoldeb y ddynoliaeth:

> 'Duw ydwyf' medd dynoliaeth
> 'Dynoliaeth ydwyf' medd Duw;
> A gwyrth yr ymgnawdoliad sydd
> Drwy'r oesau'n mynnu byw.

Er gwaethaf y mynegiant ansoffistigedig, dengys ei farddoniaeth fod gan Nicholas syniadau eglur a phendant am Dduw ac am y ddynoliaeth. Rhoddodd fynegiant mwy diriaethol i'w syniadau mewn darlith gyhoeddus ar 'grefydd'. Yn ei ddehongliad o 'wir Gristnogaeth' gellir gweld dylanwad syniadau'r idealwyr a'u cred yn naioni dyn a'i gynnydd tuag at berffeithrwydd. I Nicholas, roedd Cristnogaeth yn:

> . . . cydnabod dwyfoldeb dyn, yr hwn a wnaed ar lun Duw, a chanddo ysbryd Duw ynddo. Nid un syrthiedig mohono, ond un sy'n symud yn barhaus tuag at lefel uwch a chanddo bosibiliadau di-derfyn . . . Nid erlidiodd nac esgymunodd [y gred] hon neb erioed, na dysgu y bydd Duw yn cosbi dyn i dragwyddoldeb.[6]

Mae'n arwyddocaol i Nicholas fynegi ei ddealltwriaeth ddiwinyddol mewn termau a oedd yn beirniadu'r eglwys a'i gweithgarwch trwy'r canrifoedd. Mewn termau a ddaeth yn fwy poblogaidd yn ddiweddarach yn yr ugeinfed ganrif, roedd ganddo neges holl-gynhwysol a defnyddiodd iaith crefydd i ddatgan gogoniant ac urddas y ddynoliaeth. Wrth gwrs, ni olygai hyn nad oedd Nicholas yn credu ym modolaeth Duw, neu nad oedd Duw yn bwysig, neu nad oedd addoli'n berthnasol. Yr hyn a olygai, fodd bynnag, oedd iddo dueddu i ganolbwyntio ar y fath o ddysgeidiaeth a bwysleisiwyd yn llythyr cyntaf Ioan: 'Os dywed rhywun, "Rwy'n caru Duw", ac yntau'n casáu ei frawd, y mae'n gelwyddog; oherwydd ni all neb nad yw'n caru'r brawd y mae wedi ei weld, garu Duw nad yw wedi ei weld' (1 In. 4:21 BCN). Ond yn wahanol i'r apostol, i Nicholas golygodd hyn mai'r ddynoliaeth ac nid Duw yn y pen-draw oedd yn ganolog yn ei neges. Ymhlyg yn y dadansoddiad hwn oedd y syniad o Dduw fel rhyw fath o blismon cosmig, yn bodoli i gadw rheolaeth ar ei greadigaeth ystyfnig. Mae'r ddynoliaeth, a grewyd yn *imago Dei*, yn byw gerbron y Duw hwn a mynn ef i'r ddynoliaeth fyw yn foesol-gyfrifol ger ei fron. Canlyniad hyn i gyd, yn ôl Nicholas, oedd y dylai'r eglwys fel sefydliad a Christnogion yn unigol ystyried anghyfiawnder cymdeithas ac yna ymrwymo i'w gweddnewid er mwyn osgoi barn Duw a sicrhau budd y ddynoliaeth. O ganlyniad, honnodd Nicholas, ni allai'r eglwysi wneud dim byd ond ymuno â'r Sosialwyr i greu byd gwell.

> Rhaid i'r eglwysi fentro popeth ar y mudiad sy'n rhoddi'r ddehongliad cliriaf i egwyddorion Iesu. Os gŵyr rhywun am blaid wna hynny i raddau llwyrach na'r blaid Sosialaidd, bodlon wyf fi i daflu fy mywyd o'i thu.[7]

Y ddyneiddiaeth hon, felly, oedd y tu ôl i gefnogaeth Nicholas i Sosialaeth. Arweiniodd ei gred yng ngogoniant ac urddas dyn hefyd at ei gred yn ei nerth a'i botensial. Fan hyn gwelir ôl Karl Marx ar syniadau Nicholas. I Marx, creir hanes wrth i fodau dynol gymryd rhan mewn strwythurau cymdeithasol, economaidd a gwleidyddol. Y cyfalafwyr oedd yn creu hanes gan iddynt gadw'r gweithwyr allan o'r cyfundrefnau hynny. Galwodd Marx ar y dosbarth gweithiol i uno er mwyn creu eu dyfodol eu hunain. O ganlyniad, cyhuddodd rhai crefyddwyr y Sosialwyr o arddel cyfiawnhad trwy weithredoedd ar draul galwad y Diwygiad Protestannaidd am gyfiawnhad *sola fide* – cyfiawnhad trwy ffydd yn unig. Fodd bynnag, credai Nicholas y gallai'r ddynoliaeth reoli ei hamgylchfyd mewn ffordd lawer mwy syml na dull y Marcsydd damcaniaethol. Dywedodd mai'r ddynoliaeth, ac nid rhagluniaeth, oedd yn gyfrifol am y broblem. A'r ddynoliaeth hefyd a allai sicrhau ateb iddi.

> Gwaith Dyn yw y 'slums', gwaith Dyn yw y bywydau afradlon welir hyd ein heolydd, gwaith Dyn oedd cymeryd y ddaear oddi ar y bobl, gwaith Dyn yw y tafarnau; ac yr ydym yn credu mai Dyn yn unig all waredu cymdeithas rhag y pethau hyn. Os nad gwaith Dyn yw gwaredu cymdeithas, pa ham y molir cymaint ar Mr Lloyd George? Paham y gofynir i ni ei gefnogi os dylesid gadael y cyfan i Dduw?...Nis gwn beth oedd amcan yr Ymgnawdoliad os nad dysgu i'r byd drwy Ddyn y mae gwaredu cymdeithas . . . [8]

Daw dwy agwedd o ddadl Nicholas i'r golwg yn y paragraff hwn. Yn gyntaf, ei wrthwynebiad nid i Lloyd George *per se* ond i'r ffordd anfeirniadol yr oedd y Cymry'n canmol eu mab enwocaf. Yn ail, gwelir y ffaith iddo gredu fod yn rhaid i ddynion ddod yn feistri ar eu tynged eu hunain. Roedd gweithredoedd, felly, yn hollbwysig, ac arweiniodd hyn iddo fynegi ei syniadau am gynnwys Cristnogaeth.

I Nicholas, roedd dau fath o Gristnogion. Yn gyntaf, roedd y rhai uniongred o ran eu hathrawiaeth ond na chredent mewn 'gwaith Duw yn y byd'. Tueddent i fod yn arallfydol, roedd eu dinasyddiaeth yn y nefoedd a'u gobaith am y byd a ddaw. Oherwydd hyn, ni theimlent yr angen i newid amgylchiadau cymdeithas. Ar y llaw arall, roedd y rhai anuniongred o ran eu diwinyddiaeth ond yn 'hollol uniongred eu buchedd. Maent yn onest, yn eirwir, yn faddeugar, yn addfwyn ac yn hawdd eu trin.'[9] Iddo ef, ymddygiad ac nid credo oedd yn holl-bwysig. Buasai'n bosibl, ac yn dderbyniol, i gyfarch rhywun fel Cristion oherwydd ei weithredoedd da – hyd yn oed os na chredai mewn Duw o gwbl. Ffordd Nicholas o fynegi hyn oedd: 'Nid arholiad mewn Diwinyddiaeth fydd y Farn.'[10] Ond ni atebai'r cwestiwn sut, felly, roedd credo a gweithredoedd yn perthyn i'w gilydd?

Mae'n debyg i hanes Robert Owen (1771-1858, arloeswr y mudiad cydweithrediad) a Robert Jones Derfel (1824-1905, y bardd a oedd hefyd y cyntaf i ysgrifennu ar Sosialaeth yn y Gymraeg) ddylanwadu'n weddol drwm arno. Dioddefent ddirmyg ac erledigaeth rhai yn y capeli a'r eglwys oherwydd eu syniadau radicalaidd ac anuniongred. I Nicholas, roeddent wedi cyflawni'r genadwri Gristnogol yn eu bywydau trwy ymarfer eu ffydd er bod y ddau ohonynt wedi cefnu ar grefydd gyfundrefnol. Ond awgrymodd Nicholas fod rhywfaint o berygl yn y safbwynt hwn. Yn ôl y ddadl hon, gallai rhywun fod yn Gristion heb unrhyw gysylltiad â chapel neu eglwys os mai gweithredu'n ddyneiddiol ac yn ddyngarol yw nod ei fywyd. O ganlyniad, gallai'r sawl a ystyriai'r eglwys yn rhagrithiol yn yr anghysondeb rhwng ei syniadaeth a'i gweithredoedd weithio o fewn y mudiad Sosialaidd a darganfod gwerth anfeidrol ac ysbrydol mewn gwneud felly. Rhan o'u hufudd-dod i alwad Duw oedd eu haelodaeth o'r Blaid Lafur a'u gweithgarwch sosialaidd. Nid yw'n hawdd darganfod i ba raddau'r oedd y ddysgeidiaeth hon yn boblogaidd ymhlith gwerin Cymru'r ugeinfed ganrif. Ond mae'n siŵr ei bod yn cyfrannu at y symudiad a ddigwyddodd oddi wrth wleidyddiaeth Ryddfrydol tuag at Sosialaeth. Ac roedd yn bwysig hefyd yn y datblygiad yn troi Cymru o fod yn wlad Gristnogol i fod yn genedl secwlar.

I Nicholas, tarddodd yr angen i ddatrys y broblem gymdeithasol o baradocs sylfaenol – hynny yw, er gwaethaf y ffaith mai'r ddynoliaeth oedd yn gyfrifol am y broblem, rhai pobl yn unig oedd ar fai mewn gwirionedd. Dioddefwyr cyfundrefnau cymdeithasol oedd y gweddill. Yn hyn o beth credai'n groes i'r traddodiad Anghydffurfiol yng Nghymru a'i deyrngarwch i'r Blaid Ryddfrydol. Yn nhyb Nicholas, nid yw pob dyn yn feistr ar ei amgylchfyd ac felly nid yw pawb yn gyfrifol am ei safonau moesol neu am ei gyflwr ysbrydol ei hun. Cafodd rhai gam oherwydd eu hamgylchfyd, a hynny oherwydd pechod, chwant ac usuraeth eraill. Prif angen y dydd oedd sylweddoli effeithiau pellgyrhaeddol tlodi – a tharddodd tlodi o ddosraniad annheg cyfoeth a oedd yn ganlyniad y gyfundrefn ddiwydiannol lle magodd y perchnogion floneg ar draul y werin.

Dyma fan cyfarfod, yn ôl Nicholas, rhwng Sosialaeth a chenedlgarwch. Yn wir, hawliodd fod cenedlgarwch yn oblygedig mewn Sosialaeth oherwydd iddi geisio cenedlaetholi'r tir a, thrwy hynny, ddychwelyd y tir i'r bobl er lles pawb.

Diwydiannu gwlad, tir a chyfalaf, peiriannau a masnach, cynyrchiad a dosraniad cyfoeth, rhaid i'r pethau yna gael eu gweithio er mwyn cysur y genedl ac nid er mwyn elw i gyfalafwyr.[11]

Oherwydd iddi sefyll dros gyfartaledd pob dyn, safai hefyd dros heddwch. Safai Sosialaeth dros y llafurwr – safai'r Rhyddfrydwyr a'r Toriaid dros y perchnogion. Ond uwchben pob peth, 'helpu Crist i'w orsedd ym mywyd y wlad yw gwaith Sosialaeth.'[12]

Does dim amheuaeth fod Nicholas yn credu yn angerddol ym mhwysigrwydd ei genadwri. Casglodd wybodaeth helaeth a'i defnyddio yn effeithiol i hyrwyddo'r achos. Ochr yn ochr â hyn, roedd yn lefarydd ffraeth ac mae hiwmor ac eironi yn treiddio trwy ei anerchiadau a'i ysgrifau. Er enghraifft, dangosodd natur anghyfiawn ac afradlon llywodraeth y Rhyddfrydwyr yn gwario ar ymchwiliad yn dilyn suddo'r Titanic. Costiodd yr ymchwiliad dros £50,000. 'Aeth yr arian hyn o goffrau'r wlad i wyngalchu y rhai oedd yn euog o'r difrod. Darganfuwyd nad oedd neb ar fai!' Cyfeiriodd hefyd at gost trip y Brenin Sior V i India – £1,012,000 – 'a hyny ar adeg pryd yr oedd tylodi a dioddef mawr ymysg dosbarth gweithiol y wlad.'[13]

Er gwaethaf ei gefnogaeth i Sosialaeth, credai Nicholas fod angen am yr efengyl o hyd. Ond dehonglai'r efengyl yn nhermau Duw yn galluogi'r werin i drawsffurfio'r byd a phrysuro dyfodiad Teyrnas Dduw ar y ddaear megis yn y nef. Fodd bynnag, ymddangosai i Nicholas fod y dasg hon wedi'i throsglwyddo o'r eglwysi i'r mudiad Sosialaidd. Er mwyn ad-ennill eu safle yn y gymdeithas, roedd yn rhaid i'r eglwysi ddychlwelyd at hon, eu prif ddyletswydd. A'r unig ffordd i wneud hynny oedd uno â'r mudiad Sosialaidd.

Na chedwir y byd byth drwy wleidyddiaeth nac addysg. Gweddnewid y ddaear yw neges yr efengyl: credaf na weddnewidir hi byth gan gyfreithwyr, a barnwyr, a milwyr, a charcharau, a chrogwyr. Fe gedwir y byd gan egwyddorion Iesu . . . mae bodolaeth – nid llwyddiant, ond bodolaeth – yr eglwysi yn dibynu yn hollol ar eu parodrwydd i gario ym mlaen waith achubol Crist ym mywyd cymdeithasol.[14]

Daliodd wrth y syniad fod yn rhaid i bob unigolyn fod yn gadwedig, ond 'gwastraff ar amser yw cadw'n fyw gyfundrefn gymdeithasol sy'n damnio personau unigol yn gynt nag yr achubir hwy gan yr Efengyl.'[15]

I Nicholas, felly, dioddefai'r byd dan gyfundrefn anghyfiawn a reolwyd gan egwyddorion afiach megis chwant ac ymelwa, sef nodweddion y cyfalafwyr a weithredai dan fendith (neu felltith) y duw 'Mamon'. Gweithiodd y Sosialwyr tuag at chwalu'r gyfundrefn honno trwy ddosrannu cyfoeth yn deg a disgwyl cyfraniad rhesymol gan bob un at anghenion cymdeithas. O ganlyniad, roedd yn cytuno â Christnogaeth oherwydd fod Crist hefyd wedi cydnabod pwysigrwydd y ddynoliaeth ac urddas pob person byw. I Nicholas, dyma oedd y gwir genedlgarwch oherwydd iddi ddychwelyd y tir i'r bobl. O ganlyniad, gallai'r Cymry ei mabwysiadu heb unrhyw ymdeimlad eu bod yn rhoi'r gorau i'w patrymau moesol a chrefyddol traddodiadol. A dyma beth oedd y tu ôl i'w gri atseiniol: 'Werin Cymru, i gysgod y Faner Goch!'[16]

– III –

Mewn cyferbyniad llwyr â Nicholas, ac er gwaethaf ei gredoau a'i weithredoedd blaenorol, erbyn 1911 roedd W. F. Phillips yn awyddus iawn i bwysleisio fod Sosialaeth yn anad dim yn wrth-Gristnogol. Unwaith roedd wedi llwyddo i ddangos hyn, fe gredai, buasai'r werin yn troi oddi wrth yr egin-fudiad a dychwelyd i'w gwir gartref – y Blaid Ryddfrydol. I'r diben hwn, tueddai i bwysleisio gwaith y Sosialwyr eithafol neu anffyddiol megis Robert Blatchford, E. Belfort Bax a H. Musgrove Reade a thueddai hefyd i bardduo'r Sosialwyr cymhedrol a hawliodd gysylltiad rhwng Sosialaeth a Christnogaeth, megis Keir Hardie a'r gweinidogion Anghydffurfiol yng Nghymru a honnodd yn y cyfnod hwn iddynt fabwysiadu Sosialaeth mewn rhyw ffurf neu'i gilydd, megis Stanley Jones (Caernarfon), James Nicholas (Tonypandy), R. Silyn Roberts, T. M. Roderick (Cwmgors), W. D. Roderick (Rhiwfawr) ac, wrth gwrs, T. E. Nicholas. Gwrthododd Phillips eu honiad yn llwyr:

> Chwildroad cymdeithasol ydyw sosialaeth sydd i ddiorseddu'r Brenin, i ddileu y teulu, i amddifadu personnau unigol o'u rhyddid, ac i alltudio Duw o'i greadigaeth a'i Fab allan o fywyd dynoliaeth. [17]

Mae'n arwyddocaol na allai Phillips, yn y paragraff hwn, hyd yn oed ystyried fod angen gwella amgylchiadau cymdeithasol ei gyfnod. Ni cheisiodd, ac ni fynnai, feirniadu'r sefydliadau cymdeithasol cyfoes. Er na fynegodd hyn mewn cymaint o eiriau, ymddengys iddo gredu fod cymdeithas wedi datblygu fel hyn mewn ufudd-dod i ewyllys Dduw. O ganlyniad, nid oedd yn ddilys ceisio ei chwyldroi.

Seiliodd Phillips ei wrthwynebiad ar y ffaith fod Sosialaeth yn fudiad materyddol ac felly'n seiliedig ar ideoleg annuwiol a honnai mai amcan pennaf bywyd oedd cysur cymdeithasol. Felly tueddai'r Sosialwyr osod mwy o bwys ar amgylchiadau dynion nag ar eu cymeriadau, a thrwy hynny ddibrisio hawliau a chyfrifoldeb yr unigolyn.[18] Mewn geiriau eraill, gwrthodai'r syniad y gallai dyn gael cam gan ei amgylchiadau. Ni allai ffactorau allanol effeithio ar ysbryd a moeseg yr unigolyn. Materion mewnol oeddent, a chrefydd yn unig oedd â'r gallu i gyffwrdd â hwy. Ni fuasai cyflog uwch nac amgylchiadau byw a gweithio gwell fyth yn esgor ar ddynoliaeth berffeithiach.

Felly, yn ei wrthwynebiad i Sosialaeth, gellir gweld dehongliad Phillips o neges yr efengyl Gristnogol a'i duedd i ddehongli Cristnogaeth mewn termau Rhyddfrydol. Yn ei dyb ef, anwybyddai Sosialaeth anghenion dyn fel bod ysbrydol trwy ganolbwyntio ar ei anghenion corfforol, a hyn a arweiniodd i'w ddilynwyr ddibrisio syniadau a mudiadau crefyddol. Mae'n amlwg, felly, fod Phillips yn anghytuno â'r Sosialwyr nid ynglŷn ag achos problemau cymdeithasol ond ynghylch y ffordd orau i'w datrys. Iddo ef, ni allai dyn a oedd dan farn ac yn gaeth i'w gyflwr pechadurus fyth weithio dros eraill ac er mwyn gwaredu cymdeithas. Roedd rhaid iddo yn gyntaf ddod at y Gwaredwr cyn medru gwella cymdeithas. Mewn geiriau eraill (ac, yn eironig, yn debyg i T. E. Nicholas), gwelodd Phillips mai'r bywyd mewnol, ysbrydol a reolai'r gyfundrefn gymdeithasol. Cyn creu byd gwell, roedd angen cael dynion gwell. Mae'n werth nodi i Phillips wrthwynebu'r syniad o wella cymdeithas fel petai'n nod ffôl ac amhosibl. Yn hytrach, seiliodd ei wrthwynebiad ar ei gred fod yr ysbrydol a'r mewnol yn bwysicach na'r corfforol a'r allanol, ac felly na ellid gwella'r un heb wella'r llall. I Nicholas, buasai gwella amgylchiadau cymdeithasol yn esgor ar wella'r ddynoliaeth. I Phillips rhaid oedd gweithio'r ffordd arall. Ni fuasai gwella'r gymdeithas fyth yn effeithio er gwell ar y ddynoliaeth. Ar y llaw arall, buasai dynoliaeth dan reolaeth yr ysbryd ac felly yn ddarostyngedig i egwyddorion a chyfraith Duw, yn rhwym o symud cymdeithas yn nes at y delfryd o Deyrnas Dduw. A dyma pam, yn ei dyb ef, roedd angen crefydd. Ni fyddai Sosialaeth byth yn datrys y broblem gymdeithasol oherwydd ei phwyslais ar fateroliaeth:

> Cyfundrefn faterol ydyw sosialaeth: deddf dadblygiad; cysylltiad dyn â'r anifail; gwrthod i ddyn ryddid personol a'r hawliau a berthyn iddo wrth natur; dibrisio'r ysbrydol a gwadu anfarwoldeb yr enaid; taflu gwawd ar bechod a'i ganlyniadau; beirniadu a dirmygu yr eglwysi a'u gwaith oddi allan, a thaflu dwr oer ar bob ymdrech crefyddol a gwleidyddol ond yr eiddo hwy eu hunain; dyma restr anghyflawn o'r pethau sydd yn profi yn glir na wŷr sosialaeth ddim am ysbryd ac esiampl Sylfaenydd mawr ein crefydd.[19]

Gormodiaith yw hyn, wrth gwrs, a gwelir yma duedd Phillips i gysylltu pob syniad eithafol â Sosialaeth er mwyn dangos mai mudiad gelyniaethus i Gristnogaeth ydoedd. Hyd yn oed os oedd Sosialwyr yn derbyn datblygiad ynglŷn â'r bywyd dynol a'r bywyd gwleidyddol – hynny yw, bod cymdeithas yn datblygu oddi wrth reolaeth gan y landlordiaid i reolaeth y werin (y gweithwyr) – ni olygodd hynny o angenrheidrwydd iddynt gysylltu 'dyn â'r anifail' trwy fabwysiadu datblygiad neu esblygiad mewn materion eraill.

Tueddai ffyrnigrwydd geiriau Phillips guddio gwir ergyd ei feirniadaeth, sef na fuasai chwarae ag allanolion y gyfundrefn gymdeithasol fyth yn creu cymdeithas well a chyfiawn. Yn hytrach, rhaid oedd creu cymeriadau da a moesol ac iddynt hwy ddylanwadu ar y gyfundrefn honno. Yn ei dyb ef, hyrwyddodd Sosialaeth y ffordd gyntaf: roedd angen crefydd i wneud y llall. Un o'i gwynion parhaol oedd bod Sosialaeth, yn arbennig yn y Rhondda,[20] yn tueddu i gynhyrchu anffyddwyr. Wedi i ddynion ifainc fabwysiadu'r syniadau newydd y byddent yn troi yn ddi-ffael oddi wrth grefydd a chefnu ar y capel. I Phillips, roedd goblygiadau hyn yn eglur. Sut y gallai Sosialwyr haeru fod eu cyfundrefn yn berffaith gyson â ffydd yn Nuw ac egwyddorion Cristnogaeth ar yr un llaw, pan oedd Sosialwyr yn gadael y capel ac yn ymosod yn ffyrnig arno ar y llaw arall?

> Gwŷr pawb sydd yn gyfarwydd â hanes yr Eglwysi yn Neheudir Cymru mai gwaith anhawdd os nad amhosibl ydyw cadw dyn wedi iddo unwaith ymuno ag un o'r pleidiau Sosialaidd. Os erys efe trwy rhyw wyrth yn yr Eglwys cyll ei gydymdeimlad â'i hathrawiaethau â'i ffurflywodraeth, a buan y daw yn derfysgwr ac yn achos cynen iddi. Am y Sosialwyr sydd y tu allan i'r Eglwys, gellir dweyd am danynt eu bod yn elynion anghymodlawn iddi hi ac i grefydd.[21]

Oherwydd ei gelyniaeth tuag at y capel a darddai o anffyddiaeth neu ddiwinyddiaeth gyfeiliornus, roedd Sosialaeth yn creu awyrgylch a oedd wrth wraidd pob math o ddrwg.

> Awyrgylch ydyw sydd yn dwyn diflastod ar ddyletswydd ac yn tagu pob tyfiant da yn myd moes a chrefydd. Awyrgylch ydyw sydd yn gwneyd cadwriaeth y Sabbath yn beth diflas, ac yn meithrin achoddau iselaf y dosbarth salaf fedd cymdeithas. Pwy ond y Sosialwyr sydd yn arfer cynal cyfarfodydd politicaidd ar y Sul yng Nghymru . . . ac yn ymosod yn ddi-drugaredd ac yn ddi-baid ar yr Eglwysi a'r gweinidogion?[22]

Roedd Sosialaeth, felly, yn groes i bob traddodiad crefyddol Cymreig ac yn tramgwyddo pob sensitifrwydd Cristnogol. Nid yn unig roedd Sosialaeth yn wrth-grefyddol i Phillips, roedd hi hefyd yn wrth-Gymreig. Cwynai yn erbyn y ffaith nad Cymro oedd Keir Hardie. Sut gallai Albanwr gynrychioli etholaeth Gymreig yn y Senedd?

> Ychydig ddyddiau wedi'r digwyddiad hwn [Hardie yn canu'r Anthem Genedlaethol ym Merthyr] cafodd Keir Hardie gyfle i ddangos ei barch at Gymru. Bu tywysog Cymru yn cael ei

arwisgo yn hen dref Caernarfon. Daeth llu mawr ynghyd ar yr amgylchiad, ac yn eu plith foneddigion, fel Mr Balfour, o liw gwleidyddol gwahanol i ni. Gwelid yno ochr yn ochr am y tro esgobion yr Eglwys wladol ac arweinwyr yr eglwysi Rhyddion; Radicaliaid pybyr a Cheidwadwyr cyndyn; aelodau o Dŷ'r Arglwyddi a dewisiedig gynrychiolwyr y bobl o Dŷ'r Cyffredin. Roedd Keir Hardie, AS, yn absennol![23]

Mae'n amlwg, ac yn frawychus, fod Phillips yn anymwybodol o'r eironi yn ei feirniadaeth. Ni allai Sgotyn gynrychioli Cymru yn y Senedd, ond roedd yn gwbl dderbyniol i Sais o ucheldras Almeinig fod yn dywysog arni! Yn rhannol oherwydd yr anwybodaeth syfrdanol a'r taeogrwydd hwn, ni enillodd Phillips fawr o gydymdeimlad ymhlith y werin.

Os oedd Phillips yn ymosod yn llym ar Sosialaeth fel mudiad gwrth-Gristnogol, roedd ei ddirmyg tuag at 'Sosialwyr Cristnogol' neu at Gristnogion a oedd yn cefnogi'r Mudiad Sosialaidd yn ddi-dostur. Nid oedd y Sosialydd Cristnogol yn ddim byd mwy na bradwr i'r ffydd, i Dduw, i Grist, ac i'r ddynoliaeth gyfan. Cyfarchodd y rhai hyn mewn geiriau gwawdlyd a chryf, y rhai cryfaf, fe ddichon, y gallai gweinidog Cristnogol eu defnyddio:

Gwerthodd Judas ei feistr am ddeg [darn] ar hugain o arian: a ydyw yr arweinwyr Ymneilltuol a ddenir gan y Sosialwyr i ddefnyddio y llwyfan, a lleoedd eraill, i ymosod ar bob sefydliad cenedlaethol ac i'n darostwng yng ngolwg y byd, yn ystyried eu bod drwy hynny yn gwerthu ein cenedl heddyw? Yr unig wahaniaeth, hyd y gwelwyf i, rhwng y rhai hyn a'r disgybl gynt, ydyw fod yr un olaf wedi profi ei hun yn ddigon o foneddwr i droi ei ddâl gwaedlyd yn ôl, ac i wneud lle i'w well; tra yr erys y rhai blaenaf gyda'u gwaith ofer a gwael, yn amddifad o wroldeb a gwyleidd-dra, ond yn berchenogion digon o wynebgaledwch i loni calon tad y tywyllwch ei hun.[24]

Yn ogystal â'i ymosodiad llym ar Sosialaeth a'i ymgais i'w dinoethi fel cyfundrefn annuwiol, ceisiodd Phillips ddangos nad oedd cydymdeimlad â'r gweithwyr a dyheadau am amgylchiadau gwell i'r gymdeithas yn gyfystyr â Sosialaeth.

Bellach, yn raddol ond yn sicr, daw'r gweithiwr i sylweddoli mai nid cyfystyron yw Llafur a Sosialaeth. Gwel yn gliriach beunydd y geill amddiffyn hawliau Llafur ac ymladd brwydr ei gydweithwyr o blaid rhyddid a chyfiawnder cymdeithasol, heb gefnu ar ei wlad, heb ddifrio'r capel a phardduo'r weinidogaeth, heb dorri'r Saboth, heb gablu Duw a'i Fab, ac heb beryglu ei enaid anfarwol.[25]

I Phillips, ceid pob rhinwedd Sosialaidd o fewn y ffydd Cristnogol, ond heb ei ffaeleddau a'i chyfeiliornadau. Roedd a wnelo Cristnogaeth â'r holl ddyn, enaid a chorff, ysbryd a mater yn hytrach na dyrchafu cyflwr cymdeithas yn unig.

Ceir yr egwyddorion hyn yn ein crefydd ni heb y pethau gwyllt, afiach ac anghymedrol a berthyn i Gymrodiaeth. Felly, cynwys Cristnogaeth ddarpariaeth gyflawn ar gyfer anghenion dyn a chymdeithas.[26]

Yn nhyb Phillips, roedd y cynllun gorau i wella cymdeithas yn amlwg. Gallai Cristnogaeth wneud yr hyn na allai Sosialaeth byth mo'i wneud a hynny oedd magu pobl rinweddol i fyw yn y gymdeithas. Yn hynny âi'n bellach na Sosialaeth a hefyd cynigiai obaith i'r ddynoliaeth am fyd gwell. Rhaid oedd i gynnydd cymdeithasol darddu o wella dynion yn hytrach nag o ddeddfau gwleidyddol. O ganlyniad, cenadwri'r eglwys yw pregethu neges Crist am bersonoliaeth dyn er mwyn achub y ddynoliaeth. Trwy wneud Cristnogion, deuai'r posibilrwydd o wella cymdeithas.[27] Rhaid gweithio fel hyn, yn ôl Phillips, oherwydd nad yw cymdeithas ond yn 'beth gwag a diystyr' heb bersonau unigol.[28]

– IV –

Gwelir tuedd yng ngwaith nifer o wrthwynebwyr Sosialaeth, yn arbennig y rhai a oedd yn weinidogion, i beidio â dadlau yn ei herbyn ond i ddatgan dyfarniad *ex cathedra* fel petai. Nid yw'n syndod, felly, y gallai Sosialwyr ennill cymaint o gefnogaeth wrth esbonio eu pwyntiau yn eglur a thrin gweithwyr mewn modd mwy deallus, cydymdeimladol a boneddigaidd. Roedd diffygion Phillips yn amlwg ar y pen hwn. Yn rhy aml rhethreg oedd ganddo yn hytrach na dadleuon pwyllog a golau. Tueddai i fychanu ei wrthwynebwyr a gwawdio euu dadleuon yn hytrach na cheisio eu perswadio gan gryfder ei resymeg, a cheir yr argraff nad oedd yn teimlo'r angen i brofi ei ddadl ei hun. Ac eironi'r sefyllfa oedd bod Phillips yn ŵr graddedig tra bod y rhan fwyaf o'i wrthwynebwyr yn perthyn i'r werin 'ddiddysg'. Er gwaethaf ei allu diymwad, ac er gwaethaf ei ymlyniad diffuant at y ffydd Gristnogol a rhyddfrydiaeth wleidyddol, dengys ei areithiau a'i ysgrifau falchder ymchwyddgar a llymder di-dostur. Prin fod hyn yn argoeli'n dda am ddyfodol y berthynas rhwng yr Anghydffurfwyr a'r gweithwyr.

Ymddengys fod gan Phillips y ddawn i gorddi teimladau a nwydau dwfn iawn yn ei wrandawyr, gyda'r dorf naill ai'n ei ganmol neu'n ei gasáu. Yn ôl *Y Goleuad*:

Ymegnïa i godi ei wlad drwy oleuo ei thrigolion, ac ergydio yn ddiarbed yn erbyn y cyfeiliornadau dinistriol, fel y tybia ef, sydd yn milwrio yn erbyn ei llwyddiant. Rhwydd hynt iddo yn ei ymgyrch ddaionus.[29]

Oherwydd arddull ymosodol Phillips, nid yw'n syndod iddo ddod dan lach y Sosialwyr. Yn ôl *Justice*, sef papur y Social Democratic Front, roedd ganddo 'the mind of a gnat and the soul of a viper'.[30] Dywed un adroddiad yn *Llais Llafur*:

W. F. Phillips visited Cwmgorse and delivered a lecture under the auspices of the local League of Young Liberals. A noteworthy feature of Mr Phillips's addresses is that whatever subject he is supposed to be dealing with, he always delivers the same oration.[31]

Yn ôl *Llais Llafur*, haeddai Phillips y teitl 'Mad Mullah'[32] oherwydd ffyrnigrwydd ei ymosodiad ar Sosialaeth a'i duedd i enllibio ei chefnogwyr yn ddi-baid. I'r *Merthyr Pioneer*, 'Will Full Pelt' ydoedd, a hynny am resymau tebyg.[33] Galwyd yr arddull ymosodol, enllibus hon yn 'Philippics'. Nododd *Llais Llafur*:

Education is worthless unless the 'educated' man is also a gentleman. Modesty is one of the marks of a gentleman. Courtesy is another. A BD is worthless unless the holder of it exercises Christian courtesy.[34]

Dyfynnodd y papur o anerchiad Phillips i gynulleidfa yn Ystalyfera pan ddywedodd 'Mae genyf gynffon o dair gradd wrth fy enw, ond cofiwch chwi y mae ymenydd tucefn iddynt, a'r ymenydd hwnw wyf yn ei gynyg i chwi.' Oherwydd ei duedd cyson i gyfeirio at ei raddau, galwodd T. E. Nicholas ef yn 'Alphabet Phillips'.[35]

Pa mor dda bynnag oedd bwriadau Phillips, rhoes yr argraff iddo ddisgwyl i'r werin foesymgrymu'n ddiolchgar i'w farn am y rheswm syml mai dyn dysgedig ydoedd. Ymatebodd ei elynion yn ffyrnig i'r nawddogrwydd hwn. Cawsant flas mawr ar wneud sbort ar ei gymwysterau academaidd. Troes y BA yn 'Bili Anwir', y BD yn 'Bwli Dialgar', a'r BLitt yn 'Bottomley's Litter' (ar ôl Horatio Bottomley, golygydd *John Bull* a arferai ddefnyddio rhethreg feiblaidd yn ei gefnogaeth i'r sefydliad Seisnig).[36] Oherwydd ei ymosodiad personol ar Keir Hardie, ymatebodd y Parchg J. R. Hughes mewn modd llawdrwm a llym. Yn ôl Hughes, 'Nis gellir dychmygu am waith melldigedicach' ac 'y mae yn rhy ddirmygus i boeri arno'. Eto, cyfansoddodd englyn (braidd yn wallus) iddo:

> Ffieiddiach gwaelach gelyn – yw Phillips
> Hoff Walia – na'r Sgotyn;
> Nid arwr yw dyhiryn
> Ag enaid asp mewn enaid dyn.[37]

Ond gan T. E. Nicholas y cafwyd yr ymosodiad mwyaf effeithiol, onid athrylithgar, o gryn dipyn. Mewn erthygl yn *The Merthyr Pioneer* dan y teitl 'Darlith ar Gymru gan yr Indiad Parch Belamor Berginosrw, BA BD BLitt', dychanodd Nicholas y math grefydd gonfensiynol yr oedd Phillips yn lladmerydd mor huawdl iddi. Honnodd Nicholas y buasai crefydd Cymru yn ymddangos yn hurt i bawb y tu hwnt i ffiniau'r genedl.

> Y mae yng Nghymru grefydd ryfedd iawn. Dywed y trigolion eu bod yn credu yn Iesu Grist, eto ni wnant yn unol â'i air . . . Dywedant mai un Duw sydd, eto erlidir yr Undodwyr am gredu mai un Duw sydd. Dywedant fod un Duw yn dri Duw: ac os gwrthoda rhywun gredu hynny, teflir ef i bwll mawr yn llawn tân a brwmstan. Y mae gan y Cymry rywbeth a elwir gan ddyn yn Athrawiaeth yr Iawn; ond cyn belled ag yr wyf fi yn gweld,

buasai Athrawiaeth y WRONG yn enw mwy cyfaddas. Swm a sylwedd yr athrawiaeth hon ydyw hyn: fod un o'r tri Duw wedi lladd Duw arall, am fod rhyw ddyn o'r enw Adda wedi bwyta afal mewn gardd yn Asia . . . Nid wyf yn cofio enw y tri Duw, credaf mai enw un ydyw Arglwydd Dduw Israel, enw'r llall yw Lloyd George . . . Y mae efe mewn cyngrair â duw arall elwir Mamon, a duw arall elwir Cyfalaf, a duw arall elwir Tlodi, a duw arall elwir Rhyfel . . .[38]

Roedd ymateb Phillips yn ddisgwyliadwy: 'Mentraf ddweud na chyhoeddwyd dim cabledd mwy dychrynllyd na'r un uchod mewn unrhyw iaith. Dyma'r math o anffyddiaeth a ddysgir yng Nghymru yn awr yn enw sosialaeth.'[39]

– V –

Yr hyn sy'n codi o'r drafodaeth hon o waith T. E. Nicholas a W. F. Phillips yw bod gwedd grefyddol i'r ddadl ynghylch Sosialaeth yng Nghymru cyn y Rhyfel Mawr. Dichon nad yw hyn yn beth annisgwyl gan mai gweinidogion Anghydffurfiol oedd y ddau, ond mae arwyddocâd dyfnach na hynny. Buont yn ysgrifennu ac yn llefaru yn y cyfnod a ddilynodd Diwygiad 1904-5, pan oedd i'r capel statws diamheuol yn y gymdeithas ac i'r gweinidog rôl fel arweinydd yn y gymuned. O ganlyniad, roedd yn rhaid i'r ddau ohonynt wneud eu sylwadau ar y mudiadau cymdeithasol a oedd yn ymddangos. Fodd bynnag, mae'n hynod eu bod wedi beirniadu Sosialaeth yn ôl categorïau crefyddol. Mae'n ddiddorol nodi bod y ddau yn ystyried crefydd fel y ffenomen a oedd yn peri newid mewnol, moesol mewn dynion a bod a wnelo'r newid hwn ag egwyddorion ac â gwerthoedd tragwyddol. I Phillips, golygodd hyn fod yn rhaid condemnio'r mudiad Sosialaidd fel rhywbeth gwrth-Gristnogol am ei fod yn canolbwyntio ar yr allanolion yn hytrach nag ar foesoldeb mewnol. Ymddengys iddo fethu â sylweddoli bod rhaid i hyn fod yn wir, yn wleidyddol, am Ryddfrydiaeth hyd yn oed petai'n dyrchafu rhyddid a chyfrifoldeb unigol (sef prif athrawiaethau Cristnogaeth yn ôl Phillips) i'r fath raddau nes eu gwneud yn feichus. I Nicholas, golygodd y ffaith fod Cristnogaeth yn mawrygu egwyddorion cyfiawnder a thegwch y dylai'r egwyddorion hynny chwarae rhan lywodraethol yn y gymdeithas yn ogystal ag yng nghydwybod yr unigolyn. Yn wir, byddent yn ddiystyr onibai iddynt gael eu cynnwys mewn cyfundrefnau cymdeithasol. Nid Sosialaeth *in se* a gefnogai, yn hytrach cefnogai'r mudiad am ei fod yn ceisio cadarnhau'r egwyddorion hynny a deimlai oedd yn sylfaenol ac o dragwyddol werth. Mae'n nodedig fod dau ŵr yn gallu dod i gasgliadau mor wahanol ar sail safbwynt crefyddol a oedd yn weddol agos at ei gilydd. Ond er gwaethaf hyn, nid yw'n syndod i apêl Nicholas fod yn ehangach oherwydd iddo gynnig cydymdeimlad llwyr â chyflwr y gweithwyr diwydiannol ac amaethyddol a oedd, i bob golwg, wedi eu dal mewn cyfundrefn na allent wneud dim byd yn ei chylch.

I Nicholas, yr unig ffordd ymlaen oedd i'r eglwys uno â'r mudiad Sosialaidd. Yn wir, credai fod dyfodol yr eglwys yn dibynnu ar ei pharodrwydd i wneud hyn. Gor-symleiddio ffenomen tra chymhleth fyddai dweud i ddirywiad Anghydffurfiaeth Gymraeg fod yn ganlyniad i ddiffyg cydweithredu rhwng y mudiad llafur a'r eglwysi. Eto mae'n arwyddocaol fod y capeli wedi dewis peidio â sefydlu cynghrair wleidyddol â'r mudiad llafur ond yn hytrach iddynt ganolbwyntio ar feithrin eu mudiadau cymdeithasol eu hunain, yn arbennig, erbyn y 1920au, mudiad Ffydd a Bywyd. Mae'n fwy na thebyg i hwn gyfrannu at eu pellhad o ganol bywyd y gymdeithas Gymreig yn ddiweddarach yn yr ugeinfed ganrif.

Heb amheuaeth, roedd Nicholas ymhlith cymeriadau mwyaf lliwgar Cymru hanner cyntaf yr ugeinfed ganrif, yn fwy na dim oherwydd ei fywyd anarferol. Fe'i dadrithiwyd gan yr ILP ar ôl y Rhyfel Mawr oherwydd ei arafwch i gyflawni ei amcanion. Daeth yn aelod o'r Blaid Gomiwnyddol ac yn wrandawr ffyddlon i ddarllediadau radio 'Wncl Jo' Stalin. Roedd ei dderbyniad anfeirniadol o bolisïau Stalin a'i gyfareddu diweddarach gan Tseina y Cadeirydd Mao yn dangos diwineidrwydd os nad naiveté ei wleidyddiaeth – credai y buasai'r Wtopia Sosialaidd yn un llwyrymwrthodol! Gadawodd y weinidogaeth ym 1918 i fynd yn ddeintydd – neu, yn fwy cywir, yn dynnwr dannedd, swydd eironig iawn i ddyneiddiwr. Oherwydd y pethau hyn, mae'n anodd cymryd Nicholas o ddifrif, ac eto yn y cyfnod cyn y Rhyfel Mawr roedd yn gaffaeliad hynod werthfawr i'r ILP, ac yn sicr yn un a gyfrannodd yn fawr at ei lwyddiant. Bu fyw yn hir a chafodd glod a boddhad trwy farddoni.

Parhaodd yn ffigwr poblogaidd yn y cylchoedd diwylliannol Cymreig, er na chyflawnodd ei botensial fel arweinydd gwleidyddol a chenedlaethol. Ar gyrion pethau y bu fel gwleidydd ac fel prydydd. Roedd yn aelod ffyddlon a gwerthfawr yng nghapel Seion, Baker Street, Aberystwyth, ar hyd gweddill ei oes, ond eistedd yn rhes gefn y galeri a wnâi. Bu farw ar 19 Ebrill 1971.

Bu farw Phillips ar 6 Awst 1920, yn ddyn cymharol ifanc. Ar ôl ei brysurdeb yn amddiffyn Rhyddfrydiaeth a chondemnio Sosialaeth, troes at y ddrama a chydnabuwyd ei allu trwy ei benodi'n feirniad y Ddrama yn Eisteddfod Genedlaethol Caernarfon ym 1921 – er iddo farw cyn cyflawni'r dasg. Daeth yn ysgrifennydd Cartrefi Barnado ychydig fisoedd cyn ei farwolaeth, ac yntau dan ofal meddygol trwy'r cyfnod hwnnw. Sydney O. Morgan, efallai, a nododd ei gymhlethdod orau wrth ysgrifennu ei ysgrif coffa:

> A brilliant, versatile, prickly character – a vigorous preacher – a man of enthusiasms – there was only one W. F. in the Hen Gorff. The rich promise of youth and early manhood was not quite fulfilled . . . But many will miss him, and sympathise with the sorrowing mother and the brothers and sisters. May God bless and comfort them, and give us as a Church more eager, earnest reformers like W. F. Phillips.[40]

Mae'n ddiddorol nodi iddo farw ar adeg machlud y Blaid Ryddfrydol a chodiad haul y Blaid Lafur yn hanes Cymru. Roedd yn gyfnod pan fu'r capeli'n bwysig ym mywyd cymdeithas a'r gweinidog yn ffigwr dylanwadol yn y gymuned. Er na sylweddolwyd ar y pryd, o 1920 ymlaen dechreuodd Anghydffurfiaeth ddirywio a thyfai'r dirywiad yn un enbyd o greulon erbyn ail hanner yr ugeinfed ganrif. Cynrychiolydd gorau'r hen gyfnod a fu Phillips a'i bwyslais ar ryddfrydiaeth mewn gwleidyddiaeth a'r angen i ganolbwyntio ar yr ysbrydol a'r mewnol yn hytrach nag ar amgylchiadau. Wrth iddo yntau farw, roedd yr hegemoni Ryddfrydol-Ymneilltuol yn prysuro at ei thranc.

---

1. *Llais Llafur* (10 December 1912), t.1.
2. K. O. Morgan, 'Labour and Liberals in the Gower Constituency, 1885-1910', *Welsh History Review* (1985), t.408.

3. Am yr etholiad, nododd Kenneth Morgan ei fod 'undoubtedly the least impressive ever conducted by the Liberals in the constituency. His only purpose appeared to be the denigration of Williams as a Socialist – something that even the most diehard Liberal knew to be untrue – and he inevitably lost the election.'

4. Deian Hopkin, 'Patriots and Pacifists in Wales, 1914-1918: the Case of Capt. Lionel Lindsay and the Rev. T. E. Nicholas', *Llafur* (1974), tt.27-41.

5. *Y Geninen* (1912), t.14.

6. '. . . recognizes the divinity of man, made in the likeness of God, and having the spirit of God within him, who is not a fallen being but is continually advancing to higher levels, and who is endowed with unlimited possibilities . . . It has never persecuted nor excommunicated anyone, and has never taught that God will inflict eternal punishment on man.' Dyfynnwyd yn D. Howell, *Nicholas of Glais: The People's Champion* (Clydach, 1991), t.29 ond heb nodi sail.

7. *Geninen* (1915), t.25.

8. *Geninen* (1912), t.14.

9. *Geninen Gwŷl Dewi* (1914), tt.25-6.

10. Ibid., t.62.

11. *Y Geninen* (1914), t.23.

12. *Y Geninen* (1912), t.15.

13. Ibid., t.265.

14. *Y Geninen* (1914), t.22.

15. *Y Geninen* (1912), tt.150-158.

16. Ibid., tt.158, 265; (1913), t.26.

17. *Y Geninen* (1911), t.20.

18. Ibid.,t.21.

19. Ibid.,t.86-87.

20. *Y Goleuad* (24 Ionawr 1912), t.10.

21. *Y Goleuad* (6 Medi 1911), t.9.

22. Ibid.

23. *Y Geninen* (1911), t.255.

24. Ibid.,t.254.

25. W. F. Phillips, *Y Ddraig Goch ynte'r Faner Goch ac Ysgrifau Eraill* (Caerdydd, 1913), rhagdraeth.

26. *Y Goleuad* (6 Medi 1911), t.10.

27. Phillips, *Y Ddraig Goch ynte'r Faner Goch*, tt.76, 99.

28. Ibid., tt76-7.

29. *Y Goleuad* (9 Awst 1911), t.4.

30. Peter Stead, 'The Language o Edwardian Politics', yn Dai Smith (gol.), *A People and a Proletariat: Studies in Wlesh History 1880-1980* (Llundain, 1980), t.157.

31. *Llais Llafur* (22 Ebrill 1911), t.1.

32. Ibid., (3 Mehefin 1911), t.3.
33. *Merthyr Pioneer* (13 Ionawr 1912), t.3.
34. *Llais Llafur* (10 Rhagfyr 1910), t.1.
35. *Merthyr Pioneer* (13 Ebrill 1912), t.3.
36. Gw. *Tarian y Gweithiwr* (23 September 1911), t.3; *Llais Llafur* (10 December 1910), t.1. Ymddengys fod hyn yn ddifyrrwch poblogaidd i rai yn y cyfnod hwn. Derbyniodd Andrew Fairbairn, prifathro Coleg Mansfield, Rhydychen, driniaeth debyg oherwydd ei feirniadaeth ar 'Ddiwinydiaeth Newydd' R. J. Campbell. Ystyr LlD oedd 'Llwm o Ddaioni' tra mai ystyr DD oedd 'Delpyn Diafol'. Gw. *Llais Llafur* (20 June 1908), t.2.
37. *Y Goleuad* (4 Hydref 1911), t.4.
38. *Merthyr Pioneer* (28 October 1911), t.3.
39. *Y Geninen* (1912), tt.8-9.
40. *Blwyddiadur y Methodistiaid Calfinaidd* (1921), t.171.

5

SOSIALAETH SILYN

Fel bardd ac addysgwr yr ystyrir R. Silyn Roberts heddiw, ond yn ei oes ei hun roedd ymhlith hyrwyddwyr mwyaf blaenllaw y mudiad llafur newydd. Rhwng Diwygiad 1904-5 a'i farw cynamserol ym 1930, roedd ei gyfraniad yn allweddol i dwf a chynnydd Sosialaeth yng Nghymru. Yn ôl R. Tudur Jones, gweithiai 'yn ddiarbed . . . i esbonio syniadau sosialaidd trwy gyfrwng y wasg',[1] ac ef, yn nhyb John Davies, oedd yn 'brif symbylydd y mudiad [sosialaidd]' yng ngogledd-orllewin Cymru.[2] Dyma farn haneswyr yn bwrw cipolwg yn ôl hanner canrif a mwy ar ôl marwolaeth y dyn ei hun. Ond mae'n debyg mai yr un oedd barn ei gyfoeswyr hefyd. Er enghraifft, dyma eiriau James Griffiths, aelod seneddol y Blaid Lafur dros etholaeth Llanelli ac Ysgrifennydd Gwladol cyntaf Cymru, un a fagwyd ar aelwyd grefyddol a Chymreig mewn cyfnod pan ystyriwyd Anghydffurfiaeth yn gydymaith naturiol i'r Blaid Ryddfrydol. Wrth gofio iddo wrando ar Silyn yn annerch cyfarfodydd mynych yn y De, dywedodd Griffiths amdano:

> Roedd i'w ddyfodiad ef arwyddocâd arbennig i ni ieuenctid Deheudir Cymru. Roedd ef yn ddolen yn cydio'r hen a'r newydd, ac yr oedd gan yr hen eto ddigon o afael arnom i beri inni deimlo fod eisiau dolen i'n cydio wrtho. Silyn oedd y ddolen. Pregethai Dduw a Datblygiad. Roedd yn weinidog ac yn Sosialydd . . . Efe oedd ein hysbrydoliaeth, a'n cyfiawnhad hefyd. Gallem ddweud wrth ein rhieni a ofnai'r efengyl newydd yma y soniem gymaint amdani, 'Ond mae Silyn Roberts yn credu fel y ni.' Faint o dadau duwiolfrydig pryderus a gymodwyd â Sosialaeth eu meibion gan y wybodaeth hon? Roedd ef yn cydio De Cymru Evan Roberts with Dde Cymru Keir Hardie.[3]

Yn y bennod hon, rhoddir cipdrem dros fywyd Silyn ac yna gofyn beth oedd cynnwys ei Sosialaeth, ac yng ngoleuni geiriau James Griffiths, beth oedd natur ei Gristnogaeth?

– I –

Ganed Robert Roberts ar 28 Mawrth 1871 ym Mrynllidiart, 'fferm unig a thra neilltuedig' ar ben Cymffyrch, ar lechwedd Cwm Silyn, Dyffryn Nantlle.[4] Roedd ei dad, Robert John Roberts, yn ddyn duwiol a sicrhaodd i'w deulu gadw hen ddisgyblaeth y defoswin teuluol. Bu'n flaenor yng Nghapel Tanrallt, a byddai'n cerdded i'r Bala yn rheolaidd ar gyfer y Sasiwn. Bu'n gweithio yn y chwarel lechi gerllaw y cartref. Ei drydedd wraig, Ellen Williams, oedd mam Silyn. Nododd David Thomas fod ei chefnder, R. T. Roberts, wedi ei droi allan o chwarel y Penrhyn yn ystod anghydfod diwydiannol 1846 ac felly mai yntau oedd 'merthyr cyntaf Chwarel y Cae'. Yna ymfudodd i'r Unol Daleithiau a chefnogodd Abraham Lincoln a'i ymgyrch i ryddhau'r caethweision. Yn nhyb David Thomas, roedd y fath brofiadau teuluol o anghyfiawnder a dioddefaint wedi trwytho trwy wythiennau Silyn a dyna a'i helpodd i droi'n Sosialydd yn nes ymlaen.[5]

Am gyfnod bu Silyn yn ddisgybl ac yna'n ddisgybl-athro yn Ysgol Ramadeg Clynnog. Rhaid dweud na theimlodd wedyn iddo dderbyn fawr o addysg nodedig yn yr ysgol honno. Cyfaddefodd iddo ddysgu 'ugeiniau o linellau o farddoniaeth Walter Scott' yn yr ysgol ond heb ddigon o Saeseng i fedru darllen nofel. Ei weinidog, y Parchg Owen Hughes, a'i dysgodd i ddarllen yr iaith fain wrth ei arwain trwy glasur y Piwritan John Bunyan, *Pilgrim's Progress*. Gan ystyried y diffyg hwn, ni ellir honni iddo golli allan o gwbl pan aeth, yn 13 mlwydd oed, i weithio yn y chwarel.

Bu yn y chwarel am bum mlynedd, yn dysgu holl grefft y chwarelwr 'o gloddio'r graig i hollti a naddu'r llechi yn barod i'r farchnad'.[6] Ym 1890 gadawodd y chwarel oherwydd salwch a bu'n glaf am fisoedd. Y gwir yw i Silyn gael ei daro gan gyfnodau helaeth o salwch yn gyson o hynny ymlaen. Aeth yn ôl i Ysgol Ramadeg Clynnog yn 19 oed. Dechreuodd bregethu, ac ym mis Awst 1894 derbyniwyd ef gan Gyfarfod Misol Arfon yn ymgeisydd i'r weinidogaeth. Yn yr un flwyddyn enillodd ysgoloriaeth i'r Brifysgol ym Mangor, coleg a oedd wedi agor ei ddrysau am y tro cyntaf rhyw ddeng mlynedd ynghynt yn hen westy'r Penrhyn Arms a Harry Reichel yn brifathro arno.

Yn y cyfnod hwn, fe'i adnabuwyd fel Robert Robert Roberts, yn ôl arfer ardal ei febyd i gymryd enw'r tad i adnabod y mab. Ni ddaeth i ddefnyddio'r enw Silyn – ar ôl bro ei febyd – tan ei gyfnod fel myfyriwr y weinidogaeth yng Ngholeg y Bala. Cyhoeddodd nifer o gerddi dan y ffugenw 'Rhosyr' rhwng 1915 a 1919 er na ddaeth neb i wybod mai ef oedd yr awdur tan ar ôl ei farwolaeth. Rhosyr oedd enw hynafol pentref Niwbwrch yn sir Fôn, ardal enedigol ei fam.[7]

Ym 1899 graddiodd mewn Saesneg. Buasai wedi hoffi aros yn y Brifysgol a gorffen gradd yn y Gymraeg ond ni chaniataodd rheolau'r Coleg iddo wneud hynny. Aeth ymlaen i baratoi traethawd ymchwil ar 'The Athurian Legend in English Literature' a daeth yn un o'r pump cyntaf i raddio yn MA ym Mhrifysgol Cymru ym 1901. Yn y cyfamser, roedd wedi dechrau ei gwrs yng ngholeg ei enwad yn y Bala ym mis Medi 1899 gyda'r enwog ac arwrol Thomas Charles Edwards yn dal yn brifathro – er iddo farw yn ystod y flwyddyn ddilynol. Cofrestrodd am radd BD ond ni chwblhaodd hi.[8] Yn hytrach, canolbwyntiodd ar ei ymchwil ac, wedi dwy flynedd yn y coleg, derbyniodd alwad i eglwys yn Lewisham, Llundain.

Roedd eisoes yn fardd o addewid mawr, er nad oedd ganddo lawer o amynedd na serch at yr hen ffurfiau traddodiadol. Yn ôl David Thomas, roedd yn 'dibynnu mwy ar brydferthwch meddwl a theimlad yn y geiriau goreu a weddant iddynt, a llai ar gywreinrwydd clec a sŵn y gynghanedd gaeth'. Cyhoeddodd *Telynegion* gyda W. J. Gruffydd ym 1900, cyfrol a nododd ddyfodiad y mudiad rhamantaidd i lenyddiaeth Cymru. Enillodd Gadair Eisteddfod Genedlaethol 1902 am y bryddest 'Trystan ac Esyllt'. Ym 1905, priododd â Mary Parry a chawsant ddau fab a merch. Ond rhoddodd y gorau i gyfansoddi yn fuan ar ôl hyn gan fwrw ei goelbren gyda'r mudiadau cymdeithasol. Oherwydd hyn, beirniadodd W. J. Gruffydd ef yn llym ac yn ddi-dostur:

> We must all of us appreciate Mr Silyn Roberts's social work, and though many will disagree with the theories he preaches, Wales will be the richer for his exposures of sham and his somewhat too ideal counsels of perfection. But – is the work, valuable as it admittedly is, worth the sacrifice which he has made in resolutely turning his back on his earlier work? He could, we think, help in

the good work far more effectively by the special talent of song which has been given him. The social economists are many, the poets are few.[9]

Tra bod hyn yn digwydd, bu'n weinidog prysur yn Llundain. Pan aeth i'r eglwys, 'dyrnaid o Gymry yn cyfarfod mewn ystafell fechan ar y Sul ac ar nos Iau' oedd yna.[10] Ond dan ei weinidogaeth, cynyddodd yr aelodaeth o 52 i 120 a chodwyd capel iddynt. Bu'n astudio yn Ysgol Economeg Llunain (yr LSE) a chyfarfu â Lenin yn yr Amgueddfa Brydeinig. Aeth i'r Unol Daleithiau a Chanada ym 1903 a phregethodd lawer. Bu'n deithiwr brwd dros y blynyddoedd ac roedd wrth ei fodd yn ymweld â gwledydd eraill, yr Almaen, yr Eidal, Denmarc a'r Undeb Sofietaidd yn eu plith.

Roedd rhychwant ei ddiddordebau, ehangder ei feddwl a'i gysylltiadau mynych yn Llundain yn ei demtio i droi at yr eglwysi Saesneg er mwyn cyflawni ei alwedigaeth. Ni wnaeth hynny, fodd bynnag, yn bennaf oherwydd fod Diwygiad 1904 wedi torri allan yng Nghymru. Ym mis Chwefror 1905 dychwelodd i Ogledd Cymru ac ymsefydlu yn weinidog ar Fethel, Tanygrisiau. Yn nhyb E. Morgan Humphreys, nid oedd 'un man yng Nghymru wedi ei drwytho yn fwy ag ysbryd y Diwygiad na Thanygrisiau'.[11] Arhosodd yn yr ardal tan 1913 gan sefydlu cangen o'r ILP, a chael ei ethol i'r Cyngor Sir fel aelod Llafur ym 1910. Rhaid bod y mudiad llafur yn y cyfnod yn ei ystyried yn ffigwr blaenllaw gan iddo dderbyn gwahoddiad i sefyll fel ymgeisydd 'Llafur' dros etholaeth Meirionnydd ym 1909. Y rheswm iddo wrthod, mae'n debyg, oedd oherwydd iddo feddwl nad oedd yn debygol iawn o ennill.

Erbyn 1913, 'teimlodd fod canolbwynt ei ddiddordeb yn symud oddi wrth y weinidogaeth i gyfeiriad gwasanaeth cymdeithasol'.[12] Nid dyna oedd esboniad un sylwebydd ar ei ymadawiad o'r weinidogaeth. Mewn ysgrif goffa yn *Y Genedl Gymreig* hawliwyd nad

bob amser yr oedd ei ddaliadau yn dderbyniol gan bawb o'r rhai yr oedd yn troi yn eu plith. Yr adeg honno yr oedd llawer iawn o'r chwarelwyr yn dal yn Rhyddfrydwyr selog, a chredwn i Mr Roberts fod yn amhoblogaidd am beth amser oherwydd ei olygiadau gwleidyddol. Efallai i hynny beri iddo yntau anesmwytho yn y weinidogaeth.[13]

Ymhellach, disgrifiodd Cyril Parry ef fel 'by temperament...an unsettled man, constantly searching for worthy causes...'[14] a gwir oedd hynny. Mae'n debyg fod llawer o elfennau gwahanol y tu ôl i'w benderfyniad i adael y weinidogaeth. Ond yn gryf yn eu plith oedd ei awydd mawr i ymrwymo wrth fudiadau da a wnâi wahaniaeth mewn cymdeithas. A chryfhawyd y teimladau hyn, yn ôl sylwebydd arall, oherwydd yr 'anfodlonrwydd neilltuol [a deimlai] yn y pulpud – rhywbeth a darddodd efallai o'i anuniongrededd athrawiaethol.'[15] Ym 1913, penodwyd ef yn ysgrifennydd ac yna'n swyddog gwladol Bwrdd Penodiadau Prifysgol Cymru, gan ddod yn gyfrifol am helpu pobl ifanc i gael swyddi. Symudodd i'r De i gyflawni'r dasg hon, a bu'n byw am gyfnod yn y Barri. Ym 1922 cafodd fynd yn ôl i'r Gogledd ac ymsefydlu'n athro dosbarthiadau allanol ei *almer mater*. Ef hefyd a sefydlodd Adran Gogledd Cymru Cymdeithas Addysg y Gweithwyr (yr WEA) ym 1925. Roedd y gwaith hwn wrth ei fodd a pharhaodd ynddo tan 1930. Erbyn hynny, roedd wedi cefnu ar radicaliaeth eirias ei flynyddoedd cynnar ac er iddo ddal i gefnogi'r Blaid Lafur, gyda threigl y blynyddoedd, daeth yn fwy o ddyn parchus y sefydliad.

Ar 7 Mehefin 1930 hwyliodd o Lundain yn y llong *Cooperatzia* i ymweld â Rwsia. Cafodd argraff ffafriol iawn o'r hyn a welodd o ran agwedd ac amodau gwaith y werin a'r Cynllun Pum Mlynedd. Mae'n dyst i ramant sylfaenol y dyn iddo deimlo'n llawn brwdfrydedd dros yr arbrawf gomiwnyddol ac felly'n fodlon anwybyddu'r sibrydion am ormes ac enbydrwydd Stalin. Ar ei daith yn ôl i Brydain, pigwyd ef gan fosgîto a daeth dan dwymyn. Bu'n orweddog ym Mangor am gyfnod a dechreuodd gryfhau yn ystod mis Gorffennaf. Ailafaelodd y dwymyn ynddo, a bu farw ar 15 Awst yn 59 mlwydd oed.

– II –

Soniwyd eisoes am y ffordd y bu o leiaf un o hynafiaid Silyn yn dioddef dan ddwylo perchennog y diwydiant yr oedd yn gweithio ynddo a'r honiad mai hyn, yn rhannol, a barodd iddo droi'n Sosialydd. Wedi dweud hynny, nid yw'n gwbl eglur beth yn union oedd ffynhonnell ei syniadau. Fodd bynnag, gwyddwn iddo gyffesu ei gred mewn pensiynau i'r henoed ac yswiriant cenedlaethol mewn dadl ar 'Sosialaeth' yng Ngholeg y Gogledd ym mis Rhagfyr 1896, sawl blwyddyn cyn i'r Rhyddfrydwyr eu mabwysiadu fel polisïau. Ond i ba raddau mae hyn yn brawf ei fod yn *Sosialydd* fel y cyfryw? Flynyddoedd yn ddiweddarach, oddeutu amser etholiad 1910 (ac yntau bellach yn aelod o'r ILP), ysgrifennodd bamffled yn cefnogi'r polisïau hyn a oedd yn gynwysedig yng nghyllideb Lloyd Goerge:

> Pan besir Cyllideb Mr Lloyd George, fe fydd yn garreg sylfaen cyfundrefn berffaith o ddiwygiadau cymdeithasol. Dan y gyfundrefn honno gofelir yn briodol am bob plentyn enir yn ein gwlad, fel y caffo addysg ac ymborth i dyfu yn ddinesydd cyfrifol a llond ei galon o gariad at y wlad a'i magodd mor dda. Ni raid i'r hen weithiwr wedyn edrych ymlaen gyda dychryn at ei wely angeu yn y Wyrcws, a haner dymuno i'r creigiau syrthio arno cyn iddo golli ei allu i weithio. Ni raid wedyn i'r gweithwyr ieuainc bryderu rhag myned o hono allan o waith, neu weled ei wraig a'i blant yn dioddef am ei fod ef wedi colli ei iechyd, ac ni chwerwir awr angeu iddo wrth orfod gadael ei anwyliaid i fyw ar gardod plwy.[16]

Awgryma'r geiriau hyn nad Sosialydd oedd Silyn ond radical a Rhyddfrydwr a'i ffydd yn niwygiadau Lloyd George. Ymchwiliodd am ffordd i sicrhau gwell cymdeithas. I ddechrau, ystyriodd fod y Blaid Ryddfrydol yn mynd i gyflawni'r gorchwyl hwnnw. Nid mater o bolisïau penodol, felly, oedd ei ymrwymiad gwleidyddol. Y peth pwysig iddo oedd darganfod plaid a fuasai'n gweithredu ei pholisïau a dwyn cymdeithas gyfiawn a theg i fodolaeth.

Ym mis Medi 1899 ymunodd â'r Gymdeithas Ffabiaidd (Fabian Society) yr oedd cangen ohoni yng Ngholeg y Bala. Bu'n weithgar gyda'r gymdeithas honno yn ystod ei gyfnod fel gweinidog yn Lewisham, ond aelod o'r Blaid Ryddfrydol ydoedd o hyd, gan annerch cyfarfodydd gwleidyddol yn ei enw. Bu'n weithgar yn yr ymgyrch yn erbyn Deddf Addysg (1902), gan gynrychioli Cymdeithas Ryddfrydol Ffestiniog mewn cyfarfod arbennig yn yr Amwythig ym mis Ebrill 1905, ychydig fisoedd wedi iddo ddychwelyd i Gymru.[17] Ond yn fuan ar ôl etholiad 1906, a buddugoliaeth ysgubol y Blaid Ryddfrydol, troes at y Blaid Lafur a hynny am ddau reswm. Yn gyntaf, gallai ragweld ynddi y potensial i ffurfio llywodraeth rywbryd yn y dyfodol. Yn ail, roedd Undeb Cenedlaethol y Glowyr wedi pleidleisio i ymuno â'r blaid honno. Bu'n ymwybodol iawn pan oedd yn Llundain, ac yn ôl yng

Nghymru, o'r tlodi enbyd ymhlith dosbarth isaf y gymdeithas. Ni wrthododd Ryddfrydiaeth, ond denwyd ef at Sosialaeth yn ffurf y Blaid Lafur oherwydd iddo gredu mai'r blaid honno a arweiniai at ddiwygio cymdeithas ynghynt na'r Rhyddfrydwyr.[18] Yr unig ffordd y gwelai y gallai gefnogi'r gweithwyr oedd trwy ymuno â'r ILP ac o'r cyfnod hwn bu'n flaenllaw gyda'r Blaid honno. Daeth yn gadeirydd cangen Blaenau Ffestiniog ohoni ym 1908 a'i chynrychioli ar Gyngor Meirionnydd ym 1910. Diau mai ei brif gyfraniad yn y cyfnod hwn oedd cyhoeddi pamffled, *Y Blaid Lafur Annibynnol: Ei Hanes a'i Hamcan*, ym 1909. Dyma oedd un o'r cyhoeddiadau cyntaf yn y Gymraeg yn amddiffyn y mudiad newydd. Yr arloeswr oedd Robert Jones Derfel a ysgrifennodd erthyglau Sosialaidd eu naws i'r *Cymro* o 1892 ymlaen. Yn eu cyfnod, roedd erthyglau Derfel yn radicalaidd ac yn heriol gan fynnu bod yn rhaid gwrthod cyfalafiaeth yn llwyr a chenedlaetholi'r tir a diwydiant ac eiddo gyda'r wladwriaeth ganolog – fel cynrychiolydd y bobl – yn eu rheoli. Ar ôl hyn, cyfieithwyd pamffledi'r Gymdeithas Ffabaidd i'r Gymraeg gan Evan Pan Jones, T. Hudson Williams[19] a David Thomas.[20] Ym 1909 ymddangosodd pamffled Silyn ac un gan J. R. Jones, *Sosialaeth yng Ngoleuni'r Beibl*. Fe'u dilynwyd ym 1910 gan lyfr David Thomas *Y Werin a'i Theyrnas* ac ym 1911 gan lyfr D. Tudwal Evans, *Sosialaeth* a seiliwyd ar ysgrifau cynharach yn *Seren Cymru*.

Yn y pamffled hwn, daliodd Silyn wrth y syniad mai yn hanesyddol mudiadau crefyddol oedd â'r ysbrydoliaeth a'r gallu i hybu pobl i aberthu eu hunain a'u hamser i sicrhau llwyddiant yr achos. Dyna oedd cyfrinach y Blaid Lafur Annibynnol, yn ei dyb ef. 'I rai, argyhoeddiad deallol yw Sosialaeth; i eraill cred drefniadol neu wleidyddol ydyw; ond i naw deg a naw y cant o aelodau'r Blaid Lafur Annibynnol medd Sosialaeth rym bywiol gwirionedd crefyddol mawr.'[21] Gallai gymryd yn ganiataol y buasai'r geiriau hyn yn llawn ystyr i'w ddarllenwyr, sef gwerin ddiwylliedig y Gymru grefyddol. Roedd lladmerwyr y Blaid Lafur Annibynnol, a gondemniai 'ddrygioni'r gyfundrefn anfad' oedd ohoni ar y pryd, yn sefyll yn olyniaeth proffwydi'r Hen Destament yn nhyb Silyn. Ac 'wrth ddwys fyfyrio ar hyn oll dechreua'r gwirionedd wawrio arnom mai ei weledigaeth o Deyrnas Dduw ar y Ddaear yw symbyliad ac ysbrydoliaeth ei waith.'[22]

Esboniodd Silyn fod Sosialaeth 'ar yr ochr drefniadol' yn golygu cenedlaetholi tir a chyfalaf diwydiannol. Unwaith y deuent yn eiddo cyhoeddus, gellid eu defnyddio er lles y gymdeithas yn hytrach nac er mwyn cynhyrchu mwy o elw ar gyfer y lleiafrif.[23] Roedd y Blaid Lafur Annibynnol o blaid diwrnod gwaith wythawr i'r gweithwyr, tai iach iddynt fyw ynddynt, difod llafur plant a sylweddoli gwerin-lywodraeth gyd-weithredol.[24] Ond nid yr ochr drefniadol a bywsleisiwyd ganddo fwyaf. Yn hytrach, esboniodd natur Sosialaeth mewn termau moesol. Prif nod Sosialaeth, meddai, oedd rhyddhau pobl:

> Nid yw tlodi'r werin, busnes y dosbarth canol, a chyfoeth y goludogion ond gwahanol fathau o rwymau. Daw Sosialaeth at y tri dosbarth gyda chenadwri Rhyddid. I'r werin dlawd a diamddiffyn cynhygia ollyngdod o rwymau llafur diddiolch a thlodi ysigol; i'r dosbarth canol addawa rhyddid oddiwrth ormes y farchnad; ac i'r cyfoethog, dengys obaith gwir lawenydd mewn bywyd yn lle baich a chadwynau cyfoeth.[25]

Anghofiodd ddweud, wrth gwrs, na fuasai'r cyfoethog bellach yn gyfoethog dan gyfundrefn sosialaidd!

Wrth hyrwyddo Sosialaeth fel mudiad a ddeuai â rhyddid, fe'i cododd uwchlaw statws rhyw ddamcaniaeth wleidyddol a chydnabu ei heffaith a'i gwerth moesol ar gymdeithas. Yn nhermau'r Idealaeth athrawiaethol a oedd yn ei hanterth ar y pryd, hawliodd Silyn, yn rhamantaidd braidd, fod y Blaid Lafur Annibynnol yn mynd i greu daear newydd, a pheri i'r werin droi at y pethau uchaf:

> Ystyr Sosialaeth yw pob un tros bawb nid pob un trosto ei hun. Mewn geiriau eraill, nid yw ond buddugoliaeth y ddeddf foesol ar y ddeddf fwystfilaidd. Ar hyn o bryd treulir egnion goreu'r werin yn yr ymdrech am y tamaid prin yr estynnir iddynt; ond dan Sosialaeth deuai hyn yn rhan gymharol ddibwys o fywyd, a gellid cysegru egnion goreu pob dyn i ymladd â galluoedd y tywyllwch yn nhiriogaethau uwch meddwl ac ysbryd. Pan ddaw Sosialaeth ceir gweled gwir grefydd, celfyddid gain, gwyddoniaeth, llenyddiaeth yn blodeuo ac yn ffrwytho yn fil arddercocach nag y gwnaethant gynt yn unrhyw oes yn hanes y byd. Wedi ei rhyddhau oddiwrth ddychryn gwywol angen,

codai'r dynoliaeth i uchelderau'r proffwyd a'r bardd: a dwyn hyn oddiamgylch yw amcan ymdrechion glewion pybyr y Blaid Lafur Annibynnol.[26]

Nid yw heb arwyddocâd fod Silyn yn gweld y bardd fel cynrychiolydd y bywyd uwch. Roedd ef ei hun yn dal i farddoni yn y cyfnod hwnnw, er i'w awen dewi yn ddiweddarach pan ddechreuodd ar ei waith cymdeithasol. Yr hyn sydd o'r pwysigrwydd mwyaf yw'r honiad mai'r unig ffordd o wneud hyn oedd trwy ymdrech y gweithwyr eu hunain:

Gŵyr y Blaid Lafur Annibynnol cystal â neb nas gellir gwthio Sosialaeth ar ysgwyddau pobl amharod ac anewyllysgar. Rhaid dwyn trefn ac undeb i rengau'r werin bobl, eu haddysgu mewn gwleidyddiaeth a pheri iddynt weled y rhaid iddynt weithio allan eu hiechydwriaeth eu hunain yn weithfaol, yn wleidyddol a threfnidol; ac ar y llinellau hyn y gobeithir datblygu'r wladwriaeth Sosialaidd. Erys nod is-raddoldeb ar y dosbarth gweithiol cyhyd ag y dibynna ar unrhyw allu daearol y tu allan iddo ei hun am ddiwygiadau. Os oes ystyr o gwbl mewn Democratiaeth, golyga y rhaid i'r werin yn eu nerth eu hunain fynnu atebion i'w problemau . . . [27]

Er na chydnabu hyn yn blaen, roedd Silyn mewn cytundeb yma â'r athroniaeth Hegelaidd a oedd yn treiddio trwy ddiwinyddiaeth Cymru ar y pryd. I Hegel, Ysbryd Absoliwt (*Geist*) oedd realaeth y bydysawd a chreuir hanes wrth i'r Ysbryd hwnnw ymweithio trwy gyfundrefnau, digwyddiadau a phobl. Felly nid oedd sefydlu'r Blaid Lafur Annibynnol yn ddim mwy nag ymddangosiad o'r Ysbryd Absoliwt hwn. Yn wir, soniodd amdani mewn termau rhagluniaethol.

Pa fodd y cododd y Blaid Lafur Annibynnol? Pwy all ddweyd? Paham yr ymegyr y blodau yn y gwanwyn? Apwyntiwyd i rymusderau cryfion natur amserau a phrydiau i ddeffro a gweithio felly hefyd y mae i helynt dyn ei dymhorau gwanwyn a haf dan lywodraeth deddfau na wyddom ni y nesaf peth i ddim am danynt.[28]

Perygl y meddylfryd hwn oedd y gallai esgor ar dynghediaeth a fyddai'n croesawu pob digwyddiad hanesyddol fel ymddangosiad o'r

Ysbryd Absoliwt. Mae'n debyg i Silyn gredu bod y ffaith iddi arddel egwyddorion moesol – megis dosraniad teg o gyfoeth, defnyddio adnoddau cymdeithasol er lles cymdeithas a sefydlu brawdoliaeth – yn dangos mai perthyn i'r Ysbryd Absoliwt oedd y mudiad Sosialaidd (neu'n tarddu ohono). A gellir gweld yn hyn o beth synnwyr ei honiad. Ond oni allai Rhyddfrydwyr fod wedi amddiffyn polisïau eu plaid o safbwynt moesol (fel y gwnaeth cymaint o weinidogion Anghydffurfiol yn y bedwaredd ganrif ar bymtheg ac yng nghyfnod Silyn), ac aelodau'r blaid Dorïaid yr un fath? Nid yw'n ddigonol i honni bod gwahaniaethau rhyngddynt heb roi unrhyw gyngor ynglŷn â sut ddylid tafoli'r gwahaniaethau hynny. Arweiniai hynny at fympwyedd a allai gyfiawnhau pob dim.

Yn ogystal â'r dylanwad Hegelaidd, gwelir hefyd ddylanwad y rhyddfrydiaeth ddiwinyddol a gysylltwyd ag enwau Albrecht Ritschl ac Adolf Harnack yn yr Almaen ar ei syniadau am Sosialaeth. Yn fwy na dim, prif amcan Sosialaeth oedd sefydlu brawdoliaeth, sef cymuned a fyddai'n cydnabod urddas, sancteiddrwydd a hawliau'r ddynoliaeth a hefyd gymuned lle byddai pawb yn fodlon cyfrannu o'i alluoedd personol at les y cyfan. Yn nhermau rhyddfrydiaeth ddiwinyddol y cyfnod, dyma oedd brawdoliaeth dyn dan dadolaeth Duw – yr hyn y daeth Iesu Grist i'w ddatgan trwy ei ymwybyddiaeth ddofn o'i fabolaeth bersonol (chwedl Ritschl). Yng ngwaith Silyn, gwelir y frawdoliaeth hon yn cael ei hybu a'i hyrwyddo, ond ni roddodd unrhyw reswm amdani. Nid yw'n cyfeirio at dadolaeth Duw – er enghraifft – fel ffynhonnell y frawdoliaeth gyffredinol. Cymerodd yn ganiataol y buasai pawb yn cydnabod y frawdoliaeth trwy ei berthynas â'r un hil ddynol. Roedd hyn yn wendid mawr. Petai pobl yn gallu gwneud hyn yn gwbl naturiol, oni fuasent eisoes wedi ei wneud? Y diffyg mawr yng ngwaith Silyn oedd ei anallu i ddarganfod grym neu ddeinamig arbennig i ddylanwadu ar bobl neu i'w hysbrydoli mai dyna oedd eu nod mewn bywyd. Roedd yn disgwyl iddynt weld yr arwriaeth ramantaidd yr oedd ef ei hun wedi'i dirnad yn y mudiad. Yn y pen draw, nid oedd yr un rhamanteiddrwydd yn perthyn i'r werin, a chanrif ar ôl iddo ysgrifennu nid oes damaid o dystiolaeth i ddweud fod y frawdoliaeth hon wedi'i sefydlu, neu ei bod wedi gafael yn nychymyg y bobl gyffredin. Yn hytrach, mae unigolyddiaeth wedi dod i'w hanterth. Nid Silyn sydd ar fai am hynny, ond gellir gweld fod y

121

mudiad a ddechreuodd gyda chymaint o addewid wedi dod i ddim am nad oedd ganddo'r deinamig angenrheidiol i effeithio'r newid yr oedd yn ceisio ei sicrhau.

Mae'n ddiddorol nodi na thynnodd Silyn sylw at debygrwydd Sosialaeth a Christnogaeth o gwbl yn y pamffled yma. Er bod hyn yn islais yn ei waith,[29] ni wnaeth y pwynt yn amlwg a hynny am reswm neilltuol. Yn ei dyb ef, roedd Sosialaeth yn perthyn i fyd arall, byd a allai uno'r ddynoliaeth gyfan:

> Nid yw Sosialaeth yn ymyryd ag argyhoeddiadau crefyddol unrhyw ddyn; bid Babydd, Eglwyswr, Ymneillduwr, Mohammedan, Buddhist neu Bagan, un o'i faterion preifat ef ei hun yw ei grefydd . . . [30]

Dyma'r paradocs yn ei waith. Gwelodd apêl Sosialaeth a'i hegwyddorion a'i gwerthoedd yn adlewyrchu cenadwri crefydd yn y byd ac roedd yn ymwybodol o'r ffordd y gallai ennyn ymrwymiad a hunan-aberth ar ran ei disgyblion. Mae fel petai Silyn yn gweld Sosialaeth fel plentyn y traddodiad crefyddol tra hefyd yn cadw'r ddau ar wahân, yr un yn perthyn i'r bywyd mewnol, unigol, preifat, a'r llall yn perthyn i'r byd cyhoeddus, cymdeithasol. Yr hyn sydd fwyaf arwyddacaol, fe ddichon, yw'r ffaith iddo bwysleisio'r allanol a'r cymdeithasol ac yntau'n weinidog Ymneillduol. Mewn geiriau eraill, er iddo ystyried crefydd yn y termau hyn, ni chyfyngodd ei hun i'w meithrin. Nid yw'n syndod, mewn gwirionedd, iddo adael y weinidogaeth pan welodd gyfle i wasanaethu mewn cylchoedd cyhoeddus eraill.

– III –

Yn nhyb Silyn, dysgeidiaeth foesol â'r nod i wella cymdeithas oedd Sosialaeth. Pwysleisiodd ddatblygiad ac nid chwyldroad; cymdeithas ddi-ddosbarth yn hytrach na rhyfel dosbarth. Yn ôl Cyril Parry, dyma oedd naws Sosialaeth Gwynedd:

> Its real basis was a vague sense of injustice induced by the poverty of everyday life, particularly in the depressed quarry areas. Its aims were to alleviate such social considerations by emphasising the need for settling immediate problems such as

feeding undernourished children, housing the poor and improving the standard of wages.[31]

Felly, roedd yn naturiol iddo weld Sosialaeth fel rhan o'r traddodiad crefyddol Cymreig. Yn wir, roedd Sosialaeth i'w hystyried fel datguddiad cyfoes o'r un ysbryd crefyddol a ysbrydolodd y proffwydi a Iesu ei hun. Siaradai yn fynych ac yn huawdl am ddysgeidiaeth proffwydi'r Hen Destament gan honni eu bod hwythau hefyd yn sosialwyr:

> Wrth ddarllen Amos ac Eseiah byddaf yn gwrido wrth feddwl mor egwan yw fy Sosialaeth i rhagor eu heiddo hwy. Nis gwn am lyfr mewn bod y tu allan i'r Beibl a chymaint o wir Sosialaeth ynddo â llyfr Amos.[32]

Seiliodd ei honiad ar addewid Eseia am greu nefoedd a daear newydd, dysgeidiaeth a amlinellir, er enghraifft, ym mhennod 65:17 a 25: 'Yr wyf fi'n creu nefoedd newydd a daear newydd...ni wnânt ddrwg na difrod yn fy holl fynydd sanctaidd, medd yr Arglwydd' (BCN).

Canlyniad hyn oll oedd i Silyn dueddu i anwybyddu'r athrawiaethau Cristnogol a bychanu diwinyddiaeth. Nid diwinyddiaeth oedd yn bwysig ond moeseg y crediniwr. 'Os yw dyn yn caru Duw a'i holl galon a'i gymydog fel efe ei hun,' meddai, 'y mae iddo le bob amser yn ymyl Iesu nad beth fo ei ddiwinyddiaeth.'[33] Nid yw'n syndod iddo apelio, felly, at Sosialwyr ifainc Cymru ddechrau'r ugeinfed ganrif – megis James Griffiths – oedd wedi eu denu rhywfaint at 'Ddiwinyddiaeth Newydd' R. J. Campbell a T. Rhondda Williams a'i thuedd i ail-ddehongli'r ffydd Gristnogol yn gyfan gwbl yn nhermau'r mewnfodol a'r moesol. Swm a sylwedd Cristnogaeth i Silyn oedd y ddysgeidiaeth hon a chredai'n ddiffuant pe bai'r eglwys wedi pregethu Cristnogaeth bur yna buasai crefydd y Saer wedi datblygu'n gymdeithasol yn hytrach nag yn unigol.

Yn y pen draw, closiodd at y ddysgeidiaeth sosialaidd oherwydd iddo ddirnad ynddi y ddelfryd ramantaidd mai trwy ymdrech ac ymrwymiad personol at gariad fel egwyddor ysbrydoliaeth y gellid sefydlu daear well. Ac er na fuasent wedi mynegi'u hunain yn yr un termau, onid tebyg oedd ysbrydoliaeth Ymneilltuwyr y bedwaredd ganrif ar bymtheg a'u harweiniodd i gefnogi'r Blaid Ryddfrydol?

Bardd a rhamantydd oedd Silyn yn fwy na dim, rhyw freuddwydiwr a gafodd ei ddenu at fudiadau cymdeithasol oherwydd yr arwriaeth y gallai ei hamgyffred yn eu hymgyrch i wella amgylchiadau byw a gweithio'r werin. Yn ôl R. Alun Roberts, 'Twrnameint ydoedd brwydrau bywyd i Silyn drwy ei oes a thrwy bob oes, a drygau dynoliaeth oedd y ddraig'.[34] Cefnogodd genedlaetholi diwydiant a'r tir – sef yr unig bolisi amlwg a fabwysiadwyd gan y gweinidogion a gefnogodd Sosialaeth yn y cyfnod hwn.[35] Ond yn ôl pob tebyg, tarddodd ei ysbrydoliaeth o'i gydymdeimlad diffuant â'r werin a'i ddicter ynglŷn â'r anghyfiawnderau amlwg a ddioddefwyd yn yr ardaloedd diwydiannol gan y gweithwyr a'r werin. Yr ymdeimlad o ddyletswydd moesol, tebyg i syniad Kant am y 'gorchymyn diamod', oedd y tu ôl i'w 'Sosialaeth' yn llawer mwy nag ynrhyw ddadl economaidd ddwys. A hynny er gwaethaf y ffaith iddo astudio'r pwnc yn Llundain.

Y gwir yw, er gwaethaf ei bwysigrwydd cyn y Rhyfel Mawr yn yr egin-fudiad, ac er gwaethaf y dylanwad a gafodd ar James Griffiths ac eraill, nid yn y mudiad llafur y gwnaeth ei gyfraniad mwyaf. Fel y nododd David Thomas, 'yn y bôn, nid bardd, na phregethwr, na swyddog, na gwleidydd, oedd Silyn, ond addysgwr uwchlaw pob dim arall.'[36] Yn yr WEA, felly, darganfu achos teilwng a apeliodd at ei arwriaeth gynhenid. Yn yr WEA, hefyd, darganfu mudiad y gallai fynegi ei Sosialaeth ymarferol ynddo ac, o ganlyniad, ni theimlai mwyach yr angen i gynnig diffiniad syniadaethol o'i Sosialaeth. Nid Sosialydd rhonc, na hyd yn oed Cristion pybyr ond un â'r awch i ddiwygio cymdeithas oedd Silyn. Treuliodd ei oes yn chwilio am ffordd i gyflawni ei awydd gan chwilio am foddion i wneud hynny yn yr eglwys, y Blaid Rhyddfrydol a'r Blaid Lafur. Trychineb ei fywyd oedd iddo beidio â darganfod ei gilfach briodol tan gyfnod olaf ei oes. Serch hynny, mawr oedd ei gyfraniad mewn ychydig o amser. Roedd yn uchel ei barch ymhlith y werin ddysgedig o ganlyniad i'w ymdrechion ym myd addysg. Mawr oedd y cof – a'r galaru – amdano yn eu plith. Dichon nad oes coffadwriaeth well.

---

1. R. Tudur Jones, *Ffydd ac Argyfwng Cenedl, Hanes Crefydd yng Nghymru 1890-1914: II Dryswch a Diwygiad* (Abertawe, 1982), t.266.

2. John Davies, *Hanes Cymru* (Llundain, 1992), t.466.
3. David Thomas, *Silyn* (Lerpwl, 1956), t.77.
4. Ibid., t.2.
5. Ibid., t.5.
6. Ibid., t.7.
7. Ibid., t.96.
8. Dechreoudd Prifysgol Cymru ei darpariaeth am y radd BD ym 1896. Gw. R. Tudur Jones, *Diwinyddiaeth ym Mangor, 1922-1972* (Caerdydd, 1972), tt.17-18.
9. *Wales* (Mehefin, 1911); wedi'i dyfynu yn T. Robin Chapman, *W. J. Gruffydd* (Caerdydd, 1993), t.37.
10. Thomas, *Silyn*, t.41.
11. Dyfynnwyd yn ibid., t.54.
12. *Blwyddiadur y Methodistiaid Calfinaidd* (1931), t.221.
13. *Y Genedl Gymreig* (18 Awst 1930).
14. Cyril Parry, 'Socialism in Gwynedd', traethawd Ph.D., Prifysgol Cymru 1967, t.227.
15. *The Welsh Outlook* (1930), t.292; Thomas, *Silyn*, t.57.
16. *Ffeithiau'r Diffindollwyr: Ateb i'r Perchenogion* (Blaenau Ffestiniog, 1910), tt.3-4.
17. Parry, 'Socialism in Gwynedd', t.224.
18. Ibid., t.225.
19. *Sosialaeth a Dysgeidiaeth Crist*, sef cyfieithiad o waith John Clifford, *Socialism and the teaching of Christ* (1897).
20. *Sosialaeth a'r Eglwysi*, sef cyfieithiad o waith John Clifford, *Socialism and the Churches* (1908).
21. *Y Blaid Lafur Annibynnol: Ei Hanes a'i Hamcan* (Blaenau Ffestiniog, 1909), t.6.
22. Ibid., t.6.
23. Ibid., t.6.
24. Ibid., t.13.
25. Ibid., t.7.
26. Ibid., t.7.
27. Ibid., t.12; gw. hefyd Papurau R. Silyn Roberts, Prifysgol Cymru, Bangor, 'Y Ddaear Newydd'.
28. *Y Blaid Lafur Annibynnol*, t.10.
29. *Y Glorian* (20 Chwefror 1909).
30. *Y Blaid Lafur Annibynnol*, t.7.
31. Parry, 'Socialism in Gwynedd', t.207.
32. Papurau R. Silyn Roberts, Prifysgol Cymru, Bangor, 'Y Ddaear Newydd'.
33. Papurau R. Silyn Roberts, Prifysgol Cymru, Bangor, 17202.
34. Thomas, *Silyn*, tt.106-7.
35. Gw. Robert Pope, '"Pilgrims through a barren land" : Nonconformists and Socialists in Wales 1906-1914', yn *Trafodion Anrhydeddus Gymdeithas y Cymmrodorion* (2001), tt.149-163
36. Thomas, *Silyn*, t.1.

6

LLADMERYDD Y DEYRNAS:
HERBERT MORGAN, 1875-1946*

Nodweddwyd y blynyddoedd rhwng 1880 a 1914 gan derfysgoedd lawer. Effeithiwyd cymdeithas gyfan gan aflonyddwch diwydiannol, ac nid rhyfedd i syniadau newydd ym myd gwleidyddiaeth a chrefydd fygwth unigolyddiaeth bietistig yr hen Galfiniaeth. Yr angen mawr mewn sefyllfa mor ansicr â hyn oedd am ddynion a fyddai'n cyfuno newidiadau'r byd meddyliol â'r hen draddodiadau Ymneilltuol Cymreig, â'u cymhwyso at anghenion cymdeithas. Un o'r cyfryw ddynion oedd Herbert Morgan.

Ganed ef yn yr Onllwyn, Sir Forgannwg, ar 15 Medi 1875 ond symudodd gyda'i deulu yn bur fuan i'r Porth yn y Rhondda. Blynyddoedd enbyd oedd y rhain ar y maes glo, gyda gwaith yn prinhau, amgylchiadau bywyd yn dirywio, y cyflogau yn isel a'r gweithwyr yn ddi-hawl ac yn raddol golli pob amynedd. Arweiniodd hyn at Streic Fawr 1898 a ffurfio Ffederasiwn Glowyr De Cymru ('The Fed'). Coliar oedd ei dad, ac felly bu'r anghyfiawnder a'r annhegwch a ffynnai yng nghymdeithas y Rhondda ar y pryd yn rhan o'i brofiad uniongyrchol fel bachgen. Yn sicr tarddai ei syniadau am efengyl gymdeithasol o'r profiad o fyw yng nghanol y problemau hyn i gyd.

Cafodd ei addysg gynnar yn ysgol y Porth ac wedi amser byr fel clerc i'r bwrdd dŵr lleol ym Mhontypridd, penderfynodd droi ei gamre at y weinidogaeth. Ar ôl cyfnod yn Academi'r Porth, graddiodd mewn

* Cyhoeddwyd yr ysgrif hon yn wreiddiol yn *Trafodion Cymdeithas Hanes y Bedyddwyr* (1994), tt.47-65.

Athroniaeth a Groeg yng Ngholeg Prifysol De Cymru a Mynwy, Caerdydd. Ym 1902 aeth i Goleg Mansfield, Rhydychen, lle roedd Andrew Fairbairn yn brifathro ar y pryd, gan raddio eto mewn diwinyddiaeth, ac yna enillodd ysgoloriaeth i astudio yn yr Almaen. Aeth i Brifysgol Marburg i weithio dan Wilhelm Herrman, un o brif ladmeryddion y Ddiwinyddiaeth Ritschlaidd, a gyfunai bwyslais ryddfrydol ar brofiad ag elfen gref o foeseg.

Fel myfyriwr dysgodd Herbert Morgan fynegi ei gydwybod gymdeithasol mewn dull diwinyddol. Denwyd ef at syniadau newydd mewn diwinyddiaeth a seiliwyd ar feirniadaeth feiblaidd, darganfyddiadau gwyddonol ac anghenion cymdeithas. Achosai 'Diwinyddiaeth Newydd' R. J. Campbell, olynydd y Dr Joseph Parker fel gweinidog y *City Temple* yn Llundain, frwdfrydedd mewn rhai a phenbleth a dryswch i eraill tua'r cyfnod hwn. Pwysleisiodd Campbell ddyndod Crist a mewnfodiad Duw yn y cread. Parodd hyn iddo arddel uniaeth (*monism*) athronyddol a dwyfoli'r bydysawd a phopeth ynddo, a'r haeriad oedd i'w ddiwinyddiaeth gyfateb i Sosialaeth a syniadau newydd yn y mudiad cymdeithasol.[1]

Dywedir bod Herbert Morgan wedi trafod syniadau Campbell â'i weinidog, R. B. Jones, pan fu'r ffwndamentalydd hwnnw yn chwilio am brofiad newydd o Dduw.[2] Nid oes digon o dystiolaeth i awgrymu fod diwinyddiaeth Campbell wedi dylanwadu'n fawr ar Herbert Morgan ond yn sicr gwyrodd i gyfeiriad diwinyddiaeth ryddfrydol, gyda'i phwyslais ar brofiad, moeseg a chrefydd ymarferol. Aeth R. B. Jones i'r pegwn arall gan bwysleisio dogma a phietistiaeth secteraidd. Dywedir i Morgan, trwy arddel syniadau rhyddfrydol a radicalaidd, droi yn gryn siom iddo. Nid aeth R. B. Jones i'w wasanaeth ordeinio.[3]

Fodd bynnag, ordeinwyd Herbert Morgan i'r weinidogaeth yn eglwys Castle Street, Llundain ym 1906, y man lle addolai David Lloyd George a John Hinds, AS. Yn y blynyddoedd hyn, dechreuodd ddod i amlygrwydd yng Nghymru. Roedd eisoes yn aelod o'r Blaid Lafur Annibynnol (yr ILP), a chafodd y blaid honno ei gefnogaeth lafar o ddechrau ei fywyd cyhoeddus bron. Ffurfiwyd yr ILP gan Keir Hardie yn 1893 i hyrwyddo buddiannau'r dosbarth gweithiol a sicrhau ei gynrychiolaeth yn y Senedd. Mewn cyfweliad â *Llais Llafur*, haerodd Herbert Morgan fod gwelliannau ym myd addysg wedi ennyn diddordeb y cyhoedd mewn problemau cymdeithasol, gan gymryd lle crefydd fel prif ddiddordeb llawer o Gymry. Ychwanegai ei gred na ddylai arweinwyr llafur hybu eu mudiad fel crefydd newydd: ond mynnai na ddylai arweinwyr crefydd ychwaith wneud y camgymeriad o ysgaru'r ddau fudiad yn llwyr oddi wrth ei gilydd. Sylweddolai mai cwestiynau cymdeithasol a fyddai'n holl-bwysig o hynny allan ond gofidiai fod yr eglwys wedi ymagweddu mor llawdrwm tuag at y mudiad newydd gan ddiarddel rhai a oedd yn aelodau'r ILP. Cydweithio oedd yr angen, er y byddai'n rhaid i'r eglwysi fagu ysbryd newydd a phwysleisio cyfiawnder cymdeithasol a chrefydd ymarferol yn hytrach na glynu wrth yr hen ffurfiau crefyddol a'r athrawiaethau traddodiadol.[4]

Roedd y flwyddyn 1911 yn un aruthrol bwysig ym mherthynas crefydd a'r mudiad llafur yng Nghymru, er iddi droi erbyn y diwedd yn flwyddyn siomedig hefyd. Cynullwyd cyfarfod yn Eisteddfod Genedlaethol Caerfyrddin y flwyddyn honno gan David Thomas, Talysarn, Gwynedd, i drafod posibilrwydd ffurfio Plaid Lafur Gymreig.[5] Roedd Herbert Morgan ymhlith nifer o weinidogion ieuainc a oedd yn bresennol. Serch y diddordeb a'r gefnogaeth fawr, nid esgorodd y cyfarfod hwn ar nemor ddim byd sylweddol.

Bu Morgan yn flaenllaw, hefyd, ym mudiad yr Ysgol Gwasanaeth Cymdeithasol, ac anerchodd y gynulleidfa yng nghyfarfod cyntaf yr Ysgol yn Llandrindod ym 1911.[6] Sefydlwyd a threfnwyd yr Ysgol gan Daniel Lleufer Thomas, Ynad Cyflogedig Pontypridd, a'r Parchg Gwilym Davies gyda chymorth yr Athro D. Miall Edwards, ac ar ôl y cyfarfod cyntaf, penodwyd pwyllgor o gynrychiolwyr o bob enwad crefyddol yng Nghymru i'w llywio. Amcan yr Ysgol oedd pontio'r agendor rhwng yr eglwys a'r byd.[7] Haerwyd bod angen rhyw fudiad ar wahân i gyflawni'r gwaith hwn, gan adael i'r eglwys ganolbwyntio ar ei gwaith ysbrydol. Mynegodd D. Miall Edwards ei farn y dylai'r Ysgol gyfrannu rhywbeth cadarnhaol ac unigryw at ddatrys problemau cymdeithas yn hytrach na chydymdeimlo â delfrydau a gweithredoedd y mudiad llafur y unig.[8] Er i'r Ysgol gael ei beirniadu am ymdrîn â'r broblem gymdeithasol mewn ffordd or-academaidd, ac am gynnig llwyfan i ŵyr na wyddent ddim yn uniongyrchol am yr ardaloedd diwydiannol, gwnaeth gyfraniad pwysig trwy astudio'r problemau a chyhoeddi ei sylwadau ar y pwnc.

Ym 1912 symudodd Herbert Morgan i fod yn weinidog yn eglwys

Tyndale ym Mryste. Mewn dwy eglwys yn unig y bu'n fugail, a'r rheini yn Lloegr. Trwy symud i Fryste, newidiodd iaith hefyd, gan mai eglwys Saesneg oedd Tyndale. Yn ôl E. K. Jones, prawf oedd hyn 'nad oedd ganddo nod bendant a sefydlog mewn bywyd'. Roedd y symudiad hwn, o fod 'mewn pulpud ac eglwys a werthfawrogai ei orau, ac a'i parchai yn fawr', i gylch mor Seisnig i un o 'anianawd mor Gymreig', yn sioc, onid yn siom, i lawer. Nid dyna fyddai'r tro olaf iddo beri syndod i'w gyfeillion trwy gymryd cyfeiriad annisgwyl.[9]

Serch hyn oll, roedd yn dal i fod yn adnabyddus yng Nghymru a mynegodd sawl un y gobaith y byddai'n dychwelyd i blith ei gydwladwyr rywbryd. Ymhlith y rhain oedd yr Athro Joseph Jones o'r Coleg Coffa yn Aberhonddu, a ganodd clod Herbert Morgan fel '*a brilliant product of the Welsh University*'.

> One hopes that he will some day return to Wales; for he can be ill-spared as in intellectual power, fearlessness of utterance and strength of personality the Welsh Baptists have no peer to him.[10]

Llefaru gwrol a chryfder ei bersonoliaeth a fyddai'n nodweddu ei gyhoeddiadau a'i anerchiadau yn y blynyddoedd i ddod.

Heddychwr di-gymrodedd oedd Herbert Morgan yn ystod y Rhyfel Mawr, a dehonglodd ddistawrwydd llethol yr eglwys yn wyneb parodrwydd y wlad i ryfela yn fethiant trychinebus. Y cwbl a wnaeth yr eglwysi oedd 'danfon ei goreuon i borthi'r byddinoedd, ac mae'r byd yn gwneud bron cystal â hynny'.[11] Serch hyn, gwelodd sefyllfa enbyd y rhyfel fel cyfle da i'r eglwysi gynnig arweiniad moesol, a beirniadaeth gytbwys, deg a chyflawn, a wnâi grefydd yn opsiwn atyniadol a byw i ddynion oedd yn chwilio am 'lwybr ymwared i wareiddiad'. Rhaid oedd i'r eglwys arddel egwyddorion uwch a gwell na'r gymdeithas o'i chwmpas – 'Nid digon iddi fydd ymffrostio yn nifer ei lladdedigion,' meddai. 'Gall y byd hefyd wneud hynny'. Pe na chyflawnai'r gwaith hwnnw, colli'i hawdurdod ymhlith y cyhoedd fyddai'i thynged, yn enwedig ymhlith yr ieuainc.

> Teimlad llawer yn y dyddiau hyn yw nad oes gan yr Eglwys ddim byd awdurdodol ac argyhoeddiadol i'w ddywedyd yn wyneb cyflwr gresynnus cymdeithas a phroblemau dyrus yr oes, ac oblegid hynny y mae gwŷr ieuainc yn y Deheubarth yn cilio

oddiwrthi ac yn disgwyl am oleuni ac ysbrydoliaeth oddiwrth y Blaid Lafur. Dyma broblem bwysicaf yr Eglwys ar hyn o bryd, ac yn hyn y mae crefydd Cymru yn fwy ar ei phrawf nag bu odid erioed, a bydd y prawf yn chwerwach fyth pan ddarffo'r rhyfel.[12]

Nid hyrwyddo cystadleuaeth rhwng y Blaid Lafur a'r eglwys er mwyn ennill y dynion ieuainc hyn yn ôl at grefydd oedd nod Herbert Morgan yn yr erthygl hon, na throi'r eglwys yn erbyn Llafur ychwaith. Yn hytrach galw am well dealltwriaeth a chydweithrediad taer rhwng y ddau fudiad a wnaeth. Mynnodd ddangos y posibilrwydd o berthyn i'r eglwys ac i'r Blaid Lafur ar yr un pryd.

Cafodd gyfle, wedi diwedd y Rhyfel, i sefyll fel ymgeisydd seneddol yn etholiad cyffredinol 1918 dros yr ILP. Dywedodd wrth etholwyr Castell-nedd fod angen ar i'r Mudiad Llafur weithio law yn llaw â'r eglwys. Gweld byd newydd yn cael ei adeiladu oedd ei ddymuniad, gyda chyfundrefn ryngwladol a fyddai megis teulu o weithwyr â rhyddid, cydraddoldeb a brawdoliaeth yn eu nodweddu. Credai mai'r Blaid Lafur oedd yr unig gyfrwng gwleidyddol i droi'r egwyddorion hyn yn ffaith.[13] Er gwaethaf rhethreg amlwg ei anerchiad, mae'n arwyddocaol iddo weld y Blaid Lafur fel llawforwyn i gymdeithas gyfiawn, a hyd yn oed fel cyfrwng hyrwyddo dyfodiad Teyrnas Dduw. Adlewyrchu teimlad cyffredinol y dauddegau a'r tridegau oedd hyn, y syniad fod gan y mudiadau dyngarol a chrefyddol y gallu i sefydlu'r Deyrnas yn y byd hwn ymhen fawr o dro. Gan ystyried mai heddychwr llafar a di-gyfaddawd ydoedd trwy gydol y Rhyfel Mawr, efallai nad ef oedd y dewis gorau i frwydro dros Lafur yn yr etholaeth hon, ac yn wir collodd i ymgeisydd Rhyddfrydol y coalisiwn, sef J. Hugh Edwards, yn bur drwm.[14]

Penodwyd Morgan yn gyfarwyddwr Efrydiau Allanol Coleg Prifysgol Cymru, Aberystwyth ym 1920. Fe'i beirniadwyd gan rai am adael y weinidogaeth i 'bregethu economeg'.[15] Daliodd ei ddiddordeb yn yr Ysgol Gwasanaeth Cymdeithasol trwy'r 1920au hyd nes i'r Ysgol newid ei pholisi, a chyfyngodd ei hun wedyn i gynnig cyngor arbennig ar bynciau cymdeithasol. Y symudiad hwn yn anad dim a barodd i'r Ysgol golli ei lle yng ngolwg y cyhoedd. Am ei fod erbyn hynny yn ŵr o brofiad yn y maes cymdeithasol, dewiswyd ef i eistedd ar gyngor COPEC, cynhadledd fawr yr holl enwadau Cristnogol a gynhaliwyd yn

Birmingham ym 1924, i drafod dinasyddiaeth, gwleidyddiaeth ac economeg o safbwynt Cristnogol.

Priododd Herbert Morgan â Clara Churchill, gwraig weddw o Fryste ym 1925, ond byr fu eu hapusrwydd priodasol, gan iddi farw y flwyddyn ddilynol.

Ymgeisiodd am swydd Prifathro Coleg y Bedyddwyr yng Nghaerdydd ar farwolaeth William Edwards ym 1928. Daeth yn drydydd yn y rhestr wedi'r pledleisio, y tu ôl i'r Athro T. W. Chance a'r Dr Thomas Phillips, Bloomsbury. Phillips a benodwyd i'r swydd. Bu'n Warden Urdd Graddedigion Prifysgol Cymru am dair blynedd, a hefyd yn llywydd Cymdeithas Hen Fyfyrwyr Coleg Mansfield. Ymddeolodd o'i swydd yn Aberystwyth ym 1940. Etholwyd ef yn llywydd Undeb Bedyddwyr Cymru ym 1945, a bu farw ar 22 Medi 1946 yn 71 oed.[16]

Dichon mai fel cyfarwyddwr Efrydiau Allanol yn Aberystwyth y gwnaeth ei gyfraniad mwyaf parhaol i fywyd ac addysg yng Nghymru, yn enwedig trwy ddatblygu cysylltiadau rhwng y Brifysgol a'r dosbarth gweithiol. Yn sicr, roedd addysg, yn ei dyb ef, ymhlith y pethau pwysicaf – pwyslais naturiol mewn dyn a gafodd gymaint ohoni. Ordeinwyd ef i'w faes cyntaf ar yr amod y byddai'n gadael pe câi wahoddiad i wasanaethu fel athro yn un o golegau'r enwad.[17] Ni ddaeth yr alwad, ac er gwaethaf ei gyfraniad i addysg yng Nghymru, ymddengys ei fod yn fwy amlwg yn y cyfnod cyn ei benodiad, gan mai efe yn anad neb oedd yn y blaen yn y cyfnod hwnnw ar lwyfan ac yn y wasg, yn galw am gydweithrediad agosach a chyflawnach rhwng crefydd a'r mudiad cymdeithasol, ac yn annog gweithgarwch onest a beiddgar ar ran yr eglwysi i ail-ennyn diddordeb y gweithwyr mewn pethau crefyddol. Yr eironi yw iddo fod yn fwyaf amlwg ym mywyd cyhoeddus Cymru pan oedd yn gweinidogaethu yn Lloegr. O'r cyfnod hwnnw y deilliodd ei gyhoeddiadau a gyfrannodd at y ddadl gyfoes ar gwestiynau cymdeithasol.

Prif angen y cyfnod cyn i'r Rhyfel dorri allan ym 1914, yn ei dyb ef, oedd pwysleisio gwasanaeth cymdeithasol fel swyddogaeth gyntaf gwir Gristnogaeth. Roedd y pryder am achubiaeth a'r ymchwil am iachawdwriaeth yn bod o hyd, meddai, er nad oedd yn dibynnu bellach ar 'dderbyn gwahaniaethau metaffysegol ac anealladwy rhwng naturau a phersonau' ond yn hytrach ar ymarfer egwyddorion neilltuol, a gweithredu dros gyd-ddyn.[18] Nid yw'n syndod, felly, iddo ystyried gwasaneth cymdeithasol fel gwaith pwysicaf yr eglwys yn y cyfnod hwnnw:

> Real salvation must be achieved by the establishment of a social order which shall embody the greatest possible spiritual good in the widest and fullest distribution.

Ychwanegodd fod yn rhaid i'r gwasanaeth hwn fod yn 'fynegiad anochel . . . (o) . . . wir fywyd a hanfod' Cristnogaeth a fyddai'n 'ein cymhell i symud a gweithredu'. Hyn fyddai ewyllys Duw ac yn rhan amhepgorol o Gristnogaeth sef y cymhelliad i ennill 'bywyd cymdeithasol uwch' ymhob cenhedlaeth trwy arbrawf a phrofedigaeth, llwyddiant a methiant.[19] Megis eraill o blith ei gyfoeswyr a oedd yn flaenllaw yn y mudiad cymdeithasol, credai yn natblygiad naturiol dyn a'i amgylchfyd gan arddel rhyw optimistiaeth a fynnai fod dyn ar y llwybr tuag i fyny, gyda phob cenhedlaeth yn symud gam yn nes at berffeithrwydd a thrwy hynny gyflawni ei thynged. Roedd y syniadaeth hon yn nodweddiadol o feddylfryd y diwinyddion rhyddfrydol ac yn gyffredin i amryw o arweinwyr crefyddol Cymru ar y pryd. Er mwyn creu cymdeithas well, credodd Herbert Morgan fod yn rhaid ymdrin â ffynhonnell drwg ac nid ceisio delio â chanlyniadau arwynebol y drwg hwnnw. Yn ei anerchiad i'r Ysgol Gwasanaeth Cymdeithasol 1911, soniodd fel y credai i'r eglwys eisioes ddysgu'r wers hon.[20] Roedd gan ddysgeidiaeth Iesu Grist ei hun y gallu i wynebu'r problemau hyn, ac felly roedd hi'n anhepgorol i'r eglwys gymryd rhan amlwg a helaeth mewn ceisio gwella amgylchiadau bywyd. Brawdoliaeth dyn fel canlyniad naturiol Tadolaeth Duw oedd syniad canolog dysgeidiaeth Iesu. Ond ofer fyddai unrhyw ymgais gan yr eglwys i sefydlu'r frawdoliaeth honno mewn cymdeithas annheg, anghyfiawn, fel yr oedd hi. Yr angen oedd symud y rhwystrau ar lwybr y frawdoliaeth honno ac yna geisio ei sefydlu.

Llwyddodd Herbert Morgan i ddangos fod yn rhaid i'r eglwys gymryd rhan yn y ddadl gymdeithasol, gan fod cariad, cyfiawnder a thangnefedd yn rhan anhepgorol yr efengyl. Llwyddodd hefyd i ddangos fod yr egwyddorion Cristnogol a'r efengyl ei hun yn ymarferol ar gyfer y byd hwn. Serch hynny, mae rhyw elfen negyddol yn ei anerchiad. Gwaith yr eglwys oedd sefyll yn erbyn popeth oedd yn atal datblygiad cymeriad a'r gwerthoedd moesol. Rhiad gwrthwynebu '*combinations*' mewn diwydiant am eu bod yn di-bersonoli dynion ac yn eu hystyried fel 'pethau', ac yn olwynion mewn periant mawr, yn hytrach na phersonoliaethau.

Gwelir yn yr anerchiad hwn ddwy brif ddadl Herbert Morgan ynghylch y cwestiwn cymdeithasol a rhan yr eglwys yn ei ateb: yn gyntaf yr angen i weld achos problem yn hytrach na'i symtomau, ac yn ail, y pwyslais Cristnogol ar bersonoliaeth dyn. Rhaid oedd i'r eglwys ddeall yr egwyddorion hyn a'u gweithio allan yn ei bywyd ymarferol os oedd i gymryd ei rhan i adeiladu cymdeithas well a mwy cyfiawn. Yn ei ymdriniaeth fwyaf estynedig ar y pwnc, *The Social Task in Wales*, datblygodd y ddau bwynt hwn.

Yn y llyfr hwnnw, ac yn ei gyhoeddiadau trwy'r 1920au, haerodd fod y broblem gymdeithasol, yn y pen draw, yn broblem foesol. Rhaid oedd i'r feddyginiaeth felly fod yn un foesol yn ogystal. Rhaid pwysleisio gwerth ac urddas y ddynoliaeth gyfan, a thrwy bwysleisio dyletswyddau'r gweithiwr, a rhoi rhyw gyfrifoldeb iddo, yn ei waith yn ogystal â thros ei waith, cydnabyddid ei werth a'i urddas. Credai'n ddiffuant na fyddai'n bosibl cael trefn ar y byd 'hyd nes y cydnabyddir urddas a gwerth digymar bersonoliaeth'. Yn ôl Herbert Morgan dyma oedd 'allwedd aur i agoryd drws y byd newydd'.[21] Trwy hyn dysgai dyn egwyddor fawr gwasanaeth 'i Dduw trwy ddyn ac i ddyn o gariad at Dduw'.[22] Ffordd gwasanaeth yw'r ffordd i ddatblygiad ysbrydol. Trwy wasanaethu, perffeithiai dyn ei gymeriad ei hun, wrth hefyd wella cymdeithas a'i 'chyfoethogi'.[23]

Ond y cwestiwn oedd pam ddylai neb gydnabod gwerth dyn? O ble y tarddai'r syniad am ei urddas? Trwy'r profiad crefyddol oedd yr ateb. Yng Nghrist Iesu datguddir Duw i ni fel Tad nefol, ac felly mab Duw, naill ai'n 'wirioneddol' neu'n 'ddichonol' yw pob dyn.[24] Rhodd rhad gan Dduw yw 'pob peth sydd yn gweinidogaethu i fudd y ddynoliaeth' a rhyddid gan bawb i'w derbyn a'i mwynhau. Pregethu tadolaeth Duw a wnaeth Crist, a hyn fyddai'r sail i sefydlu iawn berthynas rhwng dynion a'i gilydd. Hyn, yn ei dyb ef, a fyddai'n datrys y broblem gymdeithasol.[25]

Wedi cydnabod gwerth dyn fel personoliaeth a'i urddas tragwyddol yn rhinwedd y ffaith fod Duw yn Dad iddo, roedd rhaid yn yr un modd foesoli diwydiant hefyd 'trwy roi amcanion a chymhellion teilwng iddi'[26] a'i defnyddio i wasanaethu'r cyhoedd. 'Industry has no *raison d'être*,' meddai, 'except as a means of supplying the whole community with certain commodities which are necessary to all.'[27] Oherwydd mai 'Cariad' a 'Gwasanaeth'[28] yw'r dyletswyddau pwysicaf, yr angen oedd disodli cystadleuaeth gan gydweithrediad. Wrth redeg ar ôl elw ac anwybyddu'r elfen o wasanaeth, perid gwastraff mewn diwydiant a felly byddai cydymdrech o fudd i ddiwydiant hefyd.[29]

Er mwyn i'r eglwys gyfrannu ateb boddhaol ac effeithiol i'r broblem gymdeithasol, roedd yn angenrheidiol iddi hybu Cristionogaeth fel ffordd o fyw ac nid fel cyfundrefn ddogmataidd ac athrawiaethol i'w chredu. Dyma'r grefydd ymarferol y soniai amdani, a gyflawnir yn nysgeidiaeth yr Iesu am Deyrnas Dduw. Canolbwynt y ffydd Gristnogol oedd Teyrnas Dduw lle unir crefydd a moeseg.

> From the religious point of view it is a gift to be enjoyed: from the ethical point of view it is a task to be accomplished – not in another life but here and now.[30]

Daeth Crist i sefydlu Teyrnas ac nid eglwys. Dyma oedd dadl boblogaidd dynion â diddordeb mewn gwella cymdeithas ar delerau Cristnogol. Golygai Teyrnas Dduw deynasiad Duw yn yr enaid unigol a dylai hyn fod yn weithredol, yn y lle cyntaf, yn yr eglwys.[31] Nid sêl i wella cymdeithas oedd baich neges Iesu fel y cyfryw, am iddo gyfeirio ei ddysgeidiaeth at y dyn unigol a'r angen i sefydlu teyrnasiad Duw yn ei galon, ond y byddai hyn, o ganlyniad, yn effeithio ar gymdeithas.

> Only as individuals can men enter the Kingdom and therefore all the appeal of the Gospel is to men as individuals; but entry into the Kingdom carries with it a new and universal outlook.[32]

Urddas dyn a gwerth personoliaeth yw nodweddion pwysicaf y Deyrnas. Felly, ymha le bynnag ymddengys yr egwyddorion hynny, yno hefyd bydd y Deyrnas. Ar ei orau, bu'r mudiad Llafur, yn nhyb Herbert Morgan, 'yn nes at ysbryd Cristnogaeth nag unrhyw fudiad arall yn y cylch diwydiannol', er ei fod yn barod i gydnabod fod rhai o'r 'meistri mwyaf goleuedig' yn dal yr un delfryd hefyd.[33] Ond y peth pwysig oedd yr angen i ddiwydiant gydymffurfio ag egwyddorion

Teyrnas Dduw a oedd yn foesol a phersonol. Unig werth unrhyw sefydliad oedd gweithio er daioni dyn. Os oedd y Deyrnas yn golygu cymdeithas berffaith rhwng unigolion a'i gilydd o dan dadolaeth Duw, beth yn union oedd swyddogaeth yr eglwys?

Roedd angen ar i'r eglwys ffurfio polisïau a fyddai'n gwella cymdeithas yn hytrach na datgan egwyddorion a gadael i unigolion weithredu'r egwyddorion hynny yn ôl eu goleuni eu hunain. Camgymeriad dybryd ar ran yr eglwys oedd ystyried y Ffydd Gristnogol fel petai'n gyfundrefn o egwyddorion haniaethol yn hytrach na dangos yr egwyddorion hynny ar waith yn ei bywyd.[34] Daliodd Herbert Morgan ar bwysigrwydd y person unigol, a'r angenrhaid a oedd arno i benderfynu drosto'i hun, ond gwelodd y perygl hefyd o ganiatáu iddo ormod o ryddid. Mynnai fod angen dysgeidiaeth bendant o du'r eglwys. Byddai'r dasg o droi'r egwyddorion Cristnogol yn weithredoedd pendant yn ormod i'r unigolyn. A dyma oedd argyfwng yr eglwys: naill ai rhoi cyngor pendant neu drengi. Nid oedd na lle na swyddogaeth i'r eglwys ar wahân i hynny.

Er mwyn hyrwyddo'r Deyrnas, neu deyrnasiad Duw ymhob dyn unigol, ac effeithio er da ar y gymdeithas gyfan, byddai'r eglwys yn gorfod tynnu ar y wybodaeth gyflawnaf o economeg, masnach a diwydiant a oedd yn bosibl, i ffurfio polisïau yn unol â'r delfrydau Cristnogol, cynllunio gweithgareddau hamdden i'r gweithwyr, a chynnig help llaw i addysgu'r bobl.[35] Dyma ateb cyflawn i'r broblem gyflawn a effeithiai ar bob rhan o fywyd.

Ar un olwg, peth rhyfedd oedd y duedd yng ngwaith Herbert Morgan i feirniadu'r eglwys mor llym. Cafodd ei geryddu gan ei gyd-Fedyddwyr yn y Rhondda am gyhuddo'r eglwysi o fod 'wedi gwneud ond y nesaf peth i ddim i ddwyn yr efengyl i ddylanwadu yn iachawdwriaethol ar y werin', ac o fod yn 'gywilyddus o esgeulus i gynorthwyo y dosbarthiadau gweithiol i iawn ddefnyddio eu hamser hamddenol'. Ymatebodd gweinidogion y Rhondda trwy atgoffa Morgan fod 'ein capelau lluosog a costfawr yn ffrwyth ymdrechion caled a hunanymwadiad dirfawr; ac oni ŵyr efe eu bod yn ganolfannau gweithgarwch egniol er dyrchafiad y werin bobl?' 'Y gwir yw,' meddent drachefn, 'fod 97 y cant o grefyddwyr Cymru yn perthyn i'r dosbarth gweithiol, a gŵyr hanesydd crefydd yng Nghymru fod pob

135

syniad Sosialaidd o unrhyw werth sy'n y wlad heddiw yn cael ei ddal i fyny a'i gymhell ar y genedl gan yr eglwysi cyn geni neb o'r oraclau hunandybus ddefnyddient eu cyfle a gant i waradwyddo eu gwell'.[36] Ond roedd ei feirniadaeth yn galw am amddiffyniad dyfnach na hyn.

Mae'n bosibl y tybiai fod ganddo hawl i feirniadu'r eglwys am ei fod yn arweinydd ynddi. Eto ei safbwynt cyson oedd bod rhaid i'r eglwys newid er mwyn cwrdd â dyheadau ac anghenion y mudiad llafur. Ni alwodd fyth, yn ôl y dystiolaeth, ar i'r mudiad llafur gydnabod fod gwedd ysbrydol i fywyd dyn, a bod gan yr eglwys ddyletswydd i weini i'w anghenion ysbrydol yn ogystal â'i anghenion materol. Nid yw'n cynnig unrhyw feirniadaeth ar fateroliaeth y mudiad llafur nac yn crybwyll y tueddiadau gwrth-grefyddol a'i nodweddai. Beirniadodd yr eglwys am fethu byw yn ôl ei chyffes, am fod yn rhy fydol, am ganolbwyntio ar ddyrchafiad personol, am fod yn rhy arall-fydol a phwysleisio gogoniant y bywyd nesaf ar draul amodau'r bywyd hwn. Nid oedd rhyfedd felly i grefydd ymddangos yn amherthnasol i fywyd cyfoes. Pwysleiswyd cadw'r Saboth ar draul condemnio 'sweating' a 'rack-renting' ac esgeuluswyd y dyletswyddau cymdeithasol yn ormodol. A'r cyhuddiad mwyaf damniol yn nhyb arweinwyr llafur oedd bod yr eglwys yn cesio cynnal y status quo.[37]

Bid a fo am hynny, a chan gyfaddef nad oedd yr eglwys yn berffaith na'r tu hwnt i feirniadaeth, gwendid Morgan oedd ei amharodrwydd i amddiffyn yr eglwys a'i barodrwydd i dderbyn y feirniadaeth hon fel y gwirionedd. Yn sicr, roedd ganddo weledigaeth o eglwys a fyddai'n arwain y byd ymlaen tuag at wawr Teyrnas Dduw. Bu teimlad cyffredinol, yn y blynyddoedd ar ôl y rhyfel, fod ail-adeiladu cymdeithas ryng-genedlaethol ar seiliau tegwch a chyfiawnder yn bosibl, a bod rhaid sicrhau na ddigwyddai rhyfel mwy. Bu Herbert Morgan yn rhannu'r gred hon, a chredai'n ddiffuant y gellid creu Teyrnas Dduw trwy weithio'n galed i hyrwyddo egwyddorion y Ffydd Gristnogol fel nerthoedd effeithiol ac ymarferol mewn bywyd. Fe'i siomwyd o weld y syniadau a'r ewyllys dda yn methu dwyn ffrwyth.

Golygodd symposium i'r Welsh Outlook ym 1918 ar y berthynas rhwng yr eglwys a llafur. Roedd mwyafrif yr atebion o blaid meithrin dealltwriaeth rhwng y ddau gorff. Serch hynny, roedd teimlad cyffredinol mai'r ddwy brif agwedd a achosai'r ddrwgdybiaeth rhwng llafur a'r eglwys oedd difaterwch a diffyg didwylledd; roedd y ddeubeth yn wir yn achos yr eglwys, ond, yr un cyntaf yn unig yn yr achos yn erbyn llafur. Drwgdybiwyd llafur trwy honni fod ganddo amcanion treisiol a chwyldroadol, fod ei ideoleg yn gwbl faterol ac na feddai bryder am gyflwr moesol, ysbrydol neu unigol dynion. Tueddai hefyd i ganolbwyntio ar hawliau yn hytrach na dyletswyddau. Yn ôl beirniaid yr eglwys, sail ei ddifaterwch oedd ei methiant i sylweddoli pa mor ddrwg oedd cymdeithas. Beirniadwyd yr eglwys am hyn gan grefyddwyr yn ogystal â chan Sosialwyr.[38]

Yn ôl Herbert Morgan y prif angen oedd parodrwydd i anghofio'r argraff a gaed gan lafur am yr eglwys ac a gaed gan yr eglwys am lafur er mwyn cyrraedd dealltwriaeth well rhwng y ddau fudiad fel y gallent gydweithio o blaid cyfiawnder. Gwaetha'r modd, yn y sefyllfa a oedd ohoni ar y pryd, ni chynigiai'r eglwys ymateb ymarferol i broblemau cymdeithas. Yn ôl Herbert Morgan, roedd yn agenrheidiol i'r eglwys ennill y byd hwn – 'in its present fulness, as well as in all its rich possibilities of development' – er mwyn cynnig ateb i secwlariaeth am na feddai arall-fydolrwydd unrhyw ateb i argyfwng o'r fath.[39]

I ddeall diddordeb Herbert Morgan yn y mudiadau cymdeithasol a'r mudiadau addysgol, mae'n rhaid i ni gofio bod ei syniad o'r byd ac o Dduw yn gwneud hyn yn orfodol. Roedd bywyd yn gyfanwaith perffaith ac unedig, yn datblygu, yn tyfu, ac yn cyd-weithio gan anelu at y nod terfynol a alwyd gan yr Iesu yn Deyrnas Dduw. Ni fyddai modd osgoi hyn, ond roedd yn angenrheidiol i bawb gyd-weithredu i gyrraedd y diben. Felly nid oedd unrhyw anhawster ganddo sefyll fel ymgeisydd i'r Senedd er mai gweinidog ordeinedig ydoedd. Yng ngeiriau E. K. Jones:

> Roedd yn llawn o ysbryd cynnydd a diwygiad. Fel un o blant mwyaf effro'r diwygiad addysgol a chymdeithasol, credai yn nyfodiad Teyrnas Crist yn fuan. Pell oedd o fod yn ehud ac ofergoelus yn ei ddysgwyliad, ond canfyddai yn y deffroad addysgol a pholiticaidd arwyddion dyfodiad yr Arglwydd. Teimlodd llawer fel yntau fod lle i efengylwr teilwng ar lawr Tŷ'r Cyffredin . . . [40]

Yn yr un modd, gwelodd ei swydd yn Aberystwyth fel cyfle i 'wasanaethu crefydd' ac nid fel swydd fydol a secwlar.

Dyma oedd ei neges i fyd a oedd yn chwilio am gyngor call a chymorth ymarferol er mwyn ail-adeiladu ei hun, a hefyd i eglwys a oedd eisiau sicrwydd am ei lle oddi mewn i'r gymdeithas newydd. Ond aeth y byd i gyflafan eto ym 1939. Mae gennym ddau gyfraniad sylweddol oddi wrth Herbert Morgan yn y misoedd ar ôl diwedd yr ail ryfel a chyn ei farwolaeth ym mis Medi 1946. Maent yn dangos sail a rhagdybiaethau ei gred ddiwinyddol yn fwy eglur na'i waith cynharach. Dangosent hefyd nad oedd wedi newid ei syniadau am wellhad i gymdeithas.

Megis i brif feddylwyr diwinyddol ei genhedlaeth yng Nghymru, rhoddai Morgan le uchel i Reswm yn ei ddiwinyddiaeth. 'Proffwyd rheswm wedi ei buro gan gariad Crist' ydoedd yn ôl R. I. Aaron.[41] Yn ei anerchiad i fyfyrwyr Coleg Presbyteraidd Caerfyrddin ym 1945, gwelir amddiffyniad o'i safbwynt a'r argyhoeddiad sicr mai trwy Reswm y gellid ail-adeiladu cyfundrefnau cymdeithas, athroniaeth a diwinyddiaeth er gwaethaf dinistr rhyfel am yr ail dro o fewn chwarter canrif. Dyma hefyd oedd ei feirniadaeth ar y Ddiwinyddiaeth Farthaidd a oedd erbyn hynny wedi dechrau ennill y dydd yng Nghymru.

Nodweddwyd blynyddoedd rhwng y ddau ryfel gan rymoedd yr afreswm. Roedd y duedd hon yn eglur ym myd y gwyddorau, lle gwelwyd 'the resources of science are commandeered for millitary ends'.[42] Mynegwyd yr un duedd ym myd diwinyddiaeth hefyd gan boblogrwydd diwinyddiaeth ddilechdidaidd y cyfandir. Pwysleisiai'r diwinyddion dilechdidaidd ddatguddiad nid fel prif sail crefydd ond fel ei hunig sail. Yn ôl Herbert Morgan yr unig ymateb angenrheidiol a phriodol i Ddatguddiad oedd Rheswm.

> . . . it is the business of Reason to establish order and unity in and among the various aspects of our human experience. It is for Reason to interpret, to analyse, to criticise, to synthesise, to co-ordinate and to systemise our varied experiences. In the exercise of such a far reaching function it acts both critically and contructively. To do this it must discover appropriate standards for its logical, moral and aesthetic judgements and for its unifying activities.[43]

Rheswm, yn ei dyb ef, oedd cyfrwng y datguddiad Cristnogol am iddo roi ystyr i'r gwahanol a'r amrywiol brofiadau dynol. Rheswm, meddai, oedd yn 'God-given organ of discovery and interpretation', ac yn fodd hefyd i gymuno ag Ef. Trwy'r rheswm dynol, roedd Duw yn gweithredu '...to guide us through this terrifying tangle in our human affairs by enabling us to become more sensitive and more responsive to his gracious purposes.'[44] Yn ôl y ddiwinyddiaeth Farthaidd, roedd dyn yn gwbl lygredig ac yn methu dirnad dim am Dduw o'i adnoddau a'i alluoedd dynol ei hun. Os hynny, ni allai Herbert Morgan weld unrhyw fodd y gallai dyn amgyffred Duw y 'cwbl arall': 'how can it be even appreciated or known in any degree by an understanding which is so tainted and infirm as that which is attributed to men?'[45] Nid Duw'r 'cwbl arall' yw Duw'r Testament Newydd, beth bynnag. Yno ceir golwg ar 'Dduw a thad ein harglwydd Iesu Grist'. Dysgodd Iesu i'w ddisgyblion gyfarch Duw fel 'Tad', yn Dduw a oedd yn barod i faddau pechodau, ffaeleddau a gwendidau dyn, ac i'w dderbyn 'fel plentyn edifeiriol' megis y tad yn nameg y mab afradlon.[46]

Prif ddiben crefydd oedd twf y bywyd ysbrydol, a oedd yn dibynnu yn ei dro ar feithrin y 'gwerthoedd rhagorol a dymunol'. Felly, roedd angen mawr am 'swyddogaeth Rheswm' er mwyn dirnad a gwahaniaethu rhwng y drwg a'r da ym mhrofiad y crefyddwr. Nid yw hyn oll ond yn dangos fod Herbert Morgan yn diwinydda ar sylfaen cwbl wahanol i eiddo'r Ysgol Farthaidd. Bu'r rhagdybiaethau hyn ganddo drwy gydol ei fywyd cyhoeddus, ac er eu bod yn dechrau ymddangos braidd yn hen-ffasiwn erbyn y 1940au, daliodd Herbert Morgan i ymddiried ynddynt i'r un graddau ag erioed. Ni newidiodd ei syniadau o gwbl, ac yn ei dyb ef yr un peth oedd ei angen ar gymdeithas ar ôl yr Ail Ryfel Byd ag ym 1918. Gorffennodd ei anerchiad trwy ddweud wrth fyfyrwyr Caerfyrddin mai Rheswm oedd unig obaith y byd er mwyn cyrraedd diben perffaith y Deyrnas.

Distrust of Reason and contempt for it leaves us without any firm ground for hope that order, a better and firmer order, can be established on this tortured earth. It is only through a reverent exercise of Reason, quickened by the Grace of God, that the reality which is based upon the Will of God, can become known and appropriate action be planned to make it dominant in the life of man.[47]

Dyma felly oedd y ffordd i sicrhau seiliau cadarn i fywyd ar ôl y Rhyfel. Ond yn ei anerchiad fel Llywydd Undeb Bedyddwyr Cymru, a draddododd yng nghapel Soar, Treforys ar 18 Gorffennaf 1945, soniodd am broblemau a oedd ynghlwm â 'Wynebu'r Oes Newydd'. Er bod y gyflafan wedi dod i ben, byddai'r argyfwng yn parhau am flynyddoedd i ddod. 'Gosod sylfeini' i fyd newydd fyddai tasg y to presennol yn y cyfarfod, hyd yn oed yr ieuengaf ohonynt, oherwydd cymerai genhedlaethau a blynyddoedd maith i orffen yr ail-adeiladu.

Un o'r anawsterau mwyaf i wynebu'r genhedlaeth oedd eu hanobaith a'u pesimistiaeth; nid oeddent yn agos mor obeithiol â chenhedlaeth 1919. Mae'n rhestru nifer o resymau am hyn: diweithdra a phrinder y dauddegau a'r tridegau a barai i ddynion deimlo'n ddiwerth i gymdeithas, gyda hyn yn arwain yn ei dro i'r syniad fod bywyd ei hun yn ddi-bwrpas.

> . . . a pha ryfedd os ydynt yn agenrheidiol ac anobeithiol erbyn hyn? Y cyfle amlycaf a gawsant, lawer ohonynt, hyd yma oedd cyfle i ladd neu i gynhyrchu arfau.[48]

Daw gwellhad i'r sefyllfa, neu ddechrau arni, trwy i'r eglwys 'ennill dirnadaeth newydd . . . o feddwl Crist, fel y gallo fyw arno ei hun a'i gyflwyno i eraill dros Dduw'.[49] Dysg 'meddwl Crist' heddwch i'r byd a 'dwyn y cyfanfyd i undeb ac i drefn trwy . . . ei lywodraeth holl ddoeth a holl dirion',[50] a golyga'r heddwch yna gymod â Duw ac â chyd-ddyn. Adnabod y meddwl hwn, a'i feddiannu, a gweithio i ddiriaethu'r meddwl yn y byd o'i gwmpas, dyna fyddai gwaith yr eglwys. Ond gan mai lleiafrif ymhob gwlad yw'r Cristnogion, byddai'n rhaid hefyd hyrwyddo ecwmeniaeth er mwyn i'r eglwys fod ar ei mwyaf effeithiol.

Cyfrifoldeb pawb erbyn hyn oedd hyrwyddo dyfodiad y Deyrnas, trwy offeiriadaeth gyffredinol y saint. Canolbwyntiodd Herbert Morgan ar 'wasanaeth cymdeithasol yn ysbryd ein crefydd' yn yr anerchiad hwn, fel swydd yr offeiriadaeth honno. Wedi'r Rhyfel, roedd llawer o broblemau wedi dod yn amlwg, problemau yr oedd yn rhaid i Gristnogion naill ai wneuthur rhywbeth i'w datrys, neu brotestio hyd nes y'u datryswyd gan y cyfryngau priodol. Roedd rhaid porthi'r newynog, cwrdd â'r angen am dai a chartrefi, darparu addysg effeithiol i bawb a bod ar wyliadwriaeth i sicrhau'r cytundeb gorau rhwng y cenhedloedd. Gwasanaeth oedd hyn i gyd, yn tarddu o'r ffydd Gristnogol a chymundeb â Duw, er mwyn dechrau ail-adeiladu'r byd ar ôl y Rhyfel. Nid esgeuluswyd yr ochr ddefosiynol gan Herbert Morgan yn yr anerchiad hwn, er gwaethaf natur ymarferol ei neges. Terfynodd trwy ddangos yr angen i hyrwyddo'r bywyd ysbrydol ymhlith Cristnogion oblegid hebddi ofer fyddai unrhyw ymgais at wasanaeth.

> A nyni yn ein cael ein hunain mewn amseroedd mor enbyd gyda chyfrifoldeb mor enfawr ar ysgwyddau mor eiddil oni ddylem ystyried pa ryw fath ddynion a ddylem fod mewn sanctaidd ymarweddiad a duwioldeb? Oni ddylem, yn unigolion ac eglwysi, ymroi o lwyrfryd calon i ddysgu caru yr Arglwydd ein Duw â'n holl nerth â'n holl feddwl fel y gallom weini cymwynasau – ei gymwynasau Ef – i gymdogion pell ac agos yn ysbryd y Samaritan cymydogol a gafodd gymeradwyaeth y Crist?[51]

Nid fel meddyliwr gwreiddiol y dylid ystyried Herbert Morgan. Ceir ei syniadau am gymdeithas, swyddogaeth yr eglwys a natur y Deyrnas mewn llu o erthyglau a llyfrau a gyhoeddwyd ar y pryd yng Nghymru, yn Lloegr, ac i raddau yn America hefyd. Ei waith ef oedd arwain meddwl y genedl, ac yn bwysicach fyth feddwl yr eglwys, at yr angen am gymhwyso egwyddorion yr efengyl a neges yr Iesu at fywyd pob dydd, yn bersonol ac yn gymdeithasol, ac amlygu drwgdybiaeth gyffredinol dynion llafur tuag at yr eglwys. Trwy gydol ei fywyd gwelodd yr angen i lefaru dros y gwirionedd a hynny mewn modd gwrol a dibetrus a chryf. Meddai un a'i hadnabu:

> Ei amcan ar hyd ei oes oedd datgan y gwirionedd fel y gwelai ef yn ddidwyll ac yn groyw. Y gwirionedd a welai oedd hwn, bod cariad Crist yn gryfach nag anghyfiawnder, drygioni a chasineb.[52]

Achos beirniadaeth arno oedd hyn ambell waith, yn enwedig yn ei ddyddiau cynnar pan na dderbyniwyd casgliadau beirniadaeth feiblaidd gan eraill yn ei enwad, a phan oedd Ymneilltuaeth wedi glynu'n dyn wrth y Blaid Ryddfrydol mewn gwleidyddiaeth. Cymysgedd o'r nwyd hon mewn gwirionedd a hefyd deimlad angerddol dros gyfiawnder oedd prif nodweddion ei fywyd yn ôl

Waldo Lewis.[53] A thrwy hyn ei gyfraniad oedd ceisio addysgu'r cyhoedd a'r eglwys a chreu dinasyddion a Christnogion goleuedig a fyddai'n gweithio i sefydlu Teyrnas Dduw a dull cyfundrefn deg a chyfiawn ar adfeilion byd a ddinistrwyd, ac a haeddodd gael ei ddinistrio, gan y Rhyfel Mawr. Beirniadodd yr eglwys am ei methiant i ddisgrifio'r sefyllfa yn effeithiol, yn ddeallus ac yn graff; ond wedi'r feirniadaeth a'r galw am gymryd cyfeiriad newydd, rhaid oedd cael arweiniad ymarferol, ac yn anffodus, fe fethodd uno'r eglwys a llafur er hyrwyddo'r weledigaeth o brysuro Teyrnas Dduw ymhlith gwerin a gweithwyr De Cymru. Byddai'n rhaid aros nes dyfod 'Moses' arall i arwain.[54]

1. R. J. Campbell, *The New Theology* (Llundain, 1907), t.14.
2. B. P. Jones, *The King's Champions, 1863-1933* (Redhill, 1968), t.46.
3. D. Hugh Matthews, *Hanes Tŷ Cwrdd Castle Street* (Abertawe, 1989), t.29.
4. *Llais Llafur* (13 Mai 1911), t.5.
5. Gw. Deian Hopkin, 'Y Werin a'i Theyrnas: Ymateb Sosialaeth i Genedlaetholdeb, 1880-1920', yn Geraint H. Jenkins (gol.), *Cof Cenedl VI* (Llandysul, 1991), tt.161-192.
6. Am hanes Ysgol Gwasanaeth Cymdeithasol dros Gymru, gw. Ieuan Gwynedd Jones (gol.), *Gwilym Davies: A Tribue* (Llandysul, 1972).
7. *South Wales Daily News* (7 Medi 1911), t.6.
8. Ibid., (8 Medi 1911), t.5.
9. *Seren Cymru* (4 Hydref 1946), t.3.
10. *Wales* (1914), t.111.
11. *Y Deyrnas* (Mawrth 1917), t.8.
12. Ibid., tt.8-9.
13. *Llais Llafur* (7 Rhagfyr 1918), t.1.
14. Ibid., (4 Ionawr 1919), t.2.
15. Gw. *Y Tyst* (24 Ebrill 1924), t.2; Matthews, *Hanes Tŷ Cwrdd Castle Street*, t.32.
16. Mae manylion ei fywyd yn dod o R. T. Jenkins ac E. D. Jones (goln), *Y Bywgraffiadur Cymreig, 1941-1950* (Llundain, 1953).
17. Matthews, *Hanes Tŷ Cwrdd Castle Street*, tt.28-9.
18. *The Welsh Outlook* (1914), t.13.
19. Nathaniel Micklem a Herbert Morgan, *Christ and Caesar* (London, 1921), t.212.
20. Cyhoeddwyd fel *The Church and the Social Problems* (Caerfyrddin, 1911).
21. Herbert Morgan, *Diwydiant yng Nghymru*, Traethodau'r Deyrnas (3) (Wrecsam, 1924), t.14.
22. Ibid., t.16.

23. Ibid., t.15.
24. Herbert Morgan, *The Social Task in Wales* (Llundain, 1919), t.36.
25. Micklem a Morgan, *Christ and Caesar*, tt.48, 75.
26. Morgan, *Diwydiant yng Nghymru*, t.14.
27. Morgan, *The Social Task in Wales*, t.49.
28. 'Gan mai cariad yw Duw, dylai ei blant ymdebygu iddo. Cariad yw symbylydd y saint, ac ohono ef y deillia eu sancteiddrwydd. Ei ffordd fwyaf nodweddiadol o'i fynegi ei hun yw trwy wasanaeth. Y prawf gorau o ddilysrwydd ein cariad yw parodrwydd i wneuthur ewyllys y Tad nefol ac i hyrwyddo dyfodiad ei deyrnas Ef. Cynnwys hyn, wrth gwrs, wasanaeth i'n cyd-ddynion'. *Rhyfel a'r Testament Newydd*, Pamffledi Heddychwyr Cymru (5), t.20.
29. Morgan, *Diwydiant yng Nghymru*, t.10.
30. Morgan, *The Social Task in Wales*, t.87.
31. Micklem a Morgan, *Christ and Caesar*, t.80.
32. Ibid., t.96.
33. Morgan, *Diwydiant yng Nghymru*, tt.12-3.
34 *The Welsh Outlook* (1922), t.21.
35. Morgan, *The Social Task in Wales*, t.90.
36. *Seren Cymru* (3 Mawrth 1911), t.14.
37. Morgan, *The Social Task in Wales*, tt.83-86.
38. *The Welsh Outlook* (1918), t.96.
39. Ibid., tt.127-8.
40. *Seren Cymru* (4 Hydref 1946), t.3.
41. R. I. Aaron, 'Herbert Morgan, 1875-1946', yn *Efrydiau Athronyddol*, X (1947), tt.6-8.
42. *Herbert Morgan, 1875-1946* (Caerfyrddin, 1946), t.6.
43. Ibid., t.10.
44. Ibid., t.18.
45. Ibid., t.11.
46. Ibid., t.18.
47. Ibid., t.20.
48. *Seren Cymru* (27 Gorffennaf 1945), t.8.
49. Ibid.
50. Ibid.
51. Ibid.
52. Aaron, 'Herbert Morgan, 1875-1946', t.7.
53. *Herbert Morgan, 1875-1946*, t.25.
54. *The Welsh Outlook* (1918), t.128.

7

EPISTOL IAGO: EPISTOL GWELLT?

Trwy gydol hanes yr eglwys, bu dadlau brwd ynghylch priodolrwydd cynnwys epistol Iago yng nghanon y Testament Newydd. Yr Eglwys Roegaidd oedd y gyntaf i gydnabod ei awdurdod ac mae'r sôn cyntaf amdano i'w weld yng ngwaith Origen (*c*.185–*c*.254), a gredai mai brawd Crist a'i ysgrifennodd.[1] Mewn rhannau eraill o'r Eglwys, parhaodd y ddadl am ddwy ganrif a mwy. Yn yr Eglwys Ladinaidd, nid oes unrhyw dystiolaeth fod y llythyr wedi'i gynnwys yn y canon cyn *c*.350 pan gyhoeddwyd y *Codex Corbeiensis*. Mae'n ddiddorol nodi i'r ddogfen hon awgrymu mai Iago mab Sebedeus oedd awdur y llythyr yn hytrach na Iago brawd Iesu. Ni ddaeth yr honiad mai brawd Iesu oedd awdur epistol Iago i fri yn yr Eglwys Ladinaidd tan amser Ierôm (348-420). Yn yr Eglwys Syrïaidd, ni chyfieithwyd y llythyr tan *c*.412 ac nid oes unrhyw sôn amdano yn nogfennau'r Eglwys honno cyn 451. Mae un ysgolhaig yn dod i'r casgliad:

> Yn yr Eglwys Fore, felly, nid oedd neb yn amau gwerth Epistol Iago; ond ymhob cangen o'r eglwys cafodd ei ddrwgdybio am gyfnod, ac roedd anghytuno mawr ynglŷn â phriodolrwydd ei le yn y canon.[2]

Rhestrodd Cyngor Trent (1546) y llythyr ymhlith prif ddogfennau'r canon. Felly, i'r Pabyddion, diogelir ei statws fel rhan o'r ysgrythur gyda'r gydnabyddiaeth swyddogol hon. Fodd bynnag, i Brotestaniaid, parhawyd i amau ei statws, a hynny'n arbennig oherwydd agwedd diwygiwr mawr yr unfed ganrif ar bymtheg, Martin Luther.

Yn nhyb Luther, roedd epistol Iago 'yn epistol gwellt . . . am nad yw'n cynnwys yr efengyl'.[3] Yn ei gyfieithiad o'r Testament Newydd, rhoddodd Iago tua'r diwedd ynghyd â llythyr Jwdas, yr epistol at yr Hebreaid a Datguddiad Ioan, gan ei fod yn eu hystyried yn ysgrifeniadau eilradd. Ni chredai fod y llythyr yn gwbl ddi-werth, ond ystyriodd na chynhwysai unrhyw gyfeiriad at waith achubol Crist gyda'r pwyslais ar i gredinwyr ddychwelyd at y ddeddf grefyddol a'r angen i wneud gweithredoedd da. O ganlyniad, ni ellid ymddiried ynddo fel syflaen awdurdodol ar gyfer pregethu'r efengyl. Llenyddiaeth eilradd oedd, ac ni pherthynai i brif ddogfennau y ffydd. Yn ei *Preface to the New Testament*, daeth Luther i'r casgliad:

> In sum: the gospel and the first epistle of St John, St Paul's epistles, especially those to the Romans, Galatians and Ephesians; and St Peter's first epistle, are the works which show Christ to you. They teach everything you need to know for your salvation, even if you were never to see or hear any other book or hear any other teaching. In comparison with these, the epistle of James is an *epistle full of straw*, because it contains nothing evangelical.[4]

Tueddai y mwyafrif o Brotestaniaid gredu bod eu harloeswr hyglod yn gyfeiliornus yn ei feirniadaeth ar y llythyr. Yn hytrach na'i ystyried fel modd i ysbrydoli ffydd, dehonglwyd Iago fel llythyr sy'n annog credinwyr i fyw'r bywyd newydd yng Nghrist trwy eu gweithredoedd da. Mewn geiriau eraill, anogaeth i'r Cristion ydoedd wedi iddo dderbyn yr iachawdwriaeth a enillwyd trwy ras Crist. Ymhellach, rhaid cydnabod y posibilrwydd fod gormod wedi'i wneud o feirniadaeth Luther. Cydnabu werth y llythyr; ond nid ystyriodd ef yn rhan hanfodol o bererindod ffydd. Yng ngoleuni 1 Corinthiaid 3:12-15, sy'n sôn am y ffordd y mae credinwyr yn adeiladu ar sylfaen Iesu Grist gydag 'aur, arian, meini gwerthfawr, coed, gwair a gwellt', mae'n bosibl i Luther *flaenoriaethu* ffydd dros weithredoedd yn hytrach na gwrthod Iago yn gyfangwbl. Ei bwynt, felly, oedd y dylai'r Cristion osgoi adeiladu ar wellt ar draul 'aur' y gwir efengyl. Yn Nydd y Farn, yn ôl Paul yn ei lythyr at y Corinthiaid, 'bydd y tân yn profi ansawdd gwaith pob un' a derbynia'r adeiladwr ei wobr yn ôl canlyniad y llosgi. Eto, 'Os llosgir gwaith dyn, caiff ddwyn y golled, ond fe'i achubir ef ei hun, ond dim ond megis trwy dân.'

Ymddengys fod condemniad Luther o'r llythyr fel 'epistol gwellt' yn tarddu o'r ffordd y mae'r llythyr yn canolbwyntio *prima facie* ar 'weithredoedd' yn hytrach na 'ffydd'. Fel hyn y nododd Isaac Thomas 'hynodrwydd' yr epistol ymhlith llyfrau'r Testament Newydd.

Ni chynnwys unrhyw ddehongliad diwinyddol ar ffeithiau canolog yr efengyl. Yn yr Epistol at y Rhufeiniaid, er enghraifft, y mae'r hyfforddiant moesegol yn dilyn ac yn dibynnu ar drafodaeth ddiwinyddol helaeth o'r 'efengyl', ac y mae'r cysylltiad hwn rhwng yr esbonio diwinyddol a'r gofyn moesol yn ymhlyg ym mhob un o'r Epistolau eraill. Yr hyfforddiant moesegol yn unig a geir yn Epistol Iago.[5]

Eto, am y rheswm syml hwn, sef bod y llythyr yn hyrwyddo ffydd 'ymarferol' neu 'fyw', y daeth yn destun astudiaeth i Ysgolion Sul yr Anghydffurfwyr yng Nghymru ym 1922. Yn y bennod hon, edrychir ar y ffordd y trafodwyd epistol Iago gan yr Anghydffurfwyr, a gofynnir a yw'n cynnwys cenadwri'r efengyl gymdeithasol a oedd yn gymwys i'r oes. Gofynnir wedyn a ydoedd, mewn gwirionedd, yn 'epistol gwellt' i'r Anghydffurfwyr?

– I –

Gan yr ystyriwyd bod y llythyr yn cynnig cyngor ymarferol am weithredoedd da, nid yw'n syndod i'r Ysgolion Sul ddewis ei astudio ym 1922 pan oedd yr eglwysi i gyd yn trafod y broblem gymdeithasol a'r angen am adeiladu ar ôl difrod trychinebus a helaeth y Rhyfel Mawr. Yr hyn sy'n fwy diddorol, fe ddichon, yw'r ffaith fod tair o'r pedair cyfrol a gynhyrchwyd i helpu'r astudio wedi eu cyhoeddi cyn hynny ac fe'u hailgyhoeddwyd heb lawer o newidiadau.[6]

Cyfrol y Wesleaid, *Gwerslyfr ar Epistol Iago* a ysgrifennwyd gan Thomas Rowlands, Treorci, oedd yr unig un i gael ei chyhoeddi yn arbennig ym 1922. Y gyfrol gyntaf i ymddangos, ym 1898, oedd *Epistol Iago* gan John Puleston Jones, y pregethwr dall gyda'r Methodistiaid Calfinaidd. Yn ôl R. W. Jones, ei gofiannydd, llyfr Puleston yn anad dim achosodd 'ddeffro'r gydwybod gymdeithasol'.[7] Cyhoeddwyd y llyfr yng nghanol digwyddiadau tyngedfennol ynghylch dyfodol llafur a diwydiant yng Nghymru, yn arbennig yn y De. Y flwyddyn honno, clowyd gweithwyr y maes glo allan o'u gwaith am chwe mis yn dilyn anghydfod ynglŷn â chyflog. Canlyniad hyn oedd sefydlu Ffedarasiwn Glowyr De Cymru a ddeuai'n ddiweddarach yn ffocws ar gyfer gwleidyddiaeth radicalaidd yn y deheudir.[8]

Cyhoeddwyd cyfrol y Bedyddwyr, *Esponiad ar Epistol Iago* gan William Morris, hefyd o Dreorci, yn y lle cyntaf ym 1906, y flwyddyn a gydnabyddir yn gyffredinol fel yr un a dystiodd i drai terfynol y Diwygiad. Disgrifiwyd Morris gan William Joseph Rhys fel 'hyrwyddwr mudiadau dyngarol, dirwestol, ac addysgol yn y Rhondda, darlithiai lawer, ac roedd yn flaenllaw fel gwleidyddiwr'.[9] Nid syndod, felly, i ddysgeidiaeth Iago apelio ato gyda'i bwyslais honedig ar weithredoedd ymarferol.

Ysgrifennwyd cyfrol yr Annibynwyr, *Epistol Cyffredinol Iago*, gan D. Miall Edwards, athro cynhyrchiol Diwinyddiaeth Gyfundrefnol ac Athroniaeth Crefydd y Coleg Coffa – sef un o golegau hyfforddi'r enwad a leolwyd yn Aberhonddu. Fe'i cyhoeddwyd gyntaf ym 1911 – blwyddyn a welodd derfysgoedd yn Nhonypandy a sefydlu'r Ysgol Gwasanaeth Cymdeithasol dros Gymru i ddod â'r eglwysi i gysylltiad â phroblemau'r oes. Bu Miall Edwards yn un o sylfaenwyr yr Ysgol, a than 1934 a'i ymddeoliad cynnar o'i swydd oherwydd salwch, bu'n frwd ei gefnogaeth i fudiadau eglwysig a sefydlwyd i geisio sicrhau newid cymdeithasol.

Er mai cyd-ddigwyddiadau oedd y ffaith i'r cyfrolau ymddangos yng nghanol digwyddiadau pwysig a ddaeth â'r broblem gymdeithasol i sylw cyffredinol y cyhoedd, mae'n dal yn arwyddocaol mai mewn cyd-destun o anesmwythder cymdeithasol y digwyddodd astudio Iago ac ni ellir gwadu y credid y byddai astudio Iago yn arwain pobl i ddeall priodolrwydd neges yr efengyl i broblemau cymdeithas.

Os cyd-ddigwyddiad oedd cyhoeddi'r llyfrau am y tro cyntaf ynghanol berw cymdeithasol, polisi bwriadol oedd eu hail-gyhoeddi ym 1922 gyda'r amcan o annog Cristnogion i ymarfer eu ffydd mewn ffordd a esgorai ar drawsnewid cymdeithas er gwell. Degawd optimistiaeth fawr yn yr eglwysi, wedi difrod y rhyfel, oedd y 1920au. Nid ail-adeiladu'r gymdeithas oedd unig her y genhedlaeth honno, ond sylweddolwyd hefyd bod angen i sicrhau amgylchiadau gwell, gyda thai addas a thelerau gwaith mwy ffafriol yn ogystal â meithrin perthynas rhwng cenhedloedd, a wnâi gyfiawnhau rhyfel yn amhosibl yn y dyfodol. Cymerodd yr eglwysi ran amlwg a phwysig yn y trafodaethau, yng Nghymru yn ogystal ag mewn gwledydd eraill. Ail-gynullwyd yr Ysgol Gwasanaeth Gymdeithasol dros Gymru ym 1919 am y tro cyntaf ers dechrau'r rhyfel. Yn Chwefror 1920, dechreuodd eglwysi Prydain batratoi ar gyfer cynhadledd ar wleidyddiaeth, economeg a dinasyddiaeth Gristnogol (sef COPEC) a oedd i'w chynnal yn Birmingham ym 1924. Roedd y drafodaeth a gafwyd i baratoi ar gyfer y gynhadledd yn gynhwysfawr, a chyhoeddwyd deuddeg adroddiad yn trafod materion fel 'Natur Duw a'i bwrpas ar gyfer y byd', 'Gwleidyddiaeth a Dinasyddiaeth', 'Addysg', 'Y Cartref' ac ati. Ymhellach, roedd yr ymgynghoriad ar gyfer y gynhadledd yn arbennig o eang, gyda 200,000 o holiaduron yn cael eu dosrannu i gasglu barn y cyhoedd ar faterion llosg y dydd. Gellir ystyried astudio epistol Iago hefyd yn rhan o'r paratoadau ar gyfer y gynhadledd hon ac yn rhan o'r gobaith y cyfrannai crefydd rywbeth hanfodol i ddatrys y broblem gymdeithasol unwaith y byddai'r arweinwyr a'r crefyddwyr cyffredin yn deffro i'w cyfrifoldebau yn y cyfeiriad hwn.

Yn ogystal â hyn, mae'n wir hefyd fod yr eglwysi yn fwy parod i wrando ar yr 'efengyl gymdeithasol' honedig yn ystod y 1920au nag erioed o'r blaen. Yn wir, cyhoeddodd Walter Rauschenbusch, y Bedyddiwr Americanaidd ac un o arloeswyr y cysyniad o efengyl gymdeithasol, ei gyfrol bwysig a dylanwadol ar y pwnc ym 1918.[10] Bron yn baradocsaidd, seiliwyd yr 'efengyl gymdeithasol' hon ar unigolyddiaeth foesol a darddai o syniadaeth Kant. Ei phrif ddysgeidiaeth oedd y deuai gwelliannau cymdeithasol yn anochel unwaith yr ymrwymai unigolion i'r bywyd moesol.[11] Neges unigolyddiaeth ydoedd yn hytrach na neges neilltuol *gymdeithasol*, ond helpodd hyn iddi apelio at efengyliaeth draddodiadol Anghyd-ffurfiaeth. Roedd dynion fel D. Miall Edwards yn ddi-flino yn eu hymdrech yn ystod y degawd hwnnw i berswadio pobl am oblygiadau cymdeithasol yr efengyl, yn ogystal â rhai personol, oherwydd ei bod, yn ei hanfod, yn neges am y gwerthoedd uwch, sef cariad, brawdoliaeth a gwasanaeth hunan-aberthol. Unwaith y byddai unigolion yn troi at y gwerthoedd hyn, roedd yr effaith ar newidiadau cymdeithasol yn anochel. Ac anogwyd iddynt ymrwymo i *ymarfer* eu ffydd, neu i fabwysiadu'r gwerthoedd hyn, trwy astudio epistol Iago.

Mae'n bwysig cofio i'r datblygiadau hyn ddigwydd o fewn cyd-destun athrawiaethol a effeithiwyd yn fawr gan ryddfrydiaeth ddiwinyddol. Golwg optimistaidd o'r natur ddynol, a daniwyd gan ffydd yn esblygiad hanes, oedd rhyddfrydiaeth ac, yn ddigon ryfedd, ni ddisodlwyd hyn o gwbl gan farbareiddiwch y rhyfel. Felly roedd y ddynoliaeth yn teithio ar i fyny ar hyd llwybr a arweiniai at welliant a chyflawniad. Gellid gwarantu gwelliannau cymdeithasol, felly, ond rhaid oedd hefyd sicrhau ymrwymiad moesol yr unigolyn. Ac felly daeth athroniaeth Hegel, a'i syniad dialectig am gynnydd hanes, ac athroniaeth Kant, â'i bwyslais ar y gorchymyn di-amod, ynghyd.

Ond mae un sylw arwyddocaol pellach yn tarddu o ryddfrydiaeth ddiwinyddol ac sy'n berthnasol i'n dealltwriaeth o neges Iago. Roedd gan y rhyddfrydwyr farn bendant iawn am le a gwerth yr ysgrythurau. Nid llawlyfr ar gyfer gwelliannau cymdeithasol mo'r Beibl. Ni chynhwysodd orchymyn neilltuol i'r oes a brofai'n ateb y gellid ei gymhwyso ar gyfer pob problem gyfoes. Yn hytrach, cynhwysodd yr egwyddorion oedd yn angenrheidiol ar gyfer y bywyd ysbrydol. Felly, nid chwilio am atebion i brif gwestiynau'r cyfnod oedd nod astudio llythyr Iago. Ond roedd astudiaeth o'r fath yn cynorthwyo Cristnogion i ddarganfod yr egwyddorion tragwyddol a fyddai'n ofynnol i bobl y cyfnod eu cymhwyso ar gyfer y problemau a gyfodai yn eu byd. Gan gofio hyn, gellir edrych yn fras ar gynnwys y llythyr.

– II –

Er gwaethaf y ffaith nad yw dysgeidiaeth foesegol Iago yn dilyn dadansoddiad diwinyddol o'r efengyl, nododd Isaac Thoams ei fod yn 'atgynhyrchu *katechesis* y Cristnogion cynnar.'

> Fe geir y cwbl bron o'r patrymau hyfforddi ganddo: gorchmynnir rhoi heibio foesau drwg (1:21) ac ymwrthod â phob aflendid (4:8); gofynnir am arfer crefydd bur (1:27) a dangos ei rhagoriaethau trwy ymarweddiad da (2:8; 3:12-18; 5:7-11); hawlir ym-ddarostyngiad i Dduw (4:6; 7:10), llawenydd mewn profedigaeth (1:2), amynedd a chadernid wrth ddisgwyl dyfodiad yr Arglwydd (5:8) a gwrthwynebiad di-ildio i ddiafol (4:7).[12]

Mae'r llythyr yn dechrau trwy ganmol y rhai a ddioddefai brofedigaethau a themtasiwn. I'r rhai a barhaodd yn ffyddlon, tyfai eu ffydd o ganlyniad. Yn y bennod agoriadol, cyflwynir y darllennydd i'r syniad fod y tlawd wedi eu dyrchafu a'r cyfoethog ar fin cwympo (1:9-10) sy'n thema bwysig yn y llythyr ac sydd â goblygiadau amlwg

149

am ddiwinyddiaeth gymdeithasol (er mai rhywun dewr iawn a fyddai'n pwysleisio goblygiadau y fath syniadau). Er nad oes unrhyw ddibyniaeth lenyddol ar y naill na'r llall, ymddengys fod tebygrwydd rhwng geiriau Iago a rhai Mair yn y Magnificat ('tynnodd dywysogion oddi ar eu gorseddau, a dyrchafodd y rhai distadl; llwythodd y newynog â rhoddion, ac anfonodd y cyfoethogion ymaith yn waglaw', Luc 2:52-53) a rhai Iesu yn y Bregeth ar y Mynydd ('Gwyn eu byd y rhai sy'n dlodion yn yr ysbryd, oherwydd eiddynt hwy yw teyrnas nefoedd', Mth. 5:3). Ac mae'r bennod gyntaf hefyd yn cyflwyno'r syniad o 'fywyd sanctaidd' sy'n golygu 'gweithredu' y Gair ac nid gwrando arno yn unig (1:22).

> Ond am y sawl a roes sylw dyfal i berffaith gyfraith rhyddid ac a ddaliodd ati, a dod yn weithredwr ei gofynion, ac nid yn wrandawr anghofus, bydd y dyn hwnnw yn ddedwydd yn ei weithredoedd (1:25).

Heb 'weithredu' neu fyw ffydd, mae crefydd yn ddi-fudd ac yn ddi-werth.

Mae'r ail bennod yn dilyn yn naturiol o'r sylw diwethaf hwn trwy gondemnio'r ffafriaeth a ddangoswyd gan aelodau'r eglwys at y cyfoethog. Amharchwyd y tlawd o ganlyniad ac, ychwanega Iago braidd yn bryfoclyd: 'Onid y cyfoethogion sy'n eich gormesu chwi, ac onid hwy sy'n eich llusgo i'r llysoedd? Onid hwy sy'n cablu'r enw glân a alwyd arnoch?' (2:6). Hefyd, yn y bennod hon mae'r darn enwog hwnnw sy'n honni mai marw yw ffydd heb weithredoedd. Nid yw credu yn ddigonol ohono'i hun, meddai, oherwydd bod hyd yn oed y cythreuliaid yn credu (2:19). Yn wir, nid yw ffydd yn gyflawn, medd Iago, heb weithredoedd (2:22). Mae ffydd, felly, yn cael ei hamlygu nid trwy broffes eiriol ond mewn ffordd o fyw, sut y mae'r credadun yn trin eraill ac yn arbennig sut y mae'n trin y tlawd.

Mae'r drydedd bennod yn tywys y darllenwyr at oblygiadau ymarfer eu ffydd. Mae'n rhaid i'r Cristion reoli'i dafod. Er mai bychan yw'r tafod, mae ganddo allu sydd y tu hwnt i'w faint. Wrth reoli'r tafod, mae'r Cristion yn agos iawn at reoli'r corff cyfan neu at ymarfer hunan-reolaeth. Yn ogystal â hyn, rhybuddia Iago y beirniedir yr athrawon yn llymach nag eraill a bod doethineb oddi uchod yn dwyn ffrwythau da ('Ond am y ddoethineb sydd oddi uchod, y mae hon yn y lle cyntaf yn bur, ac yna'n heddychol, yn dirion, yn hawdd ymwneud â hi, yn llawn o drugaredd a'i ffrwythau daionus, yn ddiragfarn ac yn ddiragrith', 3:17).

Yn y bedwaredd bennod, cyfeiria Iago at groesdyniadau ymhlith y darllenwyr gwreiddiol, anhysbys i ni heddiw. Nid yw'n manylu ar y problemau hyn, ond rhoir y bai am yr anghytgord ar yr awydd am eiddo bydol. Mae 'cyfeillgarwch â'r byd yn elyniaeth tuag at Dduw', meddai (4:4) ac, o ganlyniad, mae'n rhaid iddynt ymostwng gerbron Duw (4:7-10) a 'gwneud y daioni y mae'n gwybod sut i'w wneud' (4:17).

Yn y bennod olaf (sy'n dirwyn i ben yn gwta heb unrhyw gyfarchion na ffarwél) rhybuddir y cyfoethogion fod trallod o'u blaenau pan gollant eu cyfoeth. Ac anogir Cristnogion i fod yn amyneddgar wrth ddisgwyl dyfodiad yr Arglwydd.

Felly, cynhwysa'r llythyr lu o gynghorion ymarferol, a rhai ohonynt yn gysylltiedig â phroblemau neilltuol a dyfodd ymhlith cynulleidfa ei ddarllenwyr neu ei wrandawyr gwreiddiol. Ymhlith themâu'r epistol, mae dwy yn arbennig bwysig, sef (1) mai marw yw ffydd heb weithredoedd; (2) bod y cyfoethog yn erbyn y tlawd a bod Duw o blaid y tlawd.

Fel yr awgrymodd Luther, nid oes unrhyw sôn am Grist yn y llythyr. Ni chyfeirir at ei farwolaeth a'i atgyfodiad nac at ei ddysgeidiaeth am Deyrnas Dduw. Dau gyfeiriad uniongyrchol at Iesu sy'n y llythyr, sef y cyfarchiad yn 1:1 a'r cwestiwn yn 2:1 sy'n gofyn os yw ffafriaeth mewn gwirionedd yn dangos ffydd yng Nghrist. Mae sawl cyfeiriad at 'yr Arglwydd': efe sydd 'i ddod' (5:7, 8); efe yw'r barnwr (5:9); efe yw'r enw a gyhoeddwyd gan y proffwydi (5:10); mae'n drugarog ac yn dosturiol (5:11) ac yn ei enw ef y dylid eneinio'r rhai sâl (5:14-15). Fel y gwelir, felly, nid am Iesu y meddylir bob tro yn y cyfeiriadau hyn.

Er hynny, ymddengys y cymerir ffydd yn Iesu Grist yn ganiataol yn yr epistol. Nid llythyr sy'n annog i bobl gredu yw hwn, ond un sy'n eu hannog i gydnabod bod goblygiadau a chanlyniadau i ffydd. Yn ôl Iago, ni ddylid llwytho euogrwydd ar ysgwyddau neb am iddo beidio â gwneud digon neu am iddo beidio ag ufuddhau'n llwyr i'r ddeddf grefyddol. Y cwbl a ddywed yw nad ffydd yn Iesu Grist sydd gan y rhai hynny nad ydynt yn byw nac yn gweithredu mewn cariad a chydymdeimlad at eu cyd-ddyn. Dengys y math yma o fywyd 'ffydd farw'. Mewn gwirionedd, pobl ddi-ffydd, ddi-gred ac anghrediniol yw'r sawl sy'n byw fel hyn.

Eto, ar wahân i'r ffaith y dylai gweithredoedd da darddu o ffydd, bod Duw o blaid y tlawd ac yn condemnio'r cyfoethog ('Ac yn awr, chwi'r cyfoethogion, wylwch ac udwch o achos y trallodion sy'n dod arnoch. Y mae eich golud wedi pydru, ac y mae'r gwyfyn wedi difa eich dillad...' 5:1-2), nid oes llawer yn y llythyr sy'n perthyn yn uniongyrchol i broblem gymdeithasol y 1920au. Er y byddai tlodi enbyd yn dod i olau dydd ar ôl y Streic Gyffredinol ym 1926, ac yn fwy amlwg yn ystod dirwasgiad y 1930au, yn y cyfnod hwn cyfyngwyd y broblem gymdeithasol, ym meddyliau arweinwyr crefydd, i faterion egwyddorion moesol megis addysg, cyflwr y cartref, perthynas y rhywiau, sut orau i dreulio oriau hamdden, sut dylid trin trosedd, sut dylid meithrin cysylltiadau rhyngwladol, barn Cristnogion am ryfel, y gwir berthynas rhwng diwydiant ac eiddo, natur gwleidyddiaeth a chyfrifoldebau dinasyddiaeth.[13] O ran geiriau neilltuol Iago, ni lefarodd yn uniongyrchol wrth gymdeithas ddiwydiannol yr ugeinfed ganrif ond, efallai, yn ei gondemniad o'r cyfoethog. Sut, felly, roedd yr Anghydffurfwyr yn dehongli neges y llythyr a'i berthnasedd mewn byd a relowyd gan y cwestiwn cymdeithasol?

– III –

Ymhob cyfrol a gynhyrchwyd gan y gwahanol enwadau mae'n eglur y teimlwyd yr angen i ddangos dilysrwydd epistol Iago fel rhan awdurdodol o'r Ysgrythur. Y brif thema ynddynt i gyd oedd sut y gellid cysylltu'r llythyr, gyda'i bwyslais ar 'weithredoedd', â phwyslais y Diwygwyr Protestannaidd ar *sola fide* – y ddysgeidiaeth mai trwy ffydd yn unig y ceir iachawdwriaeth. Mae'n amlwg i bob awdur weld yr angen am gysoni'r ddwy ddysgeidiaeth oherwydd y pwyslais ar weithredoedd yn y llythyr a blaenoriaeth ffydd yn yr efengyl a bregethwyd yn draddodiadol gan yr enwadau. Ond cyfaddefasant hefyd fod yn rhaid cysoni'r ddwy ddysgeidiaeth oherwydd pwysigrwydd 'gweithredoedd da' i'r oes. Roedd gan bob awdur ei ffordd ei hun i geisio cyflawni hyn.

Ceisiodd y Weslead Thomas Rowlands wahaniaethu rhwng realaeth fewnol a phrofiad allanol. 'Egwyddor lywodraethol'[14] oedd duwioldeb, a ddylai arwain at ffurfiau arbennig o weithredu. O ganlyniad, deuai gweithredoedd yn brawf o ffydd yn hytrach nag yn amod iachawdwriaeth.[15] Gallai gweithredoedd ymddangos yn dda, hyd yn oed os oeddent yn tarddu o ysgogiad drwg. Byddai hyn yn arbennig o wir am weithredoedd y rhai na fynnent gydnabod iachawdwriaeth trwy ffydd. Mewn geiriau eraill, nid yw gweithredoedd sy'n ymddangos yn dda yn rhai da mewn gwirionedd os ydynt yn tarddu o ymdrech yr unigolyn i'w achub ei hun. Mae ffydd yn Iesu Grist, felly, yn gynsail angenrheidiol i weithred sy'n wirioneddol dda. Felly, daeth Rowlands i'r casgliad na allai Iago, wedi iddo wrthod 'credu' fel rhywbeth 'diwerth ac ofer', fod yn gwrthod ffydd yn Iesu Grist.

Yn ôl y Bedyddiwr William Morris, nodweddwyd cyfnod dechreuol yr eglwys fore gan bregethu grymus o'r athrawiaeth Gristnogol. Ar ôl y cyfnod hwnnw, bu cyfnod 'ymarferol' pan weithiwyd allan oblygiadau'r ffydd trwy ymarfer y bywyd sanctaidd. Roedd Paul, a'i bwyslais ar aberth achubol Crist, yn perthyn i'r cyfnod 'athrawiaethol' tra'r oedd Iago, a'i alwad am weithredu a byw ffydd, yn perthyn i'r cyfnod 'ymarferol'. Ond datblygiad naturiol oedd hwn: 'nid meudwy yn byw iddo ei hun yw ffydd. Byw a wna i fuddiant personol ac i lediant cymdeithasol'.[16] Yn ei dyb ef, roedd Cymru (ym 1906) wedi cyrraedd y cyfnod ymarferol. Gyda'r pwyslais ar yr efengyl gymdeithasol a dreiddiai trwy'r cyfnod, a'r twf ym mhoblogrwydd y mudiad llafur, byddai'n eglurach fyth ym 1922 (blwyddyn ail-argraffu'r gyfrol) fod Cymru wedi cyrraedd cyfnod a bwysleisiai ffydd ymarferol.

Ymddengys fod y Methodist Calfinaidd, John Puleston Jones yn cytuno i raddau â'r ddwy farn a fynegwyd eisoes, ond yn eu cyfleu mewn ffordd ychydig yn wahanol. Iddo ef, roedd crefydd yn perthyn i'r bywyd mewnol a'r prif bryder oedd y galon a gwerthoedd moesol a thragwyddol. Ond rhaid oedd i grefydd fewnol ei mynegi ei hun yn allanol. Dyma a ddigwyddodd, meddai, yn yr eglwys yn Jerusalem: gwelodd yr aelodau eu bod yn perthyn i frawdoliaeth, ac yna dyna hwy'n mynd ati i feithrin ysbryd brawdol.[17] Mae'r syniad hwn yn agos iawn at farn William Morris sef bod cyfnod ymarferol wedi dilyn cyfnod athrawiaethol yn hanes yr eglwys fore tra hefyd yn dangos fod ffydd yn Iesu Grist yn ffydd sy'n effeithio ar fywyd bob dydd.

Dichon mai cyfrol D. Miall Edwards oedd y gyfrol fwyaf soffistigedig ohonynt i gyd o ran ei diwinyddiaeth. Pwysleisiodd mai pwrpas y llythyr oedd ddyrchafu crefydd ymarferol ar draul credo ddiffrwyth.[18] Wedi'i argyhoeddi bod yn rhaid mynegi'r ffydd Gristnogol yn ôl categorïau athronyddol yr oes, ymrwymodd Edwards i ailddehongli'r efengyl yn unol â chategorïau gwerthoedd moesol (Kant) a chysyniad y gwirionedd ysbrydol (Hegel). Seiliwyd epistol Iago, hefyd, ar gydnabod gwerthoedd moesol sy'n cyfateb i ffydd ac fe'u profir hwy yn bennaf yn fewnol. O ganlyniad, meddai, cydnabu yr epistol her yr efengyl (a'r her i weithredu ffydd) i bob unigolyn: ni allai honni fod y gyfundrefn gymdeithasol yn ddrwg ond, yn hytrach, fod y gyfundrefn gymdeithasol mor foesol dda ag yw'r rhai sy'n byw ynddi ac sy'n ei ffurfio. Dyma'r syniad cyffredin sy'n treiddio trwy'r efengyl gymdeithasol. Dim ond ar ôl i unigolion droi at y gwerthoedd moesol uchaf – a fynegwyd yn y cyfnod fel tadolaeth cyffredinol Duw a brawdoliaeth gyffredinol dyn – y gallai cymdeithas gael ei thrawsffurfio. Tueddu i fod yn gyffredinol oedd sylwadau Edwards ar y mater, yn debyg i rhai ei gyd-awduron, gyda'r bwriad i godi ymwybyddiaeth o werthoedd moesol ac ysbrydol yn hytrach nag enwi drygioni cymdeithasol neilltuol a dangos y ffordd y mae'r Beibl yn eu condemnio ac yn hyrwyddo codi cymdeithas well.

Yn ei bwyslais ar yr ymarferol, gwelodd y dynion hyn gysylltiad rhwng Iago a dysgeidiaeth Iesu yn y Bregeth ar y Mynydd. Er bod cytundeb cyffredinol nad yw'r epistol yn dibynnu'n llenyddol ar bumed pennod Mathew, ystyriai William Morris mai 'esboniad' o'r bregeth oedd llythyr Iago,[19] tra honnai Puleston fod Iago'n ddyledus i'r bregeth.[20] Ni chysylltai Miall Edwards y ddau yn y ffordd hon, ond tynnodd hwy at ei gilydd fel modd i drawsffurfio'r eglwys fore a'r sefyllfa gyfoes ill dau. Ysgrifennodd:

A phwy a all fesur maint y gweddnewidiad cymdeithasol a effeithid pe rhoddid mewn gweithredoedd egwyddorion y Bregeth ar y Mynydd ac Epistol Iago? Buddiol fyddai i'r ugeinfed ganrif wrando ar yr hyn sydd gan yr awdur hwn i'w ddywedyd am ddrygau cymdeithasol.[21]

Ac eto, ni chynigiodd yr un o'r awdurdon ddim byd ymarferol trwy ddehongli'r neges i'r Gymru ddiwydiannol (neu amaethyddol) ddechrau'r ugeinfed ganrif. Fe'u hysgrifennwyd mewn cyd-destun diwinyddol a gredai y dylid ymdrechu i wella cymdeithas ond a gredai hefyd mai hanfod yr efengyl oedd yr egwyddorion a'r gwerthoedd a effeithiai ar y bywyd mewnol. O ganlyniad, dylid pregethu'r efengyl honno heb boeni'n ormodol am sefyllfa bob dydd y ddynoliaeth. Mynnodd Thomas Rowlands nad oedd yr eglwys yn cefnogi'r status quo, ond yn hytrach iddi gydnabod dyhead y gorthrymedig 'am ddedwyddach byd dan loywach nen'. Ac eto daeth i'r casgliad fod 'yr hyn ni ellir ei wella, fe ellir, drwy amynedd, ymgynnal dano.'[22] Cyfeiriodd William Morris at boblogrwydd epistol Iago ym mlynyddoedd cynnar yr ugeinfed ganrif oherwydd y pwyslais ar fywyd ymarferol, ond ni cheisiodd gymhwyso'r ddysgeidiaeth fel mater pwysicaf yr oes. Nid oedd gan hyd yn oed Miall Edwards, oedd yn brysurach na llawer yn hyrwyddo'r efengyl gymdeithasol, fawr iawn i'w ddweud yn uniongyrchol wrth y sefyllfa gyfoes. Cydnabu petai Iago'n byw yn yr oes honno, 'diamau y buasai ganddo rywbeth i'w ddywedyd ar gwestiwn cyfalaf a llafur', ond nid awgrymodd beth y gallai'r rhywbeth hwnnw fod. Cymeradwyodd eiriau Iago 5:1-6, sef y geiriau sy'n condemnio'r cyfoethog, gyda'r geiriau 'buasai'n dda i bob *profiteer* eu darllen yn y dyddiau diwethaf hyn'.[23] Ond, fel y tri arall, roedd ei lyfr yn fwy o esboniad hanesyddol a geirfaol ar y llythyr, ei adnodau a'i gynnwys, yn hytrach na ffordd o ddatgan Gair proffwydol i'r oes.

Mae'n debyg i'r tri awdur ystyried datgan y fath air proffwydol yn rhwybeth cwbl amhriodol, a hynny am ddau reswm. Yn gyntaf, llawlyfrau oedd y rhain ar gyfer yr ysgol Sul. Eu bwriad oedd dwysáu ysbrydolrwydd pobl ac ehangu eu gwybodaeth a'u dealltwriaeth o'r ysgrythurau. Felly dylid cadw unrhyw gymhwysiad neges Iago i'r bobl tan ar ôl iddynt gael eu perswadio am berthnasedd ei neges. Yn ail, hyrwyddwyd y dull 'hanesyddol-feirniadol' o drafod y Beibl yn y cyfnod. Roedd cyd-destun i'r ysgrythurau. Trwy ddeall y cyd-destun hwnnw, gellid dirnad ystyr hanesyddol a gwreiddiol y geiriau. Fel arfer dehonglwyd yr ystyr hwnnw (yn y cyfnod dan sylw) yn nhermau egwyddorion a gwerthoedd moesol. Gallai llythyr Iago, yn debyg i ddogfennau eraill y Testament Newydd, gynnig y gwerthoedd hynny, ond ni allai lefaru gair mwy uniongyrchol i'r sefyllfa gyfoes. Roedd yn perthyn i gyfnod arall a oedd, o ran ei anghenion cymdeithasol, yn gwbl wahanol i'r presennol. Felly, gosodwyd y cyfrifoldeb yn llwyr ar gredinwyr cyfoes i ddehongli ei eiriau ar gyfer anghenion y presennol.

Er i lawer honni o hyd mai dyma'r ffordd briodol o astudio'r ysgrythur, collodd yr awduron hyn gyfle euraid i effeithio ar eu hoes. Problemau cymdeithasol yr oes a'r galw am gyfarwyddyd dros y materion hyn a arweiniodd, mae'n debyg, at astudio epistol Iago yn y lle cyntaf ar ddechrau'r 1920au. Gallai'r dynion hyn fod wedi bod yn fwy beiddgar a gwneud cysylltiad mwy pendant rhwng geiriau'r llythyr a'r gymdeithas gyfoes, neu o leiaf wedi annog eu darllenwyr i wneud y cysylltiad hwnnw. Ni wnaethant hynny ac, yn y pen draw, ni wnaed y cysylltiadau o gwbl a thrwy hynny daeth llawer i ystyried crefydd yn beth arall-fydol ac anymarferol – casgliad eironig gan ystyried yr enw ymarferol oedd gan epistol Iago.

– IV –

Afraid dweud mai'r mater pwysicaf a gododd y dynion hyn oedd natur a lle 'gweithredoedd' yn y gymuned ffydd. Yn hyn o beth eu tuedd oedd pegynu'r efengyl rhwng haeriadau Paul am effeithiolrwydd ffydd a phwyslais Iago ar weithredoedd. Roedd dwy o'r cyfrolau – yr un gan Puleston Jones a'r un gan Miall Edwards – yn cynnwys trafodaeth gyflawn am y berthynas rhwng ffydd a gweithredoedd.

Dehonglodd Puleston Jones a Miall Edwards y broblem yn nhermau perthynas, er i Jones weld yr ateb mewn termau personol tra bod Edwards yn gweld yr ateb yn nhermau syniadau. Ysgrifennodd Puleston am Paul ac Iago: 'gwyddom o lyfr yr Actau eu bod yn cyd-dynnu'n ardderchog, er pob gwahaniaeth oedd rhyngddynt.' Datganodd fod 'a fyno ffydd a holl fanylion eich bywyd. Y mae ei hysbryd hi'n treiddio trwy bob peth a wneloch ar air neu ar weithred.' Mewn geiriau eraill, yn nhyb Puleston dyma'r hyn a olygodd Paul ac Iago ill dau wrth sôn yn gadarnhaol am ffydd. 'Nid y ffydd a ganmolir gan Paul a gondemnir gan Iago.'[24] I Puleston, dim ond 'ffydd' oedd ag effeithiolrwydd achubol. Ar ben hynny, un math o ffydd yn unig oedd â'r effeithiolrwydd achubol hwn, sef y ffydd a esgorai ar weithredoedd da. Credai fod Paul ac Iago yn gytûn ar hyn. Cred ffug oedd y gred a ystyriai 'weithredoedd' fel moddion i ennill iachawdwriaeth.

Nid y meddwl yw, y gall dyn gael ei gyfiawnhau trwy weithredoedd yn gystal a thrwy ffydd, ond nad yw ffydd yn cyfiawnhau oni bydd ganddi weithredoedd, nad yw y ffydd sy'n cadw ddim yn bod, yn wir, ar wahân i weithredoedd.[25]

Awgrymodd Puleston fod dau air Cymraeg sy'n gwahaniaethu rhwng y ffydd sy'n allweithio mewn gweithredoedd – sef ymddiried – a'r ffydd nad yw'n allweithio mewn gweithredoedd – sef coelio.[26]

Y mae byd o wahaniaeth rhwng cydnabyddiaeth farw o'r gwirionedd, cydsyniad noeth â ffurf yr ymadroddion iachus â'r ffydd fywiol honno, sy'n cydweithio â Duw mewn ufudd-dod ewyllysgar ac ymddiried llwyr.[27]

Aeth Puleston ymlaen i honni na wrthododd Paul weithredoedd – dim ond y gweithredoedd a wnaed 'i'r Brenin Mawr yn fargen am ein cyfiawnhau'. Gall gweithredoedd o'r fath ymddangos yn 'weithredoedd da', ond ysbryd cyfeiliornus sydd y tu ôl iddynt. Maent yn sawru o ysbryd y ddeddf grefyddol. Ymddengys mai'r cymhelliad ysbrydol oedd yn bwysig i Puleston yn hytrach na'r gweithredoedd eu hunain. Ysbryd y peth, felly, a reolai ei ddaioni.

I raddau, ni chymerodd Puleston y gwahaniaethau rhwng Paul ac Iago o ddifrif. Ymddengys ei fod wedi sgwario dysgeidiaeth y ddau apostol mewn ffordd braidd yn syml. Ystyrier, er enghraifft, y ddwy adnod a ganlyn:

Yr ydym ni gan hynny yn cyfrif mai trwy ffydd y cyfiawnheir dyn, heb weithredoedd y ddeddf (Rhuf. 3:28).

Chwi a welwch gan hynny mai o weithredoedd y cyfiawnheir dyn, ac nid o ffydd yn unig (Iago 2:24).

Pe seilir y ddadl ar y ddwy adnod hon yn unig, yna mae'r croesddweud yn gwbl eglur ac yn ddigymrodedd. Mae'r ddau yn defnyddio'r un termau, sef 'ffydd', 'gweithredoedd' a 'chyfiawnhau'. Yn wir, mynnodd Luther nad oedd unrhyw ffordd i ddatrys y broblem hon ac unioni dysgeidiaeth y ddau ddyn:

Bu llawer yn llafurio ac yn ymboeni i gysoni Epistol Iago â dysgeidiaeth Paul, ond nid yn llwyddiannus, canys y mae y dywediad 'ffydd sy'n cyfiawnhau,' a'r dywediad 'nid ffydd sy'n cyfiawnhau' yn hollol groes i'w gilydd. Y neb all wneyd i'r ddau osodiad hyn gynghaneddu, i hwnnw y rhoddaf fy urddau, a chaiff fy ngalw yn ffŵl!²⁸

Os lleihau'r gwahaniaeth hwn oedd tuedd Puleston, tueddai Miall Edwards i'w or-bwysleisio. Trafododd y gwahaniaeth yn helaeth cyn dod i'r un casgliad â Puleston nad oedd anghytundeb rhwng Paul ac Iago ar hanfodion y ffydd. Yn ei dyb ef, cyfyd dau gwestiwn o'r gwrthddweud ymddangosiadol rhwng efengyl Paul a neges Iago. Yn gyntaf, mae'r cwestiwn hanesyddol neu lenyddol sy'n holi a oedd un o'r awduron wedi gweld llythyr y llall ac a ysgrifennwyd yr ail lythyr i wrthbrofi honiadau'r llythyr cyntaf? Neu a oedd y ddau wedi ysgrifennu eu llythyrau yn ddiarwybod o fodolaeth y llall? Yn ail, mae'r cwestiwn athronyddol: 'a ellir cysoni dysgeidiaeth y naill a'r llall ar fater y cyfiawnhad, ac ynte a ydynt yn hollol anghytûn?'

Nid oedd unrhyw amheuaeth ym meddwl Edwards bod awdur epistol Iago yn ddibynnol ar feddwl yr apostol Paul. Yn ei dyb ef, dadl Gristnogol ac nid dadl Iddewig fu'r gwrth-ddweud rhwng ffydd a gweithredoedd, a Paul oedd y tu ôl i'r ddadl honno.

> Meddwl mawr a gwrieddiol Paul, yng ngoleuni ei brofiad personol o'r Crist byw, oedd y cyntaf i weld yn glir y cyferbyniad rhwng ffydd a gweithredoedd . . . Nis gallaf gredu fod Iago yn ysgrifennu yn hollol annibynnol ar Paul.²⁹

Fodd bynnag, arhosodd y cwestiwn a oedd Iago wedi ysgrifennu i wrthbrofi Paul neu *vice versa*?

I ateb y posibilrwydd cyntaf, adroddodd Edwards fod Luther, F. C. Baur, Schwegler, Albert Ritschl ac Ernst Renan i gyd wedi cefnogi'r syniad hwn. Yn wir, barn Schwegler oedd, pan ddywedodd Iago 'Eithr a fynni di wybod, *o ddyn ofer*, am ffydd heb weithredoedd, mai marw yw?' iddo olygu mai Paul oedd y *dyn ofer* hwnnw! Daliodd Edwards nad oedd y ddadl hon yn dal dŵr wedi cyngor Jerusalem a gadeiriwyd gan Iago (Actau 15) a phryd estynnodd ef i Paul a Barnabas 'ddeheulaw cymdeithas' (Gal. 2:9). Eto, yn adleisio Puleston, honnodd Miall:

> Y ffaith yw, nid yw Iago yn cyffwrdd ag ymresymiad Paul o gwbl, oblegid nid y ffydd ganmolir gan Paul a gondemnir gan Iago, ac nid y gweithredoedd gondemnir gan Paul a ganmolir gan Iago.³⁰

Am yr ail bosibilrwydd, fod Paul wedi ysgrifennu i wrthbrofi Iago, (honiad a gefnogwyd gan Mayor a Plumptre), roedd Edwards o'r farn bod hon yn ddadl anodd ei chynnal. Nid oedd unrhyw dystiolaeth, meddai, fod Paul yn ymwybodol o lythyr Iago, na'i fod wedi'i wrthod, ac yn wir 'cytunasai â Iago fod ffydd ddiffrwyth yn hollol anfuddiol, a bod y ffydd sy'n cyfiawnhau, yn unol â deddf ei natur, yn esgor ar weithredoedd da'.[31]

Yn nhyb Edwards, y ddamcaniaeth debycaf oedd bod Iago 'yn cywiro cam-gasgliadau o ddysgeidiaeth Paul'.[32] Y rhai dan sylw oedd yr antinomiaid a gredai eu bod uwchlaw'r ddeddf foesol a bod 'cyfiawnhad trwy ffydd' ynddo'i hun yn ddigonol, heb i'r ffydd honno effeithio ar drawsnewid y person gan ei arwain, trwy'r Ysbryd, i sancteiddhad. I Paul, roedd 'sancteiddhad' yn dilyn 'cyfiawnhad', ac yn arwain i fywyd pur, ac ymrwymiad i weithredu'n dda. Camddeallwyd hyn gan rai, a bwriad Iago oedd cywiro'r camddealltwriaeth trwy fynnu bod 'ffydd heb weithredoedd yn farw'.[33]

Yn ôl Edwards, felly, gellid dal dysgeidiaeth wahanol y ddau awdur a'r adnodau cyferbyniol (Rhuf. 3:28; Iago 2:24), yn gywir 'yn yr ystyr roddir iddynt gan yr awdur'.[34] 'O'u cymryd felly, y maent yn gyson â'i gilydd o ran eu gwir ystyr, er yn anghyson o ran ffurf y brawddegiad.'[35] Felly, yn nhyb Edwards, nid anghytunodd y ddau ar fater holl-bwysig cyfiawnhad. Tarddai'r gwahaniaeth honedig o'r ffaith fod y ddau yn ceisio ateb cwestiynau gwahanol. Ar agweddau hanfodol y ffydd, roeddent yn hollol gytûn.

Esboniodd Edwards y gwahaniaeth trwy honni bod Iago a Paul yn defnyddio'r un geiriau, ond yn rhoi ystyr gwahanol i'r geiriau hynny. I Paul, ffydd oedd 'yr *holl enaid* yn troi tuag at ei wrthddrych ac yn pwyso arno mewn agwedd o ymddiriedaeth lwyr', ond i Iago, nid oedd y ffydd i'w chondemnio yn ddim byd namyn 'cydsyniad ffurfiol â rhyw wirionedd'.[36] Pan soniodd Paul am 'weithredoedd y ddeddf' roedd yn condemnio gweithred fecanyddol a wnaed yn unol â deddf allanol yn hytrach na 'chymhellion mewnol ac ysbrydol yn y galon'.[37] 'Ond wrth "weithredoedd" y golyga Iago weithredoedd o gariad a thosturi; yn tarddi o ffydd fewnol, fywiol; a Phaul fuasai'r olaf i ddwyed gair yn erbyn y cyfryw.' Pan sonia Paul am 'gyfiawnhad' golyga 'y ddedfryd ddwyfol drwy ba un y cyhoeddir y credadyn yn gyfiawn, ac y dygir ef i iawn berthynas â Duw, ar *ddechreu* y bywyd newydd. Ond wrth gyfiawnhad y golyga Iago y ddedfryd honno yn cael ei chyfreithloni a'i chyfiawnhau ger bron Duw ym muchedd ymarferol y credadyn, *ar ôl* dod ohono i berthynas iawn â Duw.'[38] Yn nhyb Edwards, gellir crynhoi'r efengyl Baulaidd yng ngeiriau Effesiaid 2:8-10:

> Canys *trwy ras* yr ydych yn gadwedig, *trwy ffydd*; a hynny nid ohonoch eich hunain; rhodd Duw ydyw: *nid o weithredoedd*, fel nad ymffrostiai neb. Canys ei waith ef ydym, wedi ein creu yng Nghrist Iesu *i weithredoedd da*, y rhai a rag-ddarparodd Duw, fel y rhodiem ni ynddynt.

I Miall Edwards, dengys y geiriau hyn yr efengyl yn ei holl gyflawnder gogoneddus. Sôn am un agwedd o'r efengyl yn unig oedd Iago ac felly, wrth chwilio amdani yn y llythyr, efengyl eilradd ac anghyflawn a geid. Ond ni olygai hyn fod llythyr Iago'n ddiwerth. Am eiriau Paul at yr Effesiaid, meddai Miall:

> Ceir yma ddyfnach a chyfoethocach efengyl nag a geir yn Iago, ond ni cheir yn Iago *ddim sydd anghyson â hi* . . . Rhaid cydnabod fod Paul yn ein harwain yn nes at fêr crefydd efengylaidd; ond y mae lle pwysig i'r ddysgeidiaeth symlach, eglurach, mwy ymarferol, a nes at lefel ein bywyd cyffredin a geir yn Epistol Iago. Ceidw y naill ni rhag camddeall dysgeidiaeth y llall.[39]

– V –

Mae'r drafodaeth fer hon ar y ffordd yr esboniodd Anghydffurfwyr Cymru epistol Iago yn yr ugeinfed ganrif gynnar yn taflu goleuni ar dri mater pwysig.

Yn gyntaf, ac yn bennaf, nad oes unrhyw groes-ddweud yn y Testament Newydd rhwng blaenoriaeth ffydd a phwysigrwydd gweithredoedd. I ddiwinyddion a gweinidogion a oedd yn olrhain eu llinach i'r Diwygiad Protestannaidd, roedd yn angenrheidiol cadw at y ddysgeidiaeth mai trwy ffydd yn unig y sicrheir cyfiawnhad. Gair deinamig Duw oedd yr efengyl a ddatganai 'a ninnau'n ddiymadferth' (Rhuf. 5:6) i Dduw 'roi ei unig Fab' i'r byd (In. 3:16) i'w achub. Rhaid gwrthod unrhyw awgrym y gellir gwneud bargen â Duw yn seiliedig ar ddaioni dynol oherwydd 'bod Crist wedi marw drosom pan oeddem yn dal yn bechaduriaid' (Rhuf. 5:8). Nid oes gan 'weithredoedd da' unrhyw effeithiolrwydd achubol, ond maent yn ganlyniad naturiol byw bywyd o ffydd. Mae'n debyg fod Paul yn gyfrifol am esbonio'r fath ffydd; ond Iago, fe ddichon, a dynnodd sylw at y fath weithredoedd. Perswadiwyd yr Anghydffurfwyr hyn nad oedd y fath beth â ffydd yn bod o ddifrif oni bai bod hynny yn arwain y person i gyflawni gweithredoedd da. Dyna, yn ei hanfod, oedd eu dehongliad o neges epistol Iago hefyd. Nid yw'n syndod, felly, eu bod hwy wedi annog y gymuned ffydd, yn y dyddiau ar ôl y Rhyfel Mawr, i weld tasg ail-adeiladu cymdeithas a datrys y broblem gymdeithasol fel rhan o'u galwedigaeth gan Dduw ac fel rhan o'u tystiolaeth a'u gwasanaeth iddo yn y byd.

Yn ail, mae'r dadansoddiad o Iago yn tynnu ein sylw at y pwyslais a roddwyd gan Anghydffurfwyr y cyfnod ar y bywyd mewnol. Dan ddylanwad Hegel, daethant i gredu mai ysbryd oedd y cwbl, gyda'r Ysbryd tragwyddol cyffredinol hefyd yn trigo ym mywyd yr unigolyn a'i dywys felly at fywyd cyflawn a moesol dda. Egwyddorion a gwerthoedd, felly, oedd y prif gategorïau am mai hwy oedd y dylanwadau mwyaf ar y bywyd mewnol hwn. Eironi'r ddealltwriaeth hon oedd iddi ddod i'w bri mewn cyfnod a ddaeth yn fwyfwy ymwybodol o'r problemau allanol a materol a effeithiai ar bobl gyffredin. Yn wir, daeth yr Anghydffurfwyr i gredu bod amgylchiadau allanol yn effeithio ar y bywyd mewnol a dyna oedd yn cyfiawnhau eu diddordeb a'u cyfraniad i'r ddadl ynghylch y broblem gymdeithasol. 'Prin y gall enaid dyn dyfu i'w bosibilrwydd eithaf mewn *slum*,' meddai D. Miall Edwards mewn man arall, 'mwy nag y gall *geranium* dyfu i'w lawn liw a'i lun mewn seler.'[40] I'r dynion hyn, deuai gwelliannau cymdeithasol yn anochel wedi i'r unigolion ymrwymo i egwyddorion uwch a gwerthoedd moesol. Strategaeth hir-dymor oedd hon, a oedd i ddod â newid a fyddai'n goroesi ac yn parhau i ddatblygu tuag at berffeithrwydd. Dichon mai'r prif wendid yn eu dealltwriaeth oedd na roddwyd digon o ystyriaeth i amodau allanol, a dyna oedd yr ystyriaethau oedd yn pwyso fwyaf ar y werin. Nid syndod, felly, yw'r ffaith nad apeliodd eu 'hefengyl gymdeithasol' at lawer yn y cyfnod ac, er gwaethaf eu hewyllys dda, fe'i gwrthodwyd gan lawer fel ymateb anymarferol a di-werth.

Yn drydydd, dengys yr astudiaeth hon syniad penodol iawn am y ffordd y dylid dehongli'r ysgrythurau. Yn gyffredinol, ystyriwyd Iago fel epistol a hyrwyddodd 'weithredoedd da' a 'chrefydd ymarferol' a fyddai'n helpu datrys problemau cymdeithasol yng Nghymru, Prydain ac Ewrop ar ôl y rhyfel. Eto, ychydig a ddywedwyd, mewn gwirionedd, ynghylch sut yr oedd yr epistol yn berthnasol, ac yn effeithiol, i'r dasg oedd wrth law. Buasai'n bosibl dweud llawer, ond mae'r cyfrolau hyn i gyd yn ymddiried yn anogaeth y llythyr i weithredu gweithredoedd da yn tarddu o ffydd yn hytrach na chynnig syniadau penodol yn seiliedig ar orchmynion Duw. Yn hytrach na chynnig unrhyw arweiniad uniongyrchol ynglŷn â phroblemau'r byd, darparodd yr ysgrythurau egwyddorion a chynseiliau ar gyfer cynlluniau yr oedd yn rhaid i'r bobl eu gweithio allan yn eu hamser a'u cyd-destun eu hunain.

Mae'n bosibl fod hyn yn wendid mawr. Mewn oes a oedd yn barod i gydnabod yr alwad i hyrwyddo ac i weithio am heddwch a chyfiawnder, ymddengys fod yr eglwysi'n cynnig cyngor eithaf amhendant yn y mater ac, o ganlyniad, mae'n bosibl iddynt fforffedu eu lle ymhlith y mudiadau a oedd yn gweithio er sicrhau newid. Yn wir, yn ystod y 1920au dechreuodd yr egin-fudiad llafur a'r eglwysi yng Nghymru fynd eu ffyrdd gwahanol, gyda'r cyntaf yn fuan yn denu'r rhai oedd yn chwilio am ateb ymarferol i'r broblem. Yn aml, digwyddai hyn ar draul llwyddiant yr eglwysi.[41]

Diau y tarddodd hyn o'r ffaith nad oedd gan y rhan helaeth o Gristnogion alluoedd deallusol tebyg i ddynion megis Puleston Jones, William Morris ac, yn abennig, Miall Edwards. I'r dynion hyn, roedd y cysylltiadau'n amlwg rhwng egwyddorion yr efengyl, a oedd i'w darganfod yn hen ddogfennau'r ffydd, a'r broblem gymdeithasol, a oedd i'w hateb trwy ddehongli'r gymdeithas gyfoes. I eraill, roedd angen esbonio'r cysylltiadau hyn yn fanwl iawn. Heb amheuaeth, i Edwards mater o gydnabod fod yr efengyl yn llefaru wrth fywyd yn ei holl agweddau ydoedd, yn hytrach nag ymwneud â'r ysbryd neu'r enaid yn unig. Wedi deall hyn, daeth geiriau'r llythyr yn arwyddocaol ac yn bwysig o ran gwasanaeth a thystiolaeth yr eglwys yn y byd modern. Miall Edwards a fynegodd yn fwyaf eglur bwysigrwydd yr epistol:

. . . os am gael ein hatgofio'n effeithiol fod crefydd Crist yn fwy na chyfundrefn o athrawiaeth i'w deall a'i myfyrio, a hyd yn oed yn fwy na phrofiad neu deimlad mewnol i'w fwynhau yn nirgelfa'r galon, ei bod hefyd yn foesoldeb ymarferol aruchel a thrylwyr ac fel y cyfryw yn hawlio *type* uchel o fuchedd ac ymarweddiad, ni allwn wneuthur yn well na throi'n fynych i'r Epistol hwn.[42]

O ganlyniad, i Miall Edwards o leiaf, ni allai Iago fod yn 'epistol gwellt'.

---

1. Codwyd cwestiynau ymghylch awduriaeth yr Epistol a brawd Iesu gan sawl ysgolhaig gan gynnwys James Moffatt a Martin Dibelius am fod Iago naill ai wedi'i ferthyru yn 62 O.C. (yn ôl Joseffws) neu 69 O.C. (yn ôl Hegesippus). Ni allai 'brawd yr Arglwydd lunio Epistol yn y cyfnod cyn 69 heb grybwyll hawliau Meseianaidd yr Iesu, heb gyfeiriad at ei groeshoeliad a heb adlewyrchu dim o'r ymryson ynglŷn â'r Gyfraith ac amodau derbyn cenedl-ddynion i'r Eglwys'. Gw. Isaac Thomas, *Arweiniad i'r Testament Newydd* (Caerdydd, 1963), t.216.
2. 'So, then, in the early church no one really questioned the value of James; but in every branch of the church it had to go through a period when it was regarded with questions, and when its right to be considered a New Testament book was under dispute.' William Barclay, *The Letters of James and Peter* (ail arg. Edinburgh, 1960), tt.3-6. Gw. hefyd Isaac Thomas, *Arweiniad i'r Testament Newydd*, tt.216-7.
3. Yn ei Ragymadrodd i'r Testament Newydd (1545). Gw. E. G. Rupp and B. Drewery, *Martin Luther: Documents of Modern History* (Llundain, 1970), tt.94-5.
4. Wedi'i ddyfynnu yn Barclay, *The Letters of James and Peter*, t.7.
5. Isaac Thomas, *Arweiniad i'r Testament Newydd*, tt.215-6.
6. Ysgrifennwyd llawlyfr arall gan D. M. Phillips, *Esponiad ar Iago* (Caerdydd, 1922) ond nid oedd statws swyddogol gan y llawlyfr hwnnw yn yr enwadau.
7. R. W. Jones, *John Puleston Jones* (Caernarfon, 1929), t.228.
8. Gw. Hywel Francis a David Smith, *The Fed: A History of the South Wales Miners in the Twentieth Century* (Llundain, 1980).
9. J. E. Lloyd a R. T. Jenkins (goln), *Y Bywgraffiadur Cymreig hyd at 1940* (Llundain, 1953), t.628.
10. Walter Rauschenbush, *A Theology for the Social Gospel* (Efrog Newydd, 1918).
11. Gw. *The Welsh Outlook* (1922), tt.236-7.
12. Isaac Thomas, *Arweiniad i'r Testament Newydd*, t.215.

13. Dyma'r pynciau a drafodwyd yn adroddiadau COPEC (1924).
14. Thomas Rowlands, *Gwerslyfr ar Epistol Iago* (Bangor, 1922), tt.41-2.
15. Rowlands, *Gwerslyfr*, t.51.
16. W. Morris, *Esponiad ar yr Epistol at Titus ac Epistol Iago* (Tonypandy, 1906), t.57.
17. J. Puleston Jones, *Epistol Iago* (Caernarfon, 1922), t.lv.
18. D. Miall Edwards, *Epistol Cyffredinol Iago* (Abertawe, 1922), t.xi.
19. Morris, *Esponiad*, t.13.
20. Puleston Jones, *Epistol Iago*, t.lxiii.
21. Edwards, *Epistol Cyffredinol Iago*, t.xx.
22. Rowlands, *Gwerslyfr*, t.81.
23. Ibid., t.xx.
24. Puleston Jones, *Epistol Cyffredinol Iago*, t.28.
25. Ibid., t.29.
26. Ibid., t.29.
27. Ibid., t.30.
28. Edwards, *Epistol Cyffredinol Iago*, t.100.
29. Ibid., t.95.
30. Ibid., t.96.
31. Ibid., t.97.
32. Ibid., t.98.
33. Ibid.
34. Ibid., t.99.
35. Ibid.
36. Ibid., t.101.
37. Ibid.
38. Ibid.
39. Ibid., t.104.
40. D. Miall Edwards, 'Neges Gymdeithasol yr Efengyl', yn *idem* (gol.), *Efengyl y Deyrnas: Draethodau ar Faterion Moesol a Chymdeithasol* (Bala, 1927), t.23.
41. Gw. Robert Pope, *Building Jerusalem: Nonconformity, Labour and the Social Question in Wales, 1906-1939* (Cardiff, 1998).
42. Edwards, *Epistol Cyffredinol Iago*, t.xx.

8

COPEC A BANGOR:
ARBRAWF MEWN CRISTNOGAETH YMARFEROL*

Ym 1928, codwyd ugain o dai a'u gosod i bobl yn ninas Bangor. Nid oedd hyn yn beth arbennig o newydd. Mabwysiadodd cyngor y ddinas bolisi tai, ar ôl y Rhyfel Mawr, a oedd yn adlewyrchu addewid y llywodraeth i wneud gwlad 'addas i arwyr fyw ynddi'. Roedd y tai, felly, yn rhan o bolisi cyffredinol i symud pobl o'r slymiau i gartrefi mwy addas. Ond roedd y tai hyn hefyd yn ysbrydoliaeth ar ran grŵp COPEC Bangor, ac yn ganlyniad i waith caled ganddynt hwy, sef nifer o drigolion amlwg y ddinas a oedd wedi ymrwymo i welliannau cymdeithasol ymarferol oherwydd eu hargyhoeddiad ynglŷn â dinasyddiaeth Gristnogol a goblygiadau cymdeithasol yr efengyl. Yn y bennod hon, byddwn yn trafod cefndir deallusol a chymdeithasol COPEC ('Conference on Christian Politics, Economics and Citizenship'), y modd yr eginodd grŵp lleol ym Mangor, y prif gymeriadau a'u prif lwyddiannau, sef codi'r tai hyn.

Y Cefndir

Tra bod y bedwaredd ganrif ar bymtheg wedi dwyn i Gymru ddiwydiannu sydyn a datblygu'r diwydiannau glo, haearn, dur a llechi ar raddfa enfawr, daeth llu o broblemau cymdeithasol yn ei sgîl hefyd. Gorlenwi, tai gwael, cyflogau isel, meddwdod ac anfoesoldeb oedd y prif bryderon, a oedd yn arwydd o gysylltiad agos rhwng problemau cymdeithasol a moesoldeb personol, ac a roddodd yr argraff fod y

---

* Cyhoeddwyd yr ysgrif hon yn wreiddiol yn *Trafodion. Cymdeithas Hanes Sir Gaernarfon* (2003), tt.120-35.

broblem gymdeithasol hefyd yn bwnc crefyddol. Erbyn diwedd degawd gyntaf yr ugeinfed ganrif, roedd llawer yn yr eglwysi yn effro i'w cyfrifoldebau yn hyn o beth, yn rhannol oherwydd datblygiadau diwinyddol yn ystod y bedwaredd ganrif ar bymtheg, yn enwedig twf rhyddfrydiaeth ddiwinyddol, ac yn rhannol oherwydd symudiadau cymdeithasol, yn enwedig dyfodiad Sosialaeth a'r mudiad llafur fel grym gwleidyddol. Cyn belled ag yr oedd meddylfryd crefyddol yn y cwestiwn, roedd symud tuag at gons ŷrn cymdeithasol yn ddatblygiad naturiol o athroniaeth y bedwaredd ganrif ar bymtheg a ddaethai, erbyn troad yr ugeinfed ganrif, bron yn uniongrededd ymhlith arweinyddion Cristnogol Cymru, yn enwedig y rhai o dueddfryd Anghydffurfiol. Nodweddid llawer o weithgaredd crefyddol cymdeithasol yn ystod hanner cyntaf yr ugeinfed ganrif gan ymdeimlad â'r deinamig mewn natur yn arwain yn anorfod tuag at gyflawniad perffaith, deinamig a oedd i'w annog trwy ymrwymiad i'r 'rinweddau uwch', daioni, gwirionedd a phrydferthwch, ac roedd pum ffynhonnell sylfaenol yn symbylydd i'r rhain. Y gyntaf oedd gorchymyn moesegol Immanuel Kant, a ddywedai fod yr unigolyn yn destun *a priori* moesol, fod norm cyffredinol a oedd yn rhwymo'r ddynoliaeth, a rhagdybia'r norm hwnnw fodolaeth ffynhonnell foesol i'r bydysawd; yr ail oedd cyfosodiad mawr Georg Hegel o bob gwirionedd a realaeth fel presenoldeb Ysbryd (*Geist*) mewnfodol mewn natur wedi ei weithio ymlaen mewn proses ddilechdidol trwy hanes tuag at y synthesis neu'r cyflawniad terfynol; y drydedd oedd barn Friedrich Schleiermacher fod crefydd yn 'deimlad o ddibyniaeth lwyr', y gellid ei briodoli yn unig i bresenoldeb mewnfodol creawdwr y bydysawd mewn bodau dynol; y bedwaredd oedd gwerthfarniad Albrecht Ritschl (fod gan Grist, fel y mynegiant perffeithiaf o fywyd anhunanol a llawn daioni, 'werth' Duw 'i ni'); y bumed a'r olaf oedd cnewyllyn triphlyg yr efengyl neu hanfod Cristnogaeth fel y'i nodwyd gan Adolf Harnack, sef (1) Teyrnas Dduw a'i dyfodiad, (2) Tadolaeth Duw a gwerth anhraethol yr enaid dynol a (3) galwadau'r cyfiawnder uwch a'r gorchymyn i garu.

Y canlyniad oedd diwinyddiaeth gyda thueddfryd moesol a oedd yn pwysleisio'r angen am i unigolion brofi tröedigaeth foesegol lle byddent yn byw eu bywydau yn unol â'r gwerthoedd moesol uchaf, ac wrth wneud hynny, yn datblygu eu cymeriadau eu hunain. O'r herwydd, cadwasai'r rhyddfrydwyr diwinyddol ymdeimlad o dröedigaeth unigol fel y'i pwysleisiwyd mewn cylchoedd Anghydffurfiol trwy gydol y ddeunawfed ganrif a'r bedwaredd ar bymtheg, ond eu bod hwy yn asio ato yr angen am flaenoriaeth i gategorïau moesol. Mewn geiriau eraill, fe ddeuai tröedigaeth i'r amlwg wrth i unigolion fabwysiadu'r gwerthoedd a'r rhinweddau moesol uwch. Unwaith i'r symudiad hwn ddigwydd, felly y tyfodd amgylchedd mewn pwysigrwydd oherwydd fe'i gwelid fel rhywbeth oedd yn dylanwadu ar ffurfio cymeriad.[1] Amlygwyd problemau cymdeithasol, felly, yn rhannol o leiaf am iddynt gael eu gweld fel rhywbeth oedd yn llesteirio datblygiad cymeriad moesol, a thrwy hynny atal gwaith yr eglwysi.

Ochr yn ochr â hyn, ceid y symudiad mewn cymdeithas a arweiniodd at ffurfio'r mudiad llafur. Arweiniodd twf y mudiad llafur a rhwyddineb ei ddull o ddenu gweithwyr, weithiau ar draul eu presenoldeb yn y capel, at gydnabod fod rhaid gwneud rhywbeth er mwyn apelio at y gweithiwr a gofalu nad âi ar gyfrgoll o afael crefydd am byth. Pleidiwyd Sosialaeth yng Nghymru fel gweithio allan mewn modd ymarferol y ffydd Gristnogol, agwedd oedd yn sicr o weithio o'i phlaid mewn diwylliant lle'r oedd y capel a symbolaeth grefyddol yn tra-arglwyddiaethu. Bu Keir Hardie, sylfaenydd y Blaid Lafur Annibynnol (yr ILP), a enillodd yr ail sedd ym Merthyr yn etholiad cyffredinol 1900, yn dadlau'n gyson fod hanfod Sosialaeth i'w gael yn y Bregeth ar y Mynydd, a oedd, yn ei dyb ef, yn gondemniad ar eiddo preifat.[2] Roedd Iesu yn aelod o'r dosbarth gweithiol a oedd wedi ceisio codi dynoliaeth allan o waseidd-dra, gorthrymder a chaethiwed, a sefydlu cymdeithas gomiwnyddol yn lle gorthrymder ac usuriaeth y byd.[3] Roedd neges Hardie yn ddeniadol dros ben i lawer yn yr egin-fudiad llafur yng Nghymru megis James Griffiths, a ddaeth wedyn yn AS dros Lanelli, S. O. Davies, a olynodd Hardie wedyn fel AS Merthyr, W. J. Edwards a llu o rai eraill.[4] Roedd yn ddeniadol hefyd i nifer o weinidogion Anghydffurfiol megis T. E. Nicholas, Glais, W. D. Roderick, Rhiwfawr, T. M. Roderick, Cwmgors, Herbert Morgan (gweinidog gyda'r Bedyddwyr Cymreig yn Llundain), R. Silyn Roberts, Blaenau Ffestiniog, E. Stanley Jones, Caernarfon a'r mwyaf radical, efallai, D. D. Walters (Gwallter Ddu), Castellnewydd Emlyn.

Yn sgîl hyn, cafwyd gwrthdaro rhwng y sawl oedd yn

cydymdeimlo â'r mudiad llafur – beth bynnag oedd natur eu Sosialaeth[5] – a'r sawl oedd o'r farn mai eu cynghreiriaid gwleidyddol naturiol oedd y Blaid Ryddfrydol. Pwysleisiwyd llawer ar anffyddiaeth Sosialaeth, camddefnyddio'r Sabath at ddibenion gwleidyddol, a chydgyfeiriant y meddylfryd Anghydffurfiol a Rhyddfrydol. Un llwybr i geisio ffordd ymlaen oedd cynhadledd ar 'yr Eglwys a llafur' a gynhaliwyd yng Nghaerdydd ar 29 Rhagfyr 1911. Anerchwyd y gynhadledd gan arweinwyr eglwysig a chan Lloyd George, ac roedd ei bresenoldeb ef, hwyrach, yn arwydd o safbwynt gwleidyddol y trefnwyr ac yn ragfynegiant sicr o'i methiant ym meddyliau rhai yn yr egin-fudiad llafur, megis Vernon Hartshorne.[6] Ond yn raddol, roedd y frwydr yn cael ei hennill, ac wedi'r Rhyfel Mawr, pryd y bradychodd y Rhyddfrydwyr eu hegwyddorion trwy gyflwyno gorfodaeth filwrol, gwelwyd rhai cyn-hoelion-wyth Rhyddfrydol, hyd yn oed, yn troi tuag at y Blaid Lafur.[7]

Y datblygiad mwyaf arwyddocaol cyn y rhyfel, fodd bynnag, oedd sefydlu'r Ysgol Gwasanaeth Cymdeithasol dros Gymru ym 1911. I ddechrau, syniad gan Gwilym Davies, y gweinidog gyda'r Bedyddwyr, D. Miall Edwards a Daniel Lleufer Thomas, ynad cyflogedig yn y Rhondda, ydoedd. Cynullwyd yr Ysgol gyntaf ym Medi 1911 yn Llandrindod gyda Bedyddwyr ac Annibynwyr yno. O 1912 ymlaen, daeth yr Ysgol yn ecwmenaidd gyda chynrychiolwyr yn dod o'r Eglwys Anglicanaidd, y Methodistiaid Calfinaidd a'r Wesleaid, a oedd yn arwydd ymwybyddiaeth Cristnogion bob enwad o'r angen i ymwneud ag ailadeiladu cymdeithasol. Prin ei bod yn syndod fod yr Ysgol wedi trafod Problemau Diwydiannol, pwnc a ddaethai'n arbennig o amlwg yn dilyn y terfysg yn Nhonypandy, 8 Tachwedd 1910, a'r anghydfod diwydiannol ymhlith gweithwyr y rheilffordd pryd y defnyddiwyd milwyr yn Llanelli ym 1911 ac y saethwyd dau weithiwr yn farw.

Ym 1913, trafododd yr Ysgol faterion cymdeithasol a chyhoeddwyd y trafodion, gan gynnwys dau gyfraniad ar Athroniaeth y Bywyd Cristnogol.[8] Roedd trefniadau ar y gweill ar gyfer yr Ysgol ym 1914, ond fe'i canslwyd oherwydd y rhyfel yn Ewrop, ac ni chynhaliwyd yr Ysgol tra parodd y rhyfel. Fe'i hail-gynullwyd ym 1919, ac mae'n debyg mai'r cyfnod rhwng 1921 a 1924 oedd y pwysicaf yn ei hanes. Erbyn hyn, cafwyd dimensiwn rhyngwladol i gydnabod yr angen am atebion i'r broblem gymdeithasol trwy'r mudiad 'Ffydd a Bywyd'. O 1920 ymlaen, ymrwymodd yr Ysgol Gwasanaeth Cymdeithasol dros Gymru i baratoadau ar gyfer cynhadledd genedlaethol, ecwmenaidd arwyddocaol i drafod agweddau Cristnogol at faterion cymdeithasol. Hon oedd y gynhadledd ar Wleidyddiaeth, Economeg a Dinasyddiaeth Gristnogol ('Christian Politics, Economics and Citizenship') i'w chynnal yn Birmingham ym 1924, dan yr enw COPEC.

COPEC

Cychwynnwyd y paratoadau ar gyfer cynhadledd COPEC ym mis Chwefror 1920 pryd y cynullwyd cyngor o dri chant dan gadeiryddiaeth William Temple, esgob Manceinion ar y pryd, ac is-gadeiryddiaeth Alfred Garvie, Annibynnwr Saesneg amlwg a oedd yn brifathro New College, Llundain. Paratôdd y cyngor ddeuddeg holiadur gwahanol a dosbarthwyd bron i ddau gan mil o gopïau ohonynt yn ystod gwanwyn 1922. Sefydlwyd deuddeg comisiwn, a thrwy drafod a dadansoddi'r holiaduron, cyhoeddwyd deuddeg adroddiad yn ymdrin â (1) Natur Duw a'i Bwrpas am y Byd (2) Addysg (3) Y Cartref (4) Perthynas y Rhywiau (5) Hamdden (6) Trin Trosedd (7) Cysylltiadau Rhyngwladol (8) Cristnogaeth a Rhyfel (9) Diwydiant ac Eiddo (10) Gwleidyddiaeth a Dinasyddiaeth (11) Sylfeini Cymdeithasol yr Eglwys (12) Enghreifftiau Hanesyddol o Effeithiau Cymdeithasol Cristnogaeth. Daethpwyd at bob pwnc o'r argyhoeddiad fod:

> . . . y ffydd Gristnogol, o'i iawn ddehongli a'i dilyn yn gyson, yn rhoi'r weledigaeth a'r grym angenrheidiol i ddatrys problemau heddiw, yr esgeuluswyd moeseg gymdeithasol Cristnogaeth yn fawr gan Gristnogion gyda chanlyniadau trychinebus i'r unigolyn a chymdeithas, a'i bod yn hanfodol rhoi pwyslais cliriach a mwy cyson i'r materion hyn.

Amlinellwyd y foeseg gymdeithasol Gristnogol yn nhermau cyfoes y dydd.

> Yn nysgeidiaeth a gwaith Iesu Grist y mae rhai egwyddorion sylfaenol – megis Tadolaeth gyffredinol Duw gyda'i ganlyneb fod dynoliaeth yn deulu Duw, a'r ddeddf 'pwy bynnag a gyll ei

fywyd, a'i caiff' – sydd, o'u derbyn, nid yn unig yn condemnio llawer o drefniadaeth bresennol cymdeithas, ond yn dangos grym trawsnewid yr unigolyn, na ddichon yr un newid polisi na dull lwyddo hebddo.[9]

Fel y gwelir, felly, seiliwyd efengyl gymdeithasol y cyfnod ar berthynas foesegol dynoliaeth yn darganfod ei ffynhonnell gyffredin yn Nhadolaeth Duw ac yn cymryd fel y prif gategori wasanaeth hunanaberthol yr unigolyn i'r gymuned. Bu rhai Cymry yn rhan o baratoi'r adroddiadau: y Parchg David Phillips, y Bala (1), Daniel Lleufer Thomas (6), Morgan Jones AS, Rhys Hopkin Morris AS a Robert Richards AS (Athro Economeg ym Mangor) (10) a G. A. Edwards (11). Bu llawer o Gymry yn ymwneud â'r cyfnod cynllunio, gan gynnwys Gwilym Davies, a wahoddwyd i ymuno â'r pwyllgor gwaith, D. Miall Edwards, John Morgan Jones (Bangor), Thomas Rees, Herbert Morgan, Daniel Lleufer Thomas, David Thomas (Talysarn, Gwynedd), Owen Prys a David Phillips a oedd ar y pwyllgor cyffredinol. Yn ogystal â hyn, cydnabuwyd yr Ysgol Gwasanaeth Cymdeithasol dros Gymru gan y trefnwyr fel arloeswr ym maes ymwneud cymdeithasol Cristnogol.[10] Cyfarfu'r gynhadledd yn Birmingham o 5 i 12 Ebrill 1924.

Roedd 1,500 o fynychwyr yn cynrychioli'r holl enwadau Cristnogol ym Mhrydain ac eithrio'r Pabyddion, er bod Catholigion yn bresennol a bod rhai wedi gwasanaethu ar y comisiynau. Y deuddeg adroddiad oedd sail y trafodaethau. Cyfarchodd *Y Tyst* y gynhadledd fel 'y Mudiad Cristnogol pwysicaf welodd Prydain er dyddiau'r Eglwys Apostolaidd',[11] tra gofynnodd G. A. Edwards, 'Ai gormod credu mai dyma'r Gynhadledd bwysicaf ers tro byd?'[12]

Gosododd COPEC iddi ei hun y dasg o fynegi oblygiadau cymdeithasol yr efengyl. Yn gynsail i'r holl adroddiadau roedd yr un wireb sylfaenol: fod modd i ddynion adeiladu Teyrnas Dduw fel ymateb i ofynion hanfodol dysgeidiaeth Crist.[13] Yn yr ohebiaeth at aelodau'r pwyllgor trefnu gwreiddiol, roedd un amod hanfodol: y dylai pob aelod 'wir ymwneud â dyfodiad Teyrnas Dduw a'r hyn y gellir ei wneud i'w dwyn i fod'.[14] Dehonglwyd Teyrnas Dduw fel cynrychiolaeth symbolaidd pob gwirionedd, ac, i gydnabod uchafiaeth rhyddfrydiaeth ddiwinyddol, y profiad dynol yn ei gyfanrwydd. Felly, tra'r oedd a wnelo'r Deyrnas â llawer mwy na diwygio cymdeithasol, ni allai olygu dim llai na hynny.[15] Barn y gynhadledd oedd bod y pwyslais traddodiadol ar iachawdwriaeth yr unigolyn yn hollbwysig, ond fod pob unigolyn heb fod ar wahân i gymdeithas. Onid achubid y person cyfan, yn gymdeithasol ac yn unigol, yn gorfforol ac yn ysbrydol, yna nid 'dyn' a achubir ond yn hytrach ryw rith diwerth a elwir yn 'enaid'.[16]

Unwaith y daethpwyd i gytundeb ar y pwyntiau diwinyddol hyn, yna ymrwymodd y cynrychiolwyr i'w lledaenu a'u cymhwyso yn ymarferol.[17] Yn hyn o beth, prif swyddogaeth y gynhadledd oedd goleuo meddyliau dynion a merched trwy ddarparu adroddiadau arbenigol a oedd yn edrych dros bob agwedd o fywyd cymdeithasol.[18] Y gred oedd y buasai hyn yn creu barn gyhoeddus ffafriol i newid cymdeithasol. Felly, roedd yr union nod a fabwysiadwyd gan COPEC yn dangos ei ddibyniaeth ar athroniaeth Idealaidd. Ni allai ymrwymiad i'r delfryd ac i'r ymdrech i drawsnewid y delfryd cymdeithasol a goleddid gan ddynoliaeth gyfan ond arwain at ddatblygu gwell cyfundrefn gymdeithasol. Problem agwedd o'r fath yw nad yw'n arwain yn hawdd at roi cyngor ar gamau penodol i ddatrys problemau go-iawn. Nid oedd hyn yn argoeli'n dda ar gyfer canfod atebion addas i'r broblem gymdeithasol.

Nodwyd pedwar prif bwnc gan COPEC: yr angen am dai addas, yr angen am gyflogaeth lawn, yr angen i ddatblygu cyfundrefn addysg a oedd wedi ei chyfeirio tuag at ddatblygu'r bersonoliaeth ddynol yn llawn, a'r angen i gadw heddwch rhyngwladol.[19] Yn ôl COPEC, roedd Iesu Grist yn cynnig ateb i'r holl bynciau hyn, ond ymddiriedwyd ei ateb ef i'r Eglwys a'r unig ffordd i'w wireddu oedd trwy ufudd-dod yr aelodau iddo ef. Galwodd y gynhadledd ar i bob Cristion chwilio'n ddyfal am yr atebion i'r problemau hyn ac yna eu cymhwyso i fywyd bob-dydd.[20] Yn ôl Thomas Rees, a gawsai ei hun dröedigaeth i Idealaeth athronyddol tra'n fyfyriwr yng Ngholeg Mansfield, Rhydychen, dan ei brifathro enwog Andrew Fairbairn, roedd COPEC yn nodi tröedigaeth i feddwl cymdeithasol ar ran yr eglwys.[21]

Ceisiodd COPEC ymdrin â phroblemau cymdeithasol cydnabyddedig y dydd mewn ffordd Gristnogol a oedd yn eang a systemataidd. Cafodd y rhain fynegiant mewn adroddiadau sydd, er yn ddiffygiol o ran cyfeiriad pendant, yn llawn gobaith am well dyfodol. Y cyfan y medrai COPEC wneud oedd annog aelodau'r eglwysi i gynhyrchu'r gydwybod gymdeithasol Gristnogol a sefydlu grwpiau astudio fyddai'n ymdrîn â'r broblem gymdeithasol. Llwyddodd i ennyn lefel ryfeddol o gydweithrediad rhwng enwadau a symbylodd brosiectau ecwmenaidd yn y dyfodol, ond oherwydd ei amrywiaeth, ni fedrodd roi dim cyfarwyddyd cadarn ar bynciau penodol – mae'n debyg na feiddiai wneud hynny. Yn fwy na dim, roedd arweinwyr crefyddol ledled Prydain yn ceisio dangos trwy COPEC fod gan Gristnogaeth gyfraniad allweddol i'w wneud i'r ddadl ar y cwestiwn cymdeithasol.[22] Ymddengys, fodd bynnag, iddynt fethu â rhoi unrhyw ganllawiau pendant ar natur y cyfraniad hwnnw. Yr hyn ydoedd, yn rhannol o leiaf, oedd protest eglwys a oedd yn hawlio'n groch fod ganddi neges hollbwysig am ddiwygio cymdeithasol mewn cyd-destun lle'r oedd ei chenadwri yn cael ei hanwybyddu fwyfwy.

Wrth gwrs, nid yw cynadleddau ynddynt eu hunain yn medru gwneud llawer o wahaniaeth ymarferol. Roedd cynrychiolwyr a threfnwyr cynhadledd COPEC yn ymwybodol o hyn, a chydnabuwyd yn gyffredinol mai cychwyn yn unig oedd COPEC a bod angen llawer iawn mwy o waith.[23] Yn dilyn yr adroddiadau, ystyriodd y gynhadledd mai'r cam nesaf fuasai creu argyhoeddiad dwfn yng nghydwybod pob aelod eglwysig er mwyn 'Cristioneiddio gwareiddiad'.[24] Yng ngeiriau Thomas Rees, 'y mae angen meddwl, perswadio, argyhoeddi a chreu ysbryd cariad a chydweithrediad, a rhaid inni fynd ati i wneud hynny ein hunain yng Nghymru.'[25]

Yn sicr, esgorodd COPEC ar lawer o gyhoeddusrwydd. Sefydlwyd Pwyllgor Parhad COPEC, a threfnwyd nifer o gynadleddau rhanbarthol.[26] Ymhlith y rhain oedd cynadleddau yn Ipswich, Hastings a Bexhill, Llundain, Newcastle-upon-Tyne, Sheffield, Bradford, Manceinion, Lerpwl, Caerlŷr, Southampton, Bryste, Croydon a Plymouth. Am beth amser o leiaf llwyddodd COPEC i greu ymdeimlad arbennig o gryf o gyfrifoldeb cymdeithasol, a chan elwa ar hyn, gwnaed llawer o waith da, cynhaliwyd arolygon a chyhoeddwyd adroddiadau.[27] Byddai Cymru, hefyd, am gyfnod yn rhan o'r cyffro a'r ymrwymiad i gyfrifoldeb cymdeithasol a ysbrydolwyd gan COPEC. Yn ystod y brif gynhadledd penderfynwyd y dylai cyfarfodydd yr Ysgol Gwasanaeth Cymdeithasol dros Gymru ym 1924 ddod yn gynhadledd ranbarthol COPEC, tra bod yr hyn a ddaeth yn un o grwpiau lleol mwyaf llwyddiannus COPEC wedi ei leoli ym Mangor.[28]

COPEC a Bangor

Nid yw'n syndod gweld sefydlu grŵp COPEC ym Mangor. Bu rhai o weinidogion y ddinas yng nghynhadledd Birmingham, a buont yn amlwg yn hybu achos cymhwyso'r efengyl Gristnogol mewn dull cymdeithasol dros flynyddoedd lawer. Ymhlith y dynion hyn oedd Thomas Rees, prifathro Coleg Diwinyddol Bala-Bangor, a'r Parchg Gwilym Arthur Edwards, a oedd ar y pryd yn weinidog y Tabernacl, Capel y Methodistiaid Calfinaidd yn y ddinas ond a ddaeth wedyn yn brifathro coleg diwinyddol yr enwad yn Aberystwyth.

Roedd Thomas Rees yn llwyr argyhoeddedig fod gan yr efengyl Gristnogol gyfraniad hollbwysig i'w wneud i ddatrys problemau cymdeithasol y cyfnod. Ymddangosodd ei gyfraniad mwyaf swmpus at y pwnc ym 1923 dan y teitl *Cenadwri'r Eglwys a Phroblemau'r Dydd*. Erbyn hyn, roedd Thomas Rees yn pleidio'r hyn y cyfeiriai ato fel 'dinasyddiaeth bur'. Hawliai fod y dinesydd yn ganolog i ddwy berthynas gymhleth: ei berthynas gyda'r wladwriaeth fel yr effeithiai hynny arno trwy'r gyfraith a'i hawdurdod, a'i berthynas gyda phobl eraill a oedd yn ffurfio'r gymdeithas o'i gwmpas.[29] Mae i berthynas y dinesydd gyda'r wladwriaeth hawliau a chyfrifoldebau. Golyga'r cyfrifoldebau hynny ufudd-dod, gwasanaeth a chyfraniad. Dylai'r dinesydd ufuddhau i gyfreithiau'r wladwriaeth fel rheol cymdeithas dda. Dylai wasanaethu'r wladwriaeth trwy dalu trethi a 'rhoddi iddi unrhyw wasanaeth arall sy'n gyfiawn iddi ei hawlio'. Yn olaf, dylai gyfrannu at weithgareddau a threfniadau'r wladwriaeth o leiaf trwy bleidleisio ymhob etholiad. Petai hynny'n briodol, dylai'r dinesydd hefyd fod yn barod i gynnig ei wasanaeth i'r gymuned yn ehangach fel cynghorydd lleol neu Aelod Seneddol neu trwy unrhyw weithgaredd cymunedol arall.[30] Diwygio cymdeithasol oedd hyn trwy'r unig ddull posibl – ymrwymiad ac ymdrech unigolion.

Roedd Gwilym Arthur Edwards, hefyd, yn gwneud cryn enw iddo'i hun fel pleidiwr cyfrifoldeb y Cristion tuag at gymdeithas. Fel Thomas Rees, roedd Edwards hefyd yn mynd at y dasg o ail-ffurfio cymdeithasol trwy gydnabyddiaeth Kantaidd o oruchafiaeth cymeriad yr unigolyn. Yn ei farn ef, y prif reswm pam fod y gymdeithas ddiwydiannol yn her i Gristnogaeth oedd am ei bod yn diraddio'r unigolyn. Er hynny, ac yn baradocsaidd, golygai'r ffaith fod y gyfundrefn ddiwydiannol yn tueddu i anwybyddu personoliaeth y gweithiwr fod diwygio'r unigolyn, iddo ef, yn annigonol. Hawliai fod y drefn gyfalafol ei hun ar fai am atal diwydianwyr rhag gwneud gwelliannau, gan y byddai'r rhain yn golygu na fuasent mor gystadleuol. Serch hynny, dadleuai Edwards mai tasg benodol yr eglwys oedd cydnabod cyfrifoldebau ei aelodau mewn cymdeithas, ymchwilio i broblemau amlwg yr oes, cyhoeddi safbwynt cyffredinol Crist ar fywyd yn y byd hwn ac yna annog ei ddilynwyr i gydnabod eu cyfrifoldeb yn wyneb y ffeithiau hyn. Mewn geiriau eraill, rhaid oedd iddi gasglu a lledaenu gwybodaeth, ac roedd felly yn hollol ddibynnol ar ewyllys da unigolion. Dylid gadael cwestiynau economaidd a gwleidyddol pur i'r arbenigwyr.[31]

O ystyried dylanwad y gwŷr hyn, eu deallusrwydd, eu safle yn y ddinas ac yn eu henwadau, mae'r hyn a ddilynodd ym Mangor yn rhyfeddol a dweud y lleiaf. Prin bod eu pwyslais ar ledaenu gwybodaeth yn gatalydd perffaith i weithredu ymarferol. Ac eto, mewn ffordd fechan, dyna'n union a ddigwyddodd. Y cam cyntaf oedd galw cynhadledd COPEC, a gynhaliwyd yn y Brifysgol yn y ddinas ar 29 Tachwedd 1924 – rhyw saith mis wedi Cynhadledd Birmingham. Mae'n deyrnged i boblogrwydd y pwnc ar y pryd fod digon o bobl wedi dod i lenwi Neuadd Powys – er y gallai'r ffaith mai £3 yn unig a gasglwyd tuag at y costau (oedd yn £30 i gyd) fod yn arwydd mai'r broblem fwyaf fuasai symud pobl i weithredu yn ymarferol ar y gwerthoedd a'r egwyddorion oedd yn cael eu coleddu mor huawdl.

Croesawyd y cyfarfod mewn adroddiad yn *Y Goleuad* gan gydnabod y ffordd yr oedd galwadau dybryd problemau cymdeithasol wedi gorfodi undod ymhlith carfanau a fu gynt yn wrthwynebus – undod a oedd yn fwy rhyfeddol fyth yn dilyn yr elyniaeth chwerw a fu yn yr ymgyrch ddiweddar i ddatgysylltu'r Eglwys Anglicanaidd yng Nghymru.

> Gogoniant y cwbl oedd yr undeb rhagorol oedd rhwng y gwahanol bleidiau. Roedd y Brifysgol a'r dref, Town and Gown, Cyngor Trefol a'r Ysgolion, a'r Eglwyswyr a'r Ymneilltuwyr, pawb yn gytun, heb neb yn tynnu'n groes.[32]

Y peth mwyaf diddorol am yr adroddiad yn *Y Goleuad* yw mai ychydig iawn a sonia am gynnwys yr anerchiadau. Yn hytrach, tuedda i ganolbwyntio ar y cymeriadau, gan gymryd bod yr hyn a ddywedwyd ganddynt yn weddol amlwg ac yn ail-adrodd pwyntiau a wnaed gan eraill yn y gorffennol, yn fwyaf nodedig, hwyrach, gan un o bleidwyr enwocaf diwygio cymdeithasol Cyfundeb y Methodistiaid Calfinaidd, John Morgan Jones (Merthyr), a fu'n weinidog yn Nhwrgwyn, Bangor, am flwyddyn ar ddechrau'r ugeinfed ganrif.

Ymhlith y clerigwyr a gweinidogion a fu'n rhan o drefnu'r gynhadledd roedd y Canon Ward, Deon y Gadeirlan, Thomas Rees, G. A. Edwards, Gwilym Williams, gweinidog Capel Methodistiaid Calfinaidd Twrgwyn, a Madoc Roberts, gweinidog Wesleaidd a fyddai'n gwasanaethu fel maer y ddinas, 1935-1937. Prin ei bod yn syndod gweld Mary Rathbone yn flaenllaw yn y grŵp COPEC, fel yr oedd mewn llawer sefydliad dyngarol ac elusennol arall.

Gwahoddwyd nifer o bobl i annerch y gynhadledd gan gynnwys Charles Raven.[33] Disgrifiodd yr adroddiad yn *Y Goleuad* ef fel 'Gŵr ieuanc o dan ddeugain oed . . . a'i wallt yn ddu fel y fran . . . yr oedd golwg luddiedig iawn arno . . . Nid oedd ganddo *scrap* o bapur, ond yr oedd ei iaith yn berffaith rigl, ac yn glir, a'i feddyliau dan berffaith awdurdod.' Roedd Raven yn ysgrifennydd cynhadledd COPEC ac mewn bri mawr yr adeg honno oherwydd ei ddawn fel areithydd. Cawsai dröedigaeth i achos Cristnogaeth gymdeithasol tra'n gweithio fel ysgrifennydd cynorthwyol dros Addysg Uwchradd yn Lerpwl, 1908-9. Cafodd ei ordeinio i swydd academaidd fel cymrawd, darlithydd a Deon Coleg Emmanuel, Caer-grawnt ym 1910. Gwasanaethodd fel Caplan yn Ffrainc ym 1917-8 a daeth yn Ganon Preswyl Cadeirlan Lerpwl ym 1924. Ochr yn ochr â'r gweithgaredd hwn, llwyddodd hefyd i gael amser i ysgrifennu a chyhoeddodd *Christian Socialism 1848-1854* ym 1920 ac *Apollinarianism* ym 1923, gan ennill DD Prifysgol Caer-grawnt am hyn. Daeth yn Athro Brenhinol Diwinyddiaeth yng Nghaer-grawnt ym 1932.

Yn amlwg, roedd Raven yn un o feddylwyr praffaf Anglicaniaeth ei ddydd, un a oedd yn uchel ei barch fel areithydd dawnus, a gŵr oedd wedi ymrwymo i bregethu'r efengyl gymdeithasol. Yn ei anerchiad ym Mangor, amlinellodd y gwaith lle ceisiodd COPEC ddwyn efengyl Gristnogol dyfodiad Teyrnas Dduw i gysylltiad ag anghenion y byd. Rhybuddiodd ei gynulleidfa yn erbyn dilyn propaganda'r cyfryngau a wfftiai hyn fel Bolsheficiaeth, a cheisiodd argyhoeddi ei wrandawyr nad materion personol yn unig oedd problemau cymdeithasol, ond eu bod yn hytrach yn gyfrifoldeb cymdeithas gyfan, a thrwy hynny yn gyfrifoldeb yr eglwys. Nodwyd mai dyma'r nawfed tro a phedwar ugain iddo siarad ar y pwnc o fewn pedwar mis. Os felly, nid oes dim syndod i siaradwr mor ddawnus fedru gwneud hynny heb nodiadau![34]

Ymhlith siaradwyr eraill yn y gynhadledd roedd R. T. Jones, ysgrifennydd cyffredinol Undeb Chwarelwyr Gogledd Cymru, a siaradodd am yr angen i gymhwyso COPEC i sefyllfaoedd mewn bywyd go-iawn; Mrs T. C. Waterhouse, a siaradodd am yr angen i weld egwyddorion Cristnogol yn gwreiddio yn y gyfundrefn addysg; John Morgan Jones (Merthyr), a soniodd mai'r rhwystr mwyaf i waith COPEC oedd 'cenfigen sectol a gwleidyddol' a ddaethai i'r amlwg rhwng y gwahanol ddosbarthiadau cymdeithasol; a George M. Ll. Davies. Ef, yn ôl *Y Goleuad*, a gafodd y croeso cynhesaf. Awgryma awdur yr adroddiad:

> Y funud y cododd ar ei draed aeth trydan drwy'r lle, a bu arwyddion digamsyniol o lawenydd wrth ei weld am rai munudau. Daliodd sylw'r gynulleidfa, a gallai beth a fynnai â hi. Y mae ei Gymraeg yn gampus, gall siarad mewn afiaith, gall ddweyd pethau beiddgar, a medr ddweyd wrth fodd calon pobl yr un pryd.

Deilliodd ei apêl o'r ffaith fod pobl yn gwybod 'fod yna un gŵr beth bynnag sy'n ddigon gwrol i fod yn Gristion trwyadl, doed a ddelo, costied a gostio; un sy'n barod i ddwyn ei waradwydd Ef, gan ddioddef y tu allan i'r porth'. Ac eto, nid ystyrid cynnwys ei araith yn werth ei chofnodi ac ni chyfeiriwyd ati yn *Y Goleuad* nac yn *Y Dinesydd Cymreig*. Mewn gwirionedd, gan nad oedd gan y papur hwnnw ddiddordeb mewn enwadaeth, prin grybwyll presenoldeb Davies yn y gynhadledd a wnaeth.

Yn sicr, bu cynhadledd Bangor yn fodd i gynnal y symbyliad cymdeithasol a gychwynnwyd yng nghynhadledd COPEC a helpodd hefyd i gadw achos diwygio cymdeithasol gerbron y cyhoedd.

Cyfrannodd at y dasg o ledaenu gwybodaeth ac o addysgu'r cyhoedd.

Ni nododd faterion arbennig oedd angen mwy o waith, ond fe arweiniodd at ffurfio grŵp COPEC ym Mangor a ganolbwyntiodd ei ymdrechion yn fuan iawn ar bwnc penodol a oedd angen sylw, sef darparu tai digonol. Mae'n siŵr mai rheswm am ganolbwyntio ar y testun hwn oedd am iddo gael ei nodi fel un o brif bryderon y dydd yng nghynhadledd Birmingham. Er hynny, roedd symudiad yn genedlaethol hefyd i ailgodi cymdeithas wedi galanastra ac aberth y rhyfel, ac ymgorfforwyd hyn yn Neddf Tai a Chynllunio Trefi, 1919 (Deddf Addison). Gwnaethai'r Ddeddf yn siŵr fod awdurdodau lleol yn ymgymryd â'r cyfrifoldeb am dai trwy sefydlu pwyllgorau tai lleol, gan fynnu eu bod yn gwneud arolwg o ansawdd y tai yn eu hardaloedd a chan alluogi prynu tir trwy orfodaeth. Dangosodd Cyngor Dinas Bangor ymrwymiad cynnar i ddarparu gwell tai i dlodion cymdeithas, a chodwyd y tai cyntaf wedi'r rhyfel o boptu Ffordd Penchwintan, gydag eraill yn cael eu codi wedyn ar Ffordd Caernarfon ac ym Maes y Dref. Fodd bynnag, fel y noda Peter Ellis Jones: 'overcrowding in the city's houses had not been alleviated in any way by the council's early housing programme.'[35] Mewn gwirionedd, erbyn 1925, roedd y cyngor yn 'apparently burying its head in the sand'.[36]

Mewn cydweithrediad â'r cyngor, cynhaliodd grŵp COPEC arolwg tai ym Mangor er mwyn canfod y ffeithiau a thrwy hynny weld beth oedd anghenion tai y ddinas. Penododd y cyngor arolygydd iechyd dros dro a chyfrannodd £30 tuag at y costau, tra rhoes y grŵp COPEC £50 a recriwtio pedwar ugain o wragedd i gynnal yr arolwg. Rhwng misoedd Ebrill ac Awst 1926, gwnaed arolwg o 2,261 o dai a chafwyd bod 35 y cant ohonynt yn orlawn ac mewn cyflwr gwael.[37] Er bod peth ailadeiladu wedi digwydd, roedd angen cryn dipyn o waith ychwanegol er mwyn lliniaru problem tai y ddinas. Ym marn y grŵp COPEC, y brif broblem oedd: 'the provision of small houses at very moderate rents (say 5/- to 6/6 a week) for people who cannot afford to live in "council" houses or other houses, where the rent amounts to 10/- a week or more.'[38] Ond wedi gweld beth oedd y broblem, y cwestiwn oedd, beth ddylid ei wneud?

Petrusodd y cyngor. Symudodd grŵp COPEC. Ym Mawrth 1927, sicrhaodd Miss Rathbone lain o dir ar Stâd Ysgol Friars yn ardal Hirael y ddinas. Gosodwyd Ffordd Seiriol a chodwyd dwy res o ddeg o dai o boptu iddi.[39] Fe'u codwyd o frics Penmaenmawr a llechi lleol, a thai o'r math 'heb barlwr' oeddent[40] gyda chegin/ystafell fyw, cegin gefn, ystafell ymolchi a thoiled ar y llawr isaf, a thair llofft i fyny'r grisiau. Pan agorwyd hwy, derbyniwyd 130 o geisiadau am y tai yn ddigymell, a rhoed blaenoriaeth i'r rhai oedd â theuluoedd ifainc. Y canlyniad oedd, erbyn canol 1928, fod 44 o oedolion a 78 o bobl ifanc yn byw yn y tai. 5/- yr wythnos oedd y rhent, a thai pen rhes yn talu 5/6.

Costiodd y cynllun £8,000, neu £400 am bob tŷ. Cafwyd cymhorthdal llywodraeth o £75 y tŷ, a mawr oedd y gobeithion am y cymhorthdal lleol llawn o £25. Roedd hyn yn dal i adael £6,000 i'r grŵp orfod ei godi. Cafwyd rhodd hael yn gychwyn i'r casgliad, ac yna gwnaed apêl am fwy o roddion, benthyciadau di-log a benthyciadau ar 2.5 y cant. 'Gifts and loans came from rich and poor alike,' meddai'r Parchg G. A. Edwards, 'and the scheme had evidently the good-will of a large number of people behind it, though we cannot pretend that the response was quite as general as we had expected.'

Casgliadau

Er mai dim ond ugain o dai COPEC oedd yno, ac nad oedd y cynllun mewn unrhyw ffordd yn datrys y prinder tai a gafwyd ym Mangor yn y 1920au, ni ddylid dibrisio llwyddiannau grŵp COPEC Bangor. O gefndir cysyniadol a roes fri ar addysg a lledaenu gwybodaeth, casglasant ffeithiau, trafod egwyddorion a llwyddo i ddefnyddio eu gwybodaeth mewn ffordd ymarferol, wedi eu cymell gan yr angen a nodwyd ganddynt a chan eu hargyhoeddiad fod yr efengyl Gristnogol yn galw am arfer cyfrifoldeb personol mewn cyd-destun cymdeithasol. Ceisiasant wneud tri pheth. Roeddent am ddarparu tai, am ddangos beth y gellid ei wneud trwy ymrwymiad deallus i achos, a cheisiasant ysbrydoli eraill, yn enwedig y sawl oedd â chyfrifoldeb dinesig, i weithredu ymhellach. Nid datrys yr holl argyfwng tai oedd eu nod, ac nid oedd ganddynt unrhyw syniadau mawreddog am eu cyraeddiadau. Fel hyn y datganodd y Parchg G. A. Edwards:

> Still there are the twenty houses, a visible sign and symbol of something attempted and something actually achieved in partial solution of a very pressing social problem. Such a beginning, it is

hoped, may inspire others in their own localities to make a start. And it cannot but encourage Bangor to go forward to tackle its Housing Problem in other and wider aspects, so that the citizens may be housed in conditions that are not unworthy of an ancient cathedral city, of a modern centre of learning and of a keen business community.[41]

I ddechrau, serch hynny, mae'n ymddangos bod gweithgareddau grŵp COPEC wedi peri nad oedd cyngor lleol y ddinas wedi ymgymryd â'i gyfrifoldebau yn hyn o beth. Mynegwyd y farn yn aml nad oedd angen gwneud mwy o waith.[42]

Yn anffodus, ymddengys mai un esiampl unig oedd grŵp Bangor. Er i Miall Edwards ymdrechu'n lew i hybu COPEC trwy gyfrwng darlithoedd ac anerchiadau,[43] ni ffurfiwyd unrhyw grwpiau COPEC eraill ac ni chynullwyd unrhyw gynadleddau rhanbarthol eraill yng Nghymru. Er gwaethaf yr holl gyhoeddusrwydd a dderbyniodd COPEC yn y wasg enwadol ar y pryd, ymhen dwy flynedd roedd yr Ysgol Gwasanaeth Cymdeithasol dros Gymru yn rhybuddio pobl mai cychwyn, nid diwedd, oedd cyhoeddi adroddiadau COPEC. Roedd angen mwy o waith.[44] Yn y pen draw, methodd COPEC â dal dychymyg y cyhoedd, ond yn bwysicach fyth, methodd â dal dychymyg y capelwr neu'r eglwyswr cyffredin. Credai llawer ei fod yn rhagfynegi cyfnod newydd pryd y deellid cenhadaeth gymdeithasol yr efengyl ac y gwireddid Teyrnas Dduw mewn masnach, gwleid-yddiaeth a dinasyddiaeth. Ar y cyfan, fodd bynnag, ni wyddai neb yn iawn sut i barhau ag ef. Ei brif dasg oedd adnabod yr egwyddorion moesol tragwyddol a fyddai'n sylfaen i gymdeithas gyfiawn. Wedi ymdrechu yn y cyfeiriad hwn, methiant mawr COPEC oedd anallu i drosi'r egwyddorion hynny yn bolisïau ymarferol.

Ymddengys fod grŵp COPEC Bangor wedi ymddeol yn ddistaw bach ac ni chlywid llawer mwy am ei weithgarwch wedi hyn. Serch hynny, arhosodd tai COPEC ym Mangor yn dystiolaeth barhaol i arbrawf mewn Cristnogaeth ymarferol. Fel y dywedodd Peter Ellis Jones:

The admirable initiative of the COPEC group of Christian men and women stirred the conscience of council members who came to regard the provision of decent housing for the poor and underprivileged people of the community as a Christian responsibility.[45]

1. E.e., ysgrifennodd D. Miall Edwards, diwinydd Annibynnol Cymreig mwyaf cynhyrchiol ei genhedlaeth ac un o arloeswyr yr efengyl gymdeithasol Gymreig, mai 'prin y gall enaid dyn dyfu i'w bosibilrwydd eithaf mewn *slum*, nag y gall *geranium* dyfu i'w lawn liw a'i lun mewn seler.' D. Miall Edwards, 'Neges Gymdeithasol yr Efengyl', yn *idem* (gol.), *Efengyl y Deyrnas* (Bala, 1927), t.23.

2. J. Keir Hardie, *Can a Man Be a Christian on a Pound a Week?* (Llundain, d.d.), t.9.

3. Ibid., t.8.

4. Gw. James Griffiths, *Pages From Memory* (Llundain, 1969); Robert Griffiths, *S. O. Davies: A Socialist Faith* (Llandysul, 1983); W. J. Edwards, *From the Valley I Came* (Llundain, 1955).

5. Gw. Robert Pope, '"Pilgrims through a barren land": Nonconformists and Socialists in Wales 1906-1914', yn *Trafodion Anrhydeddus Gymdeithas y Cymmrodorion* (2000), tt.149-163.

6. *Labour Leader* (27 Hydref 1911), t.674; *Merthyr Pioneer* (20 Rhagfyr 1911), t.4.

7. Gw., e.e., *The Welsh Outlook* (1920), t.58.

8. Gwilym Davies (gol.), *Social Problems in Wales* (Abertawe, 1913).

9. Dyma'r sylfaen a ragflaenodd pob adroddiad.

10. Llythyr at David Thomas, 20 Rhagfyr 1920, Papurau David Thomas, LlGC.

11. *Y Tyst* (27 Mawrth 1924), t.1.

12. *Y Goleuad* (19 Mawrth 1924), t.8.

13. Adroddiad COPEC, cyf. 1, *The Nature of God and His Purpose for the World*, passim; hefyd *Yr Efrydydd* (1924), t.5.

14. Llythyr at David Thomas, 3 Mawrth 1921, Papurau David Thomas, LlGC.

15. Ysgol Gwasanaeth Cymdeithasol dros Gymru, *Yr efengyl gymdeithasol: Cynhadledd i ymdrin â Gwleidyddiaeth, Economeg a Dinasyddiaeth o Safbwynt Cristnogaeth* (d.d.) t.4.

16. Ibid., tt.4-5.

17. Ibid., t.7; Ben Bowen Thomas, *Cenadwri Copec* (Wrecsam, 1924), t.10.

18. Charles E. Raven, *The Meaning of Copec* (n.d.).

19. *The Proceedings of COPEC* (Llundain, 1924), t.273.

20. *Yr Efrydydd*, (1924), t.105.

21. *Y Darian* (21 Awst 1924), t.4.

22. Gw. Raven, *The Meaning of Copec*.

23. *Yr Efrydydd* (1925) t.299; Ben Bowen Thomas, *Cenadwri Copec*, t.16; *Y Darian* (16 Hydref 1924), t.6; (11 Rhagfyr 1924), t.6; *Seren Cymru* (4 Ebrill 1924), t.4;

Y Tyst (23 Ebrill 1925), t.9; *Y Goleuad* (19 Mawrth 1924), t.8; (23 Ebrill 1924), t.8; *The Welsh Outlook* (1924), t.260; *The Treasury* (1925), t.158.

24. *Yr Efrydydd* (Mawrth, 1926), t.165.

25. *Y Tyst* (17 Ebrill 1924), tt.2-3; *Copec* (Ysgol Gwasanaeth Gymdeithasol dros Gymru, n.d.).

26. *The Welsh Outlook* (1924), t.26.

27. Gw., e.e., Henry Cecil (gol.), *The Fourfold Challenge of Today: Record of the Proceedings of the Sheffield Regional COPEC Conference* (Llundain, 1924); *Ipswich: A Survey* (1924).

28. *Y Goleuad* (23 Ebrill 1924), t.9; (10 Rhagfyr 1924), t.9.

29. Thomas Rees, *Dinasyddiaeth Bur* (Lerpwl, 1923), t.4.

30. *Ibid.*, t.15.

31. *Yr Efrydydd* (1922), tt.14-17. Gw. hefyd, *Y Drysorfa* (1925), tt.161-164.

32. *Y Goleuad* (10 Rhagfyr 1924), t.9.

33. Am Charles E. Raven (1885-1964), gw. E. T. Williams a C. S. Nicholls (goln), *Dictionary of National Biography, 1961-1970* (Rhydychen, 1981), tt.868-70; F. W. Dillistone, *Charles Raven: Naturalist, Historian, Theologian* (Llundain, 1975).

34. Adroddwyd yr anerchiad yn *Y Goleuad* (10 Rhagfyr 1924), t.9 ac yn *Y Dinesydd Cymreig* (3 Rhagfyr 1924), t.8.

35. Peter Ellis Jones, *Bangor 1883-1983: A Study in Municipal Government* (Caerdydd, 1986), t.151.

36. *Ibid.*, t.152.

37. *Ibid.*, t.153.

38. *The Welsh Outlook* (1928), t.36.

39. Peter Ellis Jones, *Bangor 1883-1983: A Study in Municipal Government*, t.152.

40. *The Welsh Outlook* (1928), t.37.

41. *Ibid.*

42. Gw. Peter Ellis Jones *Bangor 1883-1983*, tt.154-5.

43. *Labour Voice* (19 Hydref 1924), t.1; *Y Tyst* (8 Mai 1924), t.9.

44. *Seren Cymru* (29 Ionawr 1926), t.2; *Y Goleuad* (27 Ionawr 1926), t.9.

45. Jones, *Bangor 1883-1983*, t.180.

9

CORWYNT GWYLLT YNTEU TYNER AWEL?
HELYNT TOM NEFYN YN Y TYMBL*

Digwyddiad gyda'r mwyaf hynod yn hanes crefydd Cymru'r ugeinfed ganrif oedd helynt Tom Nefyn Williams yn y Tymbl.[1] Siglwyd y sefydliad enwadol yn enbyd gan y gŵr rhadlon a'r efengylydd pybyr hwn a ysgymunwyd gan ei eglwys am arddel athrawiaeth gyfeiliornus a thrwy hynny greu enw iddo'i hun am genedlaethau i ddod. Mae holl densiynau crefyddol, gwleidyddol a chymdeithasol y dauddegau i'w gweld dan wyneb ffeithiau noeth yr hanes. Dyma ddegawd y terfysgoedd llafur a gyrhaeddodd eu penllanw gyda Streic Gyffredinol 1926. Ar ddechrau'r degawd disodlodd y Blaid Lafur y Rhyddfrydwyr yn ardaloedd diwydiannol Cymru gan arwyddo dechrau'r dirywiad ym mhoblogrwydd plaid Lloyd George sydd wedi parhau hyd heddiw. A dyna'r degawd pan geisiodd yr eglwys lefaru am y tro cyntaf ar bynciau pwysig y dydd a chynnig ymateb Cristnogol iddynt. Daeth y ffactorau hyn i gyd i'r wyneb yng ngyrfa Tom Nefyn Williams, yn uchafbwynt megis i flynyddoedd o ddadleuon diwinyddol a chymdeithasol; gwelir hefyd pa mor anodd oedd ceisio dod o hyd i ymateb crefyddol boddhaol i argyfwng y cyfnod.

Ar ben hynny nid peth hawdd yw dehongli agweddau ac amcanion Tom Nefyn ei hun. Achosodd ei helynt gryn dipyn o flinder, dicter a chwerwder ar y pryd, ac mae rhychwant yr emosiynau hyn (a mwy) i'w gweld yn amlwg wrth i sylwebyddion y cyfnod naill ai gytuno'n galonnog ag ef neu adweithio'n chwyrn yn ei erbyn. A

---

* Cyhoeddwyd yr ysgrif hon yn wreiddiol yn *Y Traethodydd* CL11/642 (1997), tt.155-162

dryslyd, ar y gorau, oedd ei resymeg. Er gwaethaf ei adroddiadau ei hun ynghyd â'r manylion bywgraffiadol a ysgrifennodd fwy na deng mlynedd ar ôl gadael y Tymbl, ni chafwyd esboniad boddhaol am ei weithredoedd i gyd, yn arbennig ei ymddygiad ar ôl iddo gael ei ddiarddel.Ymgais yw'r bennod hon i ddeall cyfraniad Tom Nefyn adeg ei weinidogaeth yn y Tymbl a dirnad arwyddocâd lletach yr helynt a achosodd yno.

– I –

Ganed Thomas Williams ar 23 Ionawr 1895 yn fab i John Thomas ac Ann Williams yn y Fron Olau, Boduan, Llŷn, Sir Gaernarfon, er i'r teulu symud yn fuan i ochrau Nefyn. Hynny oedd yn gyfrifol am i'r mab, ymhen blynyddoedd, gymryd 'Nefyn' yn enw canol. Mewn chwarel ithfaen ar lethrau'r Eifl ac yna trwy dymestl a chyfaflan rhyfel y ffurfiwyd ei gymeriad a'i argyhoeddiadau crefyddol. Gwyddai'n burion am ddyfnder trychineb bywyd. Bu farw ei fam pan nad oedd ef ond yn ddeng mlwydd oed. Wedyn cafodd brofiad brawychus o ryfel ar ei fwyaf erchyll yn y Dardanelles ac yn y Dwyrain Canol. Byddai'n amhosibl i neb meddylgar ddod trwy'r fath brofiadau heb i'w syniadau am ofal y Duw cariadus gael eu siglo'n ddifrifol. Ceir awgrym ei fod yn dra ansicr o'i feddwl ei hun ar gwestiynau diwinyddol a chrefyddol; byddai hyn yn mynd beth o'r ffordd i esbonio ei ymddygiad diweddarach yn y Tymbl, ei ddiarddeliad ar fater credo a'i ddychweliad buan ac annisgwyl i blith y Methodistiaid Calfinaidd. Mae'n amlwg mai dyn yn chwilio am y gwirionedd oedd Tom Nefyn yn ystod ei ddyddiau cynnar yn y weinidogaeth. Nid peth call felly oedd iddo gyhoeddi'i syniadau mewn ffordd mor bendant, a thrist oedd i gymaint o'i gefnogwyr ystyried ei eiriau'n rhai terfynol, gan gynnwys nifer fawr ymhlith aelodau ei eglwys yn y Tymbl. Bid a fo am hynny, nid oedd ei ymddygiad wedi'r rhyfel yn bradychu unrhyw argoel allanol o ansefydlogrwydd nac ansicrwydd. O ganol 1919 dechreuodd gynnal cyfarfodydd efengylu cyhoeddus. Cam naturiol i ddyn o'i fath oedd cyflwyno ei hun i'r weinidogaeth sefydlog. Bu am gyfnod yn y Porth, Rhondda, yn Ysgol Baratoi y ffwndamentalydd eirias, y Parchg R. B. Jones, dyn a fyddai'n arswydo rhag honiadau ei gynddisgybl maes o law. O'r Porth aeth i'r Bala am hyfforddiant dan yr Athro David Phillips ac yna, pan unwyd colegau'r Methodistiaid

Calfinaidd, i Aberystwyth. Tystiai'r Prifathro Owen Prys i ddilysrwydd ei ddoniau ysbrydol a'i ddylanwad dyrchafol ar ei gyfoeswyr coleg.[2] I Prys y deuai'r dasg annifyr ymhen rhai blynyddoedd o ddatgan barn Sasiwn y De ar ei gyfeiliornadau athrawiaethol. Ordeiniwyd Williams i gyflawn waith y weinidogaeth yn Sasiwn Bangor, Medi 1925. Byth er iddo bregethu am y tro cyntaf yn eglwys Ebenezer, y Tymbl, Sir Gaerfyrddin, ym mis Medi 1924, bu'r aelodau yn awyddus iawn i'w gael yn weinidog arnynt. Dywedodd yn ddifloesgni nad i hyrwyddo hen sibolaethau crefyddol y deuai i'r Tymbl ond i gyffroi meddwl ei gynulleidfa a herio ei aelodau i wahanu rhwng grawn eu ffydd a'r us.[3] Wrth estyn galwad iddo prin y byddai swyddogion yr eglwys felly yn ymwybodol o anghonfensiynoldeb eu darpar weinidog. Serch hynny, roedd eu croeso yn unfryd, ac fe'i sefydlwyd yn fuan ar ôl ei ordeinio yn yr Hydref 1925. Hon felly, oedd ei ofalaeth gyntaf ac yn eglwys Ebenezer y dechreuodd ar ei 'arbraw syml'.

– II –

Dyddiau blin oedd y dauddegau i Anghydffurfwyr Cymru. Gwyddai arweinwyr yr enwadau fod lluaws o ddynion ifainc yn cefnu ar y capeli gan drosglwyddo eu teyrngarwch i'r mudiad llafur. Roedd rhwyg wedi datblygu rhwng yr eglwysi a'r mudiad hwnnw ers blynyddoedd. Cyhuddodd mudiad y gweithwyr yr eglwysi o ganoli eu holl sylw ar y nefoedd tra bod amgylchiadau tymhorol y werin yn cael eu dirfawr esgeuluso. Mynnodd yr eglwysi fod pwyslais anghytbwys y mudiad llafur ar y materol yn niweidiol i dynged ysbrydol y ddynoliaeth. Methodd y ddau fudiad â deall ei gilydd, a dyma oedd gwreiddyn y ddrwgdybiaeth rhyngddynt. Er eu bod ill dau yn ymwybodol o'r sefyllfa, ac yn awyddus i'w gwella, ni wyddent yn union sut i wneud hynny. Byddai'r croesdynnu hwn yn hysbys ym mhentref y Tymbl fel mewn cymunedau tebyg ar hyd a lled y deheudir.

Yn fuan ar ôl i Tom Nefyn gyrraedd daeth yn hysbys nad gweinidog cyffredinol, traddodiadol mohono. Darparodd yn helaeth ar gyfer plant, ac yn ôl pob tystiolaeth roedd ganddo gryn ddawn i'w cynnwys yng ngweithgareddau'r eglwys ac i efengylu yn eu plith. Wrth drafod yr ysgrythur byddai'n cymharu'r testun â'r hyn oedd yn debyg mewn crefyddau eraill ac roedd yn bendant bod rhaid cymhwyso'r neges at anghenion y byd cyfoes. Cydymdeimlai hefyd â'r tlawd a'r difreintiedig. Parai hyn iddo ganolbwyntio ar amgylchiadau byw gweithwyr diwydiannol y pentref. Sylweddolodd yn fuan fod dynion, wrth iddynt arddel Sosialaeth (a oedd yn gyflym ennill poblogrwydd yn y fro), yn cefnu ar yr eglwysi. Aeth ati ar unwaith i ddenu'r dynion hyn yn ôl, ac i raddau mae'n ymddangos iddo lwyddo.[4] Parodd presenoldeb y gweithwyr sosialaidd ifainc yn yr oedfaon ac yng ngweithgareddau eraill yr eglwys i agweddau mwy radicalaidd gael eu harddel yno, yn enwedig pan oedd galw am lunio penderfyniadau ynghylch materion llafur. Achoswyd tyndra iddo yn gynnar yn ei weinidogaeth gan awydd rhai o blith ei gynulleidfa i brotestio yn erbyn carcharu rhai dynion lleol wedi 'streic y silicosis'. Roedd eraill yn bendant nad lle i aelodau eglwys oedd streicio am gyflog nac amodau gwell ac na ddylai crefyddwyr gefnogi torcyfraith ar unrhyw amod.

> Nid hir y buwyd heb ddeall i ba gyfeiriad y llithrem: rhai gwŷr da a dymunol yn petruso'n ddirif rhag gwneud un dim a sawrai o ymyrraeth boliticaidd, a rhag dwyn i'r Cysegr faterion seciwlar a chroesfarn y gwleidyddion; ac eraill, a hwythau eto'n ddynion defnyddiol a chrefyddol, yn credu'n bendant y dylem ymddiddori'n boliticaidd ym mrwydr y werin a gafael yn y seciwlar i'w ysbrydoli.[5]

Ers blynyddoedd bu'r Ymneilltuwyr yn cyfeirio'u hannifyrrwch at yr Eglwyswyr breintiedig gan geisio ennill eu hawliau sylfaenol, ond wedi'r Datgysylltiad ym 1920 symudodd y frwydr i'r capel ei hun wrth i'r aelodau ymrannu'n wersylloedd politicaidd ar wahân, y naill yn Rhyddfrydol a'r llall yn Sosialaidd. Nid ymddengys i Tom Nefyn sylweddoli'r perygl a oedd ymhlyg yn hyn, ac nid oedodd o gwbl rhag mentro'i farn ar faterion cyfoes. Rhyfedd, felly, pan ddaeth cais iddo sefyll fel ymgeisydd seneddol yng Ngheredigion dros y Blaid Lafur, ei wrthod a wnaeth.[6] Eto i gyd dengys hyn mai i fyd crefydd yr oedd yn perthyn ac nid i fyd gwleidyddiaeth fel y cyfryw.

Fodd bynnag, daeth cyfle buan iddo arddangos ei radicaliaeth gymdeithasol. Ni fedrai wybod pan gyrhaeddodd y Tymbl fod y pentref, a'r wlad i gyd o ran hynny, yn ymyl cael eu taflu i gythrwfl y Streic Gyffredinol ac y byddai tlodi, dioddefaint a chwerwder y cloi allan a'i dilynai yn fawr. Gwnaeth bopeth a allai yn ystod y misoedd enbyd hynny i leddfu dioddefaint y gweithwyr a'u teuluoedd. Ni chododd gyflog am gyfnod y streic ac aeth â chôr o'r pentref ar daith bregethu i Ogledd Cymru a chodi £235 at gronfa'r pentref. Gwyddai'r chwarelwyr hwythau, a roesant mor hael i dlodion anghenus y Tymbl, am grintachrwydd diwydianwyr, a streic hirfaith y Penrhyn o hyd mor fyw yn eu cof. Wedi'i ddychweliad daeth yn destun edmygedd ymhlith trigolion y pentref, a gwelent fod yn eu plith weinidog tra arbennig, un nad oedd arno ofn sefyll gyda hwy yn eu cyfyngder gan fynnu ymwrthod yn llwyr â'r *status quo* a'i anghyfiawnder a'i annhegwch.

Digwyddiadau anghyffredin oedd streic a chloi allan, ond gwyddai Williams am y dioddefaint parhaol yr oedd yn rhaid i'r bobl ei wynebu oherwydd eu hamgylchiadau byw a chaledi eu gwaith beunyddiol. Yr hyn a'i cynhyrfodd fwyaf oedd y broblem tai. Roedd y rhan fwyaf o weithwyr y Tymbl a'u teuluoedd yn byw mewn tai rhent gwael eu cyflwr a oedd yn perthyn i'w cyflogwyr, y cwmni glo lleol. Adeiladwyd y tai ar frys mawr flynyddoedd ynghynt pan lifai dynion o'r wlad i weithio yn y diwydiant glo a oedd y pryd hwnnw yn cynyddu ar garlam. Fe'u codwyd yn agos at ei gilydd heb unrhyw ystyriaeth i iechyd, glendid, golau naturiol neu awyr iach. Yn ôl Tom Nefyn 'coel-addoli' oedd adeiladu capeli enfawr a hardd pan oedd y gweithwyr eu hunain yn byw yn y fath gyflwr. Penderfynodd drefnu arolwg ar gyflwr tai'r Stryd Fawr ac ymwelodd â hwy i gyd gan wneud nodiadau cyflawn o'r hyn a welodd. Un wraig yn unig a wrthododd roi mynediad iddo. 'Pethau'r byd hwn yw tai,' meddai hi wrtho. 'Fe ddaw yr Arglwydd cyn bo hir, ac ni a deyrnaswn gydag Ef yn yr awyr am fil o flynyddoedd.'[7] Anfonodd gopïau o'r arolwg i bob cyfrandalwr a rheolwr. Diwedd y peth oedd i'r cwmni drefnu cyweirio a thrwsio'r tai ar y Stryd Fawr i gyd. Mynnodd Tom Nefyn nad dyneiddiaeth oedd hyn ond ffrwyth anorfod ei ffydd:

> . . . nid digon yw defosiwn heb ddyletswydd; nid digon yw gweddïo heb weithio; ac nid digon yw bodlonrwydd y Tad Nefol ar Fynydd Gweddnewid heb fodloni tad bachgen epileptig ar y gwastatir. Dyna'r arbraw, ei wedd eglwysig a'i waith cymdeithasol.[8]

Mewn gwirionedd nid oedd fawr ddim chwyldroadol yn hyn. Roedd Moderniaeth Ddiwinyddol, gyda'i phwyslais ar weithredu egwyddorion moesol yr efengyl, yn ddigon cyffredin erbyn y cyfnod hwn. Yn y dauddegau tyfodd y syniad mai pennaf angen y dydd oedd cymhwyso'r efengyl at broblemau cymdeithasol yn fath ar uniongrededd ymhlith Anghydffurfwyr Cymru. Y perygl, wrth gwrs, oedd i'r efengyl gael ei throi yn fater o weithredoedd da yn unig. Ar un olwg ymddangosai Tom Nefyn fel petai'n cyfaddawdu ar hanfodion y ffydd er mwyn denu'r eithafwyr afradlon yn ôl i'r praidd. Ni welodd, neu ni fynnai weld, ei fod yn dieithrio'r bobl fwy traddodiadol eu credo. Eto i gyd, roedd mwyafrif llethol aelodau Ebenezer yn gefnogol i safbwynt eu gweinidog. Er i rai adael yr eglwys oherwydd y cynnwrf, cynnyddodd yr aelodaeth yn gyffredinol a denwyd llawer o hen wrthgilwyr yn ôl.[9] Serch hynny aeth pethau o chwith yn ddifrifol yn y Tymbl.

Er gwaethaf y gefnogaeth gyffredinol a gafodd Williams o du'r aelodau, roedd rhai ohonynt yn dra anghysurus ynghylch radicaliaeth gyhoeddus eu gweinidog newydd. Roedd ei syniadau diwinyddol yn hysbys o'r dechrau, ond nid ei gredo eithr ei agwedd anghyffredin at fywyd a barodd yr anesmwythder mwyaf. Ni ellir gwahanu'r sanctaidd oddi wrth y secwlar meddai, ac awgrymodd y dylid arddangos hyn trwy osod nid bara ond darn o lo ar blatiau'r Cymun a thrwy ganiatáu i'r dynion gael ysmygu yn y capel. Y nod oedd gwneud y cysegr mor debyg fyth i'r cartref ag yr oedd modd. Roedd hyn yn gabledd i rai ac yn sicr yn fygythiad i'r drefn draddodiadol. Pen draw'r cythrwfl oedd i bedwar blaenor ymddiswyddo a chynhaliodd yr Henaduriaeth ymchwiliad ar frys. Argymhellwyd i'r eglwys dderbyn yr ymddiswyddiadau, ond am ryw rheswm – a hynny'n groes i reolau'r Cyfundeb – ni chollodd y blaenoriaid eu lle oddi mewn i'r Henaduriaeth er bod dal swydd mewn eglwys leol yn amod aelodaeth ohoni. O hynny ymlaen bu achos Tom Nefyn yn fater trafodaeth gan yr Henaduriaeth yn gyson. Anfonodd Cwrdd Misol De Caerfyrddin gwestiwn i bwyllgor Cymdeithasfa'r De a chafwyd ateb yn Sasiwn Crughywel, Mehefin 1927. Eisiau gwybod yr oeddent fesur y rhyddid a ganiatawyd i weinidog, yn ôl y drefn Bresbyteraidd, ddilyn ei gydwybod mewn materion athrawiaethol ac eglwysig. Mynnai'r Sasiwn fod yn rhaid i bob gweinidog weini yn ôl 'y rhwymedigaethau y mae holl weinidogion y Cyfundeb wedi ymgymryd â hwy yn eu hordeiniad.' Roedd y cwestiwn a ofynnodd y Cwrdd Misol, sef, pa fodd y dylid '[g]weithredu tuag at frawd annwyl yn ein plith sy'n honni yr hawl honno iddo ei hun,' yn awgrymu eu bod yn disgwyl ateb nacaol. Er na chyhoeddwyd ei enw yn Y Goleuad, gwyddai pawb mai at Tom Nefyn yr oedd yr adroddiad yn cyfeirio. Penododd y Sasiwn dri chynrychiolydd, yn eu plith y Prifathro Owen Prys, i ymgynghori ag ef.[10] Argymhellodd Prys dymor o seibiant i Williams fel y gallai ailystyried ei syniadau diwinyddol. 'Yn y niwl' oedd y gweinidog ifanc yn ôl barn y Prifathro gan mai 'prin yw ei wybodaeth o ddiwinyddiaeth a llai na hynny o athroniaeth.' Ond yn hytrach na dilyn y cyngor hwn, mynnodd Tom Nefyn fynd â'i achos yn ôl i'r Sasiwn a chael ganddi ddyfarnu ar ddilysrwydd ei syniadau diwinyddol. Datganodd hyn mewn llythyr at Gymdeithasfa Llundain ym mis Hydref 1927. Nid oedd dim amdani yn ôl y penderfyniad hwn, ond cynnal dadl gyhoeddus gyda Tom Nefyn yn mynegi ei farn ar bynciau athrawiaethol. Diwinyddiaeth, felly, oedd achos uniongyrchol yr helynt; yr eironi oedd y gellid fod wedi'i osgoi'n llwyr petai Williams wedi glynu at ei weithgarwch cymdeithasol. Williams ei hun, ac nid y Cyfundeb, a orfododd y dewis. Dyma gefndir cyhoeddi Y Ffordd yr Edrychaf ar Bethau, ei bamffled yn esbonio ei agwedd at athrawiaethau'r ffydd.

– III –

Pamffled pedwar ugain tudalen oedd Y Ffordd yr Edrychaf ar Bethau yn amlinellu syniadau Tom Nefyn ar faterion diwinyddol ac eglwysig yn ystod ei gyfnod yn y Tymbl. Ei bwrpas oedd egluro ei ddiwinyddiaeth er mwyn i'r Sasiwn ddatgan ei barn arni. Mynnodd mai disgrifiad o'i ddealltwriaeth ddiwinyddol ar y pryd ydoedd, a'i fod yn barod i gydnabod y gallai newid yn y dyfodol. Ei syniad sylfaenol oedd mai yn gynyddol y datguddir gwirionedd wrth i hanes y byd fynd yn ei flaen. Cynhwysai'r llyfryn hefyd syniadau radicalaidd ynglŷn â'r Bedydd, y Cymun, aelodaeth eglwysig, y Seiat a chyfarfodydd eglwysig eraill, a'r cyfan yn herio'r arfer ymhlith Anghydffurfwyr Cymru ar y pryd. Ond nid o'u herwydd hwy y cafodd ei gondemnio; yn wir ni chyfeiriwyd at ei sylwadau yn y meysydd hyn o gwbl. Yr hyn a wnaeth y Sasiwn yn hytrach oedd canoli ar ei haeriadau athrawiaethol.

Sail dysgeidiaeth Tom Nefyn oedd y syniad o unoliaeth pob dim. Trwy nesáu at berfeithrwydd fesul cam, adlewyrchai'r byd materol y dwyfol.[11] Mewnfodaeth Duw oddi mewn i'r greadigaeth a honno'n symud tuag at berffeithrwydd oedd cnewyllyn ei gred.[12] Gwrthododd bob elfen 'ofergoelus' a 'dewinol' a oedd ynghlwm, yn ei farn ef, wrth y dogmâu traddodiadol. O ganlyniad, honnai nad trindod o bersonau mo Duw ond trindod o agweddau moesol, sef y Da, y Gwir a'r Prydferth Sanctaidd.[13] Roedd dyndod Iesu yn hollbwysig iddo gan mai trwy fod yn ddyn y mynegodd Crist ei dduwdod. Y dyndod hwn a gymodai pobl â Duw ac o ganlyniad i hyn y gellid ystyried Iesu yn Waredwr.[14] Swyddogaeth a chyfrifoldeb dyn oedd efelychu Iesu trwy ganiatáu i'r ymgnawdoliad moesol hwn sylweddoli'i hun yn ei fywyd. Câi dyn ei arwain at berffeithrwydd trwy arfer y foesoldeb uchaf a thrwy hynny dynnu oddi ar yr adnoddau a oedd eisoes ynghudd ynddo fel rhan o'r greadigaeth. Cam naturiol ymlaen oddi ar yr honiadau hyn (er na ddywedodd Tom Nefyn hynny'n benodol) oedd i ddyn hybu diwygiadau cymdeithasol.

I raddau adlewyrchu'r rhyddfrydiaeth ddiwinyddol ffasiynol a wnaeth Williams yn ei bamffled. Roedd y greadigaeth wedi'i chynysgaeddu â'r dwyfol gydag egwyddorion moesol yn sail i'r bydysawd. O ganlyniad daeth pob gweithred ddynol yn addoliad a phob profiad yn foddion gras. Collodd yr oedfa bregethu a'r cwrdd gweddi eu statws ym mywyd y crediniwr a dyrchafwyd bywyd bob dydd am fod Duw yn hollbresennol ynddo. Ar y llaw arall nid rhyddfrydiaeth seml oedd gan Tom Nefyn. Prif nodwedd syniadau diwinyddion amlycaf Cymru ar y pryd oedd gwerth aruthrol yr enaid unigol yn seiliedig ar dadolaeth Duw a brawdoliaeth gyffredinol dyn. Nod terfynol y cwbl oedd sefydlu Teyrnas Dduw ar y ddaear. Ond yn rhyfedd iawn nid yw Williams yn cyfeirio o gwbl at y Deyrnas nac yn sôn gymaint ag unwaith am Dduw fel Tad nac am frawdoliaeth dyn. Duw amhersonol oedd ganddo sef ffynhonnell egnïon y greadigaeth ond nid Duw y Testament Newydd a ddatguddiodd ei hun yn Dad ac yn Fab ac yn Ysbryd ac y medrai pobl ymgyfathrachu ag ef ar lefel bersonol.

Cyhoeddodd y Pwyllgor Archwilio ei adroddiad ar achos Tom Nefyn yng Nghymdeithasfa Treherbert ym mis Ebrill 1928.[15] Esboniodd Owen Prys i Williams gyfeiliorni yn achos athrawiaethau y Drindod, yr Ymgnawdoliad, dwyfoldeb y Gwaredwr, yr Achubiaeth a'r Iawn. Nid gwadu honiadau'r Gyffes Ffydd a wnaeth ond yn hytrach 'ymwrthod [yn] bendant â gwirioneddau mawr a oedd wedi bod yn rhan hanfodol o gyffes gyffredinol yr eglwys' trwy'r oesoedd.[16] Serch hynny, bu'r Prifathro, a'r pwyllgor i gyd, yn awyddus iawn i roddi pob cyfle iddo ei amddiffyn ei hun ac aros yn eu plith. Awydd Owen Prys oedd iddo dynnu'r pamffled yn ôl. 'Gwyddwn,' meddai, 'am duedd hytrach ansefydlog ei feddwl, a'i duedd hefyd i ddilyn i eithafion am dymor unrhyw syniad neu egwyddor afaela yn ei feddwl.'[17] Oherwydd hyn roedd Prys yn argyhoeddedig y medrai Tom Nefyn yn y dyfodol newid ei feddwl ar gwestiynau diwinyddol fel y byddai'n cydsynio eto â honiadau traddodiadol ei enwad, ond cyhyd ag yr oedd *Y Ffordd yr Edrychaf ar Bethau* mewn cylchrediad, roedd yn amhosibl i'r Gymdeithasfa gymeradwyo'r awdur.

Cynigiodd Prys dri phenderfyniad yng Nghymdeithasfa Treherbert. Yn gyntaf, fod cyffes Tom Nefyn yn gwbl anghyson â'r ffydd uniongred. Yn ail, y dylid rhoi mwy o amser iddo ystyried ei sefyllfa a datgan ei benderfyniad terfynol i'r Gymdeithasfa nesaf yn Nantgaredig y mis Awst dilynol. Yn drydydd, os na fedrai gydsynio â ffydd draddodiadol ei eglwys, y byddai disgwyl iddo ymddiswyddo o'i weinidogaeth yn y Sasiwn ganlynol. Os na fedrai gydymffurfio â safonau ei enwad gobeithiai Prys y byddai Williams yn ymddiswyddo o'i wirfodd yn hytrach na gorfodi'r Sasiwn i'w ddiarddel. Ar ôl y bleidlais, gyda thri yn unig yn erbyn, ymateb Tom Nefyn oedd y byddai'n cynnig ei ymddiswyddiad yn Sasiwn Nantgaredig.[18]

Golygfa ddramatig iawn a gafwyd yn Sasiwn Nantgaredig ym mis Awst. Yn groes i'r disgwyl tynnodd Tom Nefyn ei gynnig i ymddiswyddo yn ôl a mynnu i'r Sasiwn amlinellu trwy pa ddull y bwriadai ddiffinio uniongrededd. Oherwydd hynny, ac oherwydd penderfyniadau Cymdeithasfa Treherbert, nid oedd dewis gan y Sasiwn felly ond i'w wahardd rhag gweinidogaethu ym mhob eglwys a berthynai i'r enwad. Naw neu ddeg yn unig a bleidleisiodd yn erbyn y penderfyniad. Mynegodd Owen Prys obaith y Pwyllgor a'r Gymdeithasfa y byddai 'tymor o ymneilltuad' yn gwneud lles i'w mab afradlon ac, o ailystyried, y deuai drachefn i arddel safon ffydd ei enwad a dychwelyd i'r weinidogaeth yn eu plith.[19] Ymddiswyddodd Tom Nefyn yn swyddogol ym mis Awst 1930.

Dichon mai camgymeriad oedd canolbwyntio'r achos ar y safbwynt diwinyddol a fynegwyd yn *Y Ffordd yr Edrychaf ar Bethau*. Er na fwriadwyd mohono ar gyfer cylchrediad cyffredinol, daeth yn 'faniffesto' Tom Nefyn ac yn arf yn nwylo modernwyr eraill ymhlith Anghydffurfwyr Cymru ar y pryd.[20] Cwyn Williams ymhen blynyddoedd oedd i'r Sasiwn beidio â chymryd nemor ddim sylw o'r gwaith cadarnhaol a gyflawnodd yn y Tymbl ond dewis yn hytrach ganoli ar ei syniadau diwinyddol yn unig:

> . . . gwnaed i'r holl sylw ymdroi o gwmpas anawsterau metaphysic. Dim gair am yr arbraw syml, nac am gefnogaeth selog dros 230 o aelodau. Dim gair am y brotest yn erbyn carcharu'r glowyr, na'r ymwingo am atgyweirio'r Stryd Fawr. Dim gair am gychwyn mudiad i adennill i grefydd rai a roesai eu holl ymddiried yng ngwleidyddiaeth y chwith, nac am yr ymgais bersonol afler a distadl i ddilyn Iesu Grist.[21]

Ond y gwir yw nad oedd ganddo neb i'w feio ond efe ei hun. Ef a fynnodd gael barn y Sasiwn ar ei athrawiaeth ac er iddo gyhoeddi bamffled i'r union berwyl hwnnw, ni thynnodd sylw ynddo at ei weinidogaeth ymarferol nac ychwaith at ei ymgais wreiddiol a chlodwiw at gymhwyso'r efengyl at faterion cymdeithasol. Nid syndod felly oedd i'r pwyllgor ganolbwyntio ar ei gyfeiliornadau diwinyddol, ac nid syndod oedd i'r Sasiwn gyrraedd y ddedfryd a nodwyd. Er gwaethaf rhinweddau amlwg ei gymeriad ac effeithiolrwydd ei weinidogaeth, ymddengys mai eisiau pryfocio ymateb ei enwad oedd arno. Mae'n rhaid ei fod yn sylweddoli fod ei honiadau diwinyddol yn annerbyniol i'r Sasiwn, ond eto mynnodd iddi ddatgan ei barn arnynt. Naill ai roedd Williams yn naïf iawn neu yn ddigon dewr i wyntyllu'n fwriadol y broblem o gymhwyso cyffes draddodiadol at anghenion a rhagdybiaethau cyfnod newydd.

– IV–

Ymhlith yr ymatebion amrywiol a ddaeth yn sgîl penderfyniad Sasiwn Nantgaredig, awgrymwyd gan rai mai cyfundrefn anhyblyg yn gormesu dyn cyfiawn oedd achos yr helynt, ac ymchwilio am y gwirionedd oedd unig bechod Tom Nefyn. Datganodd W. J. Gruffydd ac R. T. Jenkins ar dudalenau *Y Llenor* fod yr Hen Gorff yn cyfeiliorni wrth geisio rhwymo'i weinidogion wrth y Gyffes Ffydd. Yn ôl Gruffydd (a oedd yn Annibynnwr) ni ddylai'r Cyfundeb fod yn gorfodi'r Gyffes ar neb fel safon dilysrwydd i'r weinidogaeth oherwydd o wneud hynny byddai'n rhaid diarddel degau o weinidogion a oedd yn credu yn ddigon tebyg i Tom Nefyn.[22] Beth oedd natur uniongrededd oedd y cwestiwn sylfaenol i R. T. Jenkins a chan bwy yr oedd yr hawl i'w ddiffinio?[23] Roedd yn barod i gydnabod hawl pob dyn i'w gred ei hun ond ni olygai hynny fod hawl ganddo i wthio'r gred honno ar neb arall.[24] Wedi dweud hynny derbyniai fod hawl gan unrhyw gymdeithas i ddiarddel aelod o'i phlith ar sail foesol; roedd gan bob cymdeithas hawl i osod safon foesol i'w deiliaid, ond nid i orfodi safon ym mhethau cred.[25] Braidd yn ddisynnwyr oedd y ddadl hon. Pam nad oedd hawl gan gymdeithas i dderbyn, neu i wrthod, aelod ar sail credo hefyd? Yr un yw'r egwyddor. Dadleuodd Jenkins yn erbyn hawl yr Hen Gorff i rwymo neb wrth safon ei uniongrededd, ond nid y syniad o anffaeledigrwydd eglwysig oedd yn y fantol yn ystod helynt Tom Nefyn ond hawl yr eglwys i osod safon credo fel peth angenrheidiol ar gyfer ei gweinidogion.

Cythruddwyd John Morgan Jones, Prifathro Coleg Bala-Bangor, gymaint gan benderfyniad y Sasiwn fel yr ysgrifennodd ar y mater ddwywaith ar ddudalennau *Yr Efrydydd*, cylchgrawn blaengar Mudiad Cristnogol y Myfyrwyr (yr SCM) yr oedd yn olygydd arno ar y pryd. Cyffesodd iddo gytuno â 'bron pob gair' o gynnwys *Y Ffordd yr Edrychaf ar Bethau*.[26] Cytunodd y Prifathro fod gan y Methodistiaid hawl i ddiarddel Tom Nefyn yn enw Methodistiaeth ond nid oedd ganddynt hawl i wneud hynny yn enw'r Efengyl, nac yn enw Cristnogaeth, nac yn enw'r Ffydd Hanesyddol.[27] Er gwaethaf eu hawl i ddisgyblu a diarddel, ni chredai y dylent fod wedi ymarfer eu hawl. Roedd gwneud hynny yn beth anghywir ac, yn waeth fyth, yn anghristnogol. Yn ei dyb ef, dylasai'r Sasiwn yn hytrach fod wedi datgan fod Tom Nefyn wedi cyfeiliorni o ran ei athrawiaeth *yn eu tyb hwy*, ond wedyn caniatáu iddo barhau yn ei ymgyrch dros y gwirionedd.[28] Roedd y farn hon yn tarddu o ddealltwriaeth bersonol Jones o natur yr efengyl. Yr hyn oedd Cristnogaeth iddo oedd yr ymgais i fyw bob dydd yn ôl dysgeidiaeth yr Iesu a gyhoeddodd y newyddion da ynghylch Tadolaeth Duw.[29] I'r graddau fod Tom Nefyn wedi cyflawni hyn, gallai ei ystyried ei hun yn Gristion ac nid oedd gan neb hawl i'w amau. Nid credo, boed yn uniongred neu'n anuniongred, oedd yn bwysig felly ond diffuantrwydd a buchedd.

– V –

Y prif fater a ddaeth i'r golwg yn achos Tom Nefyn oedd union swyddogaeth cred mewn crefydd. Gwaharddodd Sasiynau Treherbert a Nantgaredig Williams rhag pregethu am na *chredai* athrawiaethau sylfaenol ei eglwys mwyach. Yn wir, dyna gnewyllyn gwrthwynebiad John Morgan Jones i'r feirniadaeth yn ei erbyn. Gan mai *ysbryd* oedd Cristnogaeth, ni chredai'r Prifathro fod gan unrhyw ddyn neu gyfundrefn eglwysig yr hawl i wthio credo ar neb; mynegi profiad ysbrydol yr unigolyn yng ngolau'r Iesu oedd swyddogaeth y diwinydd ac nid rhwymo pawb wrth ddogmâu meidrol. Ond roedd Prifathro Bala-Bangor yn euog o wthio delfrydiaeth Annibynia, a'i ymddiriedaeth ddiysgog yn rhyddid y gydwybod unigol, ar gyfundrefn y Methodistiaid Calfinaidd. Roedd gan y cyfundeb ei Gyffes Ffydd, ac er gwaetha'r honiad na lynai'r mwyafrif o'r gweinidogion wrthi o ran ei manylion, ni fedrai'r Sasiwn ganiatáu i'w haelodau ymwrthod yn llwyr ag ef ychwaith. Y dewis i'r cyfundeb oedd naill ai newid ei Gyffes neu ddiarddel Tom Nefyn. Mae'n debyg mai disgwyl i'r Methodistiaid Calfinaidd ail-fynegi eu diwinyddiaeth a wnâi'r prifathro.

Ond roedd cwestiwn arall hefyd a hwnnw'n ymwneud â diwinyddiaeth. Beth yn union oedd perthynas cred â'r gwirionedd? I John Morgan Jones ni allai dynion meidrol ddirnad y gwirionedd yn ei gyflawnder ac roedd diffiniad terfynol ohono yn amhosibl. Arall oedd barn y Methodistiaid Calfinaidd er iddynt hwythau hefyd ganiatáu rhyddid dehongliad oddi mewn i ffiniau'r athrawiaethau.[30] Ond y cwestiwn sylfaenol oedd, a oedd modd diffinio'r gwirionedd a'i fynegi'n bendant ac yn derfynol? Os ie oedd yr ateb, yna roedd gan eglwys hawl i osod cyffes a chredo fel sylfaen aelodaeth ohoni. Yn ôl y farn hon, natur y gwirionedd ei hun oedd yn y fantol. Ond beth wedyn am natur y bererindod Gristnogol? Ai rhywbeth ydoedd a fyddai'n ymwneud â honiadau cred a'r gwirionedd? Os felly, a ellid caniatáu rhyddid i'r unigolyn arbrofi'n ddiwinyddol hyd nes y deuai ei feddwl i gytgord â'r gredo swyddogol? Mewn achos felly, beth ddylai reoli ei berthynas â'r eglwys yn y cyfamser? A ellid rhoi mwy o ryddid i aelod cyffredin nag i weinidog? Roedd goblygiadau pwysig a phell-gyrhaeddol i ymddygiad Tom Nefyn ar y naill law ac i eiddo'r Sasiwn ar y llall a cheir yr argraff nad oedd y cyfundeb ei hun yn gwbl esmwyth gyda'i benderfyniad. Mae'r ffaith nad yw'r Methodistiaid Calfinaidd wedi diarddel yr un gweinidog am anghytuno â'r Gyffes Ffydd (neu'r Gyffes Fer) er achos Tom Nefyn yn awgrymu fod eu hanesmwythyd yn parhau.

– VI –

Wedi i'r Sasiwn benderfynu mai credo oedd y maen prawf i fod, wynebai yr Henaduriaeth broblem ddreiniog. Roedd y rhan fwyaf o aelodau capel Ebenezer yn cefnogi eu gweinidog i'r carn. Mewn protest yn erbyn penderfyniad Sasiwn Treherbert rhybuddiodd dros ddau gant o aelodau a phum blaenor mai ymateb y Sasiwn at Tom Nefyn a fyddai'n pennu 'eu hagwedd yn y dyfodol tuag at Fethodistiaeth Gymraeg'.[31] A olygai hynny eu bod yn cytuno â diwinyddiaeth eu hen weinidog? Os felly, nid oedd dewis gan yr Henaduriaeth ond eu diarddel hwythau hefyd. Rhwymodd y Sasiwn eu dwylo eu hunain yn hyn o beth trwy ddiarddel Tom Nefyn ar sail athrawiaeth, ac mewn gweithred a ymddengys bellach yn llawdrwm, diarddelwyd y ddau gant. Ni wnaed ymgais, fodd bynnag, i ddarganfod p'un ai cefnogi'r dyn ynte arddel ei ddiwinyddiaeth a wnaent. Fel y gellid disgwyl, creodd hyn gyffro mawr. Yn ôl E. P. Jones, un o gyn-aelodau Ebenezer, 'Mewn gair plaen, cael ein torri allan, a chau drws yr addoldy yn ein herbyn gan yr Hen Gorff oedd dechrau'r helynt yma yn y Tymbl.'[32] Cefnodd dros ddau gant yn ddisymwth ar y Methodistiaid Calfinaidd a ffurfio cymdeithas anenwadol 'Llain y Delyn'. Ni rwymwyd neb yno gan gredo benodol ond caniatawyd i bawb chwilio'r gwirionedd drosto'i hun. Nid oes amheuaeth fod ôl Tom Nefyn yn drwm ar y trefniant hwn.

Erys un cwestiwn na chafwyd ateb boddhaol iddo erioed: pam na dderbyniodd Tom Nefyn alwad i fugeilio pobl Llain y Delyn, yn enwedig o gofio mai ef a barodd iddynt gefnu ar eu hen gyfundeb yn y lle cyntaf? Erbyn hyn ni allwn ond dyfalu. Nid Llain y Delyn oedd yr unig gynulleidfa i'w wahodd i fod yn fugail arni. Daeth yn ddigon enwog yn sgîl yr helynt i eglwys Annibynnol yn y Rhondda bwyso arno i symud ati. O fynd yno, neu o fwrw ei goelbren yn swyddogol gyda chynulleidfa Llain y Delyn, câi ddilyn ei gydwybod yn ddirwystr ac arbrofi fel y gwelai'n dda. Dewisodd yn hytrach ddychwelyd i'r

Gogledd ac erbyn mis Mawrth 1931 roedd wedi'i dderbyn yn ôl i blith y Methodistiaid Calfinaidd gan ymrwymo i gadw'r Gyffes Ffydd a holl reolau'r Cyfundeb, rheolau a oedd yn cynnwys gwaharddiad Sasiwn Crughywel. Syfrdanwyd llawer gan y symudiad annisgwyl hwn; chwerwder a siom oedd ymateb pobl Llain y Delyn, yn anorfod felly yn wyneb maint eu haberth drosto. Er gwaethaf popeth a ysgifennodd wedyn, ni eglurodd pam y cefnodd ar gwmni Llain y Delyn na datgelu beth a'i cymhellodd i gyflawni'r *volte face* rhyfedd hwn.

Arwyddodd dychweliad Tom Nefyn i blith yr Hen Gorff ddiwedd ar 'helynt y Tymbl'. Cyflawnodd broffwydoliaeth yr Athro David Phillips y deuai yn ôl i'r hen gorlan yn ei amser ei hun.[33] Mae'n amlwg iddo fod yn ansefydlog o ran diwinyddiaeth ar hyd yr amser, a phobl y Tymbl a ddioddefodd fel canlyniad i'w arbrofion. Ni chafwyd ateb boddhaol i'r broblem sylfaenol o swyddogaeth credo mewn crefydd, nac ychwaith beth ddylai ymateb yr eglwys fod wrth ddarganfod gweinidog neu aelod yn cyfeiliorni oddi wrth y gyffes swyddogol. Yr unig beth a brofwyd y tu hwnt i amheuaeth oedd bod diarddel ar sail credo yn achosi llawer dwysach anghydfod a beirniadaeth i eglwys nac a dybiwyd. Dychwelodd Tom Nefyn i'r weinidogaeth gyda'r Methodistiaid Calfinaidd ym 1932 a bu'n weithiwr dygn ac effeithiol tan ei farwolaeth annisgwyl ym 1958. Distawodd y ddadl, a thawel wedi hynny fu gyrfa Tom Nefyn. Fel y canodd T. E. Nicholas iddo, nid heb fymryn o siom:

> Tithau o'th storm o fyw yn cilio'n dawel,
> Fel corwynt gwyllt yn troi yn dyner awel.[34]

---

1. Caed manylion bywgraffiadol Tom Nefyn Williams (1895-1958) a digwyddiadau y Tymbl yn ei hunangofiant *Yr Ymchwil* (Dinbych 1942); W. Morris (gol.), *Tom Nefyn* (Caernarfon, 1962); *A Plea and a Protest*, wedi'i arwyddo gan ddiaconiaid a 215 o aelodau Eglwys Ebenezer, Y Tymbl (Caerdydd, 1928); *The Tom Nefyn Controversy: An Account of the Crisis in Welsh Calvinistic Methodism* (Port Talbot, 1929); ac yn fwy diweddar yn Harri Parri, *Tom Nefyn: Portread* (Caernarfon, 1999).
2. *Baner ac Amserau Cymru* (4 Rhagfyr 1958), t.2.
3. *A Plea and a Protest* (Caerdydd, 1928), t.4.
4. *Yr Ymchwil*, t.99.
5. Ibid., tt.115-116.

6. *Y Darian* (14 Mawrth 1929), t.1.
7. *Yr Ymchwil*, tt.117-119.
8. Ibid., t.121.
9. *A Plea and a Protest*, t.9.
10. *Y Goleuad* (26 Gorffennaf 1927), t.2. Y Parchgn T. E. Roberts a R. J. Rees oedd y ddau arall.
11. Tom Nefyn Williams, *Y Ffordd yr Edrychaf ar Bethau* (Dolgellau, 1928), t.4.
12. Ibid., tt.5-9.
13. Ibid., tt.7-8.
14. Ibid., tt.18-20.
15. Gw. *Y Goleuad* (18 Ebrill 1928), tt.3yml.
16. Ibid., tt.4, 6; cf. Morris (gol), *Tom Nefyn*, t.18.
17. *Y Goleuad* (18 Ebrill 1928), t.3.
18. Ibid.
19. Ibid., (5 Medi 1928), t.2.
20. *Yr Ymchwil*, t.132.
21. Ibid., t.129.
22. *Y Llenor* (1928), tt.66-68.
23. Ibid., tt.101-102.
24. Ibid., t.105
25. Ibid., t.104.
26. *Yr Efrydydd* (1928), t.182.
27. Ibid., t.199.
28. Ibid.
29. Ibid., t.200.
30. Pwysleisiodd Owen Prys hyn yn ei ddatganiad i Sasiwn Treherbert yn Ebrill 1928, gw. Morris (gol.), *Tom Nefyn*, t.18.
31. *A Plea and a Protest*, t.11
32. *Yr Ymofynnydd* (1969), t.4.
33. Morris (gol.)., *Tom Nefyn*, t.22
34. T. E. Nicholas, *'Rwy'n Gweld o Bell* (Abertawe, 1963), t.75.

10

TRWM AC YSGAFN:
NEGES GREFYDDOL BARDDONIAETH
D. MIALL EDWARDS

David Miall Edwards oedd diwinydd mwyaf cynhyrchiol Cymru ym mlynyddoedd cynnar yr ugeinfed ganrif. Ganed ef ar 22 Ionawr 1873 yn Llanfyllin a chafodd yr enw 'Miall' gan ei rieni, William (y groser a'r garddwr yn y pentref) a Jane. Roedd y ddau ohonynt yn edmygwyr o Edward Miall, yr Ymneilltuwr pybyr o Sais a oedd yn wleidydd radicalaidd ganol y bedwaredd ganrif ar bymtheg. Talodd eu mab deyrnged dyner i'w rieni trwy gyflwyno ei lyfr cyntaf i'w coffadwriaeth. Disgrifiodd ei dad fel 'gŵr rhadlon, darllenwr mawr, gwerinwr pybyr, crefyddwr cynnes' – nodweddion y daeth Miall Edwards ei hun i'w coleddu yn ddiweddarach. Roedd ei fam yn 'wraig ddirodres, rinweddol, ofalus a doeth'. Cydnabu ei 'ddyled fawr' iddynt a diolchodd am 'ymgeledd a hyfforddiant ym more oes.'

Wedi symud i Landderfel ym 1877, dilynodd ei dad fel prentis garddwr cyn penderfynu troi at y weinidogaeth gyda'r Annibynwyr. Derbyniwyd ef i Goleg Bala-Bangor ac, wedi ennill ysgoloriaeth mynediad i Goleg Prifysgol Gogledd Cymru, Bangor, graddiodd, ymhen amser, gydag Anrhydedd yn yr Ail Ddosbarth yn Saesneg. Nid oedd Prifysgol Cymru wedi'i sefydlu ar y pryd ac, o ganlyniad, gradd Prifysgol Llundain a ddyfarnwyd iddo ym 1896. O Fangor, aeth i Goleg Mansfield, Rhydychen. Awgrymodd Arafnah Thomas nad oedd Edwards yn hoff iawn o'r ddinas nac o'i diwtoriaid yn y coleg.[1] Yn ôl un ohonynt, Alfred Garvie, a fu am gyfnod yn brifathro New College, Llundain, gwrando ar gyfres ei ddarlithoedd yntau ar athrawiaeth

Albrecht Ritschl a'i ddilynwyr[2] a draddodwyd ym Mansfield ddiwedd 1899, a argyhoeddodd Edwards o'i alwad i fod yn ddiwinydd.[3] Honnodd John Massie, tiwtor y Clasuron a oedd, mae'n debyg, yn gwbl ddiflas fel athro,[4] mai Edwards oedd y myfyriwr mwyaf disglair iddo ei ddysgu erioed. Roedd gan Andrew Fairbairn, prifathro'r Coleg, feddwl uchel o Miall. Credodd y byddai'n siŵr o wneud cyfraniad mawr fel un o feddylwyr praffaf a mwyaf blaenllaw yr oes.[5] Fodd bynnag, ataliwyd ef rhag sefyll ei arholiadau terfynol oherwydd cyfnod o salwch ac felly ni raddiodd tan 1901, a hynny gyda gradd Anrhydedd yn y Dosbarth Cyntaf.

Wedi ei ordeinio ym 1900, bu Edwards yn weinidog ym Mlaenau Ffestiniog tan 1904 ac yna yn Aberhonddu. Yn y flwyddyn honno, profodd yr eglwys ledled Cymru danchwa'r fendith ysbrydol yn y Diwygiad a gyffyrddodd lawer dros y ddwy flynedd ganlynol. Wrth dalu teyrnged i Edwards fwy na deng mlynedd ar hugain yn ddiweddarach, ysgrifennodd Arthur Jones, gweinidog y Plough, Aberhonddu: 'Cyrhaeddasai blaenion y don hyd yn oed i froydd tawel Brycheiniog, ac efallai i weinidog newydd y Plough fanteisio mwy arni nag a wnaed mewn manau lle roedd ei hymchwydd yn fwy llifeiriol. Gyda'i syniadau ef am bwysigrwydd hyfforddi a goleuo, trodd rym y deffro i'r cyfeiriadau hynny, ac erys yr effeithiau hyd heddiw.'[6]

Lleolwyd y Coleg Coffa, sef un o'r colegau a oedd yn hyfforddi gweinidogion i'r eglwysi annibynnol, yn Aberhonddu a phan symudodd Edwards i'r dref, roedd Thomas Rees, un o'i gyd-fyfrwyr yng ngholeg Mansfield, yn athro yn y Coleg. Ym 1909, pan ddyrchafwyd Rees yn brifathro Coleg Bala-Bangor, etholwyd Edwards yn olynydd iddo yng nghadair Diwinyddiaeth Gyfundrefnol ac Athroniaeth Crefydd. Cyflawnodd ei waith gyda llwyddiant academaidd a bugeiliol hyd at ei ymddeoliad oherwydd salwch ym 1934. Llongyfarchodd Fairbairn ei gyn-fyfyriwr yn gynnes iawn wedi ei benodi'n athro. 'It was a great pleasure to me,' ysgrifennodd, 'to find you amongst those I can honestly say I have pleasure in thinking of as a teacher. So I can salute you as Professor and the other two candidates I can only console with . . . I wish I could think of other men as equal to you.'[7]

Yn ogystal â'i ddyletswyddau dysgu yn y coleg a'i ymrwymiadau pregethu ac annerch di-rif, cyfrannodd yn helaeth at bapur wythnosol ei enwad, *Y Tyst*, i'w gylchgrawn, *Y Dysgedydd*, ac i'r *Efrydydd*, sef cylchgrawn Mudiad y Myfyrwyr Cristnogol (yr 'SCM') yng Nghymru. Yn wir, am gyfnod bu'n olygydd y ddau ddiwethaf.[8] Ynghyd ag erthyglau eraill yn y Gymraeg yn *Y Beirniad*, *Y Geninen*, ac yn *Y Llenor*, cyfrannodd Edwards yn Saesneg i'r *Hibbert Journal*[9] ac i *The Congregational Quarterly*[10] – a oedd yn gylchgronau o ansawdd ac ysgolheictod arbennig yn eu dydd – ac i *The Welsh Outlook* o'i ddechreuad ym 1914. Yn ddiweddarach, casglwyd rhai o'i ysgrifau ynghyd mewn llyfrau,[11] tra chyhoeddodd lyfrau eraill ar bynciau arbennig.[12] Yn wir, Edwards oedd yr unig awdur Cymreig yn yr ugeinfed ganrif i gyhoeddi cyfrol yn amlinellu diwinyddiaeth gyfundrefnol, sef *Bannau'r Ffydd* a gyhoeddwyd ym 1929.[13] Fe'i adnabuwyd ymhlith ei gyd-oeswyr fel prif ddiwinydd Cymru. Eto, enillodd barch rhyngwladol, yn rhannol oherwydd iddo gynrychioli ei enwad, Undeb yr Annibynwyr Cymraeg, mewn cynhadleddau megis y Gynhadledd Ryngwladol ar Fywyd a Gwaith yn Stockholm ym 1925, ac yn rhannol oherwydd y derbyniad a gafodd ei gyhoeddiadau Saesneg. Cyfieithwyd ei ysgrifau ar yr Athronydd Ffrengig, Henri Bergson (a gyhoeddwyd yn wreiddiol yn *Y Beirniad*) gan y Parchg Robert Griffith o Gymdeithas Genhadol Llundain ar gyfer cylchgrawn a gyhoeddwyd ym Madagascar,[14] tra gwerthodd un o'i lyfrau, *The Philosophy of Religion*, dros bum mil o gopïau ledled y byd a chyfieithwyd ef hyd yn oed i'r Siapanaeg. Ym 1925, dyfarnwyd iddo radd Ph.D. am y gyfrol gan Brifysgol Llundain[15] a DD (*honoris causa*) gan Brifysgol Cymru.

Roedd Edwards yn gynrychiolydd amlwg a phwysig y rhyddfrydiaeth optimistig a fu yn ei hanterth ledled Ewrop trwy gydol y bedwaredd ganrif ar bymtheg ond a gafodd ergyd angeuol bron gan erchyllterau a barbareiddiwch y Rhyfel Mawr. Y tu ôl i'w syniadau roedd cyfundrefnau meddyliol Immanuel Kant, Georg Hegel a Friedrich Schleiermacher, gyda'u pwysleisiau gwahanol ar foesoldeb ymhlyg yn y bydysawd fel adlewyrchiad o'r nerth moesol a'i creodd ef, undod popeth fel canlyniad mewnfodaeth yr Ysbryd (*Geist*) Absoliwt, a'r profiad personol o 'ddibyniaeth absoliwt' fel ffynhonnell pob gwirionedd diwinyddol. O ganlyniad, moesoldeb, undod a phrofiad personol oedd y prif gysyniadau yng nghyfundrefn ddiwinyddol Edwards a ganolodd, braidd yn anochel, ar y bersonoliaeth ddynol.

Wedi'i ddylanwadu yn arbennig gan yr ysgol Ritschlaidd, hyrwyddai Edwards 'feirniadaeth-gwerth' a darddodd o'r pwysigrwydd a roddwyd i'r goddrych dynol. Yn hytrach na rhagdybio dwyfoldeb metaffisegol, fel y gwnaeth Cyngor Chalcedon ym 451OC, awgrymodd Albrecht Ritschl fod Crist yn Dduw am fod ganddo 'werth' Duw inni, er ei bod yn debyg iddo olygu bod Crist *pro nobis* yr un ag yw Crist *in se*. Gan ddilyn Rudolf Otto, a gyhoeddodd ei gyfrol arloesol *Das Heilige* ym 1917,[16] y 'dwyfol' neu'r 'sanctaidd' oedd gwrthrych y profiad crefyddol yn ôl Miall Edwards. A phrofiad o *mysterium tremendum et fascinans* oedd hwn, sef profiad o'r dwyfol yn denu'r bod dynol ato tra hefyd yn codi arswyd ynddo ar yr un pryd. Defnyddiodd Edwards fewnwelediadau athronyddol Kant, Hegel, Schleiermacher a Ritschl i esbonio'r profiad hwn a chredodd fod y dynion hyn, at ei gilydd, wedi dehongli'r ffydd Gristnogol yn iawn. O ganlyniad, dylai'r wybodaeth hon fod ar gael i Gristnogion cyffredin a chyfrifoldeb y diwinydd oedd esbonio'r ideolegau cymhleth hyn mewn iaith oedd yn ddealladwy i'r werin. Yn ei farn ef, roedd yn hanfodol cyhoeddi gwaith diwinyddol yn y Gymraeg oherwydd fod gan y Cymry duedd naturiol at grefydd a ddylai gael mynegiant academaidd fanwl, a hefyd oherwydd angen y Cymry am addysg grefyddol yn eu hiaith eu hunain. O ganlyniad, cyhoeddodd yn helaeth yn y maes hwn yn y Gymraeg, a dyna lle gwnaeth ei gyfraniad mwyaf.

Diwinydd, yn fwy na dim byd arall, oedd Edwards a chyflawnodd y ddwy dasg draddodiadol o fod yn ysgolhaig ac yn bregethwr yn feistrolgar. Yn ei lyfrau, anerchodd y gymuned ysgolheigaidd ar y naill law a'r gymuned ffydd yn ogystal ac anogai Gristnogion Cymru, ambell waith mewn ffordd bryfoclyd, i fyw bywyd Cristnogol mwy dilys. Yn ei dyb ef, roedd yn angenrheidiol i grefydd ofalu am ei thair prif agwedd, sef addoli, athrawiaeth a gwasanaeth cymdeithasol.[17] Ond ni ellid gwahanu'r tair agwedd hon. Fel Idealydd athronyddol da, credai Edwards yn undod sylfaenol pob peth, a chredai fod llawer o broblemau bywyd ei gyfnod, yn gymdeithasol ac yn ysbrydol, yn tarddu o ddeuoliaeth ddofn a greodd hollt rhwng yr ysbrydol a'r materol yn y meddwl poblogaidd. Yr ateb i'r broblem hon, yn nhyb Edwards, oedd yr 'efengyl gymdeithasol'.

Datblygodd yr efengyl gymdeithasol yn yr Unol Daleithiau yng nghanol y bedwaredd ganrif ar bymtheg ac fe'i cysylltwyd yn bennaf gydag enwau Washington Gladden, Richard T. Ely a Walter Rauschenbusch.[18] Ym 1918, cyhoeddodd Rauschenbusch, a oedd yn hanesydd eglwysig ac yn Fedyddiwr, *A Theology for the Social Gospel*. Yn y llyfr hwnnw, gosododd agenda cyffredinol ar gyfer cyfraniad yr eglwys at adeiladu'r byd a ddinistriwyd yn ystod y Rhyfel Mawr a heriodd yr eglwys yn benodol i sefydlu cymdeithas a seiliwyd ar gyfiawnder a chyfartaledd i bawb. Yn nhyb Rauschenbusch, hanfod Cristnogaeth oedd y deinamig i greu cymdeithas newydd. Deuai'r gymdeithas honno i fodolaeth trwy ad-enedigaeth bodau dynol. Cyfrannai pob unigolyn ei bersonoliaeth ddiwygiedig a moesol ac felly yn 'sicrhau teip newydd o ddynoliaeth Gristnogol' a orchfygai'r drwg ac a fyddai'n sefydlu Teyrnas Dduw. Y prif angen, felly, oedd ymrwymiad a sancteiddiad dynol, mewn cymundod gyda'r Duw mewnfodol, i fyw bywydau o wasanaeth i'r Deyrnas.[19]

Darllenodd Edwards y llyfr ac fe'i defnyddiodd wrth baratoi holiadur Tystiolaeth Gristnogol ar gyfer yr Ysgol Gwasanaeth Cymdeithasol dros Gymru a oedd hefyd yn rhan o'r rhagbaratoadau ar gyfer Cynhadledd COPEC yn Birmingham ym 1924. Gwelir adlais yn ei lyfrau o waith Rauschenbusch, er annhebyg yw iddo fod yn nyled yr Americanwr am ei syniadau. Yn hytrach, bu ganddynt ill dau ffynhonnell gyffredin yng ngwaith Ritschl a'r Ideolegwyr athronyddol. Bu farw Rauschenbusch ym 1918 heb weld yr efengyl gymdeithasol a hyrwyddodd yn ennill cymeradwyaeth ryngwladol fel y cawsai yn ystod y 1920au. Un a dderbyniodd ei fantell oedd Miall Edwards, a cheisiodd y Cymro gymhwyso'r efengyl gymdeithasol yn gyffredinol i'r byd ar ôl y Rhyfel Mawr ac yn benodol i Gymru.

Yn ôl Edwards, y prif angen a wynebai'r Egwlys yn ystod y 1920au oedd ceisio rhywbeth nad oedd wedi digwydd erioed o'r blaen, sef 'gweithio allan y gyfundrefn Gristnogol yn ei holl agweddau, gan ddechrau gydag egwyddorion Cristnogol sylfaenol, a chymhwyso'r egwyddorion hynny'n ddewr i fywyd yn ei grynswth'.[20] Canlyneb hyn oedd cydnabod yr angen (a'r realiti) am y nerth dwyfol oedd y tu ôl i'r bydysawd ac yn gweithio dros gyfiawnder.[21] Yn y pen draw, heb y gred honno, byddai pob ymdrech ddynol yn ofer. Fodd bynnag, mae agwedd Edwards at yr efengyl gymdeithasol yn dangos ei gred sylfaenol yng ngwerth a gallu egwyddorion trefniadol. Megis eraill yn y cyfnod a gyfareddwyd gan Idealaeth athronyddol, credai petai egwyddorion y bywyd cyfiawn yn dod yn amlwg ac yn cael eu dilyn gan bobl, yna câi'r broblem gymdeithasol ei datrys yn gwbl naturiol. Prif dasg yr Eglwys, felly, oedd i enwi'r egwyddorion hynny a'u sefydlu fel egwyddorion llywodraethol ymhob sefydliad cymdeithasol. Ac yn nhyb Edwards, ystyr sylfaenol hyn oedd tynnu'r agwedd ysbrydol mewn bywyd allan o'i hamgylchfyd preifat eglwysyddol a'i chysylltu â phob agwedd arall ar fywyd. Iddo ef, dyma oedd hanfod y ffydd Gristnogol.

> Life is a unity. And to us Christians, Christ should be the great unifier of life, bringing all its parts into a fine spiritual harmony within which the so-called 'secular' finds its proper place. If we are sincere in our Christianity we must ever act on the assumption that the sovereignty of Christ is to be supreme over the whole of life.[22]

Heb amheuaeth, yn nhyb Edwards, dyletswydd arweinwyr a diwinyddion yr eglwys oedd hon. Ond roedd Edwards hefyd yn ymwybodol o'r angen i ddysgu'r efengyl gymdeithasol i'r werin grefyddol ac un ffordd i gyflawni'r orchwyl honno oedd ei chynnwys yn oedfaon y capeli. Felly, roedd angen emynau a adlewyrchai brif nodweddion yr efengyl gymdeithasol, ac i'r perwyl hwn, cyfieithodd Edwards ragair William Blake i'w gerdd 'Milton' i'w chanu mewn cynulleidfaoedd a ymrwymai i godi Jerusalem, Dinas Duw, yng Nghymru.

> A fu ei draed mewn amser gynt
> Yn rhodio bryniau teg ein gwlad?
> A welwyd santaidd Oen ein Duw
> Ar ddolydd gwyrddlas Cymru fad?
> A fu Ei wyneb dwyfol Ef
> Gynt yn goleuo'r tywyll fro?
> A welwyd unwaith Ddinas Duw
> Yng ngwlad y mwg a'r pyllau glo?
>
> Rhowch im fy mwa o aur llosg
> A saethau fy nymuniad glân!
> Fy mhicell rhowch; gymylau hollt,
> Dygwch i mi fy ngherbyd tân!

Ni chwsg fy nghleddyf yn fy llaw,
Ni ddianc f'enaid rhag y gad,
Nes codir muriau Dinas Duw
Ar feysydd gwyrddlas Cymru fad.[23]

Wrth gyfieithu'r gerdd, addasodd Edwards y geiriau i fod yn fwy perthnasol mewn cyd-destun Cymreig. Felly, daeth 'dark Satanic mills' yn 'wlad y mwg a'r pyllau glo' gan adlewyrchu'r diwydiannu cyflym yng Nghymru'r bedwaredd ganrif ar bymtheg a'r problemau cymdeithasol enbyd a ddaeth yn ei sgîl, tra daeth 'England's green and pleasant land' yn 'feysydd gwyrddlas Cymru fad'. Clywid adlais yn y gerdd am angerdd Edwards dros yr efengyl gymdeithasol. Yn anad dim, gwelodd yn glir anfadrwydd y problemau oedd yn wynebu cymdeithas yn y blynyddoedd ar ôl y Rhyfel Mawr a chredai'n selog y gallai'r efengyl lefaru'n effeithiol ac yn uniongyrchol â hwy a thrwy hynny i helpu eu datrys. Ond clywid ynddi hefyd ei angerdd am Gymru. Fe'i codwyd i bregethu gan neb llai na Michael D. Jones, a bu trwy ei oes yn ymwybodol iawn o'i hunaniaeth fel Cymro. Er na fu erioed yn aelod o Blaid Genedlaethol Cymru nac yn gefnogol iddi ychwaith, roedd yn wladgarwr pybyr, ac ysgrifennodd amddiffyniad athronyddol a diwinyddol ddysgedig ar y genedl a'i hiaith yn *Crefydd a Bywyd* ac yn *Crist a Gwareiddiad*. Yn wir, yn ddiweddarach ail-gyhoeddodd yr adran yn yr ail lyfr fel cyfrol arbennig dan y teitl *Iaith a Diwylliant Cenedl*.

Lluniwyd gwladgarwch Edwards gan ddatblygiadau yn Ewrop yn ystod y bedwaredd ganrif ar bymtheg. Yn wir, daeth ei syniadau yn nes at ddehongli diwylliant yn ddiwinyddol yn yr un modd â Groen van Prinsterer ac Abraham Kuyper yn yr Iseldiroedd.[24] Yn nhyb Edwards, yn hytrach na hawlio breiniau a hawliau i'w chenedl ei hun, byddai gwir genedlgarwch yn cydnabod bod rhywbeth gan bob cenedl i'w gyfrannu ar lwyfan y byd. Bu'n frwd o blaid hunan-lywodraeth, ond nid dyna oedd ei brif ddiddordeb. Yn hytrach, pwysleisiodd yr angen i Gymru fel cenedl gyfrannu 'delfrydau' at 'gyfoeth a ffyniant y byd' yn fwy na cheisio ennill 'pethau' iddi'i hun.[25] A pherthynai delfrydau Cymru i'w phrofiad crefyddol unigryw. Trwy feithrin y profiad hwnnw, a'i nodweddion cenedlaethol – yn bennaf ei hiaith a'i diwylliant – gallai Cymru gynnig rhywbeth unigryw i'r gymuned fyd-eang o genhedloedd. 'Neges y genedl,' ysgrifennodd, 'ddylai fod, cyfoethogi bywyd y byd trwy berffeithio ei phrif-nodweddion ei hun, a'u cyflwyno yn aberth ar allor dynoliaeth'.[26]

Ym 1920, o ganlyniad i'w angerdd dros yr efengyl gymdeithasol, ei syniadau am genedlgarwch a'i gred y dylai tueddiadau modern mewn athroniaeth a diwinyddiaeth fod ar gael i'r werin, cyfansoddodd Edwards ddau emyn ar bynciau cymdeithasol a'u cyhoeddi yn *Y Dysgedydd*, 'Arglwydd doed dy deyrnas rasol' (ar y dôn 'Hamburg' neu 'Hyfrydol') ac 'O Dduw ein craig a'n noddfa' (ar y dôn 'Heidelburg' neu 'Meirionnydd').[27] Sylweddolodd Edwards nad oedd llyfrau emynau'r dydd yn cynnwys dim ar themâu cymdeithasol. Er nad oedd yr un o'r emynau hyn yn boblogaidd iawn, cynhwyswyd 'O Dduw ein craig a'n noddfa' yn llyfr emynau ei enwad (*Y Caniedydd*, rhif 358) a hefyd, yn fwy diweddar, yn *Caneuon Ffydd* (rhif 830). Ond roedd ei ymdrech glodwiw i fynegi'r efengyl gymdeithasol mewn emynau, ynghyd â'r ymgais achlysurol i farddoni, wedi dod â rhwyfaint o gydnabyddiaeth iddo fel bardd. Yn fwy arwyddocaol na'i emynau, fe ddichon, oedd y ffaith iddo gyfansoddi englynion, ac hynny o 1918 o leiaf. Yn y flwyddyn honno, cyfansoddodd yr englyn canlynol ar gyfer Cymdeithas Cymry Cymreig Aberhonddu:

> Llawen noddi llenyddiaeth – a hanes
>   Ein hynod hynafiaeth,
>   Acennu ein cu heniaith
> Hyn yw ein gŵyl, hwn yw'n gwaith.

Daeth ei gyfnod mwyaf gynhyrchiol fel bardd rhwng 1933 a 1935, yn arbennig ar ôl ei ymddeoliad o'i gadair yn y Coleg Coffa. Rhywbryd tua'r Hydref, 1935, casglodd Edwards ei gerddi a'u gosod mewn llyfr nodiadau. Mae'r llyfr, a gafodd y teitl *Trwm ac Ysgafn*, yn llawn o doriadau o bapurau newydd ac o gerddi yn llawysgrifen daclus Miall Edwards. Er mai braidd yn gymysglyd yw trefn y cerddi, mae'n amlwg iddo fwriadu cyhoeddi'r llyfr nodiadau yn gyfrol gyda chynnwys a rhagymadrodd.

Cyhoeddwyd y rhan helaeth o'r cerddi yn wreiddiol yn y *Western Mail*, *Y Tyst*, *Yr Efrydydd* ac yn *Y Ford Gron*. Roedd iechyd Edwards yn wael yn y cyfnod hwn ac yn y cynghaneddion darganfu 'cyfryngau newydd hunan-fynegiant' a ffynhonnell cysur a symbyliad deallusol. Nododd ymhellach, 'a bron yn ddiarwybod i mi fy hun dechreuais englyna'. Roedd yn gwbl ymwybodol o'i wendidau ei hun. Astudiodd y ffurf lenyddol a gallai ymateb yn wybodus a dyfynnu cwrslyfrau penodol pan oedd angen. Gofynnodd i ddau fardd-bregethwr ei enwad, Howell Elvet Lewis (Elfed) a J. Dyfnallt Owen (Dyfnallt), yn ogystal â brawd Elfed, sef Thomas Lewis (a oedd rhwng 1907 i 1943 yn brifathro'r Coleg Coffa), ddarllen ei gerddi. Honnodd dau ohonynt (y ddau gyntaf, mae'n debyg, am eu bod yn fwy hyddysg yn sgiliau'r gynghanedd) fod y nam 'proest i'r odl' i'w weld yn ei englyn i'r Nadolig, 1936.

> Odlau cu Nadolig hen – o newydd
> Fyddo'n hoyw a llawen,
> Llawn hwyliau llon a heulwen
> A'r Baban bychan yn Ben.

Yn nhyb y ddau brifardd, y llinell olaf oedd y broblem, er na all 'proest i'r odl' fod yn bresennol mewn cynghanedd sain lle mae odl fewnol (Ba<u>ban</u> / bych<u>an</u>). Dyfynnodd Edwards Syr John Morris-Jones a David Thomas i gefnogi'i gerdd[28] a hefyd i ddangos ei fod wedi ymchwilio i reolau'r ffurf. Yn wir, ei ddealltwriaeth o'r rheolau llenyddol a'i cynorthwyodd iddo ddewis teitl ar gyfer ei gyfrol arfaethedig – enwyd y llyfr ar ôl ffurf gam ar gynghanedd. Ond tynnodd Edwards hefyd ar ystyr arall y teitl trwy awgrymu y byddai'r cerddi yn 'drwm' ac yn 'ysgafn'. Wedi dweud hynny i gyd, credai Edwards y dylai fynd ymlaen gyda'i gyfansoddi hyd yn oed os oedd yn annheilwng, a chyfiawnhaodd hynny trwy dynnu'n gydweddol ar eiriau Dr Samuel Johnson a ddyfynnodd (yn Saesneg): 'Sir, a woman's preaching is like a dog's walking on his hind legs. It is not done well; but you are surprised that it is done at all.'

Mae'n bosibl mai dyma oedd canlyniad gwyleidd-dra Edwards (a fynegwyd mewn termau addas i'w gyfnod ond a fyddai wedi cael eu beirniadu'n hallt yn ddiweddarach) a darddai o'i deimlad o annigonolrwydd. Nid Miall Edwards oedd y bardd gorau a welodd Cymru erioed ac roedd yn fwy nag ymwybodol o'r ffaith honno. Yn wir, ei 'gyffes', meddai, oedd:

Odidog fardd nid ydwyf:
Prydydd bach a chorrach wyf:
Teilwng ddawn a ataliwyd
Is y lloer i brentis llwyd.
Ond un rhan o'r dawn a rydd
Costus brifysgol cystudd.

Fel y dywedodd John Morgan Jones yn ddiweddarach, 'Er ei fod yn
awr ac yn y man yn cyfieithu barddoniaeth ac yn barddoni ei hun, ni
ellir dweud bod ganddo lawer iawn o grefft a chelfyddyd y llenor'.[29]
Cyfeiriodd Jones cymaint at ryddiaith drwsgl Edwards ag at ei
farddoniaeth, a hynny er gwaethaf y ffaith mai 'lluneidd-dra,
rhwyddineb ac eglurder crisialaidd oedd nodweddion hyglod ei
feddwl a'i sgrifennu.'[30] Braidd yn blaen a di-nod oedd ei ryddiaith gan
mai'r neges ac nid y ffurf oedd yn holl bwysig iddo – gwahanol iawn i
John Morgan Jones a feddai ar arddull lafar ac ysgrifenedig penigamp.
Ac eto, dichon bod elfen o or-feirniadaeth yn y fan hyn, ar ran Edwards
ac ar ran ei feirniad cyfeillgar (roedd y ddau wedi bod yn gyd-fyfyrwyr
yng Ngholeg Mansfield yn y 1890au). Enillodd Edwards y brif wobr yn
eisteddfod leol Aberhonddu ym 1928 allan o 14 o ymgeiswyr am
englyn dan y teitl *Y Gorwel*.

Rhubanau aur ar obennydd – yr haul
Ar wely ysblennydd;
Drws y wawr dros Iwerydd:
Oriel Duw ar ael y dydd.

Yn ôl *The South Wales News*, 'bydd yn rhaid i'r beirdd edrych ati os daw
yr Athro amryddawn i'w maes o ddifrif!'[31] Yn gynnar ym 1928,
ymwelodd Edwards â Gran Canaria er lles ei iechyd. Sylw'r *Tyst* oedd,
'Ai tybed mai edrych i gyfeiriad Cymru o draeth Las Palmas yr oedd
wrth gyfansoddi ei englyn i'r "Gorwel"'.[32] Nodwyd yn *Y Tyst* fod
Edwards wedi glanio yn Las Palmas ar ddydd Gŵyl Dewi a daeth
'meddyliau rhyfedd i'w galon' o ganlyniad.[33] Bu hefyd am gyfnod 'Ar
fin y Môr' yn Bournemouth ym mis Chwefror 1928 'mewn ymchwil am
iechyd'. Mae ei englyn yn adrodd ei brofiad yno yn dangos ei fod wrth
ei fodd ar lan y môr a hefyd yn fodlon â'r cyfle a roddodd ei wyliau
iddo i ymlacio a hamddena – rhywbeth a oedd yn bwysig i rywun â'r
anianawd i weithio'n galed. Cyfle oedd ei wyliau, felly, i 'ymollwng i

ddiogi', oedd yn wir yn ddigwyddiad prin i Edwards:

Min y môr yw'r man i mi; – mi allaf
Ymollwng i ddiogi
A dilyn ar hyd heli
Lun y lloer ar len y lli.[34]

Fel y gellir gweld, mae englynion Edwards yn cynnig mymryn o wybodaeth bersonol am gymeriad Edwards, rhywbeth a oedd fel arfer yn guddiedig gan y dyn preifat hwn. Mae ei gyfres o englynion i 'Fy Arwyr', er enghraifft, yn awgrymu'r dylanwadau athronyddol a gwleidyddol cryfaf arno. Roedd rhai o'r dynion y soniodd amdanynt efallai yn ddewisiadau disgwyledig. Nid oedd fawr o syndod iddo ddechrau gyda Platon, ac mae ei gerdd yn llawn o'i barch a'i edmygedd at yr athronydd o Roegwr fel meddyliwr. Yn ogystal, mynegodd Edwards ei ddiolchgarwch am y cysur a dderbyniodd wrth fyfyrio uwchben y gyfundrefn Blatonaidd a welodd y brif realaeth yn bodoli y tu hwnt i'r byd gweladwy ar ffurf syniadau neu ddelfrydau. Cyfeddiannau amherffaith y syniadau hynny oedd ffenomenau'r byd. Yn nhyb Edwards, felly, roedd Platon yn arwr oherwydd iddo ddangos rhagoriaeth y meddwl lle gall pobl nesáu at berffeithrwydd Syniadau. Fel hyn, daeth Platon hefyd yn rhyw fath o ryddhawr iddo. Ni ellir dyfynnu pob cerdd i'w arwyr (gan fod pob un yn cynnwys rhwng pump a saith pennill), ond mae'n werth dyfynnu 'Plato' yn llawn.

Gweledydd craff seraffaidd, – yn hofran
Yn y nwyfre balmaidd:
Trwy ddaearol niwl y traidd
Lamp ei feddwl Olympaidd.

Chwiliodd am haul uwch heuliau, – ac wele,
Gwawl mwyn y sylweddau!
Tremiodd i fro'r Patrymau
Pur, â'u hoen byth yn parhau.

Pensaer y Ddinas glaerwen, – a luniodd
Glân egni ei awen, –
Yr ynni hael ddaeth o'r nen,
I'n hebrwng tua'r wybren.

Cysgadwr 'ogof' cysgodion – oeddwn,
  Noddi gwag freuddwydion.
  Caethwas rhyw frith ledrithion;
  Gwae fi yn yr ogof hon!

O'm carchar daeth i'm cyrchu, – a'm harwain
  O'm tymhorol lety,
  I fro'r claer leufer sydd fry
  Trwy y nos yn teyrnasu.

Ysgar a wnaeth y plisgyn, – a chwilio
  A chael y cnewyllyn.
  Maeth a fo'n dra amheuthun;
  Canfod yr Hanfod ei hun;

Pur Hanfod pob bod a byw, – 'Daioni',
  Dihenydd uchelryw;
  Y didol benllad ydyw;
  Nefol wawl uwch nifwl yw.[35]

Roedd yr Apostol Paul yn 'gawr-feddyliwr cyhyrog'; tra cofiai Dewi
Sant oherwydd ei dduwioldeb yn hytrach na'i feddwl. Felly hefyd
oedd Williams, Pantycelyn:

Canai mewn dwys acenion, – yn angerdd
  Ingoedd poeth y galon:
  Storm nwydus, gynhyrfus hon
  A barai daer bryderon.

Canodd er coffadwriaeth i Daniel Owen ar ganmlwyddiant
genedigaeth y 'Teiliwr a Nofelydd' a phwysleisiodd Edwards 'hynod
ddawn . . . nodwydd ddur' y 'nofelwr saint nefolaidd'. Dichon mai
dewis amlwg oedd Syr Henry Jones, yr athronydd a'r Cymro a ddaeth
yn athro ym mhrifysgolion Bangor, St Andrews a Glasgow. Cafodd
Jones dderbyniad da i'w ddarlithiau Gifford, *A Faith that Enquires*,[36] a
oedd yn esboniad meistrolgar ar Idealaeth athronyddol. Ond nid dyna
oedd yr unig reswm y tu ôl i edmygedd Edwards. Ysgrifennodd yr
athronydd ei ddarlithiau tra'n dioddef o'r cancr a fyddai'n
ddiweddarach yn ei ladd. I Edwards, roedd gwroldeb Henry Jones yn

ei ddioddefaint corfforol yn ysbrydoliaeth.

> I ddyrys egwyddorion – byd a bod
> Bu'n lladmerydd cyson;
> Ymchwil rydd wnai Ffydd yn ffon,
> Yn ffenestr ac yn ffynnon.

Canmolodd Edwards Albert Einstein mewn termau athroniaeth Idealegol am ei ddamcaniaeth am berthynoledd. Nid yw'n syndod fod Edwards yn dehongli hyn fel uno agweddau anghymesur y bydysawd:

> Plygodd, megis pêl hogyn, – â'i afael
> Y gofod diderfyn:
> 'De a gogledd' (clyw'r Dewin)
> 'Y ddau yn awr a ddaw'n un.'

> 'Hynod yw! heb na siw na sain, – yn llaw
> Y *gorllewin* cywrain,
> Llwydda ei gu allwedd gain
> I agor dôr y *dwyrain*.'

Canmolodd D. Lloyd George hefyd, er nad oedd y gerdd heb feirniadaeth ohono. Mae'n debyg mai'r cenedlaethau diweddarach, yn fwy na'i gyfoeswyr, a welodd drwy gyfaredd y Dewin. Yn ôl R. Tudur Jones, er enghraifft: 'Tueddai pob safon foesol i droi'n fater o hwylustod iddo. Cyfareddai'r tyrfaoedd â'i rethreg (canys yr oedd yn olyniaeth cewri'r pulpud) ac eto trwy ddefnyddio geiriau mawr meistri'r gynulleidfa fel mân beli mewn gêm boliticaidd, fe laddodd y rhethreg honno. Llurguniai bopeth – geiriau, cyfeillgarwch, anrhydeddau, pleidiau, enwadau, cronfeydd, pobl ac egwyddorion – i hybu ei amcanion personol. Troes hyder arwrol ei flynyddoedd cynnar yn wendid trist fel y llygrid ei alluoedd digymar gan ei fyfïaeth'.[37] Nid oedd Edwards mor ddeifiol â hyn, ond gwelodd fod y cyn-brifweinidog braidd yn enigmataidd:

> Yr hudolus aur dilin, – a gladdwyd
> Ym mwyngloddiau'r werin
> Fu'n balmant rhamant a rhin
> Rhawd ei ddawn anghyffredin.

Fe'n rheibia â'i fwyn arabedd, – a'i lais
    Gogleisiol ei rinwedd:
    Tiwnia'i gloch, melltenna gledd,
    I gyfeirio'i gyfaredd.

Grymus ŵr ysgarmes yw, – rhyw gadarn
    Ergydiwr glew ydyw:
    Ei ddinistriol ddofn ystryw
    Yrr i'r drain eryr a dryw.

Y gwael a'r diymgeledd – a noddodd
    Yn neuaddau mawredd:
    Rhyw lawen heulwen a hedd
    Fynnai i bob cyfannedd.

Arwr hedd, tangnefeddwr, – o arlliw
    Haerllug wrth-fyddinwr,
    I hwn daeth, trwy dân a dŵr,
    Foliant fel arch-ryfelwr!

Bu arno ddewnod, medd beirniaid, – y naill,
    Nod y glân gerwbiaid,
    A'r llall, delw ellyll o'r llaid;
    Y duwiolaf o'r diawliaid!

Erys yr hen ddawn euraid, – hawddgar wawr
    Eiddgar wên ac amnaid:
    Awen ni ffy, hoen ni phaid,
    Nac asbri ynni enaid.

Dichon mai arwr llai tebyg iddo oedd Shapkespeare – 'I'n bardd, machlud byth ni bydd, / Ei glod oleua'r gwledydd' – er y graddiodd Edwards mewn Saesneg. Yn wir, adroddodd Arafnah Thomas y stori a ganlyn sy'n dangos, hyd yn oed fel myfyriwr, fod Edwards wedi'i gyfareddu gan Shakespeare ac wedi ymdrwytho yn ei waith.

Mewn traethawd yr oedd wedi disgrifio'r wawr fel pe bai'n honcian fel dyn meddw neu rywbeth i'r perwyl hynny. Yn ei sylwadau anghymeradwyai'r Prifathro [Fairbairn] ddefnyddio'r fath ymadrodd mewn 'Saesneg sobr'; ond atebai'r myfyriwr ei fod i'w gael air am air yn un o ddramâu Shakespeare. *Coupe-de-grace* y gŵr mawr oedd gallai 'rhywbeth a fyddai'n dda iawn yn Shakespeare fod yn wael iawn ym Mr Edwards'.[38]

Prima facie mae'n rhyfedd i Edwards gymeradwyo yr athronydd Iddewig Spinoza (1632-1677) yng ngeiriau Novalis yn *Gottertrunkener Mensch* – 'Dyn oedd wedi meddwi ar Dduw'. Ond gwelodd Spinoza fater neu sylwedd fel tystiolaeth bodolaeth yr un gwir Sylwedd, a ddisgrifiodd ar yr un pryd yn Natur ac yn Dduw. Yn bwysicach fyth, gwelodd Spinoza feddyliau meidrol dynol fel moddion Duw. O ganlyniad, nid yw'n syndod i Edwards gyfarch Spinoza fel petai'n fath o broto-idealydd! Ac, yn olaf, dichon ei fod yn rhyfedd iddo gydnabod Gandhi hefyd yn arwr.

> Dieithrol naws a doethrin – ei gu wlad
> A'i goludoedd cyfrin
> A roddes i'w ddawn wreiddyn;
> Dur a roes i'w hyglod rin.
>
> Yn gyndyn y ceisiodd Gandhi – weithion
> Helaethach goleuni:
> Yn ei stôr bu'n trysori
> Y gloywaf aur, goeliaf i.
>
> Y dewraf o saint y dwyrain, – arwr
> A heriodd rym Prydain:
> Yn y byd diasbedain
> Fyth a wna'r llef ddistaw fain:
>
> 'Ynfyd yw trwst diwydiant; – grymus yw
> Gormes oer y Peiriant;
> Ofer chwys llafur a chwant;
> Moethau nid ŷnt ond methiant.'
>
> 'Gwell na chastell gorchestol, – neu fyddin,
> Neu feddiant daearol,
> Ydyw egni eneidiol;[39]
> Ein thrôn yw, ni thry yn ôl.'

'Ei sail ar ddwyfol Sylwedd, – a dilyn
Dihalog drugaredd
Ddwg i enaid ddigonedd,
Daw o hyn wynfyd a hedd.'

Daw o'i oludog dlodi, – a dwyster
Distaw ei dosturi.
(Ail i Ffransis Assisi)
Awel o fryn Calfari.

Edwards oedd yr ysgolhaig cyntaf i drin crefyddau eraill ar wahân i
Gristnogaeth yn y Gymraeg, er iddo gyflawni'r dasg honno mewn
ffordd gymhariaethol a olygodd, ar y pryd, ddangos sut y syrthiodd
pob crefydd arall yn fyr o ragoriaeth a gogoniant Cristnogaeth. Yn ei
dyb, roedd yn bosibl i bob crefyddwr, ymhob crefydd, gysylltu â'r
Ysbryd dwyfol, hyd yn oed os na fyddent yn uniaethu eu profiadau
crefyddol â'r profiad o Grist. Roedd pob crefydd, felly, yn dangos y
dyheu dynol am y dwyfol, a welir yng ngweddi Awstin Sant, 'Ti a'n
gwnaethost i Ti Dy Hun, ac nid oes i'n calon orffwystra hyd oni
orffwyso ynot Ti.'[40] Am grefyddau'r byd, ysgrifennodd Edwards 'eu
bod oll yn fynegiant o'r un a'r unrhyw ogwydd neu ddyhead sydd cyn
ddyfned â bywyd ac yn gyfled â'r byd'.[41] Tueddai i ddeall crefydd yn
nhermau esblygiad o ffurfiau is a chyntefig i ffurfiau uwch a mwy
soffistigedig gyda Christnogaeth fel y ffurf uchaf oherwydd 'y
gyfathrach fwyaf dwfn-fewnol â'r Tad Nefol fel Mab Ei fynwes, ac yn
rhinwedd hynny yn unig ffynhonnell y datguddiad uchaf o Dduw i'r
byd.'[42] Yn hyn o beth gwelir dibyniaeth Edwards ar ysgolheictod ei
gyfnod yn gyffredinol ac yn arbennig ar waith Durkheim a Comte ar
grefydd gyntefig. Tueddai cenhedlaethau diweddarach wrthod y
safbwynt hon fel dealltwriaeth falch, orllewinol, gyfyngedig. Fodd
bynnag, galluogai i Edwards ystyried crefyddau eraill mewn ffordd
gadarnhaol iawn. Oherwydd ei ymrwymiad i gyfiawnder a heddwch,
a'i ysbrydolrwydd diamheuol, teimlodd Gandhi 'awel o fryn Galfaria'.
    Yn ogystal â'i englyn i'w arwr Gandhi, mae nifer o 'aralleiriadau
rhydd' yn ei lyfr o gerddi gan y bardd Siciaidd Rabindranath Tagore.
Mae'r cerddi hyn yn dathlu gogoniant natur ac yn ceisio dehongli
bodolaeth neu fewnfodaeth y dwyfol ynddi. Eu pwnc yw'r ymchwil

am y trosgynnol sydd y tu hwnt i brydferthwch natur ac felly mae rhywbeth amwys, haniaethol ac hyd yn oed gyfriniol amdanynt, er eu bod i gyd yn trafod pethau gweladwy a, mwy neu lai, bethau materol. Cymrwch, er enghraifft, y gerdd ganlynol, sef *Geni a Marw*:

> O bell gyfandiroedd Bod
> Mi wibiais heb ymwybod;
> A daethum ar y dwthwn
> I'r byd teg a'r bywyd hen.
> Dirgel Iôr fu'n agoryd
> Anian fan i fwynaf fyd,
> Megis blodau'n ymagor
> I wawl maes ac awel môr,
> A dwyn ffliwtiau fflamau fflur
> O blygion caeth y blagur.
>
> Antur fy more cyntaf
> Dan yr haul oedd dyner haf:
> Glân oedd gwên y goleuni:
> Yn ei swyn ymdeimlais i
> Nad ofnus, astrus estron
> Y'm ganed i'r blaned hon:
> Nawdd a gês ar gynnes gôl
> Anhydraidd Fôd anfeidrol:
> Gwisgodd gorff gosgeddig wedd
> Anwylaf fam i'm coledd.
>
> Un ffunud, pan orffennaf
> Â'm hoes, a darfod o'm haf,
> Yr un Iôr a'i gyfrin hedd
> Yn ei gôl rydd ymgeledd.
> Fel y daraf haf fy oes
> Annwyl fydd gaeaf f'einioes,
> Heb ing yn wyneb angau
> Llonni a wnaf, a llawenhau!

Anfarwoldeb dyn sydd dan sylw Miall Edwards fan hyn, ac oherwydd ei fod yn anfarwol, nid yw geni a marw ond yn agweddau ar ei daith.

Roedd Edwards, wrth gwrs, yn ymwybodol o farwoldeb y corff. Yr enaid a'r ysbryd oedd yn anfarwol yn ei dyb ef. Ysgrifennodd mewn cyfnod cyn i ddiwinyddiaeth Ewrop ailddarganfod ei chred yn atgyfodiad Crist, safbwynt a gysylltir yn ddiweddarach yn yr ugeinfed ganrif yn arbennig â gwaith y diwinydd Jürgen Moltmann.[43]

Yn ôl Edwards, gellid cadarnhau dilysrwydd crefyddau eraill ar sail profiad crefyddol. Roedd llawer o bobl, hyd yn oed y rhai nad oeddent yn Gristnogion, wedi cael y profiad o dadolaeth Duw, er na fyddent yn mynegi'r profiad yn y geiriau hynny. Ac, yn ei dyb ef, 'Tadolaeth Duw yw gwirionedd canolog Cristnogaeth, ac nid wyf yn anobeithio am neb, pa mor sigledig bynnag y bo ar faterion ereill, sy'n meddu ar brofiad o Dduw fel Tad. Mae ei wyneb tua'r goleu.'[44] Pryd bynnag y gwelai fod pobl wedi cael y profiad hwn, roedd Edwards yn fodlon derbyn dilysrwydd y grefydd honno neu o leiaf brofiad crefyddol yr unigolyn. Ni sylweddolodd, wrth gwrs, yr anghysonderau a'r problemau deallusol mewn priodoli profiad o dadolaeth Duw i'r sawl na fyddai byth wedi dehongli eu profiadau crefyddol ac ysbrydol yn y fath dermau.

Roedd gan Edwards ddau ddosbarth i arwyr: naill ai dynion meddylgar iawn a gyfrannodd yn helaeth at athroniaeth neu wyddoniaeth, neu ddynion o ymrwymiad crefyddol dwfn a erlidiwyd yn aml oherwydd eu credo. Nid yw'n anodd gweld, felly, beth oedd y gwerthoedd pwysicaf yn ei dyb ef. Dyn y meddwl ydoedd. Er gwaethaf ei ymrwymiad i fudiadau cymdeithasol yr oes, a'i lafur di-arbed yn hyrwyddo'r efengyl gymdeithasol, credai mai yng nghylch y meddwl y gellid darganfod ateb i'r broblem gymdeithasol am mai yn y cylch hwnnw mae'r ddynoliaeth yn ceisio cyflawni ei phrif-orchwyl, sef darganfod y gwirionedd amdani'i hun ac am y bydysawd cyfan. Ar y llaw arall, credai hefyd ym mlaenoriaeth profiad ac – gan ddilyn Schleiermacher – y profiad crefyddol yn arbennig. Arwyr naturiol iddo oedd y sawl a gyffyrddwyd gan syniadau a phrofiadau tebyg ac a ddisgrifiasant eu profiadau eu hunain mewn barddoniaeth neu ryddiaith, yn ogystal â'r sawl a aeth ymlaen i arwain yr ymchwil dynol am yr ysbryd.

Yn ei gerddi eraill, hyrwyddodd Edwards ddiwylliant y capel a'r mudiad dirwest a oedd yn ei anterth ar ddechrau'r ugeinfed ganrif. Nid oedd y cerddi hyn heb fymryn o hiwmor, ond ymddengys i

Edwards ganolbwyntio'n fwy ar fyfyrio'n syber iawn ar y math hwn o ddiwylliant Ymneilltuol. Er enghraifft, er iddo gael ei fynegi mewn hiwmor da, defnyddiodd ei englyn i'r 'Tebot', ym mis Ionawr 1937, i gondemnio drygioni alcohol yn gyffredinol ac yfed gwin yn arbennig.

> Pennaeth y llon gwpanau, – y llywydd
> Eu llawen synodau:
> Dewin neu un o'r duwiau
> I'w bryd ydyw'r tebot brau.

> Brau, ond nid o ddawn brin. – Rhodder iddo
> 'R eiddil ddŵr cynefin,
> A daw, trwy wyrth y dewin,
> O'i gell, ddiod gwell na gwin.

> Gwinoedd a grea gynnen, – a gwirod
> A'n gyrr yn ysgafnben;
> O! boed y tebot yn ben,
> Arlywydd daear lawen.

> Syfled daear o'i safle; – y tebot,
> Tybed, a'i dwg adre,
> Pan yw tinc cwpanau te
> Yn hofran yn y nwyfre. [45]

Yn wir, yn ei gyfres 'Y Rhestr Ddu' (sef englynion i'r 'Diogyn', y 'Gŵr Cenfigennus', y 'Gŵr Anlladd', y 'Rhagrithiwr', y 'Gamblwr', y 'Cybydd' ac englyn dan y teitl 'Personol'), dewisodd y 'Meddwyn' am feirniadaeth arbennig.

> Rhodia'n goeg, traed yn gwegian, – llon ei fyd,
> Llawn o fost penchwiban:
> 'Pwy yw Emperor Japan?
> Honnaf mai fi fy hunan!'

> Anffawd yw'r lledrith penffol, – a dybryd
> Yw'r dadebru ingol:
> Yn y diwedd, andwyol
> Yw leicio hud alcohôl.

Mae ei gyfres o dri englyn ar ddeg 'Yn y Capel', a gyfansoddwyd yn ystod yr haf, 1935, yn dwyn i'r cof nifer o olygfeydd cyfarwydd Anghydffurfiaeth ei ddydd. Dechreuodd trwy ddisgrifio'r 'Cyhoeddwr', a godai ar ddechrau oedfa yn y capeli Cymraeg i hysbysu'r gynulleidfa am weithgareddau niferus ac amrywiol yr wythnos ddilynol:[46]

> Yn dorsyth naid o'i orsedd, – cloch 'sasiwn',
> Clywch! 'sosial', 'cynhadledd',
> 'Oedfa', 'y gladdfa', a 'gwledd!':
> Ŵr duwiol, taw o'r diwedd!

Yn debyg i lawer o bregethwyr eraill, ymddengys i Edwards brofi'r cweryla sy'n canlyn yr anghytuno all ddigwydd wrth ddewis emynau ar gyfer oedfa – neu o leiaf wrth ddewis y tonau. Cyfarchodd y 'Codwr canu' a oedd hefyd i'w adnabod fel 'cythrel y gân':

> Arddel ei swydd mewn urddas, – tania côr,
> Tiwnio cân gyfaddas:
> Frawd mwyn! hyn fydd gymwynas,
> Hwylio cerdd heb gweryl cas.

Mewn englyn arall, dathlodd Edwards bresenoldeb 'Ceidwad yr Athrawiaeth', un a oedd yn ymwybodol o gymhlethdodau uniongrededd ond a oedd yn awyddus i gadw safonau athrawiaethol yn y pwlpud ac ymhlith aelodau'r eglwys. Ar un adeg, bu dynion o'r fath yn gyffredin iawn yng nghapeli Cymru, ond ychydig ohonynt oedd ar ôl yng nghyfnod Edwards, tuedd yr oedd yn ei ffieiddio. 'Pa le y mae heddiw?' gofynnodd.

> Campwr aroglwr peryglon – y ffydd,
> Ffyddiog arogl Seion:
> Anesmwyth eiddgar blismon:
> Gwŷr o fri syrth ger ei fron.

Soniodd am y 'Gwrandawr Cysglyd':

> I fedd yn ei sedd ymsudda, – mynwent
> yr ymennydd llipa:
> O goeth hwyl y bregeth dda
> I oer fynwes Nirfana!

Hyd yn hyn, ymddengys fod Edwards yn credu nad oedd nemor ddim i'w ganmol yn Anghudffurfiaeth Cymru'r 1930au. Roedd y cynulleidfaoedd yn llawn o bobl gysglyd neu anfodlon, yn codi cwynion yn gyson o safbwynt seicoleg gyfoes a'r angen i fod yn 'berthnasol'. Un felly oedd y 'Gwrandawr Modern':

> Beirniad wrth reol coleg, – yn edrych
> Trwy wydrau 'seicoleg',
> A'i sêl taer dros hawliau teg
> A grym odiaeth gramadeg.

> Ni fynn athrawiaeth 'haniaethol,' – rhaid wrth
> Ryw dorthau 'diriaethol':
> Osgoi ei nâd feirniadol:
> Och! ni fedr na Phedr na Phaul!

Roedd Edwards bob tro yn finiog yn ei feirniadaeth o'r sawl na ddymunai feddwl am eu ffydd. Yn ei lyfrau a'i erthyglau, tynnodd sylw'n gyson at yr angen i drin 'athrawiaeth', sef ymchwiliad deallusol y ffydd, neu, yn well fyth, 'dehongliad elfenau dwysaf ein profiad yn nhermau Duw'.[47] Gellir cymharu 'athrawiaeth' gyda 'dogma', sef yr awydd i gadw'r hen ddehongliadau ac ystrydebau oedd yn perthyn i oes gwbl wahanol ac a oedd â'i fframwaith a'i rhagdybiaethau athronyddol a diwinyddol ei hun. Mae'n eglur i Edwards gredu bod y capelwyr yn ddiffygiol yn hyn o beth.

Nododd bresenoldeb y 'Pwdwr' neu'r 'Sorrwr':

> Rhaid tiwnio ein brawd tyner; – dedwyddwch
> Maldod iddo rhodder.
> A gwiw swydd ymysg y sêr
> Neu'e bwda'n ddi-bader.

a'r 'un a'i sedd yn wag' oherwydd bod ei gar yn llawn ar ddydd Sul ar y ffordd i Borthcawl neu rywle tebyg.

> O'i Salem ar y Sulie – cilio wna
> I 'Porth Côl' neu rywle:
> A rhodd gamp rhyw dramp o dre
> I'w eglwys ydyw *Gwagle*.

Yn wir, mae'n debyg nad oedd Edwards yn fodlon iawn am boblogrwydd y car a'r cyfle a roddai i bobl deithio – yn arbennig teithio ar ddydd Sul. Y modurwr oedd pwnc 'Crefyddwr Heddiw' o'i eiddo ym Mehefin 1937:

> Ei chwa oer fel lluwch eira – ar y Sul
> Rewa'r Saint a'u hoedfa
> Ni waeth heb y bregeth dda:
> Ar ei hanner yr huna.

> Ei nef ydyw ei fodur, – ar Suliau
> Mor selog ei antur!
> Oer a moel yw'r pedwar mur:
> Mor gu yw môr ac awyr!

> I fannau pell chwyrnella; – olwynion
> Aflonydd a'i eidia
> Sul i ffwrdd yw ei Sol-ffa
> A'i lawer haleliwia!

> Onid sofl i enaid sant
> Yw pwerau y peiriant?

I ddychwelyd i'r capel: cydnabu'r peryglon oedd ynghlwm wrth weld swyddogaeth y diacon fel braint, ac ynghlwm wrth y perygl hwnnw, fe ddichon, oedd ei ymwybyddiaeth fod rhai o ddiaconiaid y dydd wedi colli golwg ar ystyr y gwasanaeth oedd yn sylfaen i'r ddiaconiaeth:

> O gael eu fframio â sêt fawr
> Daw'r bychan bach yn glamp o gawr:
> A'r enaid mawr a dyf yn fwy:
> Ceir gweld yn fuan Beth yw Pwy.

Mewn tri englyn, soniodd am arwyr y pwlpud. Yn y cyntaf, cyfeiriodd at y 'Pregethwr'. Ni chyflawnodd hwn unrhyw wasanaeth i'r efengyl oherwydd ei anallu i siarad yn effeithiol â'i gynulleidfa:

> Llefara fel llifeiriaint – sŵn diffrwyth
> Sy'n deffro digofaint.
> Yn chwilfriw bo'i grach hawlfraint
> Ar y Sul i boeni'r saint.

Ond wedyn, ar nodyn mwy cadarnhaol, roedd 'Pregethwr Arall' oedd â'r gallu i feithrin y saint yn y ffydd:

> Llefara am y llifeiriaint – o ras
> Oroesa ddigofaint:
> Ei uchelfryd wych hawlfraint
> Ar y Sul yw porthi'r saint.

Ac yn olaf roedd y 'Gweinidog-Broffwyd':

> Glân ladmerydd goleuni, – gweledydd
> Gwaelodion trueni:
> Daw o stôr ei dosturi
> Awel frwd o Galfari.

Erbyn diwedd ei restr, dechreuodd sôn yn fwy cadarnhaol am y capel wrth gyfeirio at ystyr mynd i gyfathrach â Duw 'Yn y Cysegr':

> Yno cei feithrin cyfathrach – â'r Iôr;
> Daw rhin o'r gyfrinach:
> O'r egni cei heb rwgnach
> Goethaf aur o bregeth fach.

Ac yn olaf, cofrestrodd ei bresenoldeb yn yr oedfa – sef 'Myfi fy Hun'. Yn y gerdd hon, ildiodd rywfaint a chyfaddef ei fod yn or-feirniadol trwy ddyfynnu Ceiriog:

> 'Rhyw grwtyn byr o gritig', – dryw ydyw,
> A'i drydar toredig:
> Ei diwn sydd heb gas na dig
> Isel aderyn ysig.

Gellir gweld nodyn tebyg o edifeirwch yn ei englyn olaf 'Ar y Rhestr Ddu' lle llefarai'n 'Bersonol':

> Os o uchder balchder ban – gwawdiais
> Gyd-bechadur druan,
> Rhyfedd wael yw'r grefydd wan,
> Ffug yw; 'rwy'n waeth na phagan.

Fy Iôr, wyf edifeiriol, – os bernais
Â barn annhosturiol:
Aros wnaf, yr oes sy'n ôl,
Dan y Groes a'i dawn grasol.

Er nad yw 'Yn y capel' (yn eironig ddigon), mae'n werth dyfynnu ei
englyn i'r 'Diwinydd' oherwydd ei gred y dylid mynegi diwinyddiaeth
mewn ffordd sy'n hawdd ei deall. Er bod Edwards yn bendant y dylai
Cristnogion feddwl am eu ffydd, ni chredai y dylai diwinyddion
ymysgaru o fywyd yr eglwys a bywyd y werin Gristnogol trwy
ddefnyddio iaith dywyll i gyfleu athrawiaethau dyrys. Am ddynion
felly, roedd Edwards yn finiog. Nid egluro gwirionedd crefydd a
wnaethant ond ei guddio. Er iddo dueddu i fynegi ei hun mewn ffordd
ddigon eglur, mae'n bosibl iddo gydnabod amwysedd y pwnc trwy
nodi fod y gerdd wedi'i chyfansoddi 'gan un yn perthyn o bell'.

Ar y blaen fel holltir blew, – hwn lwyddodd
I gloddio dwfn bydew;
Gordoi'r byd â'i niwl dudew;
Lapio'r haul mewn talpiau rhew.

Mae'n werth nodi fod Edwards hefyd wedi cyfansoddi englyn dan y
teitl 'Diwinydd Arall', ac yn hwnnw roedd yn fwy canmoliaethus.

Chwiliwr y gwir, chwalu'r gau; – y Duwdod
Ydyw Haul ei heuliau:
Yn lle niwl, – i'n llawenhau
Lliw wybren ddwg i'n llwybrau.

Wrth ei ddarllen yn awr, ar ddechrau'r unfed ganrif ar hugain,
ymddengys fod rhywbeth doniol iawn, a rhywbeth hen ffasiwn, am
farddoniaeth Edwards. Mae hyn oherwydd i ni wybod yn awr fod
diwylliant y capel – sef y diwylliant yr oedd yn ei feirniadu ond hefyd
yn ei goleddu ar yr un pryd – wedi dirywio cymaint nes bod ei dreng
derfynol yn anochel, fe dybir. Ac nid hynny'n unig, ond hefyd
oherwydd y duedd yn y Gymru ôl-Gristnogol i wawdio'r
traddodiadau crefyddol ac Ymneilltuaeth yn bennaf. Ac eto, i Edwards
mae'n debyg mai busnes difrifol iawn oedd ei gyfansoddi oherwydd
iddo gyhuddo'r Cymry o fethu yn eu prif ddyletswyddau crefyddol.
Roedd Anghydffurfiaeth yn dioddef dirywiad hyd yn oed yn ei gyfnod

ef, os nad gymaint yn aelodaeth y capeli yna'n sicr yn nifer y gwrandawyr a maint y cynulleidfaoedd. Cydnabu Edwards y ffaith fod elfennau y tu mewn yn ogystal ag y tu allan i'r capel yn gyfrifol am y dirywiad hwn. Roedd y Cymry i bob pwrpas wedi cefnu ar Dduw. Ni sylweddolai'r genhedlaeth honno, na'r rhai a'i dilynodd, ddifrifoldeb y cyhuddiad hwn.

Er i Edwards ddehongli ei ymdrechion barddonol fel mynegiant o'i wladgarwch, fel Emrys ap Iwan o'i flaen, roedd ef hefyd yn ei ystyried yn ddyletswydd oddi mewn i arfaeth Duw. Nid cefnogi'r iaith Gymraeg yn unig yr oedd – iaith a ddiogelwyd i'r Cymry – ond hefyd cefnogi'r traddodiad barddonol Cymreig a'i gyfraniad unigryw i lenyddiaeth y byd. Adlewyrchwyd ei wladgarwch, a'r ffordd y'i troes yn brotest benodol, yn ei englyn 'Y BBC a Chymru'. Y cefndir oedd gwrthodiad y Gorfforaeth i drin Cymru'n deg fel cenedl ac agor gorsaf ddarlledu yn y wlad.

> Ba sôn am y Bi Bi Si, – a nerthol
> Wyrthiau ei wrhydri?
> Mawr i'n gwlad yw'r camwri
> Anadl nos i'n cenedl ni.
>
> Y 'West' ydyw, yn wastadol – ein byd.
> Gyda Bath a Bristol!
> Cadwyn yw a'n ceidw yn ôl
> O'n gweddus fraint a'n gwaddol.
>
> Hawliwn ni o dan haul y nen – ein llais
> Wrth y llyw, a'n rhaglen:
> Rhag bod fel baw dan bawen
> Llewaidd Sais, rhaid lladd y sen.
>
> Darlleder ar gefndir llydan – awen
> Loywaf Cymru gyfan:
> Nid 'egwyl' lwyd Gwalia wan,
> Nac 'inter-liwd' go wantan.
>
> I'n cenedl boed, heb oedi, – heolydd
> I'r awelon heini
> Gludo aur ei golud hi
> A llawenydd i'n llonni.

Ymhellach, cyfrannodd englyn ychwanegol, dan y teitl 'Y Slogan' i'r *Tyst* ym mis Chwefror 1935:

'Gorsaf' i Gymry, ie gorsaf, – digon
Nid 'egwyl', ond gorsaf;
Walia swil! dros dy hawl, saf;
I'r gwersyll nes ceir gorsaf!

Dan y gerdd, ysgrifennodd, yn gymeradwyol: 'Yn fuan wedi i'r uchod ymddangos, o'r diwedd addawodd y Gorfforaeth Ddarlledu Brydeinig (BBC) orsaf arbennig i Gymru yn lle ei lapio gyda Gorllewin Lloegr fel cynt. Ond "melys, moes mwy".'[48]

Ymddengys fod Edwards yn fwy dychmygus yn ei farddoniaeth yn ei ddyddiau iau, tra'i fod wedi defnyddio'i farddoniaeth yn ddiweddarach i gyfleu neges benodol. O ganlyniad, roedd delwedd a natur farddonol – hyd yn oed natur rhamantaidd – ei waith yn ddyfnach ac yn fwy amlwg yn ei gerddi cynnar nag yn yr englynion hynny a gyfansoddodd yn y 1930au. Ystyriwch, er enghraifft, ei englyn buddugol yn Eisteddfod Aberhonddu ym 1928, neu ei ddisgrifiad o fynd 'Yn ôl i'r Wlad' o Lerpwl a gyfansoddodd ym 1923.

O faglau'r ddinas fyglyd, – a therfysg
Ei thyrfa fawr enbyd
Af mwyach am fy mywyd;
Ar fy mro y rhof fy mryd.

Swyn y maes sy yno i mi; – rhodio wnaf
Ar hyd noeth glogwyni:
Llawenydd gaf mewn llwyni
Nentydd a mynydd i mi.

Wrth iddo hiraethu am fod adref yn Sir Frycheiniog wledig ac allan o Lerpwl ddinesig (a ystyriai efallai yn gynrychiolydd 'y mwg a'r pyllau glo' neu o leiaf 'dark satanic mills' Blake) felly mae ei gerdd yn fwy effeithiol. Mae'r delweddau yn fwy trawiadol na'i waith 'Yn y Capel' oherwydd nad oedd unrhyw bwynt pellach i'w gerdd heblaw mynegi ei brofiad mewn geiriau a delweddau clir a diddorol. Ymhellach, roedd yn ymwybodol o'r ffordd y gall cyfansoddi barddoniaeth fod yn fodd i ymlacio ac na ddylai ei gyfansoddi fod yn feichus iddo ond yn hytrach yn orfoledd. Yn hyn o beth, gallai ambell waith fynegi mymryn o hiwmor (fel arfer roedd yn ddyn o anianawd hynod ddifrifol) yn debyg i'w ymateb i'r her i gyfansoddi englyn yn Saesneg i 'The Anvil':

Oh anvil! how I envy – thy power,
Thy poise firm and steady:
Thy rhythmic music to me
How marvellously merry.[49]

Ac eto, mae'n debyg mai ymdrech farddonol fwyaf ingol Edwards i gyfansoddi cerdd oedd ei 'De Profundis' a gyfansoddodd ym mis Mai 1936. Erbyn hyn, roedd wedi ymddiswyddo o'i gadair yn y Coleg, roedd yn ddifrifol wael ac roedd pob gweithgarwch, gan gynnwys pregethu ac ysgrifennu, wedi dod i ben. Mae'r gerdd yn cyfleu'n effeithiol ac mewn ffordd ddwys iawn, y llesteiriant a deimlai yn ei ddioddefaint corfforol. Fodd bynnag, roedd ei ffydd yn ei godi rywfaint ac adnewyddwyd ei hyder trwy edrych ar i fyny. Daeth gobaith i'w enaid, dyna a'i helpodd i wynebu uffern ei wendid. Pan ddywedwyd wrtho nad oedd gwella o'i salwch, roedd Edwards yn falch o wybod y byddai'i feddwl yn dal yn eglur er bod ei gorff yn dirywio.[50] Arweiniwyd ef, felly, i bwysleisio arwyddocâd pwysigrwydd y meddwl a'r enaid a'r gallu i'w datblygu hyd yn oed yng nghanol dioddefaint corfforol. Dyma oedd ei unig gyfaddawd gyda deuoliaeth mewn cyfundrefn athronyddol a bwysleisiai undod. Roedd yr ysbrydol, a oedd yn cynnwys y deallusol a'r hanfodol yn y bywyd dynol, yn llawer pwysicach na'r corfforol. O ganlyniad, gallai ddweud yn ei gerdd fod y meddwl yn rhydd i barhau ei ymchwil hyd yn oed pan oedd y corff yn 'gerbyd carbwl' a 'dybryd'. Byddai egni a grym y meddwl bob tro yn rhagori ar ddryswch, tra byddai enaid dewr bob tro yn rhagori ar 'gnawd dwl'.

Yn llusgo'r wyf mewn llesgedd – claf feudwy,
Clwyfedig fy agwedd:
Iôr, deued gwawr o'r diwedd!
Moel yw byw yn ymyl bedd.

Hen adyn di-lun ydwyf, – di-lais ŵr,
Di-les iawn lle pallwyf:
Anfuddiol was tra fyddwyf:
Hen rafft heb na llyw na rhwyf.

223

Rhyw garbwl a brau gerbyd – ar lonydd
  Oer olwynion rhydlyd
  Yw y corff lle trigaf c'ŷd,
  Nes gorwedd is y gweryd.

Daw i'r enaid, er hynny, – wynn obaith
  A wynebai'r fagddu:
  Cryf hyder o'r dyfnder du
  Fynn edrych ar i fyny.

Os dybryd yw cerbyd carbwl – y corff,
  Rhydd yw cwrs y meddwl:
  Ei nwyf sy'n drech na'r nifwl,
  Ac enaid dewr na'r cnawd dwl.

Englyn arall sy'n chwilio i ddyfnderau profiad Edwards yn ei salwch
yw ei 'Ymgom rhwng Gŵr Digalon a'i Hunan Arall'. Yn y gerdd hon,
dychmyga Miall Edwards sgwrs rhwng dwy ran ei natur – yr un oedd
yn dioddef a'r un oedd yn ceisio ei hyrwyddo i weld y tu hwnt i'w
ddioddefaint. Mae'n arwyddocal iddo lofnodi'r gerdd gyda'r ffugenw
'Dau-yn-un'. Adlewyrchai'r ffugenw ei safbwynt athronyddol a
geisiodd undod ym mhopeth, ond hefyd yr angen dyfnach i gydnabod
ffordd trwy ei ddioddefaint corfforol. Rhagflaenodd ei gerdd gyda
dyfyniad o *Dejection* gan Samuel Taylor Coleridge: 'A stifled, drowsy,
unimpassioned grief . . . [its] smothering weight':

GD   Purdan dwys a diffwys du – yw fy ffawd;
       Rhodiaf ffin y fagddu:
       Fel llwyth plwm yn fy llethu
       Mae rhyw chwerwon loesion lu.

HA   Llu cymhleth gwn, a'th letha; – ond y diawl
       Yn y gwawl a gilia
       Os cethin a blin dy bla,
       Dy elynion dadlenna.

GD   Dadlennu'r llwyd freuddwydion, – na'u hadrodd,
       Ni fedraf yr awrhon.
       Nos yw hynt fy mynwes hon,
       Sy â'i bryd ar ysbrydion;

Ysbrydion noethion di-nwyd, – annelwig,
Ail i'r niwloedd gwelwlwyd;
O'u dilyn, och! fe'm daliwyd
Yn drist ym mhenyd eu rhwyd.

HA   Rhwyd pryderon afreidiol – a'th rwyma
Wrth rymoedd ffansïol,
Hen bethau anobeithiol,
Delwau seithug, ffug a ffôl.

Ffôl yw gwrando ar ffaeledd – calon wan,
Cilio i nos hygoeledd
Dyro glust i dyst dy hedd –
Ledfyw oragl dy fawredd.

Mawredd gobeithion mirain – a erys
Trwy oriau dy ochain:
Eu llon lafar a'th arwain
I olud drud o wlad drain.

GD   Drain a mieri yn drwch – a dagodd
Deg flodau diddanwch:
Fe'u llethwyd, lladdwyd yn llwch
A niwl oer yr anialwch;

Anialwch llwm esgeulus! – a gobaith,
Gwibiog yw, a bregus:
Ei wynfa ffals yw'r enfys -
Tegan tlawd rhwng bawd a bys!

Da fys â'i amnaid a fo – yn dyner
I'm denu a'm herio,
Yn arwydd a'm cyfeirio
I lewych braf gloywach bro.

HA   Bro heulwen bur lawenydd – ydyw her
D'enaid 'arall' beunydd.
Unwn galon â'n gilydd,
Ac â Iôn, ffynnon ein ffydd.

Ffydd, â'i gwenfflam ddiamwys, – a'i hantur,
A bontia'r dwfn ddiffwys,
Puredig aur paradwys
Dyna dâl dy burdan dwys.

Mae gormod o gerddi yn y llyfr i drafod pob un ohonynt yn y bennod hon. Ond mae'r rhai a ddyfynnwyd eisoes yn cynnig rhywfaint o wybodaeth am y gwerthoedd a'r egwyddorion a gredai Edwards oedd yn bwysig.

Yn gyntaf, dengys barddoniaeth Edwards ei ymrwymiad i'w genedl a'i thraddodiadau barddonol. Credai'n ddiffuant fod gan bawb oedd ag unrhyw wybodaeth o'r iaith ddyletswydd i'w siarad a'i hysgrifennu i safon uchel. Tra na fyddai pawb yn meddu ar awen farddol, roedd y sawl oedd yn barddoni yn sicrhau dyfodol i'r ffurfiau llenyddol a oedd wedi nodweddu llenyddiaeth y genedl am ganrifoedd. O ganlyniad, roedd yn fodlon ar ei gyfraniad personol, hyd yn oed os oedd yn annhebyg o gael ei gofio fel un o feirdd mwyaf Cymru'r ugeinfed ganrif. Roedd y syniadau hyn yn briodol iawn gan ystyried ei gred fod y Cymry yn bobl ddemocrataidd, neu o leiaf ei gred y dylai diwylliant Cymru fod yn werinol, sef diwylliant a hybwyd ac a gefnogwyd gan y werin.

Yn ail, datguddia'r cerddi y materion a'r delfrydau a oedd yn arwyddocaol yn nhyb Edwards. Dan argyhoeddiad y foeseg Brotestannaidd, roedd ef ei hun yn gweithio'n eithriadol o galed. Bu'n hynod o gynhyrchiol trwy ei yrfa academaidd ac nid oedd ganddo air da i'w ddweud am y rhai diog. Fel y nodwyd yn barod, roedd y fath bobl i'w gweld ar 'Y Rhestr Ddu'. Ar wahân i'r cyfeiriadau at ei wyliau ei hun – a gymerwyd bob tro oherwydd dirywiad yn ei iechyd – nid oedd ganddo ddim byd i'w ddweud am hamdden. Mae'n amlwg nad oedd ganddo fawr o gydymdeimlad â'r sawl oedd yn hoff o'r car, er enghraifft. Efallai iddo etifeddu y gred Fictoriaidd mai ffurf arall ar wastraffu amser oedd hamdden. Dyrchafodd y meddwl a realiti syniadau a delfrydau, a thalodd deyrnged yn ei farddoniaeth i'r sawl oedd hefyd wedi eu swyno gan fersiynau gwahanol o Idealaeth athronyddol. Mae'n eglur iddo gefnogi gwerthoedd traddodiadol a rôl y capel, gan bwysleisio'n arbennig y ddyletswydd i fynychu'r oedfa a chefnogi'r mudiad dirwest. Ond yr hyn sy'n fwyaf hynod yw'r ffordd y defnyddiodd Edwards ei farddoniaeth i ddod i delerau â'i salwch. Ymddengys i'w gyfeiriadau at ddioddefaint ddehongli'r salwch mewn termau Paulaidd, fod yn rhaid goddef ei 'ddraenen yn ei ystlys' i'r dioddefwr ddod trwy ei brawf a gogoneddu Duw. Mae'n ddiddorol nodi bod gwadiad braidd yn ddeuolaidd yn ymddangos ym marddoniaeth Edwards, deuoliaeth na fyddai wedi ei harddel yn ei athroniaeth. Yn ei gerddi, nid oedd gan ddioddefaint ond arwyddocâd perthynol oherwydd i ddioddefaint berthyn i'r deyrnas faterol, gorfforol, a oedd islaw'r bywyd ysbrydol. Gellid ei orchfygu, yn drosiadol yn ôl Edwards, trwy ddychwelyd i deyrnas y meddwl a syniadau. Mae'n debyg, erbyn hyn, mai fel hyn y dehonglai groes Crist. Soniai am y 'Grog' sawl gwaith yn ei gerddi, ond ni soniodd unwaith am athrawiaeth yr Iawn dirprwyol a phenydol. Ni fu Iesu farw wrth dalu pris pechod dynol. Yn hytrach, Iesu oedd ymgnawdoliad yr ymwybyddiaeth fabol. Megis syniadau Peter Abelard am yr Iawn yn y ddeuddegfed ganrif, roedd dioddefaint a marwolaeth Iesu, yn nhyb Edwards, yn enghraifft i'w ddilynwyr, gan eu galluogi i gredu yn eu mabolaeth eu hun er gwaethaf y cwbl y gallent ei wynebu yn y byd. Yn y ffordd hon, roedd Edwards hefyd wedi gorchfygu ei ddioddefaint a'i weld fel rhywbeth a oedd yn brin o arwyddocâd terfynol, ac felly ei brif ysbrydoliaeth o hyd, a sail ei fodolaeth, oedd ei ymwybyddiaeth o fod yn blentyn Duw. Dyma beth oedd o arwyddocâd terfynol ac, os oedd Paul yn dioddef ei 'ddraenen' pan ysgrifennodd ei lythyr at y Rhufeiniaid, a phennod 8 yn arbennig – 'Yr wyf yn gwbl sicr na all nac angau nac einioes, nac angylion na thywysogaethau, na'r presennol na'r dyfodol, na grymusterau nac uchelderau na dyfnderau, na dim arall a grewyd, ein gwahanu ni oddi wrth gariad Duw yng Nghrist Iesu ein Harglwydd' (a.38-39) – yna ni allai salwch Edwards ychwaith ei wahanu ef oddi wrth gariad Duw. I Edwards, felly, pe bai'r gwirionedd (neu'r syniad) hwn yn dod yn hysbys, yna ni ddiflana dioddefaint ond gellid ei ystyried yn ei iawn berspectif.

Yn drydydd, ymddengys ei bod yn bosibl dirnad ym marddoniaeth Edwards feirniadaeth ar y traddodiad Anghydffurfiol. Mae'n eglur iddo alaru oherwydd fod ffurfiau traddodiadol ar grefydd yn dirywio, a thueddai i ddyrchafu achos y mudiad dirwest fel rhan annatod y diwylliant hwnnw. Ond ni anelodd ei feirniadaeth at ddiwylliant y capel. Daeth hynny gan eraill yn ddiweddarach yn yr ugeinfed ganrif. Yn hytrach, beirniadodd y sawl oedd wedi rhoi'r gorau i'r diwylliant hwnnw. Ddiddorol nodi nad oedd dirywiad y capel ac atyniad eglur gweithgareddau oriau hamdden wedi annog Miall Edwards i ailystyried traddodiad y capel ac awgrymu ffyrdd o newid a dod yn fwy perthnasol ac apelgar i'r oes. Mae hyn yn benodol drawiadol wrth ystyried y pwyslais a roddwyd yn y cyfnod hwnnw (a chan Edwards ei hun) ar gyfarfod ag anghenion yr oes. I Edwards, darostyngwyd yr angen i fod yn berthnasol gan syniad Kant o 'Ddyletswydd'. Yn ei dyb ef, cynrychiolai'r capel ffordd benodol Gymreig o grefydda. O ganlyniad, dyletswydd crefyddol y Cymry oedd mynychu'r capel a sicrhau ei ffyniant. Byddai'n ddiddorol gwybod beth fyddai Edwards wedi ei ddweud ar ddiwedd yr ugeinfed ganrif, blynyddoedd a welodd adfywiad yn sefydliadau cenedlaethol Cymru a chynnydd yn y nifer a allai siarad Cymraeg tra bo'r capel, i bob pwrpas, yn marw 'marwolaeth hir ac araf'.[51]

Wrth gofio hyn i gyd, ymddengys mai 'trwm' oedd y rhan fwyaf o'i gerddi, yn llawn angerdd a dwyster, yn hytrach nag o 'ysgafnder'. Yn wir, dyn a gymrodd fywyd o ddifrif oedd Edwards. 'Roedd llawer o'r Piwritan yn ei natur,' ysgrifennodd Arthur Jones. 'Cyfrifai fywyd yn beth mawr a difrifol, ac ni fedrai ddygymod â'r rhai a fynnai chwarae ag ef.'[52] Ond, mae awgrym yn y cerddi o'i ymwybyddiaeth o'r hyn sy'n dod yn eglur yn yr hunan-geryddu achlysurol – fel yn 'Myfi fy Hun' (Yn y Capel) a 'Phersonol' (Ar y Rhestr Ddu). Er gwaethaf ei ddifrifoldeb, a'r duedd yn ei gerddi i fod yn 'drwm', roedd y sawl a'i adnabu yn dda yn nodi iddo feddu ar 'onestrwydd meddwl', 'personoliaeth gref', 'cymeriad cadarn ac addfwyn', 'delfrydau aruchel';[53] roedd yn 'hawdd nesu ato', yn hael, diwylliedig a duwiolfrydig.[54]

Bu farw Miall Edwards yn Aberhonddu ar 29 Ionawr 1941. Ei brif gyfraniad oedd fel diwinydd ac athronydd crefydd. Dichon iddo wthio'r efengyl i mewn i fframwaith athronyddol benodol a olygodd iddo gyfnewid ei ffocws o'r iachawdwriaeth hanesyddol yr oedd yr Eglwys wedi ei chyfleu yn draddodiadol. Y meddwl a'i syniadau oedd yn bwysig iddo, a golygodd hyn fod ymwybyddiaeth fabol Iesu wedi tanseilio aberth waredol Crist yn ei gyfundrefn ddiwinyddol. Nid oedd ganddo fawr o werthfawrogiad am weithred Duw mewn hanes, er ei fod yn credu yn llwyr yn Iesu hanes. Y ddynoliaeth, nid Duw, oedd asiantaeth y newid hanesyddol. Unwaith y deuai'r ddynoliaeth dan ddylanwad yr egwyddorion cywir, byddai hefyd yn ymrwymo i godi Teyrnas Dduw. Eto i gyd, roedd Edwards yn ffyddlon trwy ei fywyd i bregethu'r efengyl Cristnogol, er gwaethaf y ffaith i'w bwyslais fod mor wahanol i'r un traddodiadol. Rhyddfrydiaeth ddiwinyddol y genhedlaeth ddiweddarach a dueddai i anghofio rhagoriaeth yr efengyl a'r alwad i wneud disgyblion o'r cenhedloedd i gyd.

Oherwydd ei wladgarwch, a'i gydnabyddiaeth o angen y genedl – canolbwyntiodd Edwards ar gyhoeddi ei waith yn y Gymraeg. Gwnaeth enw iddo'i hun yng Nghymru a thrwy'r byd fel meddyliwr ac athronydd crefydd nodedig. Erbyn canol y 1930au, roedd ei yrfa academaidd wedi dod i ben, ond parhaodd i ymarfer ei feddwl trwy gyfansoddi barddoniaeth. Dichon ei fod yn bwriadu cyhoeddi casgliad o gerddi – bwriad na chyflawnwyd efallai oherwydd ei salwch, efallai oherwydd iddo gredu nad oedd ei farddoniaeth yn ddigon dda i'w chyhoeddi (rheswm annhebyg gan ystyried iddo gyhoeddi cerddi unigol o dro i dro mewn papurau newydd a chylchgronau amrywiol) neu efallai oherwydd difaterwch y cyhoeddwyr posibl. Beth bynnag oedd y rheswm, mae'n wir o hyd fod ei farddoniaeth yn cynnig mewnwelediad i'w gymeriad ei hun, i'w olwg ar fywyd, i'r sefyllfa grefyddol yng Nghymru ac anghenion cyfoes a dyfodol y genedl. Nid oedd ei ofnau bob tro yn rhai dilys, a dichon i'w feirniadaeth erbyn hyn ymddangos yn dreuliedig. Ond mae'n werth amlygu ei ddawn farddonol oherwydd yr angerdd a'r dwyster a lwyddodd i'w mynegi mewn ffordd gartrefol ond effeithiol, oherwydd mae'n annhebyg yn awr i'r casgliad a luniodd fyth weld golau dydd.

1. D. Arafnah Thomas, 'D. Miall Edwards, 1873-1941', yn W. T. Pennar Davies (gol.), *Athrawon ac Annibynwyr* (Abertawe, 1971), t.42.
2. *The Ritschlian Theology* (Caeredin, 1899).
3. A. E. Garvie, *Memories and Meanings of My Life* (Llundain, 1938), t.116.
4. See M. D. Johnson, *The Dissolution of Dissent 1850-1918* (Efrog Newydd, 1987), t.144.
5. *Y Dysgedydd* (1941), t.101.
6. Ibid.
7. Llythyr gan A. M. Fairbairn i D. Miall Edwards, 7 Gorffennaf 1909, Casgliad D. M. Edwards, LlGC.

8. Bu'n olygydd *Y Dysgedydd* o Ionawr 1916 i Ragfyr 1918 ac yn olygydd *Yr Efrydydd* o Fawrth 1921 i Fawrth 1928.

9. *The Hibbert Journal* (1925).

10. *Congregational Quarterly* VI/3 (1928), tt.287-96; *Congregational Quarterly* VIII/4 (1930), tt.415-27.

11. *Crefydd a Bywyd* (Dolgellau, 1915); *Crist a Gwareiddiad* (Dolgellau, 1921).

12. *Epistol Cyffredinol Iago* (Aberdâr, 1910); *Llenyddiaeth a Diwinyddiaeth yr Efengylau* (Abertawe, 1921); *Crefydd a Diwylliant* (Wrecsam, 1934).

13. *Bannau'r Ffydd* (Wrecsam, 1929).

14. Gw. *Crefydd a Bywyd*, t.v.

15. Ysgrifennodd Edwards dwy gyfrol yn Saesneg ar athroniaeth. *The Philosophy of Religion* (Llundain, 1924); *Christianity and Philosophy* (Caeredin, 1932).

16. Cyfieithwyd y llyfr i'r Saesneg fel *The Idea of the Holy* a gyhoeddwyd ym 1923.

17. *The Welsh Outlook* (1920), t.141.

18. Gw. Robert Handy (ed.), *The Social Gospel in America, 1870-1920* (Efrog Newydd, 1966).

19. Gw. Rauschenbusch, *Christianity and the Social Crisis* (Llundain, 1912); *Christianizing the Social Order* (Efrog Newydd, 1919); *A Theology for the Social Gospel* (Efrog Newydd, 1918).

20. *The Welsh Outlook* (1922), t.236.

21. *The Welsh Outlook* (1922), t.142.

22. *The Welsh Outlook* (1920), t.237.

23. *Yr Efrydydd* (1922), t.28.

24. Gw. E. L. Hebden Taylor, *The Christian Philosophy of Law, Politics and the State* (Nutley, NJ., 1966), tt.28-63.

25. *Crefydd a Bywyd*, t.235; *Crist a Gwareiddiad*, t.371.

26. *Crefydd a Bywyd*, t.263.

27. *Y Dysgedydd* (1920), t.99; gw. hefyd *Yr Efrydydd* (1925), t.133.

28. John Morris-Jones, *Cerdd Dafod* (Rhydychen, 1925), tt.258-9; David Thomas, *Y Cynganeddion Cymraeg* (Wrecsam, 1923), tt.191-2.

29. *Y Dysgedydd* (1955), t.213.

30. Arafnah Thomas, 'D. Miall Edwards, 1873-1941', tt.42-3.

31. *The South Wales News* (5 Gorffennaf 1928).

32. *Y Tyst* (5 Ebrill 1928).

33. *Y Tyst* (1 Mawrth 1928).

34. Mae'n siŵr iddo weld englyn Bodfan Anwy:
    Min y môr yw'r man i mi! – mi welaf
    Ger ymylon gweilgi
    Arian lloer ar fron y lli
    Neu eiliw'r haul ar heli.
    Rwy'n ddiolchgar i'r Parchg John Gwilym Jones am y cyfeiriad hwn.

35. Mae'r llyfr nodiadau ym cynnwys sawl ddrafft i nifer o'r engynion. Yn wreiddiol, roedd pennill olaf Plato i ddarllen fel a ganlyn:
Pur Hanfod pob bod a byw, – 'Daioni',
    Dawn penna'r ddynolryw
    Odidog haul Duw ydyw
    Yr haul uwch na'r heuliau yw.
Gwelir adlewyrchiad yma hefyd o waith T. Gwynn Jones, 'yn y nwyfre yn hofran'. Eto, diolchaf i'r Parchg John Gwilym Jones am y cyfeiriad hwn.

36. (Llundain, 1922)

37. R. Tudur Jones, *Hanes Annibynwyr Cymru* (Abertawe, 1966), t.286.

38. Arafnah Thomas, 'D. Miall Edwards, 1873-1941', t.42.

39. 'Egni eneidiol' oedd term Miall Edwards am y term Hindwaidd 'Satyagrata', oedd â'r ystyr 'grym yr enaid' yn erbyn grym milwrol.

40. Dyma oedd cyfieithiad Edwards o weddi Awstin yn ei gyffesiadau. Gw. *Bannau'r Ffydd*, t.31.

41. *Crist a Gwareiddiad*, t.84.

42. *Crist a Gwareiddiad*, t.125.

43. Gw. e.e., Jürgen Moltmann, *The Coming of God: Christian Eschatology* (London, 1996), tt.58 yml.

44. *Crefydd a Bywyd*, t.272.

45. *Western Mail* (16 Mawrth 1937).

46. Gw. R. Tudur Jones, *Ffydd ac Argyfwng Cenedl, I, Prysurdeb a Phryder* (Abertawe, 1981), pennod 5.

47. *The Welsh Outlook* (1920), t.141.

48. *Y Tyst* (5 Chwefror 1935).

49. *Western Mail* (13 Ionawr 1930).

50. Arafnah Thomas, 'D. Miall Edwards, 1873-1941', t.43.

51. D. D. Morgan, *The Span of the Cross: Religion and Society in Wales, 1914-2000* (Caerdydd, 1999), t.253.

52. *Y Dysgedydd* (1941), t.102.

53. *Y Dysgedydd* (1955), t.311.

54. Arafnah Thomas, 'D. Miall Edwards, 1873-1941', t.44.

11

DEHONGLI'R YSBRYD:
THOMAS REES AC R. TUDUR JONES*

Er gwaethaf ei bresenoldeb honedig ar achlysuron tyngedfennol yn y
Beibl ac yn hanes yr Eglwys, bu tuedd mewn syniadaeth Gristnogol i
ddiystyru yr Ysbryd Glân a chanolbwyntio yn hytrach ar natur y
berthynas rhwng y Tad a'r Mab oddi mewn i'r Duwdod. Er na ddaeth
cytundeb llwyr ar y mater, gosodwyd llinyn mesur uniongrededd yng
Nghyngor yr Eglwys yn Nicea yn 325, a fynnodd fod y Tad a'r Mab yn
rhannu'r un sylwedd (*homoousios*). Daeth yn haws wedi hynny i
ychwanegu'r Ysbryd at y Duwdod a sôn am Dduw mewn termau
Trindodaidd.[1] Ond nid oedd pawb yn siŵr y gellid cyfeirio at yr Ysbryd
fel 'Duw' neu ddweud yn bendant fod yr Ysbryd yn rhannu'r un
sylwedd â'r Tad a'r Mab hyd yn oed. Datblygodd dadl fawr yn yr
Eglwys Fore ynghylch tarddiad yr Ysbryd; ai o Dduw Dad yn unig y
tarddodd (fel y honai Eglwys y Dwyrain) ynteu o'r Mab yn ogystal (fel
y mynn cymal dadleuol y *filioque* a ychwanegwyd at Gredo Nicea gan
yr Eglwys Rufeinig ac a achosodd y rhwyg eglwysig difrifol cyntaf ym
1054)?[2] Serch hyn, daeth y ffaith fod Duw yn Dad ac yn Fab ac yn
Ysbryd yn rhan ganolog o litwrgi'r eglwys, a chydnabyddwyd, o leiaf
ar lefel boblogaidd, mai'r un oeddent mewn sylwedd, yn dri pherson
(*hypostasis*)[3] ond yn un Duw.

Eto i gyd, nid yw'r athrawiaeth heb ei phroblemau. Mewn iaith
draddodiadol, Tad, Mab ac Ysbryd yw'r Drindod, yn cynrychioli'r un
Duw personol sydd mewn perthynas agos â'i greadigaeth a chyda'r

---

* Cyhoeddwyd yr ysgrif hon yn wreiddiol yn *Y Traethodydd* CLVI/656 (2001),
tt.7-17.

ddynolryw yn arbennig. Ond mae'r geiriau 'Tad' a 'Mab' yn symbolau personol amlwg, tra bo'r gair 'Ysbryd' yn awgrymu rhyw fath o fodolaeth is-bersonol, rithiol. Mae diwinyddiaeth Gristnogol (a'r ysgrythurau eu hunain) wedi cyfeirio at yr Ysbryd fel yr un sy'n gweithio mewn ffordd anweledig, sy'n cael ei anadlu neu'i arllwys ar bobl, ac yna sy'n eu llenwi ac yn eu darparu â phob math o ddoniau. Nid yw'n hawdd, felly, i egluro ei fodolaeth bendant, bersonol, i'r crediniwr unigol. Mae bodolaeth y Tad, sy'n cynrychioli trosgynoldeb Duw fel ffynhonnell ac achos pob peth, a'r Mab, sy'n cynrychioli mewnfodaeth y Duwdod ac, fel y Gair (*logos*), sydd hefyd yn egwyddor eglurdeb a chreadigrwydd yn y byd, yn ddigon rhesymegol. Nid oes lle tebyg i'r Ysbryd, nad yw ond yn Dduw ar waith, neu'n arwydd o 'bresenoldeb' Duw, neu o 'nerth' a 'chariad' Duw.[4] Megis Doethineb neu 'law Duw' neu 'angel yr Arglwydd' yn yr Hen Destament, swyddogaeth yr Ysbryd yw cadw Duw y tu hwnt i'w greadigaeth fel yr un a ddaw i gysylltiad â'i greaduriaid ond sy'n cadw ei ryfeddod a'i natur annirnadwy yn gyflawn yr un pryd.

Yn y bennod hon, ystyriwn fel y bu i ddau ddiwinydd Cymreig modern a berthynai i genedlaethau gwahanol ddehongli athrawiaeth yr Ysbryd Glân. Gofynnwn wedyn i ba raddau y dehonglent yr Ysbryd yn ôl y diffiniadau clasurol, ac i ba raddau y buont mewn perygl o ddiddymu'r Ysbryd o berson Duw yn gyfangwbl. Y ddau ddiwinydd yw Thomas Rees ac R. Tudur Jones: dau Annibynnwr, a dau a fu'n brifathrawon Coleg Bala-Bangor a thrwy hynny yn gyfrifol rhyngddynt am hyfforddi cenedlaethau o weinidogion a ddaethant yn eu tro i ddylanwadu ar genedlaethau o grefyddwyr Cymru.

– I –

Bu Thomas Rees yn Athro Athrawiaeth Gristnogol ac Athroniaeth Crefydd yn y Coleg Coffa, Aberhonddu o 1900 tan ei benodi'n Brifathro Coleg Bala-Bangor ym 1909. Yno y bu tan ei farwolaeth annhymig o gancr ym mis Mai 1926. Yn ei lencyndod, cawsai waith fel gwas fferm ac ym mhyllau glo'r Rhondda cyn mynd i'r weinidogaeth gyda'r Annibynwyr. Bu'n fyfyriwr yng Ngholeg Prifysgol De Cymru a Mynwy yng Nghaerdydd a chyfaddefai Viriamu Jones, y Prifathro, mai Rees, hyd at y cyfnod hwnnw, oedd y myfyriwr galluocaf i astudio yn y Coleg.[5] O Gaerdydd, enillodd ysgoloriaeth i astudio yng Ngholeg

Mansfield, Rhydychen, ym 1896. I raddau, sefydlwyd Mansfield gan Gynulleidfaolwyr Lloegr i hyfforddi athrawon diwinyddol y dyfodol. Yno bu'n gyd-fyfyriwr â John Morgan Jones, a ddaeth yn gyd-weithiwr iddo ym Mala-Bangor ym 1913, a D. Miall Edwards, a fu'n olynydd iddo yn y Coleg Coffa. Mawr oedd dylanwad Prifathro Mansfield, Andrew Fairbairn, ar Rees ac ar ddiwinyddiaeth yng Nghymru yn gyffredinol – ef oedd yr ymgynghorydd a ddewiswyd gan Brifysgol Cymru pan sefydlwyd y Gyfadran Ddiwinyddol.

Yn y bôn, disgybl i Hegel a Kant oedd Rees, wedi'u dehongli yn ôl canonau Fairbairn. Yn ôl Hegel, Ysbryd Absoliwt (*Geist*) oedd realiti'r bydysawd a gwelid gweithgarwch yr Ysbryd hwnnw fel nerth sy'n treiddio drwy ddigwyddiadau hanesyddol. Trwy broses o ddilechdid, deuai'r bydysawd at ei berffeithrwydd (*synthesis*) wrth i'r Ysbryd gyflawni ei waith. Fel rhan o'r broses roedd gofyn i ddynion adael i'r Ysbryd mewnfodol reoli eu hagweddau at fywyd a'r penderfyniadau a wnaent ynddo. Daeth Rees ac eraill i bwysleisio 'gorchymyn diamod' Kant lle bo dynion yn cydnabod eu dyletswyddau ac yn derbyn y gallu i'w cyflawni trwy ymwybyddiaeth gynhenid ohonynt.[6] Gyda Fairbairn, cymhwyswyd yr athrawiaethau hyn at grefydd. Iddo ef, roedd crefydd yn cynrychioli'r un realiti ym mywydau pobl ag yr oedd athroniaeth yn ceisio ei dirnad trwy reswm. I Rees, felly, bu'r ymgais ddeallusol i ganfod Duw a realiti yn rhan hanfodol o waith y diwinydd.

Mae dwy brif ffynhonnell ar gyfer gwaith Rees ar yr Ysbryd. Yn gyntaf, ei gyfrol *The Holy Spirit in Thought and Experience* a gyhoeddwyd ym 1915. Fel profiad sawl awdur, bu'n rhaid i Rees ennill cymeradwyaeth darllenydd cyn i'r wasg dderbyn y deipysgrif a'i chyhoeddi. Nid yw'n hysbys erbyn hyn pwy ddarllennodd y llyfr ar ran cwmni Duckworth o Lundain, ond, fel adolygydd cas, ceisiodd wneud ei farc trwy feirniadu'n hallt cyn symud ymlaen i gymeradwyo'r gwaith. Yn nhyb y darllenydd, treuliodd Thomas Rees ormod o ofod yn disgrifio damcaniaethau athronyddol ynglŷn â gwaith yr Ysbryd trwy broffwydoliaeth yr Hen Destament ac yna y syniadaeth a fu y tu ôl i ddatblygiad cynghorau'r Eglwys Fore.

A great deal of what Principal Rees has to say in both connections has extremely little significance for the modern mind, even the Theologians; at all events I am perfectly sure that it might be curtailed with advantage, and what is more, without any loss to the later and more practical chapters in the volume. I think this would allow for the expansion of the argument brought forward in the last 50 or 60 pages of the work, and I am perfectly sure that if he saw his way to do this the appeal of the work to young preachers would be heightened.[7]

Mae'n werth sylwi ar y ffaith mai pethau 'ymarferol' sydd wrth fodd y darllenydd yma. Bu dau ddegawd cyntaf yr ugeinfed ganrif yn frith o alwadau ar i'r Eglwys wneud rhywbeth ymarferol ynglŷn â phroblemau cymdeithasol gan gynnwys amgylchiadau byw a gwaith, cyflogau teg a chenedlaetholi'r tir. Ystyriwyd y ffydd Gristnogol fel *theorem* oedd, yn nhyb Marx, yn gweithredu fel cyffur yn pylu synhwyrau pobl i dderbyn anawsterau bywyd ac i beidio â chredu y gellid gwneud rhywbeth i'w newid. Dyna oedd un o brif feichiau Thomas Rees, fod iaith athrawiaeth yn annealladwy i'r oes, a Christnogaeth, felly, yn methu yn ei hymgais i apelio at ddynion a'u bryd ar newid y gymdeithas er gwell.

Er gwaethaf beirniadaeth y darllenydd, barn D. Miall Edwards oedd 'it seems to me to be most admirably written. It makes one feel sorry that your other duties had not allowed you time to write more English books, if it were only to prove to the larger world that Wales can produce first-class theological and philosophical writers.'[8] Dyfarnwyd gradd Ph.D. i Rees gan Brifysgol Llundain am y llyfr ym 1915.[9]

Yr ail ffynhonnell ar gyfer deall ei safbwynt yw pregeth gerbron Undeb yr Annibynwyr Cymraeg yn Nhon Pentre, Rhondda, ym 1921. Yn y bregeth hon, dehonglodd Thomas Rees yr un fath o syniadau am yr Ysbryd ag yn ei lyfr a cheisiodd ddangos mai anghenion yr oes oedd gosod ffurfiau dilys ar gyfer diwinyddiaeth.

– II –

Sylfaen diwinyddiaeth Thomas Rees oedd yr honiad athronyddol na all fod ond un awdurdod moesol a realiti sylfaenol, ac felly na all fod ond un Duw. Yn ôl Cristnogaeth, pen draw datguddiad yw y darganfyddiad o Dduw yng Nghrist, sef y bersonoliaeth foesol bennaf a fu ar y ddaear erioed. Trwyddo, datguddiwyd safon a natur y dwyfol.

Dyma'r gwirionedd sydd y tu ôl i athrawiaeth y Drindod, 'that God is One, that he is revealed in Jesus Christ, and that revelation is real and effectual in the Holy Spirit.'[10] Ac, yn ôl Rees, bu'r athrawiaeth yn destun trafod 'y stryd a'r farchnad' ac yn 'athrawiaeth fyw ar gyfer anghenion ymarferol dynion yn y bedwaredd, a'r bumed ganrif' am y 'dywedai wrth y bobl hynny yn iaith eu dydd mai'r un a'r unig Dduw a ymgnawdolodd yn Iesu Grist i achub y byd, ac a weithiai allan yr iachawdwriaeth trwy'r Ysbryd Glân.'[11]

Dyma beth sy'n nodedig am honiad Thomas Rees, sef mai rhan o iaith a syniadaeth pobl gyffredin oedd Athrawiaeth y Drindod yn y cyfnod y'i ffurfiwyd ynddo. Yn ei dyb ef, gallasai pobl y bedwaredd ganrif ddeall cynnwys yr athrawiaeth a sgwrsio amdani fel rhan o'u siarad bob dydd. Ond dim mwyach. Erbyn yr ugeinfed ganrif, nid oedd y ddysgeidiaeth ffurfiol bellach o unrhyw gymorth ymarferol ac ni feddai unrhyw ystyr benodol. 'Nobody dreamt of invoking its aid to settle the coal strike,' ysgrifennodd. 'It speaks to us in a strange tongue and conveys no meaning.' Canlyniad hyn, yn ôl Rees, oedd camddealltwriaeth lwyr a'r duedd i ystyried pob ysbryd a berthynai i'r oes yn Ysbryd Glân. Denwyd pobl at ysbrydegiaeth, diwygiadaeth, diddordebau dosbarth neu blaid, greddfau hiliol neu genedlaethol. Yr angen ymarferol, felly, oedd deall o'r newydd beth neu pwy oedd yr Ysbryd[12] er mwyn sicrhau nad oedd y byd yn colli'i ffordd yn nrysfa'r ideolegau hyn. Trwy fabwysiadu geiriau a thermau mwy cyfarwydd i'r oes, gellid sicrhau y deuai'r Ysbryd yn destun trafod pobl gyffredin drachefn.

Yn ôl dehongliad Rees o eiriau Paul yn ei ail lythyr at y Corinthiaid (3:17), yr Ysbryd *yw* Iesu Grist. Cadarnhâ'r gred yn yr Ysbryd fod Iesu yn fyw o hyd yn yr eglwys ac mai ef yw egwyddor gwirionedd a realiti sy'n sail i'r bydysawd. 'A dyma beth yw'r Ysbryd Glân – yr Iesu o Nasareth, yr hwn a groeshoeliwyd ac a gyfodwyd ac a esgynnodd, yn berson byw, holl-bresennol, wedi ei groesawu a'i·fynwesu ym mhrofiad byw dynion, ac wedi ei egluro'n wirionedd a gwerth pennaf bywyd y byd.'[13] Wrth uniaethu'r Ysbryd â Christ, rhoddwyd ystyr a chymeriad pendant i'r Ysbryd. Mae ei weithredoedd i gyd i'w deall yn ôl dysgeidiaeth, bywyd, marwolaeth ac egwyddorion Iesu.[14]

Mewn gwirionedd, monyddiaeth Hegelaidd yw'r dehongliad hwn. Undod realiti a gwirionedd oedd prif honiad Rees, ac ni ellid caniatáu i ddim byd wadu'r undod sylfaenol hwnnw. 'If...Christianity is the universal and final religion, if all knowledge and communion and action of God are mediated to men through Jesus Christ, then the Holy Spirit for Christian thought and experience cannot be separate or distinct from Christ Himself, in His living presence and power in the hearts of men'.[15] Nid oedd ystyr, bellach, mewn sôn am dri pherson (*hypostases*) ond un sylwedd fel y mynn credoau'r Eglwys, am fod yr undod, yn y meddwl cyffredin, ar goll.

Craidd dadl Rees yw na cheir ystyr i'r Ysbryd, sy'n rhywbeth anweledig, ond yn y syniad o bresenoldeb parhaus Iesu yn yr eglwys. Ar un lefel, mae hyn yn gwbl resymol: cyfeiriai pobl at bersonoliaeth dyn hanesyddol, ac at nodweddion rhinweddol ei gymeriad, a dyna lle cafwyd ystyr i'r syniad o'r Ysbryd yn ôl Thomas Rees. Ond, er bod cymeriad a phersonoliaeth yr Ysbryd yn haws eu deall wrth eu cysylltu â pherson Crist, mae'n dal yn wir fod y syniad am *bresenoldeb* Crist yn yr Eglwys yn awgrymu realiti yr un mor anweledig â'r honiadau am bresenoldeb yr Ysbryd. Oherwydd natur haniaethol yr athrawiaeth amdano, golygai hyn ddiddymu bodolaeth yr Ysbryd fel person gwahanol oddi mewn i'r Duwdod heb gynnig rhywbeth mwy cadarn a diriaethol yn ei le.

Roedd y syniad hwn hefyd yn gymorth, yn ôl Rees, i brofi'r ysbrydion. Fel y dywedodd Jan Milič Lochmann (olynydd Karl Barth yng Nghadair Dogmateg Prifysgol Basel) mae'r charismataidd, sef gweithgarwch yr Ysbryd, yn 'anghyffredin, yn afreolaidd ac yn annirnadwy'. Eto ni olyga hynny fod pob enghraifft o'r rhain yn tarddu o'i ysbrydolaeth ef.[16] Mae cysylltu'r Ysbryd â Iesu, felly, yn diriaethu ei bersonoliaeth a'i weithredoedd ac yn rhoi'r cyfle i bobl ei adnabod ar waith. Ym mha le bynnag y datguddir egwyddorion ac agweddau Iesu, boed yn y byd neu yn yr Eglwys, dyna lle mae'r Ysbryd wrth ei waith.

Ond, gor-bwysleisiodd Rees yr undod rhwng Crist a'r Ysbryd, a'r canlyniad oedd iddo wadu'r gwahaniaethau rhyngddynt. Holl bwrpas athrawiaeth y Drindod yw datgan nad y Tad yw'r Mab, nad y Tad yw'r Ysbryd, ac nad y Mab yw'r Ysbryd. Ac eto, ac ar yr un pryd, mae'r Tad a'r Mab a'r Ysbryd yn Dduw yn ei gyflawnder. Cadw'r paradocs o gymuned mewn undod ynghyd oedd nod yr athrawiaeth, a ddaeth wedyn yn gysylltiedig â'r syniad o *perichoresis* sef cyd-berthynas ddeinamig o fewn y Duwdod,[17] heb geisio *esbonio* sut y gallai hyn fod yn bosibl. Perygl Rees oedd gadael i athroniaeth y cyfnod a'i phwyslais ar undod ac ar ddeall, ddinistrio pwrpas ac ystyr draddodiadol yr athrawiaeth. Nid yw'n rhyfeddol bod Miall Edwards yn ei ystyried yn Sabelydd.

> I used to chaff him with being a Sabellian and he would retort by calling me a Samosatene or even an Arian! I think we were orthodox in spirit and intention, though somewhat heterodox in form.[18]

Fel llawer o bobl a gondemniwyd yn hereticiaid yn y canrifoedd cynnar, nid oes bellach fawr o wybodaeth ar gael am Sabelius.[19] Dyn y drydedd ganrif oedd, a ddaeth, o bosibl, o Libya i Rufain a chael ei esgymuno gan y Pab Callistus. Yn ôl Sabelius, monad oedd Duw a'i datguddiodd ei Hun yn olynol mewn tri modd gwahanol, yn Dad, sef y creawdwr a rhoddwr y gyfraith, y Mab, sef y prynwr, a'r Ysbryd, sef y sancteiddiwr. Dyfarnwyd y foddolaeth hon yn anghydnaws â'r ffydd Gristnogol am y gwadai fodolaeth dragwyddol a chydamserol y Tad, a'r Mab a'r Ysbryd. Nid tri modd yn ymddangos mewn gwahanol gyfnodau gyda gwahanol swyddogaethau mohonynt, ond tri pherson o fewn undod y Duwdod cyfan. Mae ymadrodd byr ond effeithiol Rees, 'in Christ, God goes forth out of Himself, through Christ He reveals and communicates Himself to men, and in Christ He dwells and works in human experience as Father and Saviour and God of all grace,'[20] yn dangos mor agos y daeth at Sabeliaeth ond iddo gyfyngu'r peth i ddau berson yn hytrach nag i dri.

– III –

Daeth R. Tudur Jones yn Athro Hanes yr Eglwys yng Ngholeg Bala-Bangor ym 1950 ac yn Brifathro wedi marwolaeth Gwilym Bowyer ym 1965. Fel Thomas Rees, bu'n fyfyriwr yn Mhrifysgol Cymru a Phrifysgol Rhydychen, ond, yn wahanol i'w ragflaenydd, astudiodd ei ddiwinyddiaeth yng Nghyfadran y Brifysgol ym Mangor. Yno daeth dan ddylanwad dau ddyn amryddawn, sef John Morgan Jones, a fu'n gyd-fyfyriwr ac yna'n gydweithiwr â Thomas Rees, a J. E. Daniel a benodwyd yn athro Athrawiaeth Gristnogol ar ôl marwolaeth Rees. Erbyn hynny, John Morgan Jones oedd prif ladmerydd rhyddfrydiaeth ddiwinyddol yng Nghymru. Bu yn Berlin am gyfnod yn astudio dan yr enwog Adolf Harnack a bu'n bresennol yn ei ddarlithoedd dylanwadol *Das Wesen des Christentums*[21] yn nhymor olaf 1899. Canolbwynt ei gredo oedd rhyddid y gydwybod unigol i ddilyn ei dealltwriaeth ei hun o'r Duwdod ac o realiti. Roedd J. E. Daniel yn arddel syniadau cwbl wahanol i'w Brifathro ym mhob peth. Roedd ymhlith lladmeryddion cyntaf diwinyddiaeth Karl Barth yng Nghymru a mynnodd fod agendor rhwng Duw a bodau dynol, sef 'pechod' mewn termau traddodiadol, na allasai gael ei phontio ond gan Dduw. Cyflawnodd y gorchwyl hwn yn Iesu Grist. [22] Roedd y ddau ddyn yn alluog ac yn ddysgedig ac achosai'r dadleuon mynych rhyngddynt fawr ddifyrrwch i'w myfyrwyr. [23]

Yn ei addysg ddiwinyddol gynnar, cawsai Tudur Jones esboniad gwerthfawr ar ryddfrydiaeth ddiwinyddol ar ei gorau tra hefyd yn dysgu am ei gwendidau gan y diwinydd Barthaidd craff. Aeth o Fala-Bangor i Goleg Mansfield. Bu dadl ddiwinyddol yno hefyd ar y pryd rhwng y Profathro a'i ddiprwy. Ail-ddarganfu Nathaniel Micklem, y Prifathro, ddogmâu'r Eglwys wrth astudio hanes y Tadau cynnar a diwinyddiaeth glasurol John Calfin. Ar y llaw arall mynnai'r is-Brifathro, C. J. Cadoux, ddal wrth ryddfrydiaeth ar hyd eu cyfnod fel cydweithwyr. [24] Canolbwyntiodd Tudur Jones ar ei waith ymchwil ar fywyd a gwaith y piwritan Vavasor Powell tra yn y coleg, ac enillodd radd D.Phil am y gwaith ar ôl dwy flynedd.

Yn wahanol i Thomas Rees, anodd yw dweud pwy yn union oedd y dylanwad mwyaf ar Tudur Jones. Gymaint oedd dylanwad arwyr *Aufklärung* Ewrop fel Kant, Hegel a Schleiermacher ar ddechrau'r ugeinfed ganrif fel y gallai diwinyddion a gweinidogion y pryd gyfaddef pa un a ddylanwadodd fwyaf arnynt. Yn sicr, Hegel a Kant, wedi'u dehongli trwy Fairbairn, oedd y dylanwadau cryfaf ar Rees. Ond nid felly gyda Tudur Jones. Nid anghofiodd fyth y neo-uniongrededd Barthaidd a ddysgodd gan Daniel, ac nid anghofiodd chwaith Galfiniaeth y Piwritaniaid a'u cred lwyr a diamod yn sofraniaeth Dduw. Ond nid Calfinydd syml neu Farthydd rhonc neu un o ladmeryddion newydd-uniongrededd ydoedd. Yn hytrach, datblygodd ddiwinyddiaeth a oedd yn seiliedig ar y Gair, yr Ysgrythur sy'n datguddio Duw, ond sydd hefyd i'w gymhwyso at fywyd yn ei gyfanrwydd, am fod Duw, fel Tad, Mab ac Ysbryd, yn sofran uwchlaw pob peth. Gwelodd felly gyfrifoldeb pob person gerbron Duw:

cyfrifoldeb yr unigolyn drosto'i hun a thros ei gyd-ddyn, a dyma a'i cadwodd yn Annibynwr brwd ar hyd ei fywyd.

– IV –

Ym 1972, cyhoeddodd R. Tudur Jones lyfr ar yr Ysbryd Glân ar gyfer yr Ysgol Sul.[25] Nid llyfr o ddiwinyddiaeth wreiddiol mohono, ond llawlyfr defosiynol ar gyfer Cristnogion i'w hyfforddi yn y ffydd. Oherwydd hyn, ni ddisgrifiodd Tudur Jones yr athrawiaeth yn ei gwedd hanesyddol nac yn ôl ei haeriadau athronyddol. Yn hytrach, disgrifiodd y bywyd Cristnogol a diffinio rôl yr Ysbryd yn y bywyd hwnnw. Mae'n werth nodi bod Tudur Jones yn cwyno yn y llyfr ynglŷn ag esgeulustod y genhedlaeth honno o ddiwinyddiaeth, esgeulustod a olygodd golli golwg ar y traddodiad diwinyddol Cymreig.[26] Eto i gyd, ni soniodd ddim am Thomas Rees fel un a gyfrannodd at y traddodiad hwnnw, er gwaethaf y ffaith i'w ragflaenydd gyhoeddi llyfr (er yn Saesneg) ar yr union bwnc. Roedd y rheswm am hyn yn glir. Yn ôl Tudur Jones, roedd syniadaeth rhyddfrydwyr diwinyddol dechrau'r ugeinfed ganrif yn bennaf cyfrifol am y dirywiad cyffredinol mewn diddordeb yn y maes oherwydd eu hymdrechion i 'ddiorseddu diwinyddiaeth' fel pwnc astudiaeth myfyrwyr diwinyddol yn gyfnewid am seicoleg neu gymdeithaseg. Canlyniad hyn oedd ystyried y bywyd crefyddol yn fater o 'fagu delfrydau dyngarol, cymwynasgar a meithrin rhinweddau cymdeithsol buddiol' gyda'r Gymanfa Ganu'n 'uchafbwynt' iddo.[27] Bu Thomas Rees a'i debyg, felly, yn gyfrifol i raddau am gyflwr dreng diwinyddiaeth a chrefydd ail hanner y ganrif yng Nghymru.

Ni fynnai Tudur Jones greu dehongliad newydd o natur yr Ysbryd Glân am iddo gredu nad hynny oedd swyddogaeth y diwinydd. Disgrifio ac esbonio'r athrawiaethau oedd ei rôl, ac nid ceisio dweud rhywbeth newydd am hen ffurfiau y datguddiad. Yn hyn o beth, mae'r llyfr yn adlewyrchu diwinyddiaeth uniongred a Chalfinaidd, sy'n pwysleisio sofraniaeth Duw uwchlaw pob rhan o'i greadigaeth gan warchod ar yr un pryd ei weithgaredd yn y bydysawd ac ym mywydau credinwyr hwythau trwy bresenoldeb yr Ysbryd Glân.[28]

Yn y llyfr, cadarnhawyd y syniad mai Iesu yw canolbwynt Cristnogaeth, cynllun achubol Duw a bywyd beunyddiol y crediniwr.

Swyddogaeth yr Ysbryd yw gwneud hynny'n glir, yn realiti ym mywyd y Cristion, a chaniatáu iddo fyw bywyd yn ôl ewyllys Duw. Yr Ysbryd sy'n 'cymhwyso gwaith achubol Iesu Grist at bechaduriaid' ac felly Efe sy'n gyfrifol am ffurfio'r Eglwys.[29] 'Anfonwyd yr Ysbryd Glân gan y Crist esgynedig i dystio iddo, i argyhoeddi'r byd ac i gyfryngu ei weinidogaeth i'r ddynoliaeth'.[30] Ymgnawdolwyd Duw yn Iesu Grist, sef y Mab, ond anfonwyd yr Ysbryd gan Grist, ac mae 'presenoldeb a gwaith yr Ysbryd Glân yn gyfystyr ac yn gyfwerth â phresenoldeb personol yr Arglwydd Iesu Grist ei Hun'.[31] Â ymlaen i ddangos agosrwydd yr Ysbryd a Christ fel i awgrymu undod rhyngddynt, a golyga hyn hefyd mai'r Ysbryd yw moddion cyswllt dynion â Christ.[32]

Camgymeriad yw ceisio dangos fod yr Ysbryd Glân yn rhywbeth gwahanol neu ychwanegol at Iesu Grist. 'Clywed ei swn Ef' yr ydym ni ond os ydym am ei wisgo â chnawd, am ei bortreadu i fodloni ein dychymyg, yr unig ffordd y caniateir inni wneud hynny yw trwy edrych ar Iesu Grist. Nid oes gynnwys i bresenoldeb yr Ysbryd Glân, ond yr hyn y gellir ei grynhoi yn yr enw Iesu Grist.[33]

Ar yr wyneb, ymddengys fod hyn yn agos iawn at syniadau Thomas Rees mai'r 'Ysbryd yw'r Arglwydd [Iesu Grist]'. Ond nid felly oedd craidd athrawiaeth yr Ysbryd yn ôl Tudur Jones. Gwelai berthynas agos rhwng tri pherson y Drindod, yn fetaffisegol, am mai'r un Duw sy'n bresennol ac yn ddatguddiedig yn y tri. Eto, yr unig ffordd y gallwn ninnau fod yn ymwybodol o'r tri pherson yw trwy ein hymwybyddiaeth o'u dylanwad yn ein profiadau crefyddol ac yn hanes yr Eglwys. 'Dyna'r gweithredu triphlyg – Duw'n caru, Duw'n anfon ei Fab sy'n marw trosom ni, a'r Ysbryd Glân yn cymhwyso'r iawn a'i aberth i'n cyflwr ni'.[34] Ymgais yw hon i warchod undod sylfaenol Duw tra hefyd yn cadw'n ffyddlon wrth y traddodiad eglwysig sy'n mynnu mai Trindod o bersonau yw'r un Duw yma. Nid yw'r athrawiaeth yn un resymol daclus: yno i ddatgan paradocs lluosogaeth mewn undod y mae, fel yr unig esboniad rhesymol o'r datguddiad o Dduw yng Nghrist. Er mwyn ceisio deall hynny, defnyddiodd Tudur Jones y syniad o weithgareddau gwahanol Duw yn dod yn amlwg yn y personau gwahanol, er mai'r un Duw sy'n gweithredu mewn gwirionedd.

Dysgeidiaeth debyg i 'Drindod Economaidd' Irenaeus, esgob Lyons yn yr ail ganrif,[35] yw hon lle daw'r gwahanol bersonau yn amlwg drwy eu swyddogaethau gwahanol yng nghynllun achubol Duw. Yn ôl Tudur Jones, yr un Duw sy'n gwneud hynny, a dyna sydd y tu ôl i'w syniad am bersonoliaeth yr Ysbryd. Nid 'rhyw ddylanwad fel effaith esiampl dda neu ddelfyd aruchel yw'r Ysbryd Glân'. Yn hytrach, un ydyw sy'n adlewyrchu personoliaeth y Duw sy'n Dad ac yn Fab. Mae'n meddu nodweddion personol o 'chwilio', 'gwybod', 'siarad', 'tystiolaethu', 'argyhoeddi', 'gorchymyn', 'cynorthwyo', 'gwahardd', a 'sancteiddio'. Y casgliad felly yw 'bod yr Ysbryd Glân yn ddwyfol ac yn meddu nodweddion personol, ei fod yn Ysbryd y Tad ac yn Ysbryd y Mab, ei fod yn rhannu eu gwaith ac eto'n un y gellir siarad amdano ar wahân iddynt'.[36] Felly, cedwir y paradocs athrawiaethol mai un sylwedd sydd hefyd yn dri pherson yw Duw. Osgoir y syniad Sabelaidd o un person â thri enw arno trwy honni posibilrwydd siarad am y personau gwahanol a gweld y tri â bodolaeth bersonol ar yr un pryd.

– V –

Y peth a ddaw yn eglur o'r drafodaeth astrus hon yw mor anodd yw trafod hanfod Duw, hyd yn oed wrth ddefnyddio'r athrawiaethau traddodiadol. Cwyd hyn yn rhannol am eu bod yn llefaru mewn termau athronyddol a geiriau sydd bellach yn anhysbys ac yn annealladwy i ni. Ond cwyd hefyd allan o'r ffaith eu bod yn syniadau cymhleth a chyfrin. Yn wir, dyma ran o'u swyddogaeth. Nid esbonio na diffinio Duw yn ei gyflawnder yw gwir swyddogaeth athrawiaethau Cristnogol ond datgan rhywbeth dilys am Dduw sy'n ei ddal wrth ei ryfeddod cynhenid. Mae'r traddodiad Cristnogol ei hun yn mynnu fod Duw, yn ei ddatguddiad hyd yn oed, yn anhraethadwy ac yn anghaffaeladwy. Daeth pobl i'w *adnabod* yn hanes achubiaeth Israel ac ym mherson Iesu Grist. Ond ni ddaethant i *wybod* pob dim sy'n bosibl ei wybod amdano.

Sôn am weithgarwch Duw mewn tri pherson sy'n adlewyrchiad o wir natur y dwyfol y mae R. Tudur Jones. Ceisio newid y ddealltwriaeth o berson (*hypostasis*) penodol oddi mewn i'r Duwdod y mae Thomas Rees. Eto i gyd, bu'r ddau ddiwinydd yn daer wrth geisio sicrhau undod Duw, a pherthynas yr Ysbryd a'r ymgnawdoliad yng

Nghrist. Yn hyn o beth, gwelir gwerth cyfraniad Rees a Jones fel ei gilydd, er gwaethaf anuniongrededd y cyntaf. Mae'n amhosibl dweud bod ei farn yn *anghywir* oherwydd rhyfeddod sylfaenol y gwrthrych a drafodwyd ganddo. Er hynny, mae'n bosibl honni bod ei farn yn *annilys* am iddo gefnu ar syniadau uniongred, a hefyd am iddo anghofio mai swyddogaeth yr athrawiaeth oedd cadw'r rhyfeddod yn hytrach na gwneud Duw yn ddealladwy. Nid yw'r ffaith nad yw pobl yn deall y termau yn ddigon o achos ynddo'i hun i ailfynegu'r athrawiaeth, yn enwedig os yw'r ailfynegiant yn honni cyrraedd rhyw ddealltwriaeth gyflawnach, sy'n ailddiffinio ystyr gwreiddiol yr athrawiaeth.

Mae'n angenrheidiol, wrth ystyried athrawiaeth Gristnogol, gadw rhywfaint o bellter rhwng Duw a'r ddealltwriaeth ddynol ohono. Yn athrawiaeth y Drindod, ac athrawiaeth yr Ysbryd yn arbennig, ceir ffordd ddilys i drafod realiti Duw sydd hefyd yn mynnu cadw'r pellter yna. Cryfder ymgais Tudur Jones oedd dangos hynny trwy gadw'n ffyddlon i'r traddodiad. Gwendid Rees oedd dibrisio'r athrawiaeth trwy awgrymu y dylai pobl fedru ei deall a thrwy hynny ddeall Duw ei hun. A dim byd llai na'r pechod gwreiddiol yw hwnnw.

---

1. Gw. G. L. Prestige, *God in Patristic Thought* (Llundain, 1952), tt.76yml.
2. Gw. D. Densil Morgan, *Sylfaen a Gwraidd: Arweiniad i Ddysgeidiaeth Gristnogol* (Bangor, 1994), t.54.
3. Fel y pwysleisia nifer o ddiwinyddion, ystyr y gair oedd nid 'person ymwybodol' ond mwgwd. Er gwaethaf hyn, mae'n rhan hanfodol o'r athrawiaeth bellach bod priodoleddau personol gan bob un o'r tri.
4. Am drafodaeth bellach ar y llinellau hyn, gw. Alan Richardson a John Bowden (goln), *A New Dictionary of Christian Theology* (Llundain, 1983).
5. J. E. Lloyd a R. T. Jenkins (goln), *Y Bywgraffiadur Cymreig hyd 1940* (Llundain, 1953), t.781.
6. Gw. Thomas Rees, *Dinasyddiaeth Bur*, (Anerchiad a draddodwyd yng Nghymanfa Ddirwestol Gwynedd, Bangor, 18 Hydref 1923), (Lerpwl, 1923).
7. Papurau Thomas Rees, LlGC, llythyr ac adroddiad gan Wasg Duckworth.
8. Papurau Thomas Rees LlGC, llythyr Gorffennaf 1915, oddi wrth D. Miall Edwards.
9. Er bod Thomas Rees wedi astudio ym Mhrifysgol Cymru, ni allai'r Brifysgol ddosrannu ei graddau ei hun tan 1896. Gŵr gradd o Brifysgol Llundain oedd Thomas Rees, ac felly roedd yn naturiol i'r Brifysgol honno anrhydeddu'i waith ar yr Ysbryd.

10. Casgliad Bala-Bangor, Papurau'r Prifathro Thomas Rees, PCB, 'Now the Lord is Spirit'.
11. 'Yr Ysbryd Glân', Pregeth yr Undeb, Adroddiadau Undeb yr Annibynwyr Cymraeg, Ton a'r Pentre (1921), tt.365-6.
12. 'Now the Lord is Spirit'; hefyd, Adroddiad, t.366; Thomas Rees, *The Holy Spirit in Thought and Experience* (Llundain, 1915), tt.208-9. Roedd angen athrawiaeth holl-gynhwysol am yr Ysbryd fel 'agwedd ddiysgog at realiti cyfan'.
13. Adroddiad, t.366; gw. hefyd *The Holy Spirit in Thought and Experience*, t.212.
14. 'Now the Lord is Spirit'.
15. *The Holy Spirit in Thought and Experience*, t.211.
16. Jan Milič Lochmann, *The Faith We Confess* (Caeredin, 1984), t.184.
17. Ibid., t.178.
18. *The Welsh Outlook* (1926), t.184.
19. Gw. J. Gwili Jenkins, *Hanfod Duw a Pherson Crist: Athrawiaeth y Drindod a Duwdod Crist, yn Bennaf yn ei Pherthynas â Chymru* (Lerpwl, 1931), tt.200-33 am drafodaeth am y rhai a arddelodd Sabeliaeth yn y cyfnod modern, gan gynnwys Peter Williams.
20. *The Holy Spirit in Thought and Experience*, t.212.
21. Cyhoeddwyd y llyfr yn Saesneg fel *What is Christianity?* (Llundain, 1901). Yn ôl John Morgan Jones bu'r darlithoedd yn '[g]lyfres o'r pregethau mwyaf ysbrydoledig' a achubodd 'un pechadur, o leiaf, fel pentewyn o'r tân.' *Yr Efrydydd*, (1930), tt.285-9.
22. Am J. E. Daniel (1902-1962), gw. R.Tudur Jones, 'J. E. Daniel', yn W. T. Pennar Davies (gol.), *Athrawon ac Annibynwyr: Portreadau ac Astudiaethau* (Abertawe, 1971), tt.128-142; D. Densil Morgan (gol.), *Torri'r Seiliau Sicr: Detholiad o Ysgrifau J. E. Daniel* (Llandysul, 1993), tt.9-91; E. D. Jones a B. F. Roberts (goln.), *Y Bywgraffiadur Cymreig, 1951-1970* (Llundain, 1997), t.21.
23. *Y Genhinen* (1961-62), t.11; Am yr anghytundeb athrawiaethol rhyngddynt, gw. Robert Pope, *Seeking God's Kingdom: The Nonconformist Social Gospel in Wales 1906-1929* (Caerdydd, 1999), tt.141-9.
24. Gw Elaine Kaye, *Mansfield College Oxford: Its Origin, History and Significance* (Rhydychen, 1996), pennod 10.
25. *Yr Ysbryd Glân* (Caernarfon, 1972).
26. Ibid., t.7.
27. Ibid., tt.7-8.
28. Ibid., t.25.
29. Ibid., t.128.
30. Ibid., t.144.
31. Ibid., t.187.
32. Ibid., tt.25, 26, 32, 35, passim.
33. Ibid., t.188.
34. Ibid., t.214.

35. Gw. 'Yr Iawn fel pridwerth: Irenaeus. *Yn Erbyn Heresiau'*, yn R. Tudur Jones (gol.), *Ffynonellau Hanes yr Eglwys* (Caerdydd, 1979), tt.132-3.

36. *Yr Ysbryd Glân*, t.214.

12

'UN O GEWRI PROTESTANIAETH CYMRU': R. TUDUR JONES AC ANNIBYNWYR CYMRU*

I hanesydd yr eglwys, yn enwedig un sy'n arddel y ffydd Gristnogol, mae'r broblem beth yw hanfod hanes ynddi'i hun yn esgor ar rai cwestiynau. I'r meddwl Cristnogol, hanes yw'r llwyfan lle mae Duw, mewn cydweithrediad â bodau dynol, yn gweithio allan ei ewyllys rasol, gan arwain yn y diwedd at adfer y greadigaeth pryd y bydd popeth fel y bwriadwyd iddynt fod. Mae hanes felly yn fwy na dim ond 'disgrifiad o ddynion yn taro yn erbyn ei gilydd dan ddylanwad grymoedd anferthol fel pys mewn cawl pys, neu beli ar fwrdd biliards,' oherwydd os mai dyna'r cyfan ydyw 'yna fe gyll bywyd ei ystyr.'[1] Ond os oes i hanes y cysylltiad anorfod hwn â naratif Gristnogol fwy mawreddog sy'n rhedeg o'r cread i'r cyflawniad, yna pa bryd mae hanes unigolyn neu sefydliad *mewn gwirionedd* yn cychwyn? Dyma ein penbleth pan drafodwn fywyd a chyfraniad R. Tudur Jones, yr hanesydd eglwysig a'r diwinydd Cristnogol pwysicaf a gynhyrchodd Cymru yn ystod yr ugeinfed ganrif, ac un a lwyddodd i gyfuno gwaith academaidd gyda rhoi arweiniyddiaeth grefyddol, wleidyddol a diwylliannol i'r genedl.

A ddylem ddechrau â'i waith cyhoeddedig a'i gwnaeth yn gyfarwydd i genedlaethau o fyfyrwyr ac i'r sawl oedd â diddordeb yn eu hetifeddiaeth genedlaethol a chrefyddol? Neu a ddylem olrhain

* Cyhoeddwyd yr ysgrif hon yn wreiddiol yn *Trafodion Cymdeithas Hanes Sir Gaernarfon* (2004), tt.132-150.

gwreiddiau'r hanes i'w enedigaeth a'i flynyddoedd cynnar yn nyfnder Eifionydd wledig a Sir y Fflint drefol? A ydym yn cydnabod pwysigrwydd y traddodiad radical Cymreig Anghydffurfiol a etifeddwyd ganddo ac a arweiniodd am dros ddeugain mlynedd, a thrwy hynny ddechrau ein hanes gydag arwyr Annibynia'r bedwaredd ganrif ar bymtheg yng Nghymru? Neu a ddylem fynd yn ôl at y Piwritaniaid, testun ei astudiaeth fawr gyntaf, ac arloeswyr y llwybr Annibynnol oedd mor agos at ei galon? Neu a wnawn, fel y gwnaeth ef ar dudalennau agoriadol *Hanes Annibynwyr Cymru*, ddychwelyd at eglwys y Testament Newydd fel y gwir dyst i ymgnawdoliad a phrynedigaeth Duw yng Nghrist, yr un prynedigaeth a gyffrôdd hanfod ei fod, ac yntau'n llanc yn gwrando ar her pregethwyr efengylaidd yr oes ac yn profi cyfarfyddiad cyfriniol, dwyfol yn y Pafiliwn yn y Rhyl?[2]

Gall y cwestiynau hyn ymddangos, *prima facie*, fel petaent yn gor-bwysleisio'r achos, gan droi'r dyn yn chwedl, agwedd sy'n nes at ysgrifennu buchedd na chofiant, sef hunllef waethaf yr hanesydd, a dull tra anaddas o ddathlu cyfraniad hanesydd. Ac eto, mae'r materion hyn yn bwysig. Oherwydd os ydym am ddeall gwaith a chyfraniad Dr Tudur, rhaid i ni ei osod yn y cyd-destun hanesyddol ehangach sy'n ein cludo yn ôl i wreiddiau Ymneilltuaeth Grefyddol, at ymddangosiad gwir hunaniaeth bendant Gymreig, at y twf mewn ymwybyddiaeth wleidyddol Gymreig a ffurfio a chynnal y Ffordd Annibynnol. Rhaid i ni gadw hyn mewn cof wrth i ni feddwl am ei stori; ac fe ddychwelwn at y pwyntiau hyn ar ein taith. Ond amhosibl fydd gwneud sylwadau am ei gyfraniad *in toto*. Ar wahân i swm enfawr ei waith ysgolheigaidd a gyhoeddwyd mewn llyfrau, pamffledi a chyfnodolion, amcan-gyfrifwyd fod dros 1700 o ddarnau byrrach mewn papurau newydd, heb sôn am ei gyfraniad i fywyd cyhoeddus, gwleidyddol a chrefyddol, a oedd yn ymestyn dros bron i hanner canrif. Mae nod y bennod hon yn llai uchelgeisiol: sef rhoi sylw i waith Dr Tudur fel hanesydd a diwinydd Annibynia ac fel cenedlaetholwr Cymreig, gan nodi lle daw'r gwahanol ddiddordebau hyn at ei gilydd. Bydd hyn yn golygu y bydd yn rhaid i ni amlinellu hanes Ymneilltuaeth Brotestannaidd yng Nghymru, gan ganolbwyntio ar y ffordd yr adroddwyd ei hanes gan Dr Tudur. Ond hwyrach mai gwell fuasai dechrau gyda'r dyn ei hun.

Bywyd cynnar

Ganed Robert Tudur Jones yn y Tyddyn Gwyn,[3] cartref ei daid a'i nain o ochr ei fam, y tu allan i Lanystumdwy, Cricieth, ar 28 Mehefin 1921. Nyrs oedd ei fam, Elizabeth Jane Williams, a bu'n gweithio ar wahanol adegau yn Essex, Canada a Chaerdydd. Un o Chwilog, Sir Gaernarfon, oedd ei dad, John Thomas Jones, ond a symudasai i'r Rhyl yn Sir y Fflint oherwydd ei yrfa gyda Chwmni Rheilffordd y London Midland and Scottish. Priodasai'r pâr yng nghapel Annibynwyr Cymraeg Carmel, a chartrefu mewn llety yn y dref. Oherwydd nad oedd ganddynt gartref parhaol, dychwelsai Elizabeth Jane i'r Tyddyn Gwyn ar gyfer geni ei phlentyn cyntaf, ac ymddengys i Robert Tudur aros yno am fisoedd lawer, ac iddo symud ym mis Medi 1922 i Foryd Lodge, y tu allan i'r Rhyl ar ei ffin orllewinol, ac yna i 'Lys Ifor' yn Princes Street ym 1926. Dilynwyd Robert Tudur gan chwaer, Margaret Gwyn, ac yna gan frawd, John Ifor.

Tref glan môr brysur oedd y Rhyl, yn orlawn o bobl ar eu gwyliau ym misoedd yr haf, ac ymddangosai yn bell iawn ym mhob ystyr o Chwilog a Llanystumdwy; yn fwy trefol, yn brysurach a mwy Seisnig. Cadwai Mrs Jones dŷ-lojin tan ei marwolaeth ym 1932 yn 44 oed, pryd y daeth modryb ddi-briod o Chwilog i edrych ar ôl y teulu a'r 'lletywyr llawn'. I'r plentyn hynaf, golygai hyn blicio tunelli o datws, crafu moron a sleisio ffa Ffrengig. Ac yn sgîl hyn, wrth gwrs, gorfod golchi mynyddoedd o lestri. Neu fel yna y cofiai ef bethau, o leiaf.[4]

Y ffydd Gristnogol oedd sylfaen bywyd y teulu. Er mai ifainc oeddent ar y pryd, profasai Elizabeth Jane a John Thomas angerdd ysbrydol Diwygiad 1904-5 a chofnododd Dr Tudur yn ddiweddarach na fyddai ei dad 'byth yn cychwyn ei ddiwrnod gwaith . . . heb ddarllen ei Feibl ac annerch gorsedd gras ac nid âi i'w wely heb wneud yr un peth.'[5] Cymraeg oedd iaith y cartref a chrefydd, ac roedd teulu'r Jonesiaid yn addoli yng Nghapel Annibynnol Cymraeg Carmel a oedd, ar y pryd, dan weinidogaeth y Parchg T. Ogwen Griffith a gofiwyd yn wastad gan Dr Tudur gydag anwyldeb a pharch, nid yn gymaint am ei ysgolheictod na'i ddysg ond am angerdd ei bregethu efengylaidd. Daeth John Thomas Jones yn athro ysgol Sul tra daeth ei fab yn enwog am ei gof rhyfeddol. Tra byddai plant eraill yn adrodd adnod o'r Beibl, yn ôl y drefn mewn capeli Anghydffurfiol bryd hynny, adroddai ef benodau neu Salmau cyfain. Er i Robert Tudur gael ei fagu mewn cartref Cristnogol ac iddo gael ei drwytho mewn arferion crefyddol, daeth i sylweddoli nad oedd hyn yn ddigon. Yn hytrach, mae ar bob un angen cyfarfyddiad gyda Duw yng Nghrist. Y cyfarfyddiad hwn sy'n trawsnewid crefydd yn ffydd fyw ac, er ei fod yn dawedog braidd am yr hyn a ddigwyddodd yn ystod cenhadaeth efengylaidd yn y Pafiliwn yn y Rhyl (o bosibl am ei fod am osgoi unrhyw awgrym mai *profiad* yn hytrach na *chyfarfyddiad* ydoedd a fyddai trwy hynny yn ei wneud yn wrthrych a goddrych y digwyddiad) ni anghofiodd Robert Tudur erioed y cyfarfyddiad a gafodd y dydd hwnnw gyda Duw ac fe ychwanegodd at ei ymdeimlad o alwad yn nes ymlaen yn ei fywyd i ddehongli ac esbonio hanes Cristnogol a diwinyddiaeth fel cyswllt bywiog a gwirioneddol Duw gyda'i greadigaeth.[6]

Fel disgybl yn Ysgol Ramadeg y Rhyl, dechreuodd Robert Tudur ddysgu am y Piwritaniaid gan ei athro hanes, S. M. Houghton, tra darllenodd hefyd drwy'r Testament Newydd mewn Groeg gyda'r prifathro, T. I. Ellis. Mae'n amlwg fod ganddo ddawn ac awch am ddysg. Diddorol, felly, yw nodi'r sylw a wnaed ar ei gerdyn adroddiad ysgol gan athrawes gelf, un Miss Wilkinson, sef 'nad oes gan Jones uchelgais.' Yn sicr, nad oedd ganddo ddim dawn artistig, ond nid oedd heb uchelgais. Yn nes ymlaen yn ei fywyd, arferai ddwyn i gof ei fod, yn fachgen, wedi ysu gyrru trenau stêm, ac yn ddiweddarach, iddo deimlo'r awydd i fod yn bregethwr. 'Ac nid cyfrinach oedd honno i'w rhannu gydag athrawon na wyddent air o Gymraeg,' ysgrifennodd. 'Hawdd y gallent chwerthin am eich pen.'[7]

Yn fachgen, roedd ei ddeall yn hynod, a phrin ei fod yn syndod darganfod iddo ennill ysgoloriaeth i Goleg Iesu, Rhydychen. Nid oedd ei dad, fodd bynnag, yn fodlon iddo fynd. Yn lle hynny, aeth i Goleg Prifysgol Gogledd Cymru, Bangor, fel Sgolor Price Davies, i astudio am radd BA. Graddiodd ym 1942 gydag Anrhydedd Dosbarth Cyntaf mewn Athroniaeth a dyfarnwyd iddo Wobr Goffa Syr Henry Jones.[8] Cawsai ei dderbyn i hyfforddi am y weinidogaeth cyn iddo raddio, ac wedi iddo raddio, ymaelododd â chynllun BD Prifysgol Cymru. Cofnoda Mr Dafydd Ap-Thomas, gan mai gradd ôl-raddedig ydoedd, nad oedd cynnwys y BD yn elfennol o bell ffordd a bod disgwyl i fyfyrwyr Rhan I ymgodymu gyda 'gramadeg, cystrawen a geirfa ieithoedd yr hen fyd'. Mewn cyfeiriad arall y gorweddai diddordebau

Robert Tudur, heb sôn am ei alluoedd, ond 'dangosodd yr hunan-ddisgyblaeth piwritanaidd hwnnw a etifeddasai gan ei rieni a dygnu arni i feistroli hyd yn oed ddigon o Hebraeg i fodloni ei arholwyr.'[9] Am un a gyflawnodd gymaint yn academaidd, mae'n galondid clywed awgrym fod hyd yn oed Dr Tudur wedi ymgodymu gyda Hebraeg Rhan I.

Yn ystod ei chwe blynedd o astudio ym Mangor, darganfu a datblygodd Robert Tudur ddiddordeb mewn hanes, hunaniaeth Gymreig a chenedlaetholdeb, a'r uniongrededd Calfinaidd newydd-anedig mewn diwinyddiaeth: arhosodd y rhain oll gydag ef weddill ei oes. Bu pedwar o ddynion yn arbennig o ddylanwadol: John Morgan Jones, prifathro Coleg Bala-Bangor, ei gydweithiwr J. E. Daniel, R. T. Jenkins, ar y pryd yn ddarlithydd ond a ddaeth yn ddiweddarach yn athro Hanes Cymru yn y Brifysgol, a Thomas Richards, llyfrgellydd y Brifysgol.

Erbyn yr amser hwn, John Morgan Jones oedd prif ladmerydd rhyddfrydiaeth ddiwinyddol yng Nghymru,[10] gan ganmol rhinweddau 'gwir Brotestaniaeth': rhyddid y gydwybod unigol i ddilyn ei dealltwriaeth ei hun o'r realaeth ddwyfol. Dysgai Hanes yr Eglwys ac roedd, yn ddistaw bach, yn Sosialydd. Byddai Tudur Jones yn nes ymlaen yn cyfaddef mai ei gyn-brifathro oedd y cyntaf i ddeffro ei ddiddordeb mewn hanes.[11] Roedd John Edward Daniel,[12] yr Athro Athrawiaeth Gristnogol ac Athroniaeth Crefydd ym Mala-Bangor, lawer yn iau na John Morgan Jones ac roedd ei farn ddiwinyddol a gwleidyddol yn hollol wahanol i eiddo prifathro'r coleg. Ef oedd un o'r lladmeryddion cyntaf yng Nghymru dros ddilechdidyddiaeth Karl Barth[13] ac roedd yn un o sylfaenwyr y Blaid Genedlaethol Gymreig.[14] Mewn rhai ffyrdd, cyfunodd Dr Tudur yn nes ymlaen waith y ddeuddyn trwy ei arbenigedd yn hanes y Meddwl Cristnogol, a hefyd y ffordd y tymherodd genedlaetholdeb ddeallusol gydag ymwybyddiaeth ymarferol o gyfrifoldeb y wladwriaeth dros les ei dinasyddion. Ei asesiad o Anghydffurfiaeth unigolyddol *laissez-faire* y bedwaredd ganrif ar bymtheg oedd 'Ni bu cenhedlaeth yn ein hanes a ganolbwyntiodd gymaint ar feithrin unigolion cadarn, moesol ac uchel eu safonau. Ni welodd nes ei bod bron yn rhy ddiweddar fod yn rhaid i'r unigolyn hwn wrth gymdeithas gadarn, gyfiawn, gyfrifol i ffynnu ynddi.'[15]

Dyna felly ddylanwad y ddau athro ym Mala-Bangor. Dysgodd yr haneswyr bethau eraill i Robert Tudur. Roedd R. T. Jenkins yn awdur toreithiog y bu ei gyfraniad i hanesyddiaeth Cymru yn aruthrol, er y perchir ei goffadwriaeth yn gymaint am ei arddull lenyddol ag am ei welediad hanesyddol,[16] tra mai Thomas Richards oedd yn gyfrifol am gynnau fflam diddordeb yn y Piwritaniaid. Rhwng 1920 a 1925, cyhoeddodd Richards bedair cyfrol ar hanes y cyfnod Piwritanaidd yng Nghymru[17] a ddisgrifir gan Geraint H. Jenkins fel 'trwm eithriadol', sy'n gyfeiriad mwy at ddwysedd y rhyddiaith na phwysau'r 1298 tudalen yn eu cyfanrwydd.[18] Hawdd y gallod Richards fod wedi ennyn ei ddiddordeb mewn Piwritaniaeth,[19] ond cyfunai gwaith Dr Tudur lygad fanwl Richards a'i awch am gasglu ffeithiau gyda gallu Jenkins i gyfleu'r syniadau hynny mewn Cymraeg gloyw a chain.

Ym 1945, graddiodd Robert Tudur yn BD gyda chlod yn Athroniaeth Crefydd ac yn Hanes yr Eglwys a chyda'r marciau uchaf erioed i'w dyfarnu yng Nghyfadran Ddiwinyddiaeth Prifysgol Cymru. Dyfarnwyd iddo Ysgoloriaeth Prifysgol Cymru ac Ysgoloriaeth Dr Williams, a gadawodd i astudio ymhellach yng Ngholeg Mansfield, Rhydychen. Fel ym Mala-Bangor, bu Mansfield hefyd yn dyst i ddadleuon diwinyddol, gyda'r prifathro, Nathaniel Micklem, ar y naill law, yn ail-ddarganfod dogma yn bennaf trwy astudio'r Tadau Eglwysig a, braidd yn anarferol i Annibynnwr, Thomas o Acwin, ac ar y llaw arall, yr is-brifathro, C. J. Cadoux, a fu'n driw trwy gydol ei oes i ryddfrydiaeth ddiwinyddol.[20] Tudur Jones oedd llywydd yr Ystafell Gyffredin Iau ym 1946-7, tra'i fod wedi cofrestru hefyd am D.Phil trwy Gymdeithas St Catherine, gan nad oedd Mansfield, yr adeg honno, yn rhan o'r Brifysgol. Testun ei ymchwil oedd 'Bywyd, gwaith a meddwl Vavasor Powell (1617-1670)', dan oruchwyliaeth Claude Jenkins (1877-1959), Athro'r Brenin mewn Hanes Eglwysig a Chanon Eglwys Crist, a oedd, yn ôl R. Geraint Gruffydd, 'yn hen lanc o argyhoeddiad gyda myrdd o storïau yn cylchredeg amdano (gan gynnwys yr hanes anwir ac athrodus na chyhoeddodd ddim ac eithrio pamffled yn *Benn's Sixpenny Series*!).'[21] Cwblhaodd ei draethawd 400-tudalen yn llwyddiannus mewn dwy flynedd, ac enillodd Wobr Fairbairn am Draethawd. Yn nes ymlaen, ym 1972, cyhoeddodd ei lyfr *Vavasor Powell*, sef ffrwyth ei ymchwil ar y Piwritan pybyr a gwrol hwnnw.

Wedi ennill ei ddoethuriaeth, cafodd flwyddyn o astudio yng Nghyfadran Diwinyddiaeth Brotestannaidd ym Mhrifysgol Strasbourg cyn ei ordeinio i'r weinidogaeth Gristnogol a'i sefydlu'n weinidog Seion, y Capel Annibynnol yn Stryd y Pobty, Aberystwyth, ym 1948. Erbyn hynny, priodasai â Gwenllian Edwards, a fu'n gyd-fyfyriwr gydag ef ym Mangor. Cawsant bump o blant, a'r hynaf, Nest, yn cael ei geni yn Aberystwyth tra ganed y lleill, Rhys, Geraint, Meleri ac Alun, wedi i'r teulu ddychwelyd i Fangor. Dilynodd y tri mab eu tad i'r weinidogaeth Annibynnol, a daeth dau hefyd yn haneswyr yn eu hawl eu hunain. Trist yw adrodd i'r mab hynaf, Rhys, ddioddef o gancr, a marw wedi gwaeledd hir ym 1996.

Fe ddaeth gwaith bugeiliol Dr Tudur i ben wedi dwy flynedd yn unig, pan alwyd arno i ddychwelyd i Fala-Bangor fel tiwtor yn Hanes yr Eglwys. Ym 1950, yn 28 oed, cychwynnodd ar waith ei fywyd o hyfforddi dynion ar gyfer y weinidogaeth Gristnogol, dysgu hanes yr Eglwys a'r meddwl Cristnogol, a chyhoeddi gwaith ysgolheigaidd a ddygodd i'r wyneb hanes crefydd, diwylliant a chymdeithas yng Nghymru. Ac roedd hyn oll wedi ei gysylltu ag ymrwymiad i'r genedl Gymreig a'i hiaith. Ym 1965, ar farwolaeth Gwilym Bowyer,[22] daeth Tudur Jones yn brifathro Bala-Bangor gan aros yno tan ei ymddeoliad ym 1988.[23]

Hanesydd Annibyniaeth

Fel hanesydd, ac yn enwedig hanes Cristnogaeth Brotestannaidd yn ei ffurf Ymneilltuol, y gwnaeth R. Tudur Jones ei gyfraniad mawr, ysgolheigaidd. Mae ei gyhoeddiadau yn ymdrin â'r cyfnod o'r Diwygiad Protestannaidd hyd at yr ugeinfed ganrif, gan ddechrau gydag Ymneilltuaeth Biwritanaidd. O gofio ei fagwraeth Annibynnol, ei hyfforddiant ym Mala-Bangor a'r pwnc ei hun, nid yw'n syndod fod hanes Ymneilltuaeth ers amser y Piwritaniaid wedi bachu sylw'r Robert Tudur ifanc. Mae'n hanes am angerdd, argyhoeddiad, ymrwymiad a dewrder. Mae ei ysgrifennu yn llwyddo i gyfleu sut y safodd y sentars yn wrol dros egwyddor diwinyddol, sut yr oedd hyn yn gysylltiedig â ffydd byw, a sut y daethant, dros amser, yn arweinyddion cenedlaethol a diwyliannol. Adlewyrchir hyn, i raddau, yn ei ymrwymiad ef ei hun i ffurflywodraeth Annibynnol, ffydd efengylaidd a chenedlaetholdeb Cymreig. Hwyrach y gwelir hyn ar ei orau trwy gofnodi peth o hanes Ymneilltuaeth grefyddol yng Nghymru.

I lawer, mae stori Annibyniaeth yng Nghymru yn cychwyn gyda John Penry, nid yn gymaint am i Penry gofleidio Annibyniaeth (mae'n fwy tebygol ei fod o blaid ffurflywodraeth bresbyteraidd), ond am ei fod wedi cydnabod y gwedid i'w famwlad foddion iachawdwriaeth, sef pregethwyr a oedd yn fedrus yn yr efengyl ac yn iaith y bobl, a bu'n deisebu'r Frenhines Elisabeth a'r Senedd i'w darparu. Arweiniodd hyn ef i feirniadu'r sefydliad, weithiau mewn termau tra deifiol ac emosiynol.[24] Yn y pen draw, wrth gwrs, fe dalodd am ei feiddgarwch â'i einioes pan ddienyddiwyd ef yn 30 oed ym 1593. Nid oedd Penry yn arloeswr Ymneilltuaeth yn ei genedl ei hun; yn hytrach, fe'i 'darganfuwyd', yn rhamantaidd braidd, yn y bedwaredd ganrif ar bymtheg gan arweinyddion Anghydffurfiol a oedd yn ymladd brwydr debyg i Gymru gael ei chydnabod yn genedl. Yn wir, gwnaed cyfraniad Penry ymhell i ffwrdd o Gymru: fe'i haddysgwyd yn Rhydychen a Chaergrawnt, a threuliodd y rhan fwyaf o flynyddoedd olaf ei fywyd yn Llundain. Ond Cymru, a chyflwr ysbrydol y Cymry, oedd flaenaf yn ei galon. A gellir canfod y baich bugeiliol, efengylaidd i ennill eneidiau i Grist, ynghyd â chonsŷrn am dynged oesol y Cymry yn enwedig, ym mywyd a gwaith yr Anghydffurfwyr Cymreig.

Tra'r oedd gan Loegr Robert Browne, John Robinson, Thomas Goodwin, Philip Nye ac yn anad neb John Owen[25] i ffurfio'r Ffordd Annibynnol, roedd gan Gymru William Wroth, William Erbury, Walter Cradock, Vavasor Powell a Morgan Llwyd.[26] Ym 1639, sefydlodd Wroth yr eglwys gyntaf ar linellau Annibynnol yn Llanfaches, Sir Fynwy. Yn hytrach na chael eglwys wedi ei nodweddu oherwydd ei chysylltiadau daearyddol, golygai hyn gasglu cymuned o gredinwyr, wedi cyfamodi ynghyd i ddarganfod a gweithio ewyllys Dduw a chynnal ei gilydd yn y ffydd. Buan iawn y dilynodd eraill yng Nghaerdydd, Wrecsam ac Abertawe. Dilynodd Erbury a Llwyd lwybr diwinyddol braidd yn eclectig i raddfa o gyfriniaeth a oedd yn cyfaddawdu Calfiniaeth y dydd ac a welodd ddwyn Erbury gerbron y Pwyllgor Gweinidogion Ysbeiliedig ar gyhuddiad o heresi. Ymddengys i Wroth ddatbroffesu ei Anghydffurfiaeth. Fe'i gadawyd i Powell danllyd a Chradock tawelach a mwy cytbwys i lynu at Galfiniaeth a gosod sylfeini Annibyniaeth y dyfodol. A bywyd a meddwl Powell oedd testun doethuriaeth Robert Tudur.[27]

Daeth Powell dan ddylanwad Cradock ac yn fuan wedyn fe fabwysiadodd y safbwynt Piwritanaidd. Ficer Dartford ydoedd, ond wedi ei drwyddedu i bregethu yng Nghymru yn ystod y Rhyfel Cartref, ac fe'i cafwyd yn ddieuog ym Mrawdlys Prestatyn ym 1642 ar gyhuddiad o 'inconformity'. Ymgorfforai Powell argyhoeddiad a dewrder Piwritanaidd dros egwyddor ddiwinyddol. Roedd yn un o ddynion y 'Bumed Frenhiniaeth', ac esboniodd Dr Tudur eu dysgeidiaeth fel hyn:

> I wŷr y Bumed Frenhiniaeth, yr oedd hanes ar fin cyrraedd ei uchafbwynt. Trwy bendroni uwchben Llyfr Daniel a Llyfr y Datguddiad daethant i gredu fod yr allwedd i ddatgloi cyfrinach y dyfodol yn eu llaw. Gwelodd y pedair teyrnas eu dydd – Asyria, Persia, Groeg a Rhufain – ac yr oedd diwedd y bedwaredd yn ymyl. Trwy astudio ffigurau cyfrin y Beibl, penderfynwyd y byddai Crist ei Hun yn ail-ymddangos yn bersonol rywbryd rhwng 1650 a 1666 i sefydlu'r Bumed Frenhiniaeth a byddai hynny'n rhagymadrodd i'r Milflwyddiant.[28]

Pan gyhoeddodd Oliver Cromwell ei hun yn Arglwydd Warchodwr, ni allai Powell, fel pumed brenhinwr da, lai na mynegi ei lid a'i siom. Ar noson yr arwisgiad, 19 Rhagfyr 1653, pregethodd ar Daniel 11:20-21:

> Ac yn ei le ef y saif un a gyfyd drethau yng ngogoniant y deyrnas: ond o fewn ychydig ddyddiau y distrywir ef; ac nid mewn dig, nac mewn rhyfel. Ac yn ei le yntau y saif un dirmygus, ac ni roddant iddo ef ogoniant y deyrnas: eithr efe a ddaw i mewn yn heddychol, ac a ymeifl yn y frenhiniaeth trwy weniaith.

Hawdd y gall rhywun ddychmygu'r Piwritan tanllyd yn taranu ei anathemâu yn y bregeth a ddilynodd. Talodd Powell yn ddrud am ddilyn ei gydwybod: 'Bu farw ar 27 Hydref 1670, yn ddim ond 53 oed . . . o anhwylder a gafodd yng ngharchar afiach y Fleet, yr olaf o'r tri charchar ar ddeg y bu y tu mewn i'w muriau.'[29]

Wedi Powell, Erbury, Llwyd a Cradock, cododd cenhedlaeth iau o Ymneilltuwyr i lywio'r ffyddloniaid trwy ddyddiau diwethaf yr oes hon o erledigaeth; Henry Maurice, Stephen Hughes, Richard Jones,

William Jones, Hugh Owen a James Owen.[30] Perthyn i'w hoes hwy y mae'r chwedlau am ddewrder ac ymyrraeth ddramatig gan Dduw, y sbardunwyd ei weithgaredd rhagluniaethol gan weddi'r ffyddloniaid. Cofnododd Dr Tudur yr hanesion canlynol:

> Pan ddaeth cwnstabl i'r ystafell lle pregethai gorchmynnodd [Henry] Maurice ef i ymgroesi yn enw'r Duw y cyhoeddai ei enw rhag ymyrryd â'r gwasanaeth gan ystyried sut y gallasai ateb yn nydd y Farn Fawr. Daeth cryndod dros y cwnstabl: arhosodd hyd ddiwedd yr oedfa ac aeth adre yn dawel. Pan ddaeth Dirprwy-siryf Meirionnydd i gymryd Hugh Owen i'r ddalfa, gofynnodd y Piwritan am gyfle i weddïo. Pan orffennodd gwrthododd y swyddog fynd ag ef. Cwbl anfwriadol oedd gwaith Stephen Hughes yn argyhoeddi David Penry, mab Plas Llanedi. Ar ddiwedd oedfa yn Wern-chwith daeth Penry ymlaen a chynnig ei law i'r pregethwr. 'Gobeithio na ddaethoch i'm dal,' meddai Stephen Hughes gan sylwi ar yr osgo foneddigaidd. 'Ddim o gwbl,' meddai Penry, 'chwi sydd wedi fy *nal* i.'[31]

Unwaith i oes yr erledigaeth ddod i ben, trowyd Anghydffurfiaeth yn raddol yn sefydliadol a mwy neu lai yn sefydledig yng Nghymru. Codwyd capeli, cynyddodd y niferoedd ac ymestynnodd eu dylanwad, ac yn y bedwaredd ganrif ar bymtheg, daeth gweinidogion Annibynnol yn arweinwyr y genedl. Yn eu plith roedd dynion fel Samuel Roberts, a adwaenid fel 'SR', a ymgyrchodd dros ddiwygio cymdeithasol, yn enwedig am ddiddymu'r Deddfau Ŷd a hawliau ffermwyr oedd yn denantiaid; ei frawd John, a adwaenid fel JR, 'golygydd ac anghydfodwr' a wnaeth fwy na neb i sicrhau fod yr Annibynwyr yn lleddfu eu safbwynt tuag at y theatr; Henry Richard, yr 'Apostol Heddwch', gweinidog a ddaeth yn AS Rhyddfrydol ac a ddadleuai achos Cymru yn y wasg Seisnig, gan roi sylw arbennig i Derfysg Beca;[32] a William Rees, neu Gwilym Hiraethog, a oedd yn gyfrifol i raddau helaeth am ddeffro'r gydwybod wleidyddol Gymreig trwy ei gyfnodolyn *Yr Amserau*.[33] Sicrhaodd y gwŷr hyn fod gan Anghydffurfiaeth lais gwleidyddol. Roedd eu gwleidyddiaeth yn radical, yn cael ei mynegi trwy'r Blaid Ryddfrydol ac yn fwyaf blaenllym erbyn diwedd y bedwaredd ganrif ar bymtheg ym mudiad Cymru Fydd.

Adroddir yr hanes yn *Hanes Annibynwyr Cymru*. Ymddangosodd y llyfr, a glodforwyd gan Geraint Jenkins fel 'clasur syth...annhebyg o gael ei oddiweddyd byth',[34] ym 1966 a chafodd glod mawr pan gyhoeddwyd ef. Ynghyd â'r *Congregationalism in England 1662-1962*[35] cynharach, dyma oedd sail ffolio o waith cyhoeddedig y dyfarnwyd iddi radd DD (*operis causa*) gan Brifysgol Cymru ym 1968.[36]

Mae'r llyfr yn fwy na hanes syml datblygiad eglwysyddiaeth arbennig yng Nghymru dros dair canrif. Yn hytrach, rhydd hanes ffydd fyw a ddatblygodd ochr yn ochr â bywyd llenyddol, diwylliannol, economaidd a gwleidyddol y tir. Yn wir, dengys y llyfr nad oedd modd ysgaru crefydd, yn ei ffurf Anghydffurfiol, oddi wrth hanes cymdeithasol Cymru yn ystod y blynyddoedd hyn. Cyfrannodd yr Annibynwyr i ddeffroad diwylliannol Cymru yn y bedwaredd ganrif ar bymtheg trwy ysgrifennu storïau a nofelau, a chyfansoddi barddoniaeth, cerddoriaeth ac emynau. Er yn amheus am safon llawer o'r gwaith hwn,[37] gallai Dr Tudur ganmol ei gyfraniad er gwaethaf ei wendidau fil. Er enghraifft, dyma a ddywed am Rowland Williams (Hwfa Môn), un o 'fardd-bregethwyr' pwysicaf ei oes:

. . . Hwfa Môn yw'r ymgorfforiad perffeithiaf o'r bardd-bregethwr, er nad oedd fawr o bregethwr a llai o fardd. Unig nodwedd gofiadwy ei bregethau oedd eu hyd anhrugarog; nid oedd unrhyw nodwedd gofiadwy yn ei farddoniaeth. Dengys ei lythyrau nad oedd ganddo fawr ddim diddordeb crefyddol. Ac eto, gyda'i fyfïaeth ddiniwed, ei ben llewaidd, ei enau tirsiog, a'i gred ddiysgog yn hynafiaeth Gorsedd y Beirdd, gwnaeth Archdderwydd gyda'r urddasolaf ar ôl ei benodi ym 1894.[38]

Yr hyn ddaw'n amlwg yn *Hanes Annibynwyr Cymru* yw nad oedd modd gwahanu diwylliant, cymdeithas a chrefydd yng Nghymru ac i'r twf a brofodd yr Annibynwyr ddigwydd ochr yn ochr â datblygiadau diwylliannol a llenyddol. Pwynt Dr Tudur, dro ar ôl tro, oedd bod yr Annibynwyr wedi arwain y genedl yn gymdeithasol ac wedi cyfrannu at ei dadeni diwylliannol, a bod y naill a'r llall wedi helpu i ddiffinio hunaniaeth Gymreig. Ond roedd y ddeubeth hyn yn arwyddocaol yn unig o'u gosod ochr yn ochr â'r egwyddorion diwinyddol a'r argyhoeddiad crefyddol a fu'n gyrru'r Ymneilltuwyr cynnar, ac os oeddent wedi eu gwreiddio yn gadarn ynddynt. Erbyn 1962, trichanmlwyddiant y Bwrw Allan Mawr, roedd y genedl Gymreig yng ngafael argyfwng, a chyhuddodd Dr Tudur, gyda miniogrwydd oedd yn ymylu ar y proffwydol, Gristnogion Cymru a'r Annibynwyr yn eu mysg, o ragori ar adnabod argyfyngau mewn gwleidyddiaeth, cymdeithas ac economeg heb sylweddoli fod pob argyfwng, yn ei hanfod, yn argyfwng cred. Tyfasai Annibyniaeth allan o argyhoeddiad diwinyddol a ffydd bersonol lleiafrif o weledyddion dewr, ond collasai ei ffordd yn ystod y bedwaredd ganrif ar bymtheg trwy ganolbwyntio ar wleidyddiaeth, economeg a hyd yn oed ar ddatblygiad diwylliannol, tra'n cyfrannu fawr ddim o ran diwinyddiaeth adeiladol. Defnyddiodd Dr Tudur y gwaith i atgoffa'r Annibynwyr Cymraeg mai prif nodwedd eu tadau arloesol oedd nid arwriaeth yn wyneb gorthrwm ac erledigaeth, ond egwyddor ddiwinyddol am alwad Duw a goblygiadau hynny ym mywyd y Cristion, yr eglwys a'r genedl. Wrth anghofio hynny, taflwyd yr eglwys i argyfwng, ac adlewyrchid argyfwng yr eglwys yn y gymdeithas. Mae'r neges hon, sef yr angen i ddychwelyd at gred yn Nuw fel gwir sail pob agwedd arall o fywyd, yn her yr un mor iasol gyffrous ac yn ddadansoddiad yr un mor dreiddgar heddiw ag ydoedd ym 1962 a hyd yn oed ym 1662.

Undeb yr Annibynwyr Cymraeg

Dylid dweud gair am Undeb yr Annibynwyr Cymraeg, y dathlwyd eu canmlwyddiant yn *Yr Undeb*.[39] Mae'r dudalen agoriadol yn cychwyn gyda'r geiriau canlynol yn disgrifio Dr John Thomas, un o brif gymeriadau'r Undeb, yn cyrraedd Caerfyrddin ar 3 Fedi 1872 ar gyfer y cyfarfod cyntaf:

> Disgynnodd John Thomas, gweinidog y Tabernacl, Lerpwl, yn sbringar o'r trên. Cychwynasai i'w daith yn bryderus ddigon. Beth petai cyfarfodydd cyntaf Undeb yr Annibynwyr Cymreig yn fethiant am nad oedd ond rhyw ddyrnaid wedi dod iddynt? Ond wrth basio trwy'r prif orsafoedd ar y daith, codai'i galon. Esgynnai gweinidogion amlwg i'r trên ym mhob un ohonynt, ac yr oedd hynny'n argoeli'n dda am lwyddiant y fentr.[40]

Mae'r paragraff hwn yn adlewyrchu dau beth sy'n bwysig am y llyfr. Yn gyntaf, dengys allu'r hanesydd i ddweud stori. Nid tasg hawdd yw cofnodi hanes sefydliadau mewn dull darllenadwy a diddorol. Troes Dr Tudur yr hanes yn fenter i'r anwybod, gan amlygu'r holl densiwn a checru a fu, oherwydd, a hyn yw'r ail beth a awgrymir yn y paragraff, ei bod ar lawer ystyr yn wyrth i Undeb yr Annibynwyr Cymraeg ddod i fod o gwbl.

Sefydlwyd Undeb yr Annibynwyr Cymreig ar ddydd Iau, 12 Hydref 1871, yng Nghapel Ebeneser, Abertawe, mewn cyfarfod ymylol arbennig a drefnwyd tra cyfarfu Undeb Cynulleidfaol Lloegr a Chymru yn y dref. Mewn gwirionedd, canlyniad ydoedd i ymrwymiad grŵp bychan iawn o ddynion. Tua deugain ohonynt oedd yn ei bledio, ac nid yw hyn yn rhif sylweddol o gwbl pan ystyrir bod gan yr Annibynwyr Cymraeg 485 o weinidogion ym 1872.[41] Roedd gan lawer o'r gwŷr oedd yn gyfrifol gefndir mewn Methodistiaeth[42] a sicrhaodd hyn, ynghyd â gogwydd enbyd tuag at ffraeo personol a ffyrnig, fod cryn dipyn o ddrwgdeimlad yn hongian yn gwmwl dros yr holl fenter. Ar y naill law roedd John Thomas[43] a'i gwmni, a gyhuddwyd o Bresbytereiddio a 'Lerpwleiddio' yr Annibynwyr; ar y llaw arall roedd dynion fel Evan Pan Jones, a oedd yn gweld 'ysbryd newydd a dieithr, yr hyn a elwir yn *Gargantua*'[44] wedi ymddangos, a ganai gnul angau'r eglwysi Annibynnol a'u rhyddid ysgrythurol, a Michael D. Jones, prifathro disglair os anhydrin ac ystyfnig Coleg Diwinyddol y Bala. Ni fu cytuno erioed, mewn gwirionedd, yng ngeirfa John Thomas na Michael D. Jones, ac roeddent eisoes wedi gwrthdaro ar fater darparu addysg am y weinidogaeth.[45] Mae'n debyg mai Thomas oedd y ffigwr unigol pwysicaf y tu ôl i sefydlu'r Undeb a'r ymgais i ddwyn yr Annibynwyr at ei gilydd. Cadwodd reolaeth dros y cyfarfodydd cynnar trwy awgrymu pwy ddylai gael gwahoddiad i'w hannerch, rhywbeth y cyfeiriodd Michael D. Jones ato fel 'rhannu taffi Everton'.[46]

Rhydd y llyfr hanes busnes yr Undeb dros ganrif gyntaf ei fodolaeth; y mynych ddiwygiadau i'r cyfansoddiad, ei ofal am yr Ysgol Sul, ei ymwneud â Dirwest, a'i harweiniodd i ystyried materion cymdeithasol, ei gonsýrn am y Maes Cenhadol ac addysg, a'r newid mewn cred ddiwinyddol o Galfiniaeth gymedrol Edward Williams[47] i ryddfrydiaeth ddiwinyddol Hegel a Ritschl a amlygwyd i ddechrau yng Nghymru gan yr Annibynnwr David Adams.[48] Yn hyn oll, cynigiai'r Undeb arweiniad i'r Annibynwyr a fforwm iddynt drafod a gweithio yn ymarferol tuag at atebion i rai o bynciau llosg y dydd: yr un eithriad oedd datgysylltiad, a drafodwyd unarddeg o weithiau rhwng 1890 a 1914.[49]

Mae llawer o bethau'n taro'r darllenydd am y llyfr hwn. Y cyntaf yw mai cofnod yw o fyd sydd wedi hen ddiflannu. Yn ei flynyddoedd cynnar, fel y gellid disgwyl, nodweddion yr Undeb oedd difrifoldeb sobr, a adlewyrchwyd yn y gred Anghydffurfiol yn oes Fictoria fod gwaith yn ffurfio cymeriad, ac mai gwastraff amser oedd chwarae.[50] Roedd Rhys Pryse, er enghraifft, yn caniatáu pysgota, ond yn condemnio pysgota gyda phluen fel rhywbeth anfoesol am ei fod yn ceisio twyllo'r pysgodyn.[51] Condemniodd William Oscar Owen y beic ym 1899 fel 'pla ein gwlad yn y dyddiau hyn'. 'Nid yw ein pobl ieuainc yn gallu myned i uffern yn ddigon cyflym ar eu traed,' meddai.[52] Ond pêl-droed oedd yn derbyn y condemniad mwyaf llym. Dywedodd David Lewis (Dewi Medi) fod pêl-droed yn 'arwain i ysgafnder meddwl, ac y mae ysgafnder meddwl yn gareg filldir ar y ffordd fawr sy'n arwain i anghrefyddolder'. Sylwodd John Davies, Cadle, fod ymwelydd â Bradford wedi awgrymu nad oedd yr ymladd teirw a welsai ym Madrid 'yn ddim mewn bwystfileiddiwch yn ymyl *Yorkshire football match*'.[53]

Pwnc arall a gyfyd ei ben dro ar ôl tro yw hir-wyntogrwydd siaradwyr yng Nghymanfa'r Undeb. Cymerer, er enghraifft, y disgrifiad hwn gan Pan Jones o Dafydd Griffith yn traddodi darlith ar undod Cristnogol:

> Parhaodd i ddarllen yn ddibaid am awr a deugain munud, yn y cywair lleddf, heb gymaint ag un nodyn llon...i dori ar bruddglwyfedd undonaeth ei draddodiad. Do, bu agos i'r pruddglwyfedd lethu y gynulleidfa, yr unig brofion a gafwyd ar hyd yr amser fod y gynulleidfa yn fyw oedd pan ddywedodd ryw eiriau afrosgo fel Latitudinarianism ac obstreperous, geiriau nad oedd haner y bobl oedd yn chwerthin yn deall eu hystyr. Pan ddywedodd ei fod wedi gorphen unodd pawb yn galonog i guro traed a dwylaw mewn llawenydd.[54]

Gosododd cyfansoddiad 1890 bum munud ar hugain ar gyfer pob siaradwr, ond fel y nododd Dr Tudur 'Gellid yn hawdd fod wedi hepgor yr ynni a'r inc; ni chymerodd neb sylw'.[55] Dyma Silyn Evans, o'r Gadair yn Lerpwl, 1912, yn codi i annerch am 10.55 ac yn eistedd i lawr am 12.23.[56] Ym 1937 datganodd Cyngor yr Undeb y dylai cadeirydd cyfarfod gael dim mwy na deng munud ac y dylai siaradwyr eraill gael hanner awr. Nododd Dr Tudur, 'Ond camp fuasai i unrhyw gyngor gyfyngu Annibynwyr mewn llawn hwyl wrth iddynt annerch llond capel o bobl!'[57] Llawer mwy na chofnod o hanes yr Undeb yw'r llyfr ond, megis llyfrau eraill Dr Tudur, gellir darllen ynddo hanes datblygiad y gymdeithas Gymreig a'i diwylliant a dyna sy'n ffurfio cyd-destun y drafodaeth ar y sefydliad crefyddol.

Ffydd ac Argyfwng Cenedl oedd *magnum opus* Dr Tudur, a chyhoeddwyd y gwaith mewn dwy gyfrol ar ddechrau'r 1980au. Y cyfnod rhwng 1890 a 1914 sydd, wrth gwrs, dan sylw a thrwy sylwadau craff a dadansoddiad treiddgar yr awdur ceir cipolwg ar weithgarwch y cyrff Ymneilltuol i gyd a'r modd y bu iddynt ddechrau colli tir. Ceir dadansoddiad diddorol hynod o'r Comisiwn Brenhinol a sefydlwyd i astudio patrymau crefyddol y Cymry yn sgîl yr ymddadlau ynghylch Datgysylltiad, cyn mynd ymlaen at werthusiad o weithgarwch a gwahaniaethau'r amrywiol 'enwadau', disgrifiad o 'awr machlud y pregethwr mawr' a hanes rhyfeddol Eglwys Rydd y Cymry yn Lerpwl. Mae'r ail gyfrol yn parhau'r stori ac yn dadansoddi syniadau diwinyddol y cyfnod cyn troi at ddehongliad craff o Ddiwygiad 1904-5, ei gryfderau a'i wendidau. Dadansoddodd Tudur Jones yr anhwylder ym mywyd, diwylliant ac, yn enwedig, crefydd Cymru'r cyfnod a defnyddiodd ei esboniad hanesyddol i wneud sylwadau o arwyddocâd mwy cyfoes. Dadl Dr Tudur oedd bod y cyfnod yn un allweddol yn hanes y genedl, a hefyd yn dyngedfennol ar gyfer dyfodol crefydd. Yn ei dyb ef, gosodwyd sylfeini problemau diwedd yr ugeinfed ganrif – pethau fel difaterwch crefyddol, secwlareiddio cymdeithasol ac esgeuluso'r iaith a chenedligrwydd – yn y cyfnod hwnnw. Mae ei astudiaeth, felly, yn bwrw goleuni ar gyfnod diweddarach na'r un sy'n cael ei ddadansoddi. Ac eto, nodweddir y cyfrolau gan y siom a deimlai wedi methiant yr ymgyrch am ddatganoli ym 1979. Wedi'r methiant hwnnw, ac oherwydd statws bregus yr iaith, nid yw'n syndod iddo ddehongli'r bywyd Cymreig yn y 1980au yn nhermau argyfwng. Erbyn troad yr unfed ganrif ar hugain, roedd pethau cymdeithasol wedi newid. Roedd gan Gymru ei chynulliad, a mwy o bobl yn honni'r gallu i siarad yr iaith nag am ddeugain mlynedd. Yr hyn nad oedd wedi newid oedd sefyllfa'r capel yn y gymdeithas. Roedd Anghydffurfiaeth yn dal i ddirywio, gyda sawl un yn proffwydo'i threng derfynol. Dichon y byddai Dr Tudur wedi ysgrifennu llyfr gwahanol erbyn diwedd yr ugeinfed ganrif oherwydd y newidiadau gwleidyddol a chymdeithasol yng Nghymru. Ond mae'n debyg mai argyfwng cred ac hunaniaeth Gristnogol y Cymry a fuasai ei brif thema o hyd.

Pwnc llyfr a gyhoeddwyd ym 1985 oedd y Diwygiad Protestannaidd yn Ewrop, gan olrhain ei hanes mewn gwledydd gwahanol a thrafod arwyr, dihirod a merthyron pob sefyllfa,[58] tra yn ddiweddarach amlygodd ei ddiddordeb yn hanes y Methodistiaid cynnar yng Nghymru[59] ac yn natblygiad efengyliaeth.[60]

Yn sicr, nid oedd Dr Tudur heb feirniadu'r traddodiad Anghydffurfiol. Arferai ddweud yr hanes am ei ddyddiau ymchwil, yn darllen pregeth Biwritanaidd un prynhawn Gwener poeth yn llyfrgell y Bodley, Rhydychen, ac o'r diwedd yn troi'r dudalen olaf i ddarllen 'ac yn hanner cant ac wythfed'. Roedd y Piwritaniaid ar eu gwaethaf yn wir yn 'Sentars sychion'. Ond ar eu gorau, dynion oeddent wedi eu gyrru gan weledigaeth a sêl am sut i fynegi Teyrnas Dduw yn yr Eglwys. Roeddent yn ddynion o egwyddor ac argyhoeddiad, a arweiniwyd at eu casgliadau nid gan ddamweiniau hanes ond gan arweiniad a chymhelliad yr Ysbryd Glân a olygai, beth bynnag oedd yn digwydd, fod yn rhaid iddynt weithredu fel hyn. Colli'r ymdeimlad hwn o egwyddor ac ymrwymiad oedd yn destun galar i Dr Tudur yn ei lyfrau: ac at adennill hynny y cyfeiriai ei sylwadau.

Mae cyhoeddiadau Tudur Jones yn tystio i'w fedrau hanesyddol fel ymchwilydd a chofnodydd, gan gyfeirio at ffynonellau llawysgrif a chyhoeddedig yn ogystal ag at lenyddiaeth eilaidd. Dygodd at ei waith lygad barcud am fanylion, ond hidlai trwy'r swmp o wybodaeth i ofalu bod sylw'r darllenydd yn cael ei dynnu yn ddiwyro at y pwyntiau gwir bwysig. Yn ei waith, adroddir am y digwyddiadau a'r syniadau mwyaf cymhleth mewn Cymraeg clir, darllenadwy a rhywiog, neu Saesneg rhugl a chain, gyda phinsied o hiwmor a ffraethineb. Heb amheuaeth, roedd yn hanesydd penigamp.

Diwinyddiaeth

Er mai prif nod y llyfrau hyn oedd adrodd hanes Annibyniaeth yng Nghymru, y maent hefyd yn datgelu peth ar Dr Tudur Jones y diwinydd. Maent yn gwneud yn berffaith amlwg mai ychydig iawn o amser oedd ganddo i ddatblygiad y rhyddfrydiaeth ddiwinyddol a oedd, yn ei farn ef, wedi cydio yn yr Annibynwyr wedi'r Rhyfel Mawr ond y gellid gweld ei olion hyd at y 1970au. Yn *Yr Undeb*, er enghraifft, nododd ddatblygiadau rhyddfrydol nifer o weithiau ond wedi dau gant o ddalennau, mae fel petai yn colli amynedd ac yn datgelu'r gwendidau rhesymegol fel y'u mynegwyd gan Rhondda Williams druan. Buasai Williams yn weinidog Capel Bethania, Dowlais, ond treuliodd y rhan fwyaf o'i weinidogaeth yn Bradford a Brighton, gan gyfnewid uniongrededd Calfinaidd am gred resymolegol a phantheistig, a amlinellir yn yr hunangofiant dan y teitl eironig *How I Found My Faith*.[61] Beirniadaeth Dr Tudur ar araith Williams gerbron Cynulliad yr Undeb yn Llanelli ym 1929 yw, yn y bôn, nad yw'n gwneud synnwyr o fath yn y byd.

> Dywedodd ei fam wrtho pan oedd hi ar farw fod cyfamod rhyngddi hi a Duw na allai angau ei dorri. Dyma sylw Rhondda, 'I cannot adopt my mother's theology, but I hold by the same religion, trust the same God . . .' Ond sut y gwyddai hyn? Ei honiad yw fod y profiad yr un er amrywio o'r esboniad arno. Ond sut y gall astudio profiad ei fam ar wahân i'w hesboniad hi arno? Os dywed un gŵr, 'Yr wyf yn gweld coeden' a minnau'n dweud, 'Yr wyf yn gweld ceffyl', trwy ba resymeg y gallaf honni mai'r un profiad yw'r ddau? Os oedd mam Rhondda'n dweud, 'Yr wyf yn marw y tu mewn i rwymau'r Cyfamod Di-sigl', a Rhondda'n dweud, 'Yr wyf yn anfarwol am fy mod yn argyhoeddedig fod y dwyfol ynof', pa synnwyr sydd mewn dweud mai am yr un profiad y mae'r ddau ohonynt yn siarad?[62]

Nid oedd yn hoffi'r pwyslais rhyddfrydol ar 'brofiad', haen o feddwl y gellid ei olrhain at y diwinydd Diwygiedig o Almaenwr, Friedrich Schleiermacher, oherwydd nad yw profiad o rywbeth yr un fath yn union â'r peth ei hun a thuedda i roi'r pwyslais yn gryf ar y sawl gaiff y profiad. 'Y mae'n wir,' ysgrifennodd, 'fod y newynog yn cael y "profiad" o fod yn llawn wedi iddynt fwyta, ond nid am y "profiad" y maent yn dyheu ond am fwyd. Yn yr un modd, geilw'r pechadur nid am y profiad o faddeuant ond am faddeuant.'[63] Gwrthgyferbynnodd y rhyddfrydwyr diwinyddol gyda'u cyndeidiau Piwritanaidd a'u cael yn brin. Cymharodd gynnwys John Penry yn *A Treatise Containing the Aequity of an Humble Supplication* gydag eiddo Thomas Rees,[64] yn ei lyfr *Cenadwri'r Eglwys a Phroblemau'r Dydd*.[65] Yn y paragraff byr hwn, cawn gip ar yr hyn a ddenodd Dr Tudur at y Piwritaniaid.

> Roedd y ddau'n ddynion disglair; cawsant addysg orau eu cenhedlaeth. Roeddynt ill dau o ddifrif calon ac yn gwbl ddidwyll. A'r un thema fawr sydd ganddynt – rhagolygon Cristionogaeth yng Nghymru. Y mae Rees yn cyfieithu popeth i dermau mewnfodol. Nid yw'n llwyddo i gyfleu'r ing a deimlai ef ei hun . . . Yn Penry down wyneb yn wyneb â dyn a wêl Dduw yn galw llywodraeth Loegr i gyfrif. Gwêl ei genedl ar fynd i ddifancoll o ddiffyg Efengyl a gwêl y cwbl yn erbyn cynfas eang tynged dynoliaeth gyfan. Y mae gwefr a drama yn ei gred a rhydd hyn fin a threiddgarwch i'w ddadansoddiad.[66]

Roedd Tudur Jones yn hapusach yn mynegi dealltwriaeth uniongred, Galfinaidd o Gristnogaeth na'r ryddfrydiaeth ddyneiddiol a fu'n boblogaidd ymysg Annibynwyr am o leiaf ran o'r ugeinfed ganrif. Gwrthododd ddyn-greiddioldeb rhyddfrydiaeth ddiwinyddol, ond ni roes yn ei le yr efengyliaeth bietistaidd, unigolyddol a fu'n amlwg mewn rhai cylchoedd ers Diwygiad 1904-5.[67] Nid anghofiodd erioed y neo-uniongrededd Barthaidd a ddysgasai gan J. E. Daniel, ac nid anghofiodd chwaith Galfiniaeth y Piwritaniaid a'u cred lwyr a diamod yn sofraniaeth Duw. Ond nid oedd chwaith yn Biwritan uniongyrchol nac yn lladmerydd neo-uniongrededd. Yn hytrach, datblygodd ddiwinyddiaeth oedd yn seiliedig ar y gair, yr Ysgrythur sy'n datgelu Duw ond sydd i'w gymhwyso i fywyd yn ei gyfanrwydd oherwydd fod Duw, fel Tad, Mab ac Ysbryd Glân, yn sofran dros bopeth. Gwelodd gyfrifoldeb yr holl bobl gerbron Duw; cyfrifoldeb yr unigolyn drosto ef ei hunan, dros gyd-ddyn a thros y genedl, a hyn a'i cadwodd yn Annibynnwr pybyr trwy gydol ei oes, a'r hyn a'i harweiniodd at ei safle fel cenedlaetholwr.

Cenedlaetholwr

Erbyn diwedd yr ugeinfed ganrif, edrychid ar genedlaetholdeb fel damcaniaeth beryglus a sinistr, ac nid heb reswm. Daeth Sosialaeth Genedlaethol yr Almaen, gyda'i milwriaeth a'i pholisïau o ehangu a arweiniodd at yr Holocost, y mudiadau Cenedlaetholgar yn y

Balcaniaid a barodd fod termau erchyll megis 'puro ethnig' am gyfnod yn ymadroddion bob-dydd, a Chenedlaetholdebau eraill a fabwysiadodd drais fel dull i dra-arglwyddiaethu dros genhedloedd gwannach, oll i amlygrwydd gan beri i rai gredu y dylid gwrthwynebu cenedlaetholdeb ar bob cyfrif. Roedd Dr Tudur, fodd bynnag, yn gefnogwr cryf i Genedlaetholdeb Cymreig, yn enwedig trwy fod yn Is-Lywydd Plaid Cymru ac yn ymgeisydd ar ei rhan yn etholaeth Môn yn etholiadau 1959 a 1964. Ond roedd a wnelo ei genedlaetholdeb fwy ag ymdeimlad o alwedigaeth dduwiol, hawliau dynol a gwedduster na dim byd arall. Nid yw ei genedlaetholdeb 'yn gofyn dim iddo'i hun na fyn ar gyfer eraill,'[68] a rhoes fynegiant i'r farn hon yn ei lyfr *The Desire of Nations* a gyhoeddwyd ym 1974.

Yn y llyfr, datgelodd Dr Tudur yr effaith barlysol a gafwyd ar bobl Cymru o ddiffinio eu hunaniaeth genedlaethol yn negyddol ochr yn ochr â hunaniaeth Lloegr. Roedd ganddo bethau caled, er nad hollol anhaeddiannol, i'w dweud am y Saeson. Ceisiasant ddyrchafu eu diwylliant a'u sefydliadau uwchlaw pob un arall, ond nid oedd hyn yn cael ei ystyried yn 'genedlaetholdeb' a ystyrid, ar ba bynnag ffurf, yn 'air budr' yn yr iaith Saesneg. 'An Englishman never calls himself a nationalist,' ysgrifennodd. 'This is one of the characteristics of English Nationalism.'[69] A dyfynnodd George Mosse a ddywedodd 'the denial of ideology can be one of the most powerful ideologies.'[70]

Etifeddodd Dr Tudur ddealltwriaeth o genedl oedd yn seiliedig ar gydnabod gwerth dynol cyffredin ac roedd rhagluniaeth ddwyfol, galwedigaeth Gristnogol a thrugaredd dynol yn rhan annatod ohono. Hwyrach mai Robert Ambrose Jones, y gweinidog o Fethodist Calfinaidd sy'n fwy adnabyddus fel Emrys ap Iwan,[71] a fynegodd hyn yn well na'r un. Gan annerch ieuenctid Cymru, ysgrifennodd:

Cofiwch yn gyntaf mai *dynion* ydych, o'r un gwaed â'r Saeson, y Boeriaid, y Kaffiriaid a'r Tsineaid; byddwch yn barod, felly, i roddi iddynt y breintiau y dymunwch ar gyfer eich hunain. Cofiwch yn ail eich bod yn genedl trwy ordinhâd Duw; felly gwnewch bopeth yn eich gallu i gadw'r genedl yn ddianaf, trwy feithrin ei hiaith a phob peth gwerthfawr arall a berthyn iddi. Os byddwch anffyddlon i'ch gwlad a'ch iaith, pa fodd y disgwyliwch fod yn ffyddlon i Dduw ac i ddynoliaeth?[72]

Gweledigaeth Emrys ap Iwan oedd o Dduw rywsut uwchlaw'r byd ac eto yn ymwneud â'r byd, ymdeimlad a gafwyd o ffynonellau Beiblaidd a Chalfinaidd. Dadleuodd Dr Tudur fod cenedligrwydd yn perthyn i fywyd creaduriaid dynol. Yn y bywyd hwnnw, gall bodau dynol fod yn ufudd neu yn anufudd i Dduw. Mae cynnal cenedligrwydd yn anad dim yn ffordd i weithio allan ufudd-dod i ewyllys Dduw.[73] Nid ymwneud gwleidyddol sy'n rheoli'r ddealltwriaeth hon o genedlaetholdeb, ac nid yw chwaith yn canolbwyntio ar enillion hunanol er afles i eraill. Yn hytrach, fe'i symbylir gan ddealltwriaeth o sofraniaeth Duw dros bob agwedd o fywyd a chan gydnabod fod pob agwedd o fywyd i glodfori Duw.[74]

Casgliad

Wrth ddisgrifio Dr Tudur Jones fel Annibynnwr a chenedlaetholwr, cyffwrdd â rhan o'i weithgaredd yn unig a wnawn. Treuliodd flynyddoedd lawer yn dysgu ac mewn sefyllfaoedd arweiniol gyda'r Eglwysi Rhyddion. Roedd ganddo berthynas agos gyda Choleg Prifysgol Gogledd Cymru, ei *alma mater*, lle'i penodwyd yn ddarlithydd arbennig mewn Hanes y Meddwl Cristnogol yn Adran Astudiaethau Beiblaidd y Brifysgol o 1966 ymlaen, ac yn Athro Er Anrhydedd yn yr Adran Astudiaethau Crefydd (erbyn hynny) ym 1990. Bu'n Ddeon Cyfadran Ddiwinyddiaeth Prifysgol Cymru o 1974-78 ac yn Ddeon Cyfadran Bangor o 1978-81. Bu'n Gadeirydd y Gyfeillach Gynulleidfaol Ryngwladol o 1981-85, yn Llywydd Cyngor Ffederal Eglwysi Rhyddion Cymru a Lloegr o 1985-86, ac yn Llywydd Undeb yr Annibynwyr Cymraeg 1986-87. Cydnabu Prifysgol Cymru ei gyfraniad ysgolheigaidd trwy ddyfarnu iddo radd DLitt (*honoris causa*) ym 1986. Ochr yn ochr â hyn, parhaodd i gyhoeddi a chyfrannu erthyglau wythnosol i bapurau newydd Cymraeg, canlyniad i'r ffaith i Claude Jenkins fynnu ei fod yn cymryd agwedd ddisgybledig tuag at ysgrifennu a olygai gynhyrchu rhywbeth bob wythnos. Ymddeolodd o ddysgu ar ddiwedd sesiwn academaidd 1996-7. Roedd ei farwolaeth sydyn ar fore Iau, 23 Gorffenaf 1998, yn sioc nid yn unig i'w anwyliaid, ond i'r genedl gyfan. 'Mawr oedd y galar o'i golli.'[75]

O gofio ei ddiddordebau eang a'i weithgaredd a ymddangosai yn ddiflino, nid oes modd cloriannu ei gyfraniad naill ai i ysgolheictod nac i'r bywyd cyhoeddus mewn ysgrif mor fer. Fel hanesydd, roedd yn ofalus a lliwgar, gan chwythu anadl einoes i ddigwyddiadau a chymeriadau mewn modd a awgrymai iddo fod yno ac adnabod y sawl dan sylw. Fel diwinydd, roedd yn uniongred ond yn aghydffurfiol, ac nid oedd ganddo anhawster 'cytuno i anghtuno' gyda'r sawl a goleddai farn wahanol a hyd yn oed farn a wrthwynebai yn llwyr. Er enghraifft, dyma sut y disgrifiodd Pennar Davies, prifathro'r Coleg Coffa a arddelai ddiwinyddiaeth lawer mwy rhyddfrydol na'i eiddo ei hun:

> Cefais ddigon o gyfle i ryfeddu at ei ysgolheictod a lled ei ddiwylliant. Ond mwy na hynny, edmygwn ei amynedd, ei raslonrwydd, ei ostyngeiddrwydd a'i gwrteisi. Ond sylweddolwn hefyd fod cadernid a phenderfyniad y tu ôl i'r grasusau hyn. Gwir ein bod am y pared â'n gilydd o ran ein hargyhoeddiadau diwinyddol ond ni bu hynny'n foddion i gymylu ein cyfeillgarwch, efallai am ein bod wedi hen gytuno i anghytuno![76]

Fel pregethwr, roedd yn daer dros wirionedd yr efengyl a draddodwyd unwaith i'r saint: fel cenedlatholwr, roedd yn ymrwymedig i genedl y Cymry a'u hiaith, ac yn mynnu fod iddynt le priodol ochr yn ochr â chenhedloedd eraill ar y llwyfan rhyngwladol fel ymateb i sofraniaeth Duw hyd yn oed ym maes hunaniaeth genedlaethol. Gallai fod yn arbennig o ffraeth, gan ddifyrru cynulleidfaoedd gydag anecdotau am gymeriadau o orffennol diwylliannol, cymdeithasol a chrefyddol Cymru. Gallai fod yn ddadleuwr di-ddostur, gan rwygo dadleuon yn ddarnau a thywallt gwawd yn ddidrugaredd am ben rhesymeg wael. Roedd hefyd yn garedig neilltuol, gan roi cymorth a chyngor i ysgolheigion eraill a chyngor bugeiliol i weinidogion, yn enwedig y sawl a fuasai'n fyfyrwyr ym Mala-Bangor. Am un oedd mor weithgar yn y bywyd cyhoeddus, roedd mewn gwirionedd yn ddyn teulu swil, preifat a oedd yn aml yn dawel, myfyrgar, a hyd yn oed yn ymddangos yn bell. Yn y cyfan ydoedd a'r cyfan a wnaeth, ei symbyliad oedd ei ymdeimlad o sofraniaeth Duw a chaniataodd hyn iddo werthfawrogi rhinweddau mewn cenhedloedd eraill a chymundebau Cristnogol eraill. Teimlai'n gyfforddus gydag efengyleiddwyr a hyd yn oed bentecostiaid, gan ymuno mewn dadleuon yn nechrau'r 1990au am 'fendith Toronto' a chan arddangos catholigrwydd a chydbwysedd barn nad oedd yn wastad yn hawdd ei ganfod ymhlith cefnogwyr na gwrthwynebwyr y ffenomen honno. Ac eto, roedd yn gartrefol gyda'r Annibynwyr Cymraeg ac ni ystyriodd erioed eu gadael. Roedd ei gyfraniad yn enfawr, yn adlewyrchu ei gariad at dir, iaith a diwylliant, a oedd oll yn deillio o'i ymdeimlad â galwad Gristnogol ac a oedd yn cael eu harfer, nid o ddiogelwch breintiedig safle academaidd o bwys ond o goleg diwinyddol bychan yng ngogledd Cymru a oedd â'r nod o ddarparu gweinidogaeth i eglwysi Cymraeg eu hiaith. Nid mater hawdd yw crynhoi yn fyr y fath lwyddiannau a'r fath amrywiaeth o ddiddordebau, ond anodd fuasai peidio cytuno ag asesiad R. M. Jones mai ef oedd 'cawr Protestaniaeth Gymreig yn ystod yr ugeinfed ganrif,'[77]ac eiddo Geraint H. Jenkins ei fod yn 'hanesydd Cristnogol pwysig – yn wir, y mwyaf yn hanes ein cenedl.'[78]

1. R. Tudur Jones, *Hanes Annibynwyr Cymru* (Abertawe, 1966), t.322. Yn ei lyfr, *Ffydd ac Argyfwng Cenedl: I Prysurdeb a Phryder* (Swansea, 1981), pennod 7, dadansoddodd Dr Tudur y ffordd y diflannodd y ddealltwriaeth hon o hanes o bregethau Cymreig ddiwedd y bedwardd ganrif ar bymtheg.

2. Gw. D. Densil Morgan, 'Gan Dduw mae'r Gair Olaf: R. Tudur Jones, (1921-1998)', yn *idem, Cedyrn Canrif: Crefydd a Chymdeithas yng Nghymru'r Ugeinfed Ganrif* (Caerdydd, 2001), tt.221-2.

3. Dadorchuddiwyd carreg coffa ar y bwthyn ym mis Gorffennaf 2000.

4. 'A fair haven: R. Tudur Jones returns to Rhyl', *Planet* (Awst/Medi 1985), t.79.

5. R. Tudur Jones, 'Haul trwy'r gwydr du', yn Desmond Healy (gol.), *Y Rhyl a'r Cyffiniau* (Llandybïe, 1985), t.136, wedi'i ddyfynnu yn Morgan, *Cedyrn Canrif*, t.220.

6. Derwyn Morris Jones, 'R. Tudur Jones fel pregethwr a gweinidog', *Cristion* 83, (1997), t.18.

7. 'A fair haven: R. Tudur Jones returns to Rhyl', t.78.

8. Cymro oedd Syr Henry Jones (1852-1922), a ddaeth yn Athro Athroniaeth ym Mhrifysgol Bangor, St Andrews a Glasgow. Cymeradwywyd ei ddarlithiau Gifford, *A Faith that Enquires* (Llundain, 1922) fel esboniadau clir a thrylwyr ar ddelfrydiaeth athronyddol. Gw. J. E. Lloyd a R. T. Jenkins (goln.), *Y Bywgraffiadur Cymreig hyd at 1940* (BC) (Llundain, 1953), t.438.

9. D. R. Ap-Thomas, 'Cyflwyniad', yn E. Stanley John (gol.), *Y Gair a'r Genedl: Cyfrol Deyrnged i R. Tudur Jones* (Abertawe, 1986), tt.12-13. Mr Ap-Thomas oedd ysgrifennydd pwyllgor Bala-Bangor a dderbyniodd Dr Tudur fel ymgeisydd i'r weinidogaeth.

10. Am John Morgan Jones (1873-1946), gw. Robert Pope, *Seeking God Kingdom:*

The Nonconformist Social Gospel in Wales 1906-1939 (Caerdydd, 1999), tt.67-82.

11. *Vavasor Powell* (Abertawe, 1971), rhagair.

12. Am J. E. Daniel (1902-1962), gw. R. Tudur Jones, 'J. E. Daniel', yn W. T. Pennar Davies (gol.), *Athrawon ac Annibynwyr: Portreadau ac Astudiaethau* (Abertawe, 1971), tt.128-142; D. Densil Morgan (gol.), *Torri'r Seiliau Sicr: Detholiad o Ysgrifau J. E. Daniel* (Llandysul, 1993), tt.9-91; E. D. Jones a B. F. Roberts (goln), *Y Bywgraffiadur Cymreig 1951-1970 (Bywg.)* (Llundain, 1997), t.21.

13. Am ddadansoddiad o'r derbyniad a gafodd diwinyddiaeth Karl Barth yng Nghymru, gw. D. Densil Morgan, 'The Early Reception of Karl Barth's Theology in Britain: A Supplementary View', *Scottish Journal of Theology* LIV/4 (2001), tt.504-527.

14. Am hanes cynnar Plaid Genedlaethol Cymru gw. D. Hywel Davies, *The Welsh Nationalist Party, 1925-1945: A Call to Nationhood* (Caerdydd, 1983).

15. *Hanes Annibynwyr Cymru*, t.276.

16. Am R. T. Jenkins (1881-1969), gw. *Bywg.*, tt.85-6.

17. Am Thomas Richards (1878-1962), gw. *Bywg.*, tt.172-3. Dyma'r llyfrau: *A History of the Puritan Movement in Wales: from the Institution of the Church at Llanfaches in 1639 to the Expiry of the Propagation Act in 1653* (Llundain, 1920); *Religious Developments in Wales, 1654-1662* (Llundain, 1923); *Wales under the Penal Code, 1662-1687* (Llundain, 1925); *Wales under the Indulgence, 1671-1675* (Llundain, 1928).

18. Geraint H. Jenkins, 'Dr Thomas Richards: Hanesydd Piwritaniaeth ac Anghydffurfiaeth Gymreig', *Darlith Goffa Henry Lewis* (1994), t.4.

19. *Vavasor Powell*, rhagair.

20. Gw. Elaine Kaye, *Mansfield College Oxford: Its Origin, History and Significance* (Rhydychen, 1996), pennod 10.

21. R. Geraint Gruffydd, 'Hanesydd y Piwritaniaid a'r Hen Anghydffurfwyr yng Nghymru', yn John (gol.), *Y Gair a'r Genedl*, tt.19-20.

22. Am Gwilym Bowyer (1906-1965), gw. *Bywg.*, tt.12-13; W. Eifion Powell, *Bywyd a Gwaith Gwilym Bowyer* (Abertawe, 1968).

23. Wedi ymddeoliad Tudur Jones, unwyd Coleg Bala-Bangor â'r Coleg Coffa (a symudodd o Aberhonddu i Abertawe ac yna i Aberystwyth). Gwerthwyd yr adeilad ym Mangor a chanolbwyntiodd yr Annibynwyr eu hyfforddiant diwinyddol yn Aberystwyth.

24. Am Penry (1563-93), gw. *BC*, tt.702; R. Tudur Jones, 'John Penri 1563-1593', yn Geraint H. Jenkins (gol.), *Cof Cenedl VIII Ysgrifau ar Hanes Cymru* (Llandysul, 1993), tt.37-68.

25. Am Browne (1550?-1633?), Robinson (1576?-1625), Goodwin (1600-80), Nye (1596?-1672) ac Owen (1616-83), gw. *Dictionary of National Biography*.

26. Am Wroth (1576-1641), Cradock (1610?-59), Erbury (1604-54), Powell (1617-70) a Llwyd (1619-59), gw. *BC*, tt.1027, 78, 202, 731-2, 561 yn eu trefn.

27. Nododd yr Athro Geraint Gruffydd fod Morgan Llwyd wedi'i drin yn

barod i ryw raddau, bod y ffynonellau ar Cradock yn weddol denau, a bod Erbury yn ormod o unigolyn i roi darlun cyflawn o'r cyfnod Piwritanaidd. Gw. 'Hanes y Piwritaniaid a'r Hen Anghydffurfwyr yng Nghymru', t.19. Ni chyhoeddwyd y traethawd yn ei grynswth, ond roedd yn sylfaen ar gyfer nifer o erthyglau yn Saesneg a chyfrol swmpus yn y Gymraeg a gyhoeddwyd ym 1971. 'Vavasor Powell and the Protectorate', yn *Transactions of the Congregational Historical Society* XVII/2 (1953), tt.41-50; 'The Sufferings of Vavasor', yn Mansel John (gol.), *Welsh Baptist Studies* (Caerdydd, 1976), tt.77-91; *Vavasor Powell*.

28. *Hanes Annibynwyr Cymru*, t.66.
29. *Hanes Annibynwyr Cymru*, t.83.
30. Am Maurice (1634-82), Hughes (1622-88), R. Jones (1603?-73), W. Jones (bu f.1679), H. Owen (1639-1700) a J. Owen (1654-1706), gw. *BC* tt.586-7, 369, 475, 490, 663-4, 666 yn eu trefn.
31. *Hanes Annibynwyr Cymru*, tt.86-7.
32. Gw. Gwyn A. Williams, *When Was Wales?* (Llundain, 1991), t.192; David Williams, *The Rebecca Riots* (Caerdydd, 1955).
33. Am Samuel Roberts (1800-85), John Roberts (1804-84), Henry Richard (1812-88) a William Rees (1802-83), gw. *BC* pp.825-6, 814, 782, 798 yn eu trefn.
34. Geraint H. Jenkins, *Protestant Dissenters in Wales 1639-89* (Caerdydd, 1992), t.7.
35. (Llundain, 1962).
36. Dr Tudur oedd y pedwerydd ysgolhaig i dderbyn gradd DD Prifysgol Cymru (*operis causa*). Y lleill oedd yr Athro W. D. Davies (ysgolhaig y Testament Newydd ac yn Annibynnwr), yr Athro Bleddyn Jones Roberts (ysgolhaig yr Hen Destament ym Mangor), a'r Athro John Heywood Thomas (Diwinydd ac Athronydd Crefydd ac Annibynnwr arall).
37. Yn ei farn am lenyddiaeth Cymru'r bedwaredd ganrif ar bymtheg, dilynai Tudur Jones y beirniaid llenyddol Thomas Parry ac W. J. Gruffydd. Gw. Parry, *Hanes Llenyddiaeth Gymraeg hyd 1900* (Caerdydd, 1953), t.267; Gruffydd, *Llenor* XIV (1935), cyfres o erthyglau dan y teitl, 'Rhagarweiniad i'r Bedwaredd Ganrif ar Bymtheg'.
38. *Hanes Annibynwyr Cymru*, t.229.
39. *Yr Undeb: Hanes Undeb yr Annibynwyr Cymraeg 1872-1972* (Abertawe, 1975).
40. Ibid., t.17.
41. Ibid., t.54.
42. Ibid., tt.55yml.
43. Am John Thomas (1821-92), gw. *BC*, tt.894-5.
44. *Yr Undeb*, t.28.
45. Yn ystod y 1860au cynnar, roedd Annibynwyr Cymru yn chwilio am ffordd i ddathlu dauganmlwyddiant 1662. Dymunai rhai, megis John Thomas, sefydlu un coleg ar gyfer yr enwad yn Aberhonddu. Roedd eraill, a Michael D. Jones yn eu plith, yn gwrthwynebu canoli addysg a chanoli pwer mewn

pwyllgorau penodol. Dyna beth ddaeth yn 'frwydr y ddau gyfansoddiad'. Gw. *Hanes Annibynwyr Cymru*, pp.253-6.

46. *Yr Undeb*, t.88.
47. Am Edward Williams (1750-1813), gw. *BC*, tt.972-3; *DNB*; W. T. Owen, *Edward Williams DD: His Life, Thought and Influence* (Caerdydd, 1963); R. Tudur Jones, 'Edward Williams DD', *Y Dysgedydd* (1963) tt.212-5.
48. Am David Adams (1845-1923), gw. *BC*, t.3; E. Keri Evans and W. Parri Huws, *Cofiant y Parch David Adams BA DD* (Lerpwl, 1924); W. Eifion Powell, 'Cyfraniad diwinyddol David Adams (1845-1923)', yn *Y Traethodydd* (1979), tt.162-70.
49. *Yr Undeb*, tt.185-7.
50. *Hanes Annibynwyr Cymru*, t.223.
51. *Yr Undeb*, t.114.
52. Ibid., t.117.
53. Ibid., t.116.
54. Ibid., tt.66-67.
55. Ibid., t.123.
56. Ibid., t.119.
57. Ibid., t.62.
58. *The Great Reformation: From Wyclif to Knox – two centuries that changed the course of history* (Caerlŷr, 1985); ail-gyhoeddwyd y gyfrol dan y teitl *The Great Reformation: A wide-ranging survey of the beginnings of Protestantism* (Pen-y-Bont ar Ogwr, 1997).
59. 'Rhyfel a gorfoledd yng ngwaith William Williams, Pantycelyn', yn J. E. Wynne Davies (gol.), *Gwanwyn Duw: Diwygwyr a Diwygiadau: Cyfrol Deyrnged i Gomer Morgan Roberts* (Caernarfon, 1982), tt.143-63; 'Diwylliant Thomas Charles o'r Bala', yn J. E. Caerwyn Williams (gol.), *Ysgrifau Beirniadol IV* (Dinbych, 1969), tt.98-115.
60. *Pwy yw'r Bobl Efengylaidd?* (Caerdydd, 1996).
61. (Llundain, 1938).
62. *Yr Undeb*, t.221.
63. *Hanes Annibynwyr Cymru*, t.300.
64. Am Thomas Rees (1869-1926), gw. Pope, *Seeking God's Kingdom*, tt.56-67.
65. (Wrecsam, 1923).
66. *Hanes Annibynwyr Cymru*, t.294.
67. Am yr hanes, gw. B. P. Jones, *The King's Champions* (Redhill, 1968).
68. *The Desire of Nations* (Llandybïe, 1974), t.207.
69. Ibid., t.93.
70. Ibid., t.93; George L. Mosse, *The Culture of Western Europe* (Llundain, 1963), t.61.
71. Am Emrys ap Iwan, gw. *BC*, tt.480-1.
72. *The Desire of Nations*, tt.181-2; R. Ambrose Jones, *Homilïau* (Dinbych, 1907), tt.52-3.

73. *The Desire of Nations*, tt.180-1.

74. Yn ôl Tudur Jones, roedd adlewyrchiad o'r math hwn o feddwl am genedlaetholdeb yng ngwaith y gweinidog Calfinaidd, y diwygiwr a'r gwleidydd yn yr Iseldiroedd, Abraham Kuyper. Gw. 'Abraham Kuyper', yn Noel A. Gibbard (gol.), *Ysgrifau Diwinyddol 2* (Pen-y-Bont ar Ogwr, 1988), tt.105-22; hefyd 'The Christian doctrine of the State', yn *The Congregational Quarterly* XXXI/4 (Hydref, 1953), tt.314-21. Awgrymodd yr Athro Bobi Jones bod Kuyper ac ysgol Princeton yr U. D. A. yn fwy na neb arall wedi dylanwadu ar R. Tudur Jones. Gw. R. M. Jones, 'R. Tudur Jones fel llenor a newyddiadurwr', yn *Cristion* 83 (1997), t.15.

75. Morgan, 'Gan Dduw mae'r Gair Olaf', t.252.

76. Pennar Davies, *Cudd fy Meiau*, gol. R. Tudur Jones (Abertawe, 1998), t.25. Am Pennar Davies, gw D. Densil Morgan, *Pennar Davies* (Cyfres Dawn Dweud), (Caerdydd, 2003).

77. R. M. Jones, 'R. Tudur Jones fel llenor a newyddiadurwr', t.17.

78. Geraint H. Jenkins, 'R. Tudur Jones fel ysgolhaig a hanesydd', yn *Cristion* 83 (1997), t.21.

13

YMNEILLTUAETH DDOE, HEDDIW AC YFORY*

Yn *Yr Her i Newid*, sef adroddiad ar sefyllfa crefydd yng Nghymru a gyhoeddwyd ym 1995, nodwyd bod rhyw ddwywaith gymaint o gapeli ac eglwysi y person yng Nghymru ag sy'n Lloegr a'r Alban, a bod y ffigur yn uwch yn siroedd gwledig Cymru nag yn y siroedd â phoblogaeth uchel. Mewn geiriau eraill, mae llawer o gapeli Cymru mewn mannau lle mae prinder pobl. Yn waeth na hyn, nodwyd ffigurau sobreiddiol i ddangos hyd a lled a dyfnder dirywiad crefydd yng Nghymru. Rhwng 1982 a 1995, caewyd 743 o gapeli yng Nghymru yn perthyn i'r prif enwadau Ymneilltuol (Cymraeg a Saesneg eu hiaith). Nodwyd bod mwy o ferched nag o ddynion yn mynychu capel, bod yr absenoldeb amlycaf ymhlith pobl rhwng 20 a 30 oed, ac mai'r bobl dros 65 oed sydd fwyaf amlwg na neb yn y cynulleidfaoedd. Awgryma teitl yr adroddiad na fydd Cristnogaeth yng Nghymru yn parhau'n hir os bydd y tueddiadau hyn yn parhau. Mewn geiriau eraill, er bod i Ymneilltuaeth, yn enwedig yng Nghymru, hanes cyffrous, bywiog a disglair, mae'r presennol yn fregus, a'r posibilrwydd yw na fydd ddyfodol iddi o gwbl.

Wrth gwrs, nid yw'n bosibl dweud gyda sicrwydd a fydd hi'n trengi, ac na ddylid digalonni gan mai ffydd sy'n honni gobaith ynglŷn â'r dyfodol yw Cristnogaeth – yn wir mae'n ffydd ag atgyfodiad yn hanfodol iddi. Ac eto, rhaid cymryd y ffigyrau hyn o ddifrif. Mae rhywbeth yn bod ar grefydd yng Nghymru, ac felly mae'r amser wedi dod i edrych yn onest ac yn agored ar bob posibilrwydd, a derbyn yr

---

* Cyhoeddwyd yr ysgrif hon yn wreiddiol yn *Cristion* XCVII (1999), tt.7-9 a XCVIII (2000), tt.8-9.

her i arbrofi ac i newid er mwyn diogelu efengyl i'r genhedlaeth nesaf. Ein cwestiynau yw, a fydd Ymneilltuaeth yn parhau? Ac ar ba sail y gellir dadlau ei bod hi'n bwysig iddi barhau? A thrwy ganolbwyntio ar y cwestiynau hyn, ystyriwn Ymneilltuaeth ddoe, heddiw ac yfory.

Yr Ystyriaethau

Yn fwy na dim, mae'r teitl yn gofyn i ni ystyried dau beth, un yn amlwg a'r llall braidd yn guddiedig.

Yn gyntaf, gofynn i ni gydnabod y traddodiad Ymneilltuol. Cyfeirio ydw i at yr hanes a'r egwyddorion sylfaenol a ffurfiodd Ymneilltuaeth, neu a achosodd i rai Ymneilltuo, yn y lle cyntaf, ac sydd wedi sicrhau bodolaeth bresennol Ymneilltuaeth fel rhyw fath o sefydliad. Wrth gwrs, wrth gydnabod y ffaith ei bod hi bellach yn sefydliad, mae'n dod yn galetach gweld y cysylltiad â'r egwyddorion gwreiddiol am y tarddodd Ymneilltuaeth o anghytundeb â'r sefydliad eglwysig a gwleidyddol. Ond down ni'n ôl at hwn yn y man.

Yn ail, gofynn i ni hefyd gydnabod yr Ymneilltuwyr. Nid yw'r un sefydliad yn cael ei greu heb i bobl arbennig o bersonoliaeth nodedig roi egni, nerth a bywyd ynddo. Wrth edrych ar y traddodiad Ymneilltuol, ac ar yr egwyddorion a barodd ei sefydlu, talu sylw yr ydym i bobl yn fwy na dim, ac i bobl a ymatebodd o'u cydwybod i hawliau'r efengyl. Ac mae'n bwysig i ni gofio, yn enwedig os edrychwn ar Ymneilltuaeth heddiw ac yfory, fod ymarfer ffydd yn Iesu Grist yn bwysicach nag unrhyw egwyddor, sefydliad, traddodiad neu adeilad. Nid y pethau hyn fydd yn sicrhau cenhadaeth Ymneilltuaeth yn y presennol nac yn y dyfodol. Er mwyn cyflawni'r gorchwyl hwnnw, rhaid canolbwyntio ar bobl.

Protestaniaeth

Wrth ystyried yr hanes, cawn ein hatgoffa nad carfan unffurf a disyfl fu'r Ymneilltuwyr erioed. Yn hytrach na hynny, term cwmpasog yw, sy'n cynnwys carfanau hynod o wahanol i'w gilydd o fewn Protestaniaeth ond a glymir ynghyd am iddynt Ymneilltuo oddi wrth y sefydliad.

Sefydlwyd Protestaniaeth ei hun am resymau gwahanol mewn gwledydd gwahanol. Yn yr Almaen gosododd Martin Luther syniad diwinyddol cyfiawnhad trwy ffydd fel sylfaen Protestaniaeth. Yn

273

Genefa, seiliwyd Protestaniaeth ar Benarglwyddiaeth Duw ac Etholedigaeth Gras gyda John Calfin yn brif hyrwyddwr iddi. Yn Lloegr a Chymru, daeth Protestaniaeth yn bwysig oherwydd gwrthwynebiad i unbennaeth y Pab. Nid Ymneilltuaeth oedd hyn. Daeth Protestaniaeth yr Almaen, Genefa a Lloegr a Chymru yn rhan o'r sefydliad. Yn wir, daeth y cysylltiad rhwng y llywodraeth a'r dulliau gwahanol o Brotestaniaeth mor agos at ei gilydd, nes bod teyrngarwch i un yn mynnu hefyd deyrngarwch i'r llall. Ni welwyd hyn yn fwy eglur yn unman nag yn Lloegr. Yno, disodlwyd y Pab gan y Brenin a ddaeth yn bennaeth yr eglwys. Newid allanol a chyfreithiol oedd hyn, yn hytrach na newid deall ac ysbryd fel digwyddodd ym mudiad Protestannaidd y cyfandir. Hanfod y Diwygiad Protestannaidd ar y cyfandir oedd bod crefydd yn fater rhwng dyn a Duw heb angen cyfryngwr, boed yn offeiriad neu'n swyddog y llywodraeth, ac i'r perwyl yna, daeth yn hanfodol i'r Ysgrythur ymddangos yn iaith y bobl.

Yn Lloegr, ar wahân i gyfieithu'r Beibl, nid oedd cymaint o awydd i newid ffurf a naws yr Eglwys. Ond taniwyd nifer o ddynion gan ddigwyddiadau ar y cyfandir a'u hawydd oedd gweld y Diwygiad yn mynd ymhellach. Y Piwritaniaid oedd yr rhain, a gwrthwynebent hawl y llywodraeth i ymyrryd mewn materion crefyddol. Yn eu tyb hwy, nid oedd hawl gan unrhyw awdurdod ddod rhwng dyn a Duw. Mae'r hanes yn hen, yn hysbys ac yn gymhleth. Ond y ffaith noeth bwysig yw i weinidogion Piwritanaidd ac Anghydffurfiol, nad oedd eisoes wedi gadael, gael eu taflu allan o Eglwys Loegr ar 24 Awst 1662, dydd gŵyl Sant Bartholomeus. Ar y diwrnod hwnnw, collodd tua 2,000 o weinidogion eu bywoliaethau gan gynnwys tua 120 o Gymry. Wrth gwrs, bu cynulleidfaoedd Ymneilltuol cyn hynny: roedd yr Ymneilltuwyr wedi cymryd rhan flaenllaw ym mywyd cyhoeddus a chrefyddol y werinlywodraeth, ac erlidiwyd y Piwritaniaid a'r Ymneilltuwyr cynnar yn oes Elisabeth gan gynnwys y merthyron John Greenwood a John Penry. Ond y dyddiad yna yw'r un pwysig achos dyna pryd symudodd y Wladwriaeth i eithrio rhai o'i dinasyddion ar sail crefydd. Cyn hynny, dewis Ymneilltuo o ran egwyddor a wnaeth yr Ymneilltuwyr gan adleisio eiriau enwog Luther 'yma y safaf, ni allaf ddim arall. Cynorthwyed Duw fi.' Ar ôl y dyddiad hwnnw, fe'u gorfodwyd i adael. Ond bu hyn yn fendith i grefydd yng Nghymru er gwaethaf yr erledigaeth a ddioddefodd yr Ymneilltuwyr am yn agos i dair canrif. Yng ngeiriau R. Ifor Parry:

Dyma'r pryd y daeth Anghydffurfiaeth ac Ymneilltuaeth i gyfrif yn wirioneddol ym mywyd ein gwlad, ac y dechreuodd ffrydiau crefyddol newyddion lifo yn rymus dros y tir.[1]

Sefydlu Methodistiaeth

Y digwyddiad pwysig nesaf oedd sefydlu Methodistiaeth yn rym yn y wlad. Mewn cyfnod o newid cymdeithasol, gwleidyddol, meddyliol a diwydiannol, daeth nifer o ddynion at ei gilydd dan ofid am sefyllfa foesol y wlad. Ymhlith yr enwocaf a'r pwysicaf oedd y brodyr Wesley, a George Whitefield. Trodd eu gofid am y wlad yn ymchwiliad ysbrydol llwyrach er diogelu eu heneidiau eu hunain, a chael eu cymhwyso i efengylu i eraill. Ond cyn iddynt ddechrau ar eu hymchwiliad personol ac ysbrydol, daeth Cymro ifanc dan argyhoeddiad yn gyntaf am ei natur pechadurus ei hun ac yna am ei achubiaeth trwy ras Duw. Howell Harris oedd hwnnw, a gyda dynion fel Daniel Rowland a Williams Pantycelyn, sicrhaodd i'r efengyl gael ei phregethu ledled y wlad.

Bu'r Methodistiaid yn gyfryngau i ddiwyllio meddyliau, dyrchafu moesau ac achub eneidiau llawer ymhlith gwerin Lloegr a Chymru. Ond gwgai'r sefydliad ar eu gweithgareddau anarferol a brwdfrydig. Pen draw hyn oedd iddynt hwythau hefyd orfod Ymneilltuo a gwneud eu trefniant arbennig eu hun. Ni ddaethant ar unwaith yn gysylltiedig â'r hen Ymneilltuwyr a graddol oedd y sylweddoliad nad gyda'r Eglwys Wladol y dylasent gyd-weithio ond gyda'r Anghydffurfwyr eraill.

Nid oes angen ehangu ar fanylion y digwyddiadau pwysig hyn am eu bod eisoes mor hysbys. Ond mae angen sôn amdanynt er mwyn dweud bod Ymneilltuaeth wedi'i seilio mewn digwyddiadau hanesyddol. Pa werth bynnag sy'n y traddodiad Ymneilltuol, mae'n tarddu o'r digwyddiadau hyn. Beth, felly, oedd cyfraniad Ymneilltuaeth ac Ymneilltuwyr yn y gorffennol sy'n dangos ei gwerth?

Addysg

Yn gyntaf, gellir sôn am gyfraniad Ymneilltuwyr i Addysg: Griffith Jones, Llanddowror, (y clerigwr a oedd yn Anghydffurfiol hyd yn oed os na ddewisodd Ymneilltuo) a Thomas Charles, y Bala, a'u hysgolion cylchdeithiol er enghraifft. Ymneilltuwyr a oedd y tu ôl i sefydlu colegau normalaidd Abertawe a Bangor, ac Ymneilltuwyr a gymerodd ran flaenllaw mewn sefydlu Prifysgol Cymru Aberystwyth ym 1872. Ac ni ddylem anghofio gwaith aruthrol a safonol yr Academïau Ymneilltuol: y rhai sy'n gysylltiedig ag Annibynia (Caerfyrddin, Aberhonddu, Bala, Bala-Bangor), y rhai sy'n gysylltiedig â'r Bedyddwyr (Y Fenni, Pontypŵl, Caerdydd, Hwlffordd, Llangollen, Bangor) a'r rhai a wasanaethodd y Methodistiaid Calfinaidd (Bala, Trefecca, Aberystwyth). Sefydlwyd y rhain i sicrhau addysg ar gyfer Ymneilltuwyr, ac i hyfforddi gweinidogion mewn ffordd oleuedig. Am fod y Beibl yn ganolog, roedd yn rhaid i bobl fedru ei ddarllen a'i ddeall, a golygodd hynny fod y capeli yn gorfod llunio diwylliant ehangach nac un oedd yn canolbwyntio ar addoli'n unig. Llwyddodd Ymneilltuwyr trwy'r colegau, trwy'r weinidogaeth a thrwy'r capeli i gyflawni'r dasg o oleuo nifer fawr o'r werin a rhoi cyfle i bobl gyffredin feithrin cyfrifoldeb trwy dderbyn swydd diacon neu henuriad yn y capel, a siarad yn gyhoeddus trwy'r amryw gyfarfodydd defosiynol a chymdeithasol a thrwy bregethu. Ond dim mwyach. Mae addysg yn nwylo'r llywodraeth, ac mae pobl yn cael eu diwylliant a'u cyfleoedd mewn llawer o wahanol fudiadau. Peidiodd y capel â bod yn brif ganolfan gymdeithasol y gymuned yng Nghymru, mae'n debyg, o tua'r 1920au ymlaen. Yn rhannol, y twf mewn adloniant achosodd hyn. Pan gâi pobl ddewis, ni ddewisent y capel pob tro. Ond mae peth arall, mwy llechwraidd a sinistr, wedi codi yn ystod y deng neu bymtheng mlynedd diwethaf, sef diffyg diddordeb mewn pethau cymdeithasol. Yn yr effaith ymarferol ar bobl, yr oedd Margaret Thatcher yn iawn i ddweud nad oes y fath beth â chymdeithas. Aeth hi ymlaen yn y dyfyniad enwog, gwaradwyddus yna i ddweud nid oes dim yn bod ond teuluoedd a'r unigolyn. A chanlyniad ei pholisïau a'i gwleidyddiaeth oedd hybu cyfrifoldeb a hyrwyddo diddordebau'r unigolyn. Arweiniodd hyn at hunanoldeb enbyd yn ein cymdeithas a'r nod, bellach, yw ceisio ennill pob dim i'r hunan heb boeni o gwbl am bobl eraill. Ni fedr Cristnogaeth fod yn esmwyth gyda sefyllfa o'r fath. Felly, er cymaint y bu'r cyfraniad addysgol yn y gorffennol, nid yw bellach yn rhan o genadwri Ymneilltuaeth. Yn hytrach, mae angen i Ymneilltuaeth (a Christnogaeth fel y cyfryw) geisio hybu'n cyfrifoldeb at ein gilydd a cheisio hefyd ddiwygio'r syniad o gymdeithas; cymdeithas sy'n gofalu am ei phobl trwy garu cymydog a chyd-ddyn ond hefyd gymdeithas sy'n cyd-addoli dan yr argyhoeddiad fod cariad am gyd-ddyn yn rhagdybio ac yn tarddu o gariad Duw a chariad at Dduw.

Gwleidyddiaeth

Yn ail, gellir sôn am gyfraniad Ymneilltuwyr i wleidyddiaeth, yn enwedig yn ystod y ddwy ganrif ddiwethaf. Trwy ddynion fel Samuel Roberts, Gwilym Hiraethog, Lewis Edwards, Michael D. Jones, Henry Richard a Tom Ellis, 'creodd Ymneilltuaeth Cymru nid yn unig ysbryd rhyddid a gwladgarwch yng nghenedl y Cymry, ond ysbryd heddwch a dyngarwch newydd yng ngwladweriniaeth Prydain Fawr.'[2] Mae Ymneilltuwyr, a rhai gweinidogion yn eu plith, wedi cyfrannu at wleidyddiaeth ein cenedl yn ystod yr ugeinfed ganrif ond ceir yr argraff fod gwleidyddiaeth a Christnogaeth fel y cyfryw wedi eu hysgaru'n fwy yn y ganrif honno nag o'r blaen, hyd yn oed pan ystyriwn ddrwgdybiaeth pobl ynglŷn â pherthynas y ddwy yn y gorffennol. Daethpwyd i ddrwgdybio gwleidyddiaeth, yn rhannol, am i bobl dybio ei bod yn llygru'r ffydd, ac roedd yn rhaid cadw gwahaniaethau gwleidyddol allan o'r cysegr. Yn fwy diweddar, mae presenoldeb pobl o grefyddau'r Dwyrain, ac eraill nad ydynt yn arddel unrhyw grefydd o gwbl, wedi perswadio rhai na ddylai un garfan gael mwy o ddylanwad cyhoeddus na charfan arall. Mae hyn yn rhywbeth anffodus iawn. Mewn cyfnod o ddiffyg gwerthoedd cyffredin a hunanoldeb cynhenid, mae gan Gristnogaeth gyfraniad mawr a hanfodol i'w wneud er mwyn sicrhau gwleidyddiaeth sydd wedi'i hysgogi gan egwyddorion ac efengyl Cristnogaeth. Ond ni fedr gyflawni'r gorchwyl yna heb i Gristnogion gymryd rhan mewn gwleidyddiaeth. Mae'n bryd efallai i Ymneilltuwyr ymrwymo i'r gweithgarwch hwn.

Dylid cofio i Ymneilltuaeth godi yn y lle cyntaf oherwydd materion gwleidyddol. Y mater sylfaenol oedd na ddylai'r un sefydliad arall, boed yn frenhiniaeth, neu'n llywodraeth neu'n sefydliad economaidd, ymyrryd ym mherthynas pobl â'u Duw. Creodd hyn naws radical o fewn Ymneilltuaeth a oedd yn llefaru'n gryf a phroffwydol yn erbyn gormes ac anghyfiawnderau'r llywodraeth trwy'r ugeinfed ganrif. Er y gellir dadlau fod y Gydwybod Ymneilltuol wedi ei chyfyngu'i hun yn ormodol i foesoldeb bersonol ac y dylasai fod wedi ehangu'i beirniadaeth i gynnwys materion cymdeithasol, sefydliadol, yng nghyd-destun y chwildroad diwydiannol a'r amgylchiadau byw a gwaith enbyd a ddaeth yn ei sgîl, er hynny fe godwyd llais, a sicrhaodd fod y llais yn cael gwrandawiad. Trwy hynny, daeth yn rym yn y gymdeithas a chadwodd lygaid pobl ar yr hyn oedd yn ddyrchafedig ac yn dda. A bu hyn yn ysbrydoliaeth i bobl wneud eu cyfraniad i wella pethau materol y byd.

Gyda'r Cynulliad newydd yn cyfarfod yng Nghaerdydd mae cyfle arall i Gristnogion Cymru, gan gynnwys Ymneilltuwyr, unwaith eto gyfrannu i wleidyddiaeth mewn ffordd ystyrlon heb adael popeth i'r unigolyn, y dyn neu'r ferch o ffydd. Ond bydd angen dewis brwydrau gwleidyddol yn ofalus. Yn y gorffennol, dewiswyd canoli yn ormodol ar foeseg bersonol a'r canlyniad oedd colli ymddiriedaeth pobl gyffredin a welodd ormod o feirniadu, drwgdybio a chondemnio a chyn lleied o ras, maddeuant ac anogaeth. Mae'n gyfle trwy wleidydda i ni ddiwinydda a darganfod yr hyn sydd o werth i ni. Wrth wneud hynny, mae'n siŵr y gellir gwneud cyfraniad byw a phwysig i'n bywyd cenedlaethol unwaith eto.

Rhyddid

Yn drydydd, gellir sôn am yr egwyddorion y tu ôl i ddigwyddiadau sylfaenol Ymneilltuaeth, sef y syniad nad oes angen cyfryngwr rhwng dyn a Duw. Yn ôl Thomas Rees, Bala-Bangor:

> er y methwyd yn aml gario'r egwyddor hon allan i gysondeb, golygai yn hanfodol fod pob dyn yn rhydd i fyned at Dduw yn ei ffordd ei hun, heb gyfryngiad yr offeiriad swyddogol, fod ei gredo a'i ddefod yn fater o ddewisiad personol yn hytrach nag o orfodaeth eglwysig na gwladwriaethol.[3]

Roedd Thomas Rees yn perthyn i gyfnod pan oedd rhyddfrydwyr diwinyddol Cymru yn pwysleisio rhyddid sylfaenol yr unigolyn i ddilyn ei gydwybod ac yn honni mai dyna oedd prif gonsýrn y diwygwyr Protestannaidd a phrif etifeddiaeth y traddodiad Ymneilltuol. Dyfynnwyd y darn yma am ei fod ar yr un llaw yn cynrychioli'r safbwynt yn glir, ac ar y llaw arall yn dangos fod yr egwyddor hon fel petai wedi dyddio; mae'n hen ffasiwn. Nid yn erbyn eglwys sefydledig a llywodraeth ymyrrol y mae'r frwydr heddiw. Wrth sôn am ryddid yr unigolyn 'i fyned at Dduw yn ei ffordd ei hun' fe'n hatgoffir o'r oddrychiaeth a'r relatifiaeth sy'n trwytho agwedd grefyddol ôl-fodernaidd ein cyfnod. Yn sicr, nid relatifeiddio pob dim oedd bwriad yr Ymneilltuwyr ond personoleiddio; nid ceisio perswadio unigolyn i ddarganfod ei wirionedd personol ei hun ond dangos fod crefydd, Cristnogaeth, neu Grist â rhywbeth i'w ddweud wrth bob unigolyn yn bersonol a hawlio ymateb ganddo. Mae'r ffydd Gristnogol erioed wedi cynrychioli rhywfaint o honiadau gwrthrychol am Dduw a'i berthynas â phobl yn a thrwy Iesu Grist. Er bod rhyddid yr unigolyn yn dal yn bwysig, fel un o hawliau sylfaenol y bod dynol, nid yw mynegi'r rhyddid hwnnw yn gyfystyr â'r bererindod Gristnogol. Wrth sefyll dros hawliau dynol, swyddogaeth Ymneilltuwyr heddiw fyddai pwysleisio rhyddid yng Nghrist, am nad yw hynny'n arwain at gydffurfio ag unrhyw batrwm arbennig ond yn agor golygfeydd newydd i ddarganfod, i chwilio ac i ddilyn y pererindod.

Gair Duw

Yn fwy na dim, yr hyn sy'n dod yn amlwg yn hanes Ymneilltuaeth yw fod yr Ymneilltuwyr wedi mynd â Gair Duw i'r bobl. Yr Ymneilltuwyr a gymerodd fantais o'r ffaith fod y Beibl ar gael yn iaith y bobl. Yr Ymneilltuwyr a efengylodd yn agored ar hyd y wlad gan gynnull tyrfaoedd a thynnu diddordeb. A'r Ymneilltuwyr a bregethodd gyda'r argyhoeddiad a'r nerth i sicrhau tröedigaethau ymhlith y bobl. Dyma oedd un o gwynion yr Eglwys sefydledig, nad oedd rheolaeth bellach dros y pregethwyr hyn, a'u bod yn mynd â chrefydd o'r allor i'r strydoedd. Boed yn hen Ymneilltuwyr fel William Wroth, William Erbury, Walter Cradock, neu'n Fethodistiaid fel Harris neu Pantycelyn, aethant at y bobl yn hytrach nag aros i'r bobl ddod atynt hwy.

Yr oll yr oedd y gwŷr hyn yn sicr o hono oedd mai Crist oedd pen yr Eglwys uwchlaw pawb, ac fod yn rhaid rhoddi ufudd-dod iddo Ef, ac am hynny fod angenrhaid iddynt hwythau bregethu ei efengyl Ef i bawb a'i gwrandawent, heb ofni na brenin nac esgob. A phan na chaniateid iddynt wneud hynny o fewn yr Eglwys Wladol, er poen ac aberth, aethant allan o honi.[4]

Mae'n rhaid darganfod ffyrdd newydd o fynd â Gair Duw at y bobl. Nid oes atebion hawdd i hyn; ac mae'n galw ar i ni feddwl am y posibiliadau, a thrafod ac ymrwymo'n hunain iddynt. Ond mae'n werth nodi nad diwylliant darllen sydd ohoni bellach. Nid mater o ddysgu pobl i ddarllen a rhoi Beibl iddynt yw'r dasg bellach. Diwylliant sydd wedi'i swyno gan ddelweddau symudol yw'n diwylliant ni; pethau gweledig a rhyngweithiol sy'n dal y dychymyg. Byd y ffacs, cyfrifaduron personol, e-bost, rhyngrwyd a'r We yw'n byd bellach, ac mae cyfnod y biro, papur a llyfr yn dirwyn i'w ben, o leiaf am y tro. Mae angen, felly, fod yn sicr beth sy'n bwysig, beth yw cynnwys yr efengyl, ac yna ddefnyddio dychymyg i dorri allan o rai o'n ffurfiau cyfyngedig i fynd â Gair Duw allan. Dyma oedd un o gampau'r Ymneilltuwyr yn y gorffennol. Pan oedd cyfundrefnau egwlysyddol yn methu, torri i ffwrdd a wnaethant, Ymneilltuo, er mwyn pregethu'r Gair.

Arwyddocâd pellach

Mae gorffennol Ymneilltuaeth yn bwysig. Mae'n bwysig er ei fwyn ei hun fel rhan o hanes y ddynoliaeth yn y Gorllewin, fel rhan o hanes Cristnogaeth ac fel rhan bwysig yn hanes ein cenedl. Ond nid yw'n gymorth yn ein sefyllfa bresennol os na ellir gweld arwyddocâd pellach a dyfnach i'r stori ac i'r hanes fel y cyfryw. Carwn dynnu sylw felly at un rheswm am gymryd yr hanes o ddifrif a gweld yr arwyddocâd yna. Fe'n hatgoffir ni trwy edrych ar y stori hon fod Cristnogaeth yn ffydd hanesyddol mewn tri ystyr.

Yn gyntaf, mae hi wedi ei seilio mewn hanes ac ar ddigwyddiadau hanesyddol. Pob dim arall sy'n gyfystyr â Christnogaeth, rhaid iddo darddu o'r digwyddiadau hanesyddol sy'n cwmpasu bywyd un dyn – Iesu o Nasareth.

Yn ail, mae i'r ffydd ei hun ei hanes. Hynny yw, mae datblygiad yn nealltwriaeth ac ym mynegiant y ffydd trwy'r oesoedd. Dyma pam mae gwahanol gyffesiadau yn bod a chynifer o gyfrolau ar ddiwinyddiaeth wedi'u hysgrifennu. Dyma pam y datblygodd Ymneilltuaeth yn y lle cyntaf.

Yn drydydd, mae gan y ffydd ei hun ddysgeidiaeth ynglŷn â hanes. Mae'r Deyrnas rywsut wedi'i thrawsblannu o'r tu hwnt i hanes y byd yn Iesu Grist, ac er bod y Testament Newydd yn sôn am gyflawniad rywbryd yn y dyfodol ar ddiwedd amser, mae presenoldeb y Deyrnas yn cyfnewid hanes (a dyna pam y defnyddiwyd Iesu Grist i ddyddio pethau: 'Cyn Crist' ac 'Oed Crist') cyn i'r ffasiynau newid a chywirdeb politicaidd godi'i ben.

Gan ei bod yn tarddu mewn hanes, ni all y ffydd Gristnogol beidio â newid wrth iddi ddod wyneb yn wyneb â chyd-destunau gwahanol. Nid yw'n newid o ran sylwedd neu hanfod, ond o ran mynegiant. Mae'r neges achubol sy'n gyffredinol ac yn gatholig yn chwilio ymhob oes am ffyrdd newydd a ffres i'w mynegi'i hun. Mae cymryd rhan yn y broses hon yn bwysicach, wrth gwrs, na cheisio diffinio Ymneilltuaeth heddiw. Ond yn fwy na hynny, rhaid cydnabod fod Ymneilltuaeth ei hun yn fynegiant o'r cyffredinol a gododd oherwydd cyd-destunau arbennig. Am fod Ymneilltuaeth yn fudiad hanesyddol, mae hefyd wedi newid wrth i'w chyd-destun newid. Felly mae'r Ymneilltuaeth sydd ohoni heddiw yn fwy o sefydliad nag y bu Ymneilltuaeth Biwritanaidd yr ail ganrif ar bymtheg na Methodistiaeth y ddeunawfed ganrif. Nid yw hynny o angenrheidrwydd yn beth drwg. Ond yng ngoleuni'r ffaith fod crefydd gyfundrefnol yn gyffredinol ac Ymneilltuaeth yn benodol ar drai yng Nghymru heddiw, mae eisiau i ni ofyn o ddifrif a yw Ymneilltuaeth bellach yn ystyrlon o gwbl.

Dylid cofio nad oes eglwys sefydledig yng Nghymru mwyach, er bod yr agwedd Anglicanaidd yn dal weithiau i awgrymu i'r gwrthwyneb. Yn llythrennol, felly, nid yw'n bosibl fod yn Ymneilltuwr os nad oes trefn eglwysig wedi ei gosod i lawr gan y llywodraeth.

Mae'n amlwg mai Anghydffurfwyr cydffurfiol yw'r Ymneilltuwyr bellach. Mae cydffurfio â'r drefn arferol wedi dod mor bwysig yng nghapeli Cymru fel y bydd ffeindio ffyrdd newydd i fynegi Gair Duw yn anodd dros ben.

Dylid cofio hefyd fod y capeli wedi dirywio ac wedi colli'i statws. Nid yw'n gwbl eglur beth achosodd y dirywiad crefyddol yng Nghymru yn ystod yr ugeinfed ganrif. Ond mae'n glir fod pobl wedi colli diddordeb mewn crefydd gyfundrefnol a ffurfiau traddodiadol ohoni.

Wrth gwrs, yn hanesyddol, y bobl sy'n mynychu capeli yw'r rhai sydd wedi etifeddu'r traddiodiad Ymneilltuol. Dros ddeugain mlynedd yn ôl, nododd R. Tudur Jones fod Cristnogaeth wedi dirywio i'r fath raddau nes bod credu ei hun yn golygu ymneilltuo neu anghydffurfio am nad oedd y rhan helaeth o bobl yn credu nac yn mynychu cwrdd. I'r bobl a oedd yn dal yn ffyddlon, roedd y dewis yn amlwg. Yn ei eiriau ef:

> Nid yw mor rhwydd bellach i bobl dybio eu bod yn dewis Crist pan nad ydynt mewn gwirionedd ond yn dewis cynhesrwydd cymdeithasol y capel. Nid yw mor rhwydd iddynt dybio eu bod yn codi Croes Crist pan nad ydynt ond yn cofleidio parchusrwydd eu hoes. Nid yw mor rhwydd iddynt dybio eu bod yn magu ysbrydolrwydd pan nad ydynt ond yn ymollwng i lesmair teimladol y gynulleidfa fawr. Nid yw mor rhwydd iddynt eu twyllo eu hunain eu bod yn cofleidio'r gwirionedd fel y mae yn yr Iesu pan nad ydynt ond yn gwaeddi sloganau diwinyddol.[5]

Er bod ein sefyllfa heddiw ar un olwg yn waeth na phan ysgrifennwyd y geiriau hyn, ac mae'n dal yn anodd i gredinwyr sefyll ar wahân i fwyafrif llethol o bobl ein cymdeithas gyfoes, nid yw'n bosibl cytuno'n llwyr â Tudur Jones. Am fod crefydda wedi dod yn fater o gydffurfio, nid credinwyr yw'r Ymneilltuwyr heddiw. Nid mater o gydffurfio â phobl eraill yn y gymdeithas oedd Ymneilltuaeth y gorffennol. Yn hytrach, mater o egwyddor ydoedd, pan oedd dewrion y genedl yn methu cydffurfio â rheolau crefyddol y llywodraeth a'r sefydliad eglwysig am eu bod yn ystyried cyfundrefnau gwleidyddol a chrefyddol yn rhwystr i Ysbryd Duw ac i'r genhadaeth o bregethu'r Efengyl. Yn hyn o beth edrychant ar y gwirionedd a ddaeth o oleuni eu cydwybod, cydwybod oedd, wrth gwrs, mewn perthynas â Duw. O ganlyniad, y dasg heddiw yw cydnabod nad Ymneilltuaeth yw ymgysylltu â sefydliad penodol ond ceisio ewyllys Duw sydd ambell waith yn llefaru gair o feirniadaeth â'n sefydliadau gwleidyddol a chrefyddol.

Petaem yn pwysleisio'r egwyddorion, yr Ymneilltuwyr heddiw fyddai'r bobl sydd wedi ymneilltuo (oherwydd egwyddor) oddi wrth y capeli. Gellid dadlau mai'r bobl sydd wedi gadael neu'r bobl sydd wedi ymuno â'r cwltiau a'r sectau amrywiol yw'r gwir Ymneilltuwyr. Ni fydd, mae'n siŵr, gytundeb llwyr â'r casgliad hwn, ond mae'n werth ystyried pam y mae'r capeli yn colli allan ar y diwygiad bach mewn diddordeb mewn pethau ysbrydol a arweiniodd i'r amlder byd-eang mewn sectau a mudiadau crefyddol newydd yn ystod yr hanner canrif ddiwethaf. Mae'n bwysig cofio nad yw'r capeli heddiw yn sefyll dros yr union egwyddorion ag y safodd cyn-dadau Ymneilltuaeth drostynt. Ni saif yno am nad oes angen sefyll yno. Yn wir, dechreuodd Ymneilltuaeth ddioddef o ddifrif yn hanesyddol pan beidiodd â chael achos ddilys a gwleidyddol i'w brywdro. Nid yw'n eglur wrth gwrs ai cyd-ddigwyddiad anffodus oedd hyn ai rhan sylfaenol yn nirywiad y capel. Ond, rhan o'n problem heddiw yw bod capeli Cymru heb unrhyw egwyddor neu achos mawr i'w gyhoeddi ger bron y byd. Y drychineb yw fod hynny'n cynnwys yr efengyl yn amlach na dim. Heddiw, mae Ymneilltuwyr wedi colli hunaniaeth, hunaniaeth y maent yn ymwybodol ohoni ac un sy'n amlwg i'r byd ehangach am resymau crefyddol, gwleidyddol, cymdeithasol a moesol. Trwy hyn, y maent wedi colli pwrpas, gweledigaeth a chenhadaeth.

Tarddodd Ymneilltuaeth o gyd-destunau arbennig, hanesyddol. Wrth ymateb i sefyllfaoedd penodol, arbennig, crewyd sefydliad arall a oedd i fod yn wrth-sefydliad. Ond heddiw, nid yw'n cyd-destun ni yn codi'r un problemau neu'n gofyn yr un cwestiynau. Nid oes dim byd yn bod yn hyn o beth, cyhyd â'n bod yn sicr o'n cenhadaeth: ac yn fodlon cydnabod bod y genhadaeth heddiw yn wahanol i genhadaeth y cenedlaethau sydd wedi mynd. Athrylith y ffydd Gristnogol yw ei bod yn cynnig neges gyffredinol, gatholig, sef ei bod yn ddilys ym mhob man ym mhob oes. Ond mae'r neges yn cael ei dirnad trwy'r lleol, trwy'r hyn sy'n cael ei ffurfio yn ôl y cyd-destun ac yn ôl y cyfnod. Swyddogaeth eglwys o bob math ymhob cyfnod yw amlygu'r neges gyffredinol trwy'r cyd-destun lleol ymhob agwedd ohono. Wrth wneud hyn, gellir sicrhau dyfodol i Ymneilltuaeth a dyfodol agored na fydd yn gyfyngedig neu'n rhwystredig gan *baggage* y gorffennol neu gan awydd i gadw gafael ar ddadleuon a phroblemau sydd eisoes wedi eu pennu, neu wedi eu datrys, neu wedi symud o ddiddordeb y cyhoedd. Roedd yr Ymneilltuwyr yn y gorffennol wedi llwyddo i wneud hyn, a diau fod ganddynt rywbeth i'w ddysgu i ni. Ond nid trwy barhau'r traddodiad honedig er ei fwyn ei hun y down ni o hyd iddo. Dichon mai trwy ail-ddarganfod hunaniaeth fel Ymneilltuwyr ac ail-fynegi'r genhadaeth o'r newydd yn ôl gofynion ac yn nulliau a ffurfiau ein cyfnod y gall Ymneilltuaeth fod yn ffyddlon i'w thraddodiad ei hun ac i Grist fel y cyfryw.

---

1. *Y Dysgedydd* (1960), tt.48-9.
2. Thomas Rees, *Hanes Ymneilltuwyr yng Nghymru* (Aberafan, 1912), t.89.
3. Ibid., t.118.
4. Ibid., t.28
5. R. Tudur Jones, *Hanes Annibynwyr Cymru* (Abertawe, 1966), t.230.